D1868307

Von Paul Badde

DIE WENZELS-BIBEL

Das Leben des Königs Salomo, gemalt und geschrieben um 1400 in Prag, in der ältesten deutschen Prachthandschrift der Bibel, auf Geheiß König Wenzels I.

Am Anfang schuf Gott Himmel und Erde. Am vierten Tag schuf er Lichter am Himmel, um die Tage, die Jahre und die Festzeiten nach ihnen zu bestimmen: die Sonne, den Mond, dazu alle Sterne. Da klärte sich die Welt auf. Und er sah, daß es gut war. Es war sehr gut – und eine einzigartige Götterlästerung der Weltgeschichte, vom Sexus bis zum Sirius. Denn Israel war ja das kleinste Volk zwischen den orientalischen Supermächten der Antike, eine kulturlose Minderheit aus davongelaufenen Sklaven zwischen den Hochkulturen. Im Süden, Norden und Osten von ihnen wurden die Sonne und alle Gestirne als höchste Götter der Sklavenhalter verehrt. Im Westen lagen die Städte der fruchtbarkeitshörigen Kanaaniter, dahinter nur noch das Meer. Wenn wir genau hinhören, können wir noch das Lachen der Schutzlosen aus den ersten Zeilen der Bibel heraushören. Eure Götter sind Irrlichter, höhnten sie da, sie sind nur Lampen am Himmel! Nirgendwo ist die Aufklärung jemals kühner betrieben worden. Auch in Griechenland entgötterten damals die Dichter und Freigeister den Himmel. Hier in Israel aber waren es Propheten und Glaubende, die damals erstmals alle Mythen des Nahen Ostens kritisch durchleuchteten und neu formulierten. Ihr „Land von Milch und Honig" war durch die Kerbe der Jordansenke so tief aus allen Landkarten der Erde herausgeschnitten, als hätte der Schöpfer selbst unsere Erde dort für alle Zeit wie mit einem Messer gekennzeichnet: als sein Eigentum. Das Land gehörte ihnen nicht und mußte permanent neu erkämpft und behauptet werden. Realistisch gesehen war es ein Flickenteppich rauhen Ackerlands, das nur wenige Menschen ertrug. Die Geschichten des Abfalls und Scheiterns aber, die sie bei dieser Landnahme erlebten, erzählten sie immer weiter: zu einer einzigen Geschichte von ungeheurer Dichte. Schließlich wurde ihnen darüber die gesamte Welt zu einem offenen Buch, als sie anfingen, sie im Prisma dieser Geschichte zu betrachten und zu verstehen. Und als sie darangingen, diese Offenbarungsgeschichte endlich schriftlich aufzuzeichnen und von neuem in dem felsigen Landstrich am Mittelmeer Freiheit, Gleichheit und Brüderlichkeit unter der Herrschaft des unsichtbaren Gottes zu proklamieren, waren sie wieder einmal einem jahrzehntelangen Exil entronnen. Das trügerische Reich ihres Großkönigs

OPEL

kantenlose Front- und Heckscheiben-Verglasung; die flächenbündigen Türgriffe.

Eines ist also klar:
Gutes Design ist mehr als schöne Form. Und nicht nur 'was für die Augen, sondern zuweilen auch für die Ohren:

Das Geräusch-Niveau im Innenraum des neuen Vectra etwa ist bei Tempo 120 um die Hälfte niedriger (3 dB/A) als beim Vorgänger Ascona – ein hörbares Beispiel guten Designs.

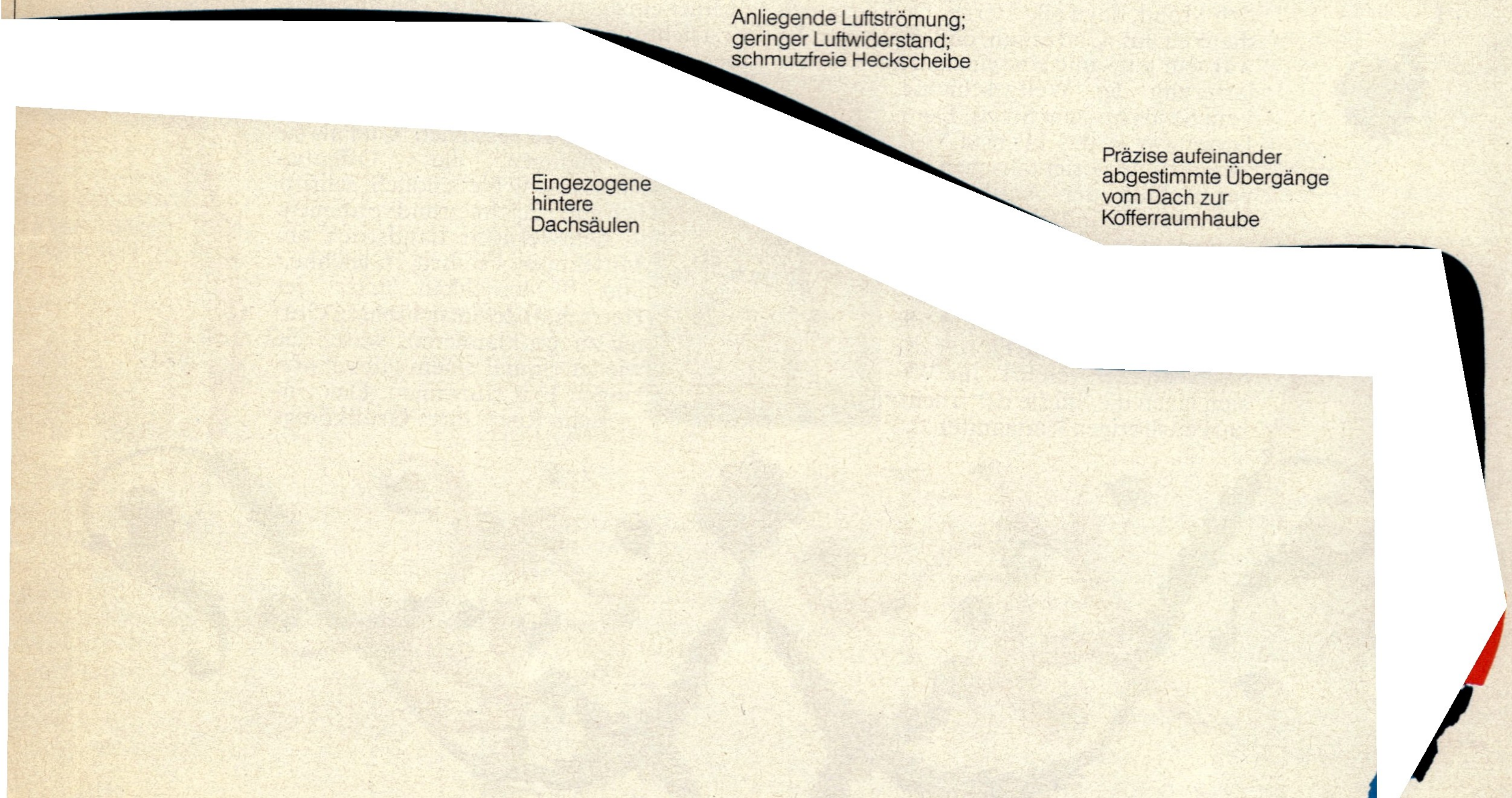

hende seiner knechte schif
vnd vornunftige man des
meres. Und sie tzogen mit
den knechten salomonis
in die gegen ophir vnd brach
ten von danne virhundert
centner vnd funftzik cent
ner goldis vnd brachten
sie zu dem kunige salomo
nen. IX

Und die kuniginne
saba do sie horte das
lop salomonis do qwam
sie so das sie yn vorsuchte
gegen iherusallem mit
grosen reichtumen vnd
mit cameln die do trugen
wurtze vnd golt vil edils
gesteines. Und do si qwam
zu salomonen do redte sie
zu im alles das do was in
irem hertzen. Und salomo
legte ir ouch alles das sie
im vor gelegte noch nichtes
nicht was das er ir nicht
durchsichtig machte. Dise
dornach die weisheit do sie
die sach das ist salomonis
vnd das hous das er hette
gepuwet. vnd ouch die spei
se seines tisches vnd di wo
nunge der knechte vnd die
ampt seiner diener vnd ir
gewant vnd die schenken
vnd ire wat. Und die opfer
tir die her opferte in dem
tempil vnsers herren do was
nicht geistes in ir vor vorcht
lichem wunder. Und si sprach
zu dem kunige. war ist die
rede die ich gehort habe in
meiner erden von deiner tu
gende vnd von deiner wei
heit. Nicht geloubte ich das
den die mir das sagten vntz
bis ich selber kumen bin vnd
es gesehen hetten meine ou
gen vnd hette das geprufet
das mir kume halben wek
deine weisheit ist gekundigt
Uberwunden hastu das lop
mit deinen tugenden. Selik
sint die man selik sint deine

knechte vnd die die do steen
vor dir in allen tzeiten vnd

David war längst zerbrochen. Und sie erinnerten sich wieder: War es ihnen nicht immer so ergangen, schon beim vorherigen Exil, und schon als Moses sie aus Ägypten und Abraham sie aus Mesopotamien heraus hierher geführt hatte? So schufen sie mit ihrer gesammelten Erfahrung über das Herz der Menschen – das sich immer wieder Götter schafft und sogar Gott selbst mit unserem Vergötzungswillen nicht verschont – dieses Buch der Bücher gegen das Vergessen. „Die Tage vor uns" wurden deshalb in diesen Papyrusrollen die Vergangenheit genannt und „Die Tage hinter uns" die Zukunft und „Gottes Gesetz" die ganze Schrift. Immer nur wenige, immer nur ein Rest Israels hatte Generation um Generation, Vers um Vers und Kapitel um Kapitel zu dieser Aufklärungs- und Kriminalgeschichte des Glaubens beigesteuert. Gott ist kein Sklave unserer Wünsche, sagten sie. „Er ist da", das ist alles, was wir über ihn wissen. Er hat keine Religion erschaffen, sondern die Welt und den Menschen. Er will uns nicht sein Wesen, sondern seinen Willen offenbaren: Er will uns nicht versklaven, sondern befreien. Wir aber sind in die Sklaverei verliebt und fürchten die Freiheit. – „Es war Gotteslästerung, die uns freigemacht hat", lese ich heute aus aktuellem Anlaß von einem Mr. Wieseltier aus New York in der Zeitung. Es stimmt, fast, wie meistens. Es war eine Götterlästerung, keine Gotteslästerung. Wie oft ist die Schrift nicht schon mißverstanden worden? Mit ihr ist schon alles mögliche geschehen. Doch so oder so, verstanden oder mißverstanden, in Jerusalem ist sie später zur Verfassungsurkunde unserer Zivilisation geworden. Unzählige Male ist die schonungslose Grunderfahrung Israels danach abgeschrieben worden. Hier sehen wir zwei Pergamentseiten der ältesten Prachthandschrift der Bibel in deutscher Sprache. Der Text hatte sich nach zweitausend Jahren nicht geändert. Diese Kopie wurde zwischen den Jahren 1390 und 1400 in Prag abgeschrieben. Denn

Die Geschichte Israels, des auserwählten Volks, von böhmischen Malern in sechshundertsechsundvierzig Miniaturen illustriert und reich mit Arabesken verziert

in leymeine erde tzwischen so
thot vnd saredetha. Aber die
menige der vas vntzellich al
so das man nicht wolte das
gewichte des eres. Vnd salo
mon machte alle vas des hou
ses vnsers herren vnd eynen
guldemen alter vnd tische vn
der ouf die brot der vorlegange
vnd die leuchter mit iren lucer
nen so das sie leuchten vor
dem pethouse ous reinem gol
de vnd etliche blvmen vnd lu
cernen vnd guldeme tzangen
alles wart das gemacht ous

reinem golde. Vnd vas des
thimiamischen weirouches
vnd rouchuas vnd trinkvas
vnd morser ous reinem golde
Vnd die tür des tempils yn

newendig ergrub her das
ist in der heilicheit der heili
gen vnd die tempils tür ous
wendig die guldemen. Vnd
also wart volbracht alles
werk des tempils das do sa
lomon machte in dem house
vnsers herren. Ein trug dar
vmme salomon alles das
das sein vater dauid gelobt
hette silber vnd golt vnd al
le vas legte er in die horde
vnsers herren. Zcetera.

Dr. II. V.

Dnach besamnente er
die grosten der gepurt vnd
alle fursten der geslechte vn
die houbt der gesinde von
den kindern israhels gegen
iherusallem so das sie fur
ten die arche des vndes vn
sers herren von der stat da
uides die do ist der turm syon
Hu qwamen dorvmme zu
dem konige alle man israels
an dem hochtzeitlichen tage
des siebenden manden. Vnd
do kvmen waren alle fursten
der alden do trugen die leu
ten die arche vnd trugen si
ein vnd alle bereitschaft des
getzeldis. Vor war di vas
der heilicheit die do waren
in dem getzelde trugen die
priester mit leuiten. aber
der konic salomon vnd alle

WENZELS-BIBEL

die Mitte Deutschlands lag jahrhundertelang am Rande, als exzentrisches Zentrum, als „kreisendes wanderndes Herz“, in Rom, in Aachen, in Wien oder eben in Prag, wo Deutsche bis in dieses Jahrhundert das Schicksal der Juden – als Minderheit – unter den Böhmen teilten. Als Kaufleute und Städter waren sie sogar häufig mit ihnen identisch. Vielleicht ist zumindest unserer Literatur kein anderes Schicksal jemals so wohl bekommen. Kafka, Rilke, Werfel, Brod, Perutz, Meyrinck waren – um nur wenige zu nennen – Prager. Prag war nie eine deutsche Stadt und dennoch in verschiedenen Zeiten eine literarische Hauptstadt der Deutschen. Der Ruhm des „Prager Tagblatts“ als ehemals bester deutscher Zeitung ist heute noch nicht verblaßt. Die Wurzeln dieser Blüte aber liegen noch einmal Jahrhunderte tiefer. Die erste deutsche Universität wurde von Karl IV. im Jahr 1348 in Prag gegründet, dort – im tschechischen Böhmen! – wurde die deutsche Hochsprache entwickelt, und fast fünfzehn Jahrzehnte vor Luthers Bibelübersetzung entstand eben auch diese erste deutschsprachige Prachthandschrift der Bibel in der Goldenen Stadt an der Moldau, dem „Jerusalem des Westens“. – Die böhmische Geschichte war immer einer der kompliziertesten Knoten im Netz der Geschichte Europas. Würde man sie „auswendig lernen“, schrieb Goethe, „so wäre man über einen Teil der absurden Weltgeschichte beruhigt“.

Dort taten sich jedenfalls auch zuerst die frühen Risse auf, die sich später zu jener Kluft weiteten, die Europa so gründlich spalten sollte. Der tschechische Johan Hus war von 1402 an Priester und Prediger der Prager Bethlehemkirche. Damals schützte und förderte ihn noch König Wenzel IV., sein deutscher Landesherr, ein Luxemburger, der in dem Jahrzehnt zuvor diese Bibel in Auftrag gegeben hatte. Sein Porträt finden wir häufig in den Randverzierungen wieder: im Badehaus oder als Gefangener, der in verschiedenen Initialien wie in einem Block mit Schließen und Ketten verschlossen ist. So sah er sich offensichtlich selbst am liebsten. Die Chronisten und Historiker porträtieren ihn weniger gefällig. Ein Bild seiner Epoche gibt diese Bibel aber dennoch so authentisch wie ein zerbrochener Spiegel wieder.

Nie zuvor war eine Handschrift so verschwenderisch ausgestattet worden, so ungeheuer kostbar. Nie zuvor war auch die Biblia als ganzes Buch ins Deutsche übertragen worden, statt nur in Auszügen oder verkürzten und überarbeiteten Traktaten. Dem Mittelalter war sein öffentlichstes Buch weitgehend unbekannt. Auch der Name des Übersetzers dieser Handschrift aus dem Lateinischen ist uns heute unbekannt. Martin Rotlev, ein Prager Patrizier, hatte sie wenige Jahre vor ihrer Abschrift in den Werkstätten Wenzels in Auftrag gegeben. Die Sprache dieser Bibel aber ist das Deutsch, das in jener Zeit in Prag gesprochen wurde. Vergleichbares hatte es bis dahin nicht gegeben. Allein für die Niederschrift des Buches waren mehrere Jahre nötig, nicht gerechnet die aufwendigen Buchmalereien der sechshundertsechsundvierzig Miniaturen und ungezählten Randverzierungen. Eine Herde von sechshundertsieben Kälbern mußte für das feinste Pergament der tausendzweihundertvierzehn Blätter geschlachtet werden. Das Buch wurde als Meisterwerk in jeder Hinsicht angelegt.

Die Namen der Schreiber sind ebenfalls unbekannt und bis auf zwei Ausnahmen auch die Namen der verschiedenen Künstler der vielen Wunderwerke in Gold, Blau und Purpur, die den Text ohne Punkt und Komma immer wieder zur gliedernden Illustration unterbrechen. Dennoch erzählt der Codex Seite um Seite sehr genau von einer Welt, die uns so fremd geworden ist wie ein ferner Stern: von der Sehnsucht und Phantasie des Mittelalters und wie sie an ihr Ende kam. Denn dieses Meisterwerk der Buchkunst ist ein Buch der Endzeit, aus der fruchtbarsten Phase der deutschen Gotik. Sprichwörtlich in diesem Buch geht das Mittelalter zu Ende, zwischen den Buchdeckeln.

Vorher leuchtet es aber in diesem gleichen Buch noch einmal auf wie selten zuvor. Die biblischen Szenen sind wundervoll, meisterhaft die Delikatesse und Raffinesse ihrer Zeichnung und Farbgebung von paradiesischer Anmut. Viele Szenen waren vorher noch nie im Bild dargestellt worden und somit vorbildlos. Oft sind es erzählende Bilder, die zwei Zeiten gleichzeitig unbefangen in einem Rahmen zeigen, zum Beispiel gleichzeitig den Raben und die Taube vor der Arche Noahs. Auf jeder Seite können wir beobachten, wie sehr die gotischen Schreib- und Malkünstler ihre verschiedenen Werke als eine gemeinsame Einheit anlegten: wie überall Schrift und Bild aufeinander bezogen und abgestimmt wurden. Fast alle Bilder sind vielperspektivisch, ohne Zentralperspektive, als würde ihr Gegenstand von vielen Seiten betrachtet – wie mit den Augen der „drei Engel Abrahams“. Denn unser Raum und unsere Sichtweise waren damals ja noch nicht entdeckt: Die Zentralperspektive mit ihrer Egozentrik auf der Seite des Betrachters und dem endlichen Raum auf der Bildseite. Vollends phantastisch ist deshalb hier immer der Hintergrund, nie ein sich verlierender Raum, oder eine leere Fläche, sondern immer gestaltet, immer anders, immer kunstvoll und köstlich, in feinstem Filigran. Wir sehen Muster auf jedem leeren Eckchen, sie greifen sogar auf viele Bildgegenstände über, auf Kissen, Wiesen, auf Bäume. Die Natur als Muster, die Welt als Muster? Es ist das doppelte Geheimnis der Gotik: einmal diese Feinheit, die – nach dem Künstler selbst – kein menschliches Auge mehr zu sehen brauchte: als Verschwendung an das Auge Gottes, und dann dieses elementare Bedürfnis, die Welt nach seinem Heilsplan zu ordnen.

Doch gerade der mittelalterliche „Ordo“ existierte zur Zeit dieser Handschrift längst nur noch in der Kunst. Die politische und gesellschaftliche Wirklichkeit war chaotisch, die Kirche war gespalten, es gab zwei, dann sogar drei Päpste gleichzeitig, das Reich war in einem schwelenden Bürgerkrieg. – Dieses Buch wurde nicht mehr zu Ende geschrieben. Es fehlen die „kleinen Propheten“, die Bücher der Makkabäer und die Bücher der Evangelisten und Apostel. Dafür wurden die Propheten Jesaia und Jeremia irrtümlicherweise zweimal abgeschrieben. Im zweiten Band tragen nur noch wenige Seiten Buchmalereien. Danach stehen an den Rändern Notizen, was in die freien Flächen hineingemalt werden sollte, und schließlich gibt es nur noch leere Stellen. Das Buch ist ein prächtiger Torso geblieben, eine unvollendete Kathedrale. Es fehlte offensichtlich an Geld, aber wohl mehr noch an der Kraft, dieses Werk zu vollenden. Der Auftrag war noch nicht zu Ende, als der Auftraggeber als König der Deutschen abgesetzt wurde.

König Wenzel wird kaum in der Bibel gelesen haben, deren Bilder ihn gewiß ergötzten, vor allem ihre böhmisch-katholischen Spielereien am Rande, der erotische „Minneknoten“ oder nackte und halbnackte Bademädchen, die ihn dort verwöhnen. Nur wenige haben die Handschrift je in der Hand gehabt. Dieses Buch blieb ohne Wirkung. Denn nicht die deutsche Sprache und nicht einmal Luther allein ließen die Bibel später wieder zum Sprengstoff werden, sondern e die Verbindung mit den neuen M dien: mit dem Buchdruck und d neuen Papierherstellung, die v Zunder an der explosiven Verbr tung der alten Texte gut hund Jahre später beteiligt war.

Deshalb illuminierte auch nic ein Bild dieser Prachtbibel, sonde der Feuerschein von zwei Fuder Holz den Anfang vom letzten Al im Leben König Wenzels. Es wa auch der Anfang vom letzten Al des Untergangs der mittelalterl chen Welt. Zwei Fuhren Holz, m Stroh vermischt! Denn hoch bi zum Hals hatte man wenige Jahr später den Scheiterhaufen um Jo han Hus herum aufgeschichtet. Au diesem brennenden Stapel herau sang der böhmische Ketzer noch Psalmen, bis der Rauch seine laute Stimme erstickte. Hus hatte – ohne Druck und Papier – wieder an die kritische Tradition der Propheten, an Jesaia und Jeremia, anknüpfen wollen! Nur ein Häufchen Asche blieb von ihm zurück. Nichts sollte übrigbleiben von dem Mann, der die immer noch einige Lehre der politisch schon längst zerrissenen Christenheit bedroht hatte. Sogar das Wort des Kaisers Sigismund an Hus, des Stiefbruders Wenzels und Nachfolgers auf dem deutschen Thron, mußte deshalb mit ihm verbrennen. Die Flammen vom 6. Juli 1415 beleuchteten eine der fatalsten geschichtlichen Weichenstellungen bis in unser Jahrhundert hinein.

Denn die Funken dieses Feuers setzten danach in den Hussitenkriegen ganz Böhmen in Brand. Damals wurden aus den Böhmen Tschechen, damals verbanden sich die alten theologischen Fragen mit den neuen Entfremdungen und Abgrenzungen der Nationalitäten voneinander, die Europa danach nie mehr zu Ruhe, geschweige noch einmal zur Einheit kommen ließen. Daß dies alles so geschah, fällt zu einem großen Teil in die Verantwortung des Auftraggebers dieser Prachtbibel, des Schutzherrn des Hus, des böhmischen Königs und unfähigsten Königs der deutschen Geschichte.

Wenzel „der Faule“ war als Sohn Karls IV. zur Welt gekommen, eines der fähigsten Kaiser unserer Geschichte. Die besten Erzieher wurden für ihn bestellt. Mit drei Jahren, 1363, wurde er als Wenzel IV. zum König von Böhmen gekrönt, mit fünf Jahren verheiratet und mit fünfzehn Jahren in Aachen als Wenzel I. zum deutschen König des Römischen Reiches gewählt – als erster nach dem neuen Wahlverfahren der „Goldenen Bulle“ seines großen Vaters, der diese Wahl den-

DIE FESTE ÄNDERN SICH.
HENKELL TROCKEN BLEIBT.
ANNO
VIA VIRTUTIS VIA LUCIS
1856
HENKELL TROCKEN
HENKELL
KLASSISCH
TROCKEN.
SEIT 1856.

Zu Fuß in 2 Minuten:

Der Münchner Viktualienmarkt.

„München leuchtet“ rund um das neue Platzl Hotel. Von hier sind es nur wenige Schritte zu Theatern, Museen und zum Viktualienmarkt, der lebensfrohen Oase der Münchner. Wenn Sie neben der zentralen Lage persönliche Atmosphäre und First-Class-Komfort schätzen, werden Sie sich im Platzl Hotel wohlfühlen. In 170 bequemen Zimmern und Suiten, Veranstaltungsräumen mit modernster Tagungstechnik, Fitneßbereich und der gemütlichen Hotelbar erleben Sie Gastlichkeit im Münchner Stil. Wir freuen uns auf Ihren Besuch!

Platzl Hotel, Platzl 1, 8000 München 2,

Telefon 0 89/2 37 03-0.

Platzl

PLATZL HOTEL

IN MÜNCHENS HISTORISCHER ALTSTADT

PAN

noch den Kurfürsten abgekauft hatte. Mit siebzehn Jahren, als das Schisma der Kirche begann, wurde er vaterlos, mit vierundzwanzig Witwer, mit achtundzwanzig wieder Ehemann. Nach heutigem Maß war vielleicht schon allein dieser Lebenslauf zum Verrücktwerden. Die erste Lebenshälfte war angefüllt mit Reisen: Prag, Nürnberg, Paris, Wien, immer wieder Reisen. Überall wird sein Charakter damals noch freundlich gezeichnet: gewandt, angenehm, klug. Nur im deutschen Reichsgebiet hielt es den König auch damals noch nie lange. Die Entscheidungen, die dort gefällt werden mußten, versuchte er vor allem dadurch zu lösen, daß er ihnen aus dem Weg ging. Mit neununddreißig Jahren schließlich, im Jahr 1400, wurde der gewählte Monarch deshalb von den deutschen Kurfürsten „wegen Untätigkeit“ wieder abgesetzt. Da reagierte er nur noch mit einem seiner inzwischen legendären Zornausbrüche darauf. Ein unfähiger König Böhmens blieb er von da an gleichwohl bis zu seinem Lebensende.

Kaiser war er nie geworden. Er hatte den Zug nach Rom nicht geschafft, um sich die erste Krone der Christenheit aufsetzen zu lassen. Auch das Schisma und den Streit der Gegenpäpste hatte er deshalb nicht beenden können. Seitdem war das Reich keine Schutzmacht der Kirche mehr. Italien entglitt unter Wenzel dem Reich. Weil Kaiser auf Schimmeln in die Städte einritten, wurde ihm in Paris ein Rappen entgegengeschickt. Dies hielt ihn dennoch nicht davon ab, sich mit dem französischen Karl VI., seinem königlichen Mitbruder und „geistigen Wrack“, fürchterlich zu berauschen. Es waren zwei Alkoholiker unter sich.

Als die neuen Städte – wie die Arbeiter im neunzehnten Jahrhundert – immer selbstbewußter gegen den Adel, die Ritter und die Fürsten um einen für sie bis dahin nicht vorgesehenen Platz in der feudalen Gesellschaftsordnung kämpften, verließ der zwanzigjährige Inhaber der Zentralgewalt fluchtartig das Reich. Als die Städte- und Fürstenbünde sich gegenseitig Senf in die Äcker säten und mit Straßenraub, Dörferverwüstungen, Brandschatzungen und sinnlosen Morden das Reich verheerten, zögerte er jahrelang als Schiedsrichter und setzte dann schließlich auf die Fürsten, die ihn dennoch später absetzten. Es war eine einmalige und unwiederholbare günstige Situation der deutschen Geschichte. Hätte si die Zentralgewalt damals e schlossen und mit Macht mit d neuen Zeit und neuen Kraft d Städte verbunden, das Reich e stierte womöglich heute noc Wenzel hatte viele günstige Stu den und nützte keine einzige vo ihnen. Keiner weiß, wieviel Le Europa hätte erspart bleiben kö nen. Vor sechshundert Jahren, a Ostersonntag 1389, war das ers fürchterliche Judenpogrom i Prag, mit dreitausend Toten. In die ser Zeit erteilte Wenzel für di Handschrift der Bibel den Auftrag

Als die Arbeit an dem Meister werk in vollem Gange war, bescher te er der späteren Tschechoslowa kei nach dem heiligen Wenzel, sei nem Namensvorgänger, eigenhän dig den zweiten Nationalheiligen Nepomuk, den Beichtvater seine Gemahlin und den späteren Schutzpatron der Brücken deshalb weil er ihn nach der Folterung von der Karlsbrücke in die Moldau werfen ließ, die nach seinem Vater benannt ist.

Völlig anders als der geordnete Hintergrund der Bibelminiaturen sah der kirchliche Hintergrund seiner Zeit aus. Durch die zwei Päpste gab es an vielen Orten auch zwei Bischöfe, die sich gegenseitig aus der Kirche ausschlossen. Die Priester und Mönche verweltlichten heillos. Schließlich wurde Wenzel, der die Anhänger Wiclifs noch streng hatte verfolgen lassen, ein Anhänger des Hus, als zweifelhafter Bundesgenosse und unfähiger Schutzherr, als Rohr im Wind. Auf ihn konnte keiner zählen. Unter Hus begannen die deutschen Professoren aus Prag auszuwandern. Die Universalität des Reiches ging damals in Böhmen zuerst verloren. Der Entfremdung der Nationen war die Spaltung der universalen Kirche vorausgegangen. Man könnte eine Linie von Wenzels Suff, seinem Zaudern, seiner Teilnahmslosigkeit und seinem Jähzorn zum Ausbruch des Ersten Weltkrieges ziehen. Wenzel war wirklich ein Unglücksfall der Geschichte. Als er am 16. August 1419 „brüllend wie ein Löwe“ starb, wurde er in dem Hexenkessel, den er in Prag hinterließ, heimlich „ohne Licht und Kreuz“ begraben. Böhmen brannte statt dessen lichterloh.

Nur die vielen Porträts dieser Bibel bewahren seitdem noch ein schönes Bild von ihm, einen angenehmen blonden Jüngling, in höfischer Kleidung oder halb- und ganz nackt, mit gepflegtem Knebelbart. Der Nachwelt blieb er jedoch vor allem mit roten Augen in Erinnerung, als bestgehaßter Herrscher

WENZELS-BIBEL

seiner Zeit, als „neuer Nero“, der „schon bei seiner Taufe das Weihwasser ‚verunreinigt‘“ haben soll, dem „ein guter Wein allemal wichtiger war als sein Königreich“: ein königlicher Wüterich, der einen schlechten Koch fachmännisch gespießt und geröstet und nachts „zusammen mit seinem Gevatter Henker“ Frauen entehrt haben soll.

Wahrscheinlich war er in seiner zweiten Lebenshälfte vor allem ein schwerkranker Mann, dessen Nervenleiden, Bosheit und melancholische Phasen, dessen Antriebslosigkeit, Angstzustände und Lähmungserscheinungen mit den Wutanfällen zusammen an das Krankheitsbild eines schwer Depressiven denken lassen. „Er war groß im kleinen, klein im Großen“, urteilte Leopold von Ranke salomonisch über ihn. „Er hat als Kind angefangen zu regieren, im Alter regierte er wie ein Kind.“ „Im betrunkenen Zustand war er ein wildes Tier“, wissen wir von Karl Marx, „er hatte aber auch viel Gutes.“ Betrunken war er in den letzten Jahren leider meistens. An seine Bibel freilich wird Marx bei diesen „guten Seiten“ nicht gerade gedacht haben. Die Wenzelsbibel, die seinen Namen trägt, wurde in seinem Zusammenhang fast nie mehr erwähnt, außer in Inventarverzeichnissen. Nach seinem Tod gelangte sie in den Besitz seines kaiserlichen Stiefbruders, später in die Hände der Habsburger. So kam sie auf Umwegen zuerst in drei, dann in sechs Bänden über die Wiener Neustadt nach Innsbruck, später auf das Schloß Ambras, bis sie schließlich in die Wiener Hofburg gelangte. Hier, in der Österreichischen Nationalbibliothek, wird sie bis heute verwahrt, immer noch praktisch unzugänglich. Anders als mittelalterliche Dome oder Skulpturen lassen sich die Schätze der Buchkunst nur in Tresoren an kommende Generationen weiterreichen.

Jetzt aber, jetzt erst, kann diese Bibel dennoch endlich von vielen studiert und gelesen werden. Denn mit der Verfeinerung der technischen Mittel unseres Jahrhunderts gab es schon Ende der sechziger Jahre in der Grazer Akademischen Druck- und Verlagsanstalt erste Gedanken und Pläne, diesen Eckstein der Buchkunst vollständig zu faksimilieren. Aus diesen Plänen wurde schließlich das größte Faksimile-Projekt der Buchgeschichte. Im Mai 1981 erschien als erster von acht Bänden die Faksimile-Ausgabe der Bücher Genesis und Exodus, im Maßstab eins zu eins.

Im letzten Herbst lagen alle illuminierten Bücher der sechs Codices originalgetreu in einer Auflage von achthundert numerierten Exemplaren vor, als Höhepunkt der Buchkunst unserer Zeit, als bibliophile Meisterleistung der Gegenwart. Niemals vorher wurde eine Handschrift dieses Formats so getreu wiedergegeben und aus der Intimität eines königlichen Unikats herausgelöst. Für die Demokratisierung der Prachtbibel in viele private Hände wurde jede Farbnuance aufwendig digitalisiert. Allein für die Wiedergabe des Blau mußte die Drucktechnik umgestellt werden. Denn dieses Blau ist unvergleichlich, von einer unmeßbaren Leuchtkraft. Was sich technisch messen ließ, war schon in den ersten Reproduktionen perfekt, doch was das Auge verglich und sah, blieb unbefriedigend. „Es war wie das langsame Bergen eines unbekannten Schatzes“, sagt Dr. Kramer, der Geschäftsführer der Verlagsanstalt. Als die Arbeit schließlich beendet wurde, hatte der zeitliche Aufwand der Faksimilierung den Aufwand für die ehemalige Schöpfung des Originals übertroffen.

An einem der letzten Septembertage im vergangenen Jahr wurde die erste vollständige Kopie in die Stadt zurückgebracht, in der die Urschrift einmal gemalt und geschrieben wurde. Doch der Tag war zu schön für stickige Empfänge, selbst in der herrlichen Residenz des österreichischen Botschafters. Mit dem Mantel über dem Arm waren es von dort nur fünf Minuten zum Hradschin hoch. Der Veitsdom flimmerte im Morgenlicht. Leichte Rauchfahnen hingen wie silberne Schleier über der Goldenen Stadt der drei Fensterstürze. Es war ein Herbsttag sondergleichen. Gleich hinter der Kathedrale war ein ehemaliges Nonnenkloster in ein Museum umgewandelt worden, mit gotischen Tafelbildern böhmischer Meister. In dieser Stunde war kein einziger Besucher da. Es war wunderbar still. Und hier sah ich plötzlich auch auf diesen Bildern den alten Hintergrund wieder, die Muster unseres verlorenen Willens, die Welt nach Gottes Plan herrlich neu zu ordnen. Zu einer neuen Erde und einem neuen Himmel, hier purpurrot, dort aus purem Gold.

Fast übergangslos verwandelte sich der leuchtende Morgen in einen warmen Nachmittag. Der Platz vor meinem Fenster lag schon im Schatten. Mit etwas Zeit, dachte ich, ließe sich eine Linie von der schlaffen Untätigkeit Wenzels hin zu Jan Palach ziehen, der sich der Spätfolgen wegen vor zwanzig Jahren da draußen selbst verbrannte. Oder weit zurück, nach Israel, wo die Texte erstmals formuliert wurden, die Wenzel so prächtig illuminieren ließ und so wenig las und verstand. Der Text hat sich immer noch nicht verändert. Bis in die heutige Zeit wurden deshalb schon manchem tschechischen Priester nachts die Zähne eingeschlagen. Manchmal scheint nur noch die Geheimpolizei zu wissen, wie gefährlich er ist. Wir aber wissen mehr als je zuvor über dieses Buch, mehr als Luther, mehr als Augustinus, und kennen es doch augenscheinlich weniger als je zuvor, gerade so, als läge es nur auf lateinisch vor.

Am Tag zuvor hatte ich in der Wiener Hofburg noch einen endgültig letzten Blick auf das eine Vorbild der achthundert neuen Abbilder werfen dürfen, bevor es danach endgültig im nachtschwarzen Tresor der Nationalbibliothek verschwand. Denn das Licht, das die Farben der Illuminationen so zum Leuchten bringt, ist ja auch ihr größter Feind. Deshalb werden in Zukunft wahrscheinlich nur noch die Faksimile-Bände einzusehen sein. Sie sind ein Geschenk an die Menschheit, auch wenn die Bände zusammen jeweils über dreißigtausend Mark kosten. Dieses Buch vor mir aber war nun ganz und gar unbezahlbar, diese „haillig schrifft“, die „schön gülden, gross köstlich Bibl“, das kostbarste Buch, das keiner gelesen hat.

Bis zum Abschied an der Tür konnte ich meine Augen nicht von den Blättern lösen und kam noch einmal zurück, weil ich diese Schönheit nicht fassen konnte. Die Farben sind immer noch unvergleichlich. Kein Druck auf der Welt kann sie wiedergeben. Sie leuchteten wie am ersten Tag auf dem atmenden Pergament. Die aufgetropften Blattgoldplättchen glänzten verschwenderisch. Und dann das Blau! Himmelblau! Es war das Blau Galiläas, das Blau des Eisvogels im Flug. Und da entdeckte ich diesen „fliegenden Edelstein“ wieder, der so oft im Rankenwerk der Bibel Wenzels nistet. Das Vögelchen lebte. Ich drehte mich um, nahm zögernd die Hände aus den Hosentaschen. Ich war allein. Sollte ich klatschen? Würde es dann nicht von dem Pergament hoch- und wegfliegen, jetzt gleich, schnell, bevor es wieder auf Jahrhunderte in die Dunkelheit verschlossen wurde? Es war unglaublich, daß Menschenhände dieses Geschöpf geschaffen hatten. Es war sehr gut. ○

Die Männer:
Peter & Peter der Große.
Ihre Hosen:
Mobil Elasto.

THINIUS/PARTNER

Allerbeste Freunde und mehr. Vater und Sohn! Zwei, die stolz aufeinander sind und zusammen durch dick und dünn gehen.

Das Motto der beiden: Wenn der Vater mit dem Sohne.

Jeder akzeptiert die Meinung des anderen. Gemeinsame Interessen und Auffassungen gibt es reichlich. So zum Beispiel das Gefühl für Qualität in Lebensstil und Kleidung. Deshalb sollten Sie nicht überrascht sein, wenn Sie Peter und Peter den Großen in einer Mobil Elasto-Hose sehen.

Sie sehen: die gute Paßform, die ausgezeichnete Formbeständigkeit, den schlanken Sitz.

Sie sehen nicht: den bis auf 8 cm dehnbaren Bund, den Dehnbundgürtel, die Rückformeigenschaften, die Safety Pocket, die Pflegeleichtigkeit, die 12 Monate Tragegarantie und... die herrlich dynamische Dehnbarkeit insgesamt.

Typisch dynamisch.
Typisch mobil elastisch.

mobil elasto®
made in W. Germany

Väter und Söhne, die sich auf eine gemeinsame Qualität eingeschworen haben, schreiben für einen Nachweis mit Mobil Elasto-Fachgeschäften an:
Mobil Elasto, Postfach, 3062 Bückeburg

Ich möchte gerne wissen, wo ich Mobil Elasto kaufen kann.
Name: ____
Straße: ____
Ort: ____

LAUFZEITEN UND ZINSEN – FÜR JEDEN ANLEGER DAS PAPIER NACH MASS.

Die BAYERISCHE LANDESBANK Girozentrale gehört zu den großen deutschen Emissionshäusern. Im Jahr 1988 verkauften wir Schuldverschreibungen in Höhe von über 13 Milliarden DM. Der Umlauf an eigenen Papieren stieg damit auf 52 Milliarden DM. Das sind Milliarden, die für das Vertrauen unserer Kunden sprechen.

Wenn Sie in Wertpapieren investieren wollen, dann sollten Sie mit uns reden. Wir können Ihnen eigene Papiere aller Laufzeiten bieten. Unsere Fachleute offerieren Ihnen aber auch andere Papiere – Aktien, Festverzinsliche, Investmentzertifikate, nicht zuletzt auch Papiere bedeutender ausländischer Emittenten. Alles in allem ein komplettes Angebot.

Über die BAYERISCHE LANDESBANK Girozentrale können Sie Ihr Anlagekonzept individuell realisieren, und zwar national wie international.

In München, Nürnberg und über jede bayerische Sparkasse sowie in Bonn, Frankfurt und Luxemburg. Außerdem in London, New York, Singapur (Niederlassungen), Johannesburg, Toronto, Wien (Repräsentanzen). Sie erreichen uns auch über Btx: ∗ 38000 #

Bayerische Landesbank
Girozentrale

Norbert H. Ott

Der Buchmaler in der mittelalterlichen Handschriftenwerkstatt

Der Miniator bei der Arbeit. Initiale aus einer Handschrift von 1255. Kopenhagen, Königliche Bibliothek, Ms. 4, 2°.

Das mittelalterliche Skriptorium war ein arbeitsteilig organisierter Betrieb, in dem Spezialisten verschiedenster Sparten an der Herstellung eines handschriftlichen Buches zusammenarbeiteten. Bis ins 15. Jahrhundert geschah dies auf Bestellung oder für den Eigenbedarf der Klöster, spät erst auf Vorrat für einen durch Angebot und Nachfrage geregelten Markt. Wie alle dabei notwendigen Tätigkeiten – Pergamentherstellen, Festlegen des Schriftspiegels, Markieren der Zeilenabstände mit einem Zirkel, Schreiben des Textes und der Initialen, Binden und Anfertigen der Metallbeschläge – wurde auch die künstlerische Arbeit des Buchmalers (des Miniators) als Handwerk begriffen, freilich als eines, das besondere Fähigkeiten verlangte, die in den Skriptorien selbst gelehrt wurden.

Die Arbeitsweise war dabei im Mittelalter die gleiche wie in der Antike: Erst nach dem Vorbereiten des Pergaments, z.B. durch Aufrauhen mit Bimsstein – Arbeitsgänge, die sich bei Papierhandschriften natürlich erübrigten –, konnte mit dem Schreiben und Malen begonnen werden. Beschrieben und bemalt wurden die noch unbeschnittenen Bogen: An den Rändern oder auch unter abgeblätterten Farbschichten von Miniaturen finden sich mitunter Maleranweisungen, die oft sehr detailliert das Bildmotiv angeben.

Die von den Buchmalern verwendeten Techniken waren auch im Hochmittelalter die gleichen wie in der Antike: In die Lücken, die die Textschreiber offenließen, fügten die Miniatoren Deckmalereien in Farbe und Gold oder Federzeichnungen, oft in mehrfarbigen Tinten, ein. Im Spätmittelalter wird dann, besonders bei volkssprachlichen Manuskripten, die mit Blei und Tusche vorgezeichnete und mit Aquarellfarben kolorierte Federzeichnung gebräuchlich.

Auch die Herstellung der Malmittel fiel in den Aufgabenbereich des Buchmalers. Arbeitshandbücher, so das ‚Compendium artis picturae' aus dem 11. und ‚De Clarea' aus dem 12. Jahrhundert, vermittelten die Kenntnisse über Farb- und Bindemittel, den Aufbau der Malschichten und die Verträglichkeit oder Nichtverträglichkeit von Farben. Verwendet wurden natürliche und chemische anorganische Farbmittel – gelbes und oranges Arsensulfid, Malachitgrün, Ocker, pulverisierter Lapislazuli, das aus Schwefel und Quecksilber gewonnene Zinnober, Bleiweiß und Grünspan – und natürliche organische Stoffe: das aus der Schildlaus hergestellte Karmin, Purpur von der Trompetenschnecke, Safran, Extrakte von Lauch, Petersilie und Schwertlilie für Grüntöne, Blau aus der Indigopflanze. Um diese Pigmente auf dem Bildträger zu fixieren, sind Bindemittel nötig, meist Eiweiß, Harze von Kirsch- und Pflaumenbäumen, Leim aus zerriebenem Pergament oder der getrockneten Schwimmblase des Störs. Dabei galt es manches zu beachten: Wurde zuwenig Bindemittel beigegeben, zerfiel die Farbe zu Staub und rieb sich vom Untergrund ab, zu starker Binder zog sich beim Trocknen zusammen und sprengte die Malschicht auf. Die in Prachthandschriften beliebten Metallgründe wurden entweder als Blattgold oder -silber mit Eiweiß direkt aufs Pergament oder auf ein erhabenes Gessobett – eine Mischung aus Gips, Puderzucker, Bleiweiß und Leim – aufgelegt oder als pulverisiertes Metall mit dem Pinsel vermalt und anschließend mit Achatstein oder einem Eberzahn poliert.

Für die Anfertigung einer Deckfarbenminiatur waren viele Arbeitsgänge notwendig. Nachdem mit Blei der Aufriß angelegt war, kam ein sorgfältiger Federentwurf in blasser Tinte, schon mit den Details der Gestaltung; dann wurde die Vergoldung ausgeführt. Beim eigentlichen Malen trug man zunächst die blasseren, dann die kräftig-leuchtenden Farben auf und zog danach die Konturlinien mit Feder oder Pinsel. Zum Schluß wurden die Spitzlichter aufgesetzt, mit feinen Hermelinpinseln oder Stoppelfedern aus Vogelflügeln.

Auch die Komposition der Miniaturen folgte überlieferten Regeln. Der mittelalterlichen Überzeugung gemäß, daß die Wahrheit nicht im Neu-Erfundenen liegt, sondern in der Autorität des Tradierten, bestand die Arbeit des Miniators – nicht anders als die des Schreibers – im Kopieren einer Vorlage, der man die ikonographischen Formeln der Gesamtdarstellung ebenso entnahm wie formale Details. Vor allem der klösterliche Buchmaler

Herausgegeben von Hans von Steuben

Beck's Archäologische Bibliothek

Die Archäologie war lange Zeit eine Wissenschaft, die sich mit Einzelfunden beschäftigte und die sich vor allem auf die antike Kunstgeschichte konzentrierte. Das hat sich geändert. Heute sind Archäologen bemüht, in Zusammenarbeit mit Historikern und Philologen, aber auch mit Naturwissenschaftlern, vergangene Gesellschaften und ihre Lebensverhältnisse umfassend zu rekonstruieren. Sie antworten damit auch auf die Fragen, die ein breites Publikum an die Altertumswissenschaften richtet. Die Reihe «Beck's Archäologische Bibliothek» übernimmt hier eine Vermittlungsaufgabe. In ihr kommen Fachleute zu Wort, die in wissenschaftlich fundierten Darstellungen dem Laien ein anschauliches Bild antiker Lebenswirklichkeit vermitteln.

Neu
Wolfgang Decker
Sport und Spiel im alten Ägypten
1986. 212 Seiten mit 132 Abbildungen und zwei Tabellen.
Broschiert DM 38,–

Neu
Harald Mielsch
Die römische Villa
Architektur und Lebensform
1986. 181 Seiten mit 106 Abbildungen.
Broschiert DM 38,–

Antje Krug
Heilkunst und Heilkult
Medizin in der Antike
1985. 244 Seiten mit 96 Abbildungen.
Broschiert DM 38,–

Olaf Höckmann
Antike Seefahrt
1985. 196 Seiten mit 135 Abbildungen.
Broschiert DM 38,–

«...fraglos das wertvollste Buch zum Thema in der deutschsprachigen Literatur.»
Die Welt

Ingeborg Scheibler
Griechische Töpferkunst
Herstellung, Handel und Gebrauch der antiken Tongefäße
1983. 220 Seiten mit 166 Abbildungen.
Broschiert DM 38,–

Peter C. Bol
Antike Bronzetechnik
Kunst und Handwerk antiker Erzbildner
1985. 212 Seiten mit 136 Abbildungen.
Broschiert DM 38,–

C. H. Beck

Die zur Herstellung einer Handschrift notwendigen Arbeitsgänge. Linke Medaillonreihe, von oben nach unten: Zuspitzen der Gänsefeder, Erstellen des Konzepts auf Wachstafeln, Bereiten des Pergaments, Bearbeiten des hölzernen Buchdeckels. Rechte Medaillonreihe: Falzen der Lagen, Binden des Buchblocks, Anbringen der Falze, Fertigung der Metallbeschläge. Ambrosius-Handschrift, 3. Viertel des 12. Jh. Bamberg, Staatsbibliothek, Msc. Patr. 5, fol. 1r.

war eingebunden in den innerhalb seines Skriptoriums schulmäßig tradierten Stil, dem er nur schwer individuelle Akzente verleihen konnte. In den weltlichen Werkstätten des späteren Mittelalters sind neue Bilderfindungen, ist eine Art „Realismus“ – jedenfalls der Reflex auf Außenrealitäten – häufiger anzutreffen: Zeitgenössische, oft sehr modische Kostüme oder deutlich lokalisierbare Landschaften und Städteansichten wurden mitunter in die traditionellen Bildmuster integriert. Dennoch blieb auch hier das Arsenal an Bildtypen, die gewissermaßen „auf Abruf“ bereitstanden, relativ gering, was vor allem mit der neuen Produktionsweise auf Vorrat, nicht mehr nur per Auftrag, zu tun hatte. Die elsässische Werkstatt des Diebold Lauber im 15. Jahrhundert z. B., die 5 Schreiber und 16 Maler beschäftigte, benutzte zur Illustration ihrer zahlreichen Papiermanuskripte die immer gleichen Bildformeln. Das von den Malern solcher Werkstätten geübte Verfahren, mit ständig wiederholten, nur in wenigen äußerlichen Details variierten Bildmustern alle möglichen Textgattungen zu illustrieren, nimmt eine Entwicklung vorweg, die in der Inkunabelillustration durch die mehrfache Verwendung des gleichen Druckstocks üblich wird. Die Arbeitsteilung schritt in solchen Manufakturen immer weiter fort: So wurden bei der Herstellung sehr reich illustrierter Codices oft mehrere Maler entsprechend ihren besonderen Fähigkeiten eingesetzt: Ein Miniator war z. B. für figurenreiche Schlachtenszenen zuständig, während ein anderer die kleinformatigen Dialogbilder malte.

In der Frühzeit der Buchmalerei war es wohl noch vielfach der Schreiber selbst, der außer den roten Überschriften auch die Miniaturen schuf. Nicht von ungefähr hieß diese Tätigkeit „miniare“ – mit „minium“ (Mennige, Zinnober) auszieren. Doch bereits in den klösterlichen Skriptorien wurden die zur Anfertigung einer Handschrift nötigen Arbeiten auf viele Hände verteilt, wobei nicht nur Mönche mitwirkten. Die Herausbildung einer profanen volkssprachlichen Literatur begünstigte dann die Entwicklung weltlicher Werkstätten und damit das Entstehen einer neuen Klasse berufsmäßiger Miniatoren. Diese Handwerker übernahmen Aufträge gegen feste Preise. Sie waren in Zünften oder in Bruderschaften organisiert und versuchten sich auch gegen kirchliche Konkurrenz zu wehren: In York z. B. – wo die Zunft Textschreiber, Buchmaler, Initialen- und Schnörkelzeichner sowie Musiknotenschreiber umfaßte – wurde 1495 ein Verbot durchgesetzt, das es Priestern verwehrte, gegen Lohn Manuskripte herzustellen. Oft waren diese Kleinbetriebe Familienunternehmen, die vom Vater auf den Sohn vererbt wurden. Ein Lehrling mußte – wie in anderen zünftigen Handwerken – nach seiner Lehrzeit bei Meister und Zunftvorstand ein Werkstück vorlegen, mit dem er als Geselle anerkannt wurde. In der Hauptsache beschäftigten sich die Buchmaler wohl nur mit der Handschriftenillumination. Erst seit dem Ende des 14. Jahrhunderts ist dann eine Ausweitung der Tätigkeiten zu beobachten: Auch Tafelmaler – etwa die Werkstatt des Konrad Witz oder der Meister der Lüneburger ‚Goldenen Tafeln‘ – malten Codices aus; andererseits haben auch Kupferstecher – so z. B. der ‚Hausbuchmeister‘ – Handschriften illustriert.

Die spärlichen Quellen machen es schwer, konkrete Kenntnisse über die Entlohnung der Miniatoren zu gewinnen. In einer französischen Gralroman-Handschrift des 14. Jahrhunderts findet sich der Hinweis, daß jede Miniatur 1 Florin gekostet habe. Die Herzöge von Burgund haben ihre Buchmaler nach der aufgewendeten Zeit entlohnt: 1449 erhielt Jehan Drieu aus Brügge täglich 12 Sous. In den Pariser Steuerlisten rangieren die Buchmaler weit hinter den Töpfern und Edelsteinhändlern. Diese Entlohnung entsprach durchaus nicht dem Wert der Handschriften: Ulrich von Rappoltstein mußte im 15. Jahrhundert für seine – nicht illustrierte – ‚Parzival‘-Handschrift den Wert eines Streitrosses berappen – aber auch heutzutage liegt der Preis für ein vielfach reproduziertes Faksimile einer mittelalterlichen Prachthandschrift oft nicht weit unter dem eines Reitpferdes.

DER AUTOR

Dr. Norbert H. Ott, geb. 1942, ist wissenschaftlicher Mitarbeiter bei der Bayerischen Akademie der Wissenschaften.

Umwelt-Jahr 1987

86% der deutschen Manager wollen* ökologisch wirtschaften – dieses Buch zeigt, wie es praktisch geht

*laut einer kürzlich durchgeführten Umfrage

Das Unternehmen als ‹Umweltschutz-Organisation›? Ökonomie und Ökologie Hand in Hand? Daß dies keine Utopie oder bloße Theorie bleiben muß, zeigt dieses Handbuch der praktischen (und trotzdem erfolgreichen) Betriebsökologie. Wer konkret etwas für eine ökologisch orientierte Wirtschaft tun möchte – ob als Unternehmer oder Arbeitnehmer, Betriebsrat, Gewerkschafter oder Umweltschützer – erhält mit diesem Buch einen nützlichen Leitfaden an die Hand.

Georg Winter, selbst Unternehmer, wurde bekannt durch mehrere aufsehenerregende Umweltschutzpilotprojekte, die er in seinem eigenen Betrieb durchführte. Er ist u. a. Mitbegründer des Bundesdeutschen Arbeitskreises für Umweltbewußtes Management (BAUM).

Georg Winter

Das umweltbewußte Unternehmen

Ein Handbuch der Betriebsökologie
mit 22 Check-Listen für die Praxis

C.H.Beck

Georg Winter Erscheint im März 1987

Das umweltbewußte Unternehmen

Ein Handbuch der Betriebsökologie
mit 22 Check-Listen für die Praxis

Herausgegeben von der Kommission der Europäischen Gemeinschaften. 1987. Etwa 200 Seiten. Broschiert DM 24,–
ISBN 3 406 31253 4

bei C. H. Beck

pischen Götter zu erwähnen – im V. Buch seiner ‚Historien‘, daß die mit Kadmos nach Griechenland eingewanderten Phönizier die bis dahin dort noch unbekannten Buchstaben eingeführt hätten und daß die Griechen dann das phönizische Alphabet für ihren Gebrauch umgewandelt hätten.
Bevor im folgenden auf einen speziellen Aspekt dieses Anpassungsprozesses näher eingegangen wird, soll im nächsten Abschnitt zuvor in kürzester Form ein Überblick darüber gegeben werden, wie es nach unserem heutigen Wissensstand zur Entwicklung des Alphabetes gekommen sein dürfte.

Vom Bild zur Buchstabenschrift

Die Entwicklung des homo sapiens ist begleitet von der Einführung und Nutzung eines Kommunikationssystems, das es den Teilnehmern erlaubte, Erfahrungen auszutauschen, gemeinsame Pläne in Angriff zu nehmen, gesellschaftliche Ordnungen über den engsten Kreis der Familie hinaus zu verabreden und – vor allem – auch abstrakte Gedanken zu formulieren und zu artikulieren. Die menschliche Sprache, die dies alles ermöglichte, unterliegt physikalisch engen Grenzen: Sie wird durch Schallwellen übertragen, die keinen zeitlichen Bestand haben und sich nur über relativ kurze Entfernungen ausbreiten. Der Wunsch, den gedanklichen Inhalt der Sprache zeitlich beständig und über große Entfernungen transportabel zu machen, stellte den homo faber vor Aufgaben, deren schrittweise Lösung auf das engste mit der kulturellen, politischen und wirtschaftlichen Entwicklung der Menschheit verknüpft ist.
Schon in der Steinzeit dürften die Menschen erkannt haben, daß die bildliche Darstellung eines Gegenstandes, eines Lebewesens oder einer bestimmten Handlung ihre Bedeutung über Generationen hinweg beibehielt. Aus dieser Erfahrung dürfte der Wunsch entstanden sein, bildliche Darstellungen bewußt als ‚Nachrichtenspeicher‘ zu nutzen. So entstanden in der westlichen Hemisphäre in Ägypten die Hieroglyphen und in Mesopotamien die Keilschriften, in denen anfangs jedem Wort ein eigenes, genormtes Bildzeichen zugeordnet war. Im Interesse einer Rationalisierung des ‚Schreibens‘ entstanden dann durch Phonetisierung Silbenschriften und als Höhepunkt dieser Entwicklungslinie schließlich die Buchstabenschriften, die jedem einzelnen Sprachlaut jeweils ein bestimmtes Schriftzeichen zuordnen; aus den Kombinationen von nur noch zwei Dutzend Schriftelementen konnte jetzt jedes beliebige Wort ‚geschrieben‘ werden.
Der Übergang zur Buchstabenschrift geschah zu Ende des zweiten Jahrtausends v. Chr. wahrscheinlich bei den Phöniziern, die in engen Handelsbeziehungen zu vielen Nachbarstaaten standen. Ihr Buchstabenvorrat umfaßte 22 Konsonanten; die Vokale der damit geschriebenen Worte konnten durch kombinatorische Kompensation oder aufgrund besonderer Hinweiszeichen ‚gelesen‘ werden. Interessant für unsere späteren Überlegungen ist, daß die Phönizier – aus welchen Gründen auch immer – ihre 22 Schriftelemente in eine festgelegte Reihenfolge einordneten: damit erfüllte ihr Zeichenvorrat schon damals die heute übliche Definition eines ‚Alphabetes‘, nämlich die „Gesamtheit der Buchstaben eines Schriftsystems in ihrer herkömmlichen Anordnung“ (Brockhaus Encyklopädie, Wiesbaden 1966).
Die Phönizier brachten ihr Alphabet über die Westküste Kleinasiens und die Inseln der Ägäis auch nach Griechenland. Dort war – trotz vieler mundartlicher Verschiedenheiten – die Vielfalt der Vokale ein gemeinsames Charakteristikum der Landessprachen. Das hatte zur Folge, daß die Griechen das phönizische Alphabet so änderten und erweiterten, daß auch für die Vokale eigene Buchstaben eingeführt werden konnten (für e oder o sogar jeweils zwei Buchstaben, je nachdem, ob der Vokal kurz oder lang gesprochen werden sollte).
Als im Laufe dieser Anpassung der Schrift an die Eigenheiten der Sprache das griechische Alphabet auf 27 Buchstaben angewachsen war, folgte ein weiterer, für unsere späteren Überlegungen wichtiger Entwicklungsschritt: die Griechen nutzten ihr Alphabet jetzt auch für ein System von Ziffern (Zahlzeichen), und zwar die acht Buchstaben von Alpha bis Theta für die Einer, von Jota bis Kappa für die Zehner und von Rho bis Sigma für die Hunderter. Sollte besonders darauf hingewiesen werden, daß ein Buchstabe als Ziffer zu lesen war, wurde rechts oben ein Apostroph hinzugefügt; stand der Apostroph links unten, erhöhte sich der Wert der Ziffer um drei Größenordnungen, die Buchstaben standen dann für Tausender, Zehntausender und Hunderttausender. Diese ‚Verzahlung‘ des Alphabetes begann etwa um 500 v. Chr. (K. Menninger: Zahlwort und Ziffer. Göttingen 1958).
Bevor wir auf die Frage eingehen, welche Folgen dieser Schritt für die Entwicklung von Telegraphen-Codes gehabt haben könnte, muß abschließend noch darauf hingewiesen werden, daß das zur Niederschrift von Texten benutzte griechische Alphabet im Lauf der Zeit wieder etwas vereinfacht wurde: drei in der griechischen Sprache kaum benutzte Konsonanten schieden wieder aus, so daß das Alphabet (von Alpha bis Omega) nur noch 24 Buchstaben umfaßte. Dieses ‚klassische‘ Alphabet liegt heute jedem Wörterbuch des Altgriechischen zugrunde.

Vom Feuerzeichen zur Fackelschrift

Als die Griechen erkannt hatten, daß man mit Buchstaben auch Ziffern schreiben konnte, lag die Frage nah, ob es nicht auch umgekehrt nützlich sein könnte, durch Zahlen Buchstaben ausdrücken zu lassen; eine mögliche Anwendung bot

das Problem, mit Feuersignalen beliebige Nachrichten übermitteln zu können.
Seit Jahrtausenden war der Nachrichtentransport in die Ferne so gut wie ausschließlich Boten oder Boten-Stafetten überlassen worden. Nur in ganz seltenen, besonderen Situationen nutzte der Mensch auch die Möglichkeit, Nachrichten mit Hilfe von Feuerzeichen, also mit technischen Hilfsmitteln, zu übertragen. Vor der Erfindung des Fernrohres zu Beginn des 17. Jahrhunderts n. Chr. waren Feuersignale allerdings kein sehr handliches Kommunikationsmittel; bei großen Entfernungen bedurfte es unverhältnismäßig großer brennender Holzstöße als Signalquelle, und die Benutzung der sehr viel handlicheren Fackeln schränkte die überbrückbare Entfernung außerordentlich ein.
Trotz dieser Mängel hat nun die Einführung des Alphabetes in Griechenland offenbar zu Überlegungen geführt, wie man wenigstens den bis dahin äußerst geringen Informationsgehalt von Feuersignalen steigern könne. Das Ziel war, nicht nur eine einzige, vorher verabredete Meldung anzuzeigen, sondern mit Hilfe von Fackeln jede beliebige Nachricht – beispielsweise aus einer belagerten Stadt zu heranrückenden Verbündeten – Buchstaben für Buchstaben übertragen zu können.
Eine naheliegende Lösung dieser Aufgabe wäre gewesen, jedem Buchstaben des Alphabets eine eigene Sorte von Fackeln zuzuordnen, deren Flammen sich deutlich von der Farbe und/oder Form der Flammen aller anderen Fackelsorten hätte unterscheiden lassen; das aber war aus physikalischen und physiologischen Gründen nicht möglich. Eine realisierbare Lösung bot dagegen die Einführung des Ziffernsystems: ordnet man den Buchstaben von Alpha bis Theta einen ‚Einer-Signalisten', den Buchstaben von Jota bis Kappa einen ‚Zehner-Signalisten' und den Buchstaben von Rho bis Sigma einen ‚Hunderter-Signalisten' zu, dann hätten drei nebeneinander postierte Fackelträger jeden der 27 Buchstaben des Alphabetes durch ein- bis neunmaliges Heben ihrer Fackel in die Ferne ‚schreiben' können.

Wachstafel mit altgriechischer Schrift, 4. bis 5. Jahrhundert n. Chr.

Weil Sie mit der Technik im Rampenlicht stehen.

Der Zuschauer sieht, hört, spürt und erlebt Ihn – aber nur selten honoriert er ihn. Der technische Teil einer Veranstaltung gilt als selbstverständlich. Der Applaus ist für die Damen und Herren von der Bühne – Extravorhänge für Licht und Ton eher die Ausnahme. Nicht immer.

Denn es gibt einen Ort, wo das Rampenlicht hinter die Kulissen fällt: die SHOWTECH Berlin, Europas größten Treffpunkt der Veranstaltungsbranche. Hier prüft man die Neuheiten, knüpft Kontakte und tauscht Erfahrungen aus. Alles, was Rang und Namen hat, wird vom 8.–10. Mai 1990 zu Messe und Kongreß erwartet. Natürlich auch Sie. Vorausgesetzt, Sie nutzen Ihre Chance, greifen zur Karte und ordern Ihr umfassendes SHOWTECH-Infopaket. Am besten jetzt gleich.

Bitte senden Sie mir detaillierte Informationen über die ShowTech

☐ für Aussteller ☐ für Besucher

Name, Vorname

Funktion

Firma

Straße

Wohnort

AMK Berlin Ausstellungs-Messe-Kongreß-GmbH
Messedamm 22 · D-1000 Berlin 19
Telefon: (30) 30 38-0 · Telex: 182 908 amkbd
Teletex: 308 711=amkb d · FAX: (30) 30 38-2325 5

Internationale Messe und Kongress – Veranstaltungstechnik, Bühnentechnik, Ausstattung, Organisation

Berlin, 8.–10. Mai, 1990

AMK Berlin

AMK Berlin

AMK Berlin Ausstellungs-Messe-Kongreß-GmbH · Messedamm 22 · D-1000 Berlin 19
Telefon: (030) 30 38-0 · Telex: 182 908 amkbd · Teletex: 308 711=amkb d · FAX: (030) 30 38-2325

Fördernde Verbände: ICI vfdb AIPC **Ideelle Träger:** DTHG VDSM

Phönikische Schrift.

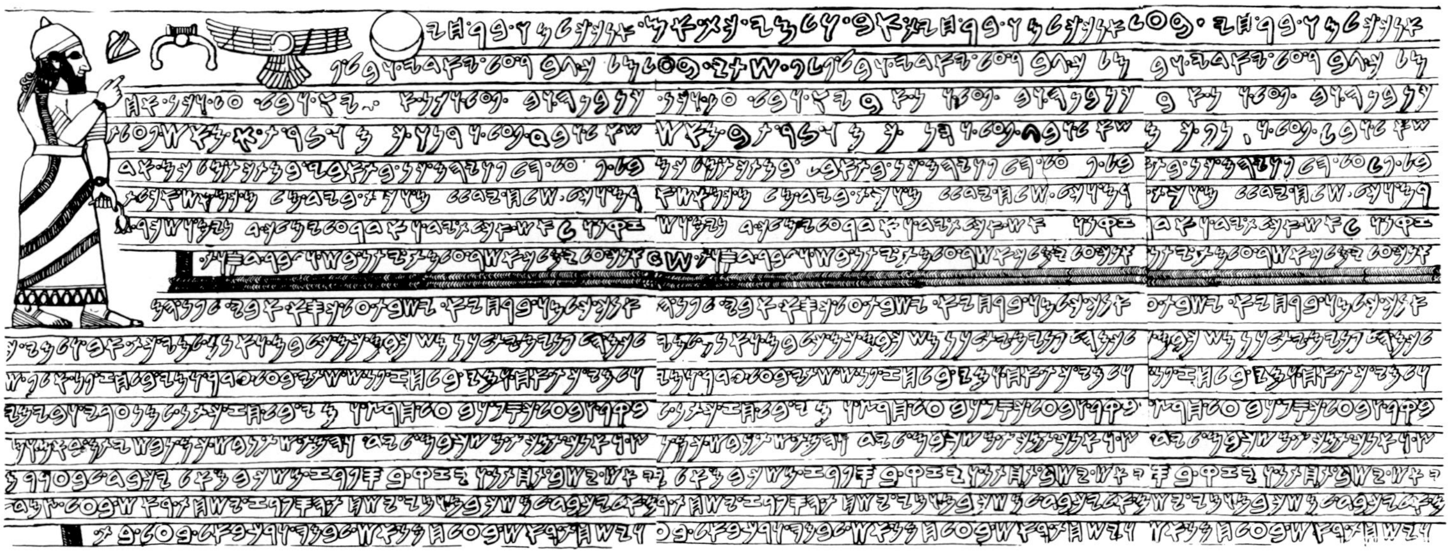

Abgesehen von der Schwierigkeit der doppelten Belegung der griechischen Buchstaben für die Elemente des Alphabets einerseits, für Zahlzeichen andererseits, hätte dieses Verfahren grundsätzlich die Möglichkeit geboten, jede beliebige, verbal formulierbare Nachricht buchstabenweise in die Ferne zu übertragen, und zwar mit Hilfe einer Vereinbarung, die wir heute einen Telegraphen-Code nennen würden. Leider sind aus der zweiten Hälfte des letzten Jahrtausends – in der solche Überlegungen wohl am ehesten hätten angestellt werden können – keinerlei schriftliche Quellen überliefert, die direkt von einem solchen Vorschlag berichten. Auf einen indirekten Hinweis aus dem zweiten Jahrhundert *vor* Chr., der sich möglicherweise auf das hier nur hypothetisch behandelte Verfahren beziehen könnte, werden wir später zurückkommen. Zunächst muß darauf eingegangen werden, daß sehr viel später, nämlich im dritten Jahrhundert *nach* Chr., Julius Africanus (Sextus) in seinen ‚Kestoi' über eine Fackelschrift berichtet hat, die dem oben beschriebenen Verfahren weitgehend entspricht.

Die ‚Kestoi' waren eine dem Römischen Kaiser Severus Alexander (222–235) gewidmete, in griechischer Sprache verfaßte Sammlung von Geschichten über Kriegskunst, Heilwesen, Landbau und anderes. In den wenigen erhaltenen Fragmenten dieser Geschichtensammlung – die später wohl auch von anderen Verfassern erweitert wurde – handelt ein kurzer Abschnitt über ein Verfahren, dessen sich die Römer bedient haben sollen, „um einander alles Mögliche durch Feuerzeichen mitzuteilen". (H. Köchly und W. Rüstow: Griechische Kriegsschriftsteller, 1. und 2. Teil. Leipzig 1855)

Daß das Verfahren ausgerechnet den Römern zugeschrieben wird, von denen sonst keinerlei Aktivitäten auf dem Gebiet des Feuersignalwesens überliefert sind, ist wohl nur als Schmeichelei des Herausgebers gegenüber dem Römischen Kaiser zu werten; wahrscheinlich galten schon damals wahre oder erdachte Erfindungsprioritäten als nationale Prestigeanliegen. Interessanter ist, wie das Verfahren selbst beschrieben wird:

Der für die Übermittlung von Feuerzeichen bestimmte Platz wird – vom Empfänger aus betrachtet – in einen linken, einen mittleren und einen rechten Teil gegliedert. Dem linken Teil werden die Buchstaben Alpha bis Theta, dem mittleren Teil die Buchstaben Jota bis Pi, dem rechten die Buchstaben Rho bis Omega zugeordnet. Soll Alpha signalisiert werden, wird links eine Fackel einmal erhoben, für Beta zweimal usw.; für Jota wird in der Mitte eine Fackel einmal, für Kappa zweimal erhoben usw.; schließlich für Rho rechts eine Fackel einmal, für Sigma zweimal usw. „Dies tun sie, um zu vermeiden, die Buchstaben durch ihre Zahlen auszudrücken, denn wenn Rho signalisiert werden soll, erheben sie nicht eine Fackel hundertmal, sondern nur die rechte einmal."

Das ist nun genau das oben beschriebene, hypothetische Verfahren, mit dem einzigen Unterschied, daß hier das auf 24 Buchstaben gekürzte griechische Alphabet zugrunde gelegt ist. Der vorstehend wörtlich zitierte Satz weist auf die enge Beziehung zur griechischen Zahlschrift hin und macht so den Hinweis auf die Römer recht unwahrscheinlich. Leider geht aber aus dem überlieferten Text der ‚Kestoi' nicht hervor, wann die hier beschriebene Fackel-Schrift erfunden wurde. Einen möglichen Hinweis liefert lediglich Polybios, dessen Beitrag zur buchstabenweisen Nachrichtenübermittlung hier vorgestellt sei.

Die Methode des Polybios

Polybios aus Megalopolis in Arkadien (200–120 v. Chr.) kämpfte in seiner Jugend als Reiterführer des Achäischen Bundes gegen die Römer, wurde 167 v. Chr. nach der Unterwerfung Griechenlands als einer der 1000 Geiseln nach Rom gebracht und gewann dort nach seiner Freilassung die Freundschaft des Cornelius Scipio Aemilianus. Er begleitete diesen großen römischen Feldherrn auf bedeutenden Feldzügen und konnte

VOM BUCHSTABEN-ALPHABETH ZUM TELEGRAPHEN-CODE

Altägyptische Hieroglyphenschrift.

Sumerische Keilschrifttafel, ca. 2000 v. Chr.

so die zeitgenössische Geschichte an ihren wichtigsten Schauplätzen als Beobachter miterleben. Später wieder in seine Heimat zurückgekehrt, hinterließ er dort nach seinem Tod eine umfangreiche Universalgeschichte über den Aufstieg Roms zur Weltmacht, in der er nicht nur über die historischen Fakten berichtet, sondern auch seine eigenen Überlegungen zu politischen und militärischen Fragen zum Ausdruck bringt. Für unser Thema ist interessant, daß Polybios sich im 10. Buch seiner ‚Historie' in den Abschnitten 43 bis 47 ausführlich mit der Bedeutung der Nachrichtenübermittlung durch Feuerzeichen auseinandersetzt, und zwar „mit der Ausführlichkeit, die ihrer taktischen Bedeutung entspricht".

Polybios beginnt seine Ausführungen mit dem Hinweis, daß früher die bei Feuersignalen benutzte Zeichensprache sehr einfach gewesen sei und man nur vorher vereinbarte Meldungen hätte übermitteln können. Dann beschreibt er, wie Aineias der Taktiker diesem Übelstand hätte abhelfen wollen, indem er mit synchron ablaufenden Wassergefäßen wenigstens die Auswahl einer bestimmten von mehreren möglichen Nachrichten ermöglichen wollte. Dies sei zwar ein kleiner Fortschritt gewesen, aber auch mit dieser Apparatur konnte nicht über Unvorhergesehenes in die Ferne berichtet werden; gerade dies sei aber in Kriegsfällen von besonderer Bedeutung. Schließlich berichtet Polybios über „das neueste Verfahren, das von Kleoxenos und Demokleitos erdacht und von mir selbst vervollkommnet wurde". Dieses Verfahren habe den Vorzug, „jede beliebige Nachricht mit großer Schnelligkeit übermitteln zu können".

Polybios beschreibt dieses Verfahren wie folgt: „Man teilt das Alphabet nach seiner Reihenfolge in fünf Teile zu je fünf Buchstaben, abgesehen vom letzten Teil, der einen Buchstaben weniger hat, aber das tut nichts zur Sache". Dieser – wie wir heute sagen würden – Telegraphen-Code wird auf fünf senkrecht stehende Tafeln aufgezeichnet, die Tafeln werden in der Empfangsstation nebeneinander aufgestellt.

Sendeseitig werden nebeneinander zwei Sichtblenden errichtet und hinter ihnen Fackelträger postiert. Nach dem Austausch eines Anrufsignales und der Rückmeldung der Empfangsbereitschaft wird dann die Nachricht Buchstabe für Buchstabe übermittelt, und zwar dadurch, daß zuerst über der linken Sichtblende durch eine entsprechende Zahl von Fackeln die Nummer der Tafel, dann über der rechten Sichtblende entsprechend die Nummer der Zeile angezeigt wird. Da Polybios offenbar an eine Benutzung seiner Methode bei Nacht gedacht hatte, brauchte er noch zwei Diopter-Röhren, um links und rechts unterscheiden zu können. Diese zusätzliche Bedingung ist aber nur von sekundärer Bedeutung; für die Geschichte der Nachrichtentechnik ist vor allem interessant, daß Polybios hier einen Telegraphen-Code beschrieben hat, der von der Zahlenbedeutung der griechischen Buchstaben unabhängig war, also auch für jedes andere Alphabet mit nicht mehr als 25 Buchstaben hätte benutzt werden können.

Über Kleoxenos und Demokleitos sind leider keine zeitgenössischen Quellen überliefert. Polybios setzt offenbar voraus, daß seinen Lesern der Vorschlag der beiden bekannt war; das könnte darauf hinweisen, daß er in seinem früheren Werk über Taktik ausführlicher auf das Verfahren seiner Vorgänger eingegangen ist; leider ist diese Schrift verlorengegangen. In der ‚Historie' beschreibt Polybios nur, worin sich seine ‚Vervollkommnung' von dem älteren Vorschlag unterscheidet: „Natürlich braucht man eine größere Zahl von Fackeln, weil man für jeden Buchstaben zwei Zeichen geben muß." Daraus kann man schließen, daß auch Kleoxenos und Demokleitos schon eine buchstabenweise Nachrichtenübermittlung vorgeschlagen hatten, bei der aber noch nicht von einer Aufteilung des Alphabetes auf Spalten und Zeilen Gebrauch gemacht wurde.

Vielleicht erfanden Kleoxenos und Demokleitos ja das Verfahren, das Julius Africanus Jahrhunderte später in den ‚Kestoi' beschrieben hat. Eine solche Vermutung bleibt allerdings reine Spekulation, solange nicht weitere Hinweise gefunden werden, aus welchen Quellen die ‚Kestoi' zusammengestellt wurden.

Unabhängig von dieser offenen Frage sei abschließend daran erinnert, daß die ‚Methode des Polybios', also die Aufteilung des Alphabetes auf Spalten und Zeilen, auch in der Neuzeit mehrfach wieder vorgeschlagen wurde, so zum Beispiel nach der Erfindung des Fernrohres im 17. Jahrhundert durch Vegelin von Claerbergen und im 18. Jahrhundert durch Carl Friedrich Lehmann sowie in der Anfangszeit der elektromagnetischen Telegraphie im 19. Jahrhundert durch Carl Friedrich Gauß.

Serien- oder Parallel-Code

Im Zusammenhang mit der Frage, ob das in den ‚Kestoi' beschriebene Verfahren vor oder nach der Methode des Polybios erfunden wurde, muß noch auf folgendes hingewiesen werden: Julius Africanus läßt die Nummer der Tafel durch die Position des Signalisten anzeigen, die Nummer der Zeile durch die Zahl der zeitlich aufeinander folgenden Fackelhebungen (‚Serien-Code'). Bei Polybios wird die Nummer der Tafel durch die Zahl der gleichzeitig nebeneinander gezeigten Fackeln über der linken Sichtblende, die Nummer der Zeile durch die Zahl der gleichzeitig nebeneinander gezeigten Fackeln über der rechten Sichtblende übertragen (Parallel-Code).

W. Riepl hat nun in seinem Standardwerk ‚Das Nachrichtenwesen des Altertums' unter Hinweis auf den weltweit erfolgreichen Morse-Telegraphen in der „Sukzessivität" der Fackelhebungen bei Julius Africanus einen „bedeutenden Fortschritt" gegenüber der „Parallelität" der Fackelsignale bei Polybios angenommen und daraus den Schluß gezogen, daß das in den ‚Kestoi' beschriebene Verfahren später zu datieren sei als die Methode des Polybios. (H.Riepl: Das Nachrichtenwesen des Altertums. Leipzig 1913)

Für visuell beobachtete Signale muß man eine solche Schlußfolgerung wohl in Frage stellen. Wie die Erfahrung etwa beim Würfelspiel zeigt, ist die zwischen eins und sechs gelegene Zahl der nach dem Wurf obenliegenden Augen schnell und fehlerfrei ‚mit einem Blick' zu erfassen. Das dürfte auch für die zwischen eins und fünf gelegene Zahl der bei Polybios gleichzeitig nebeneinander gezeigten Fackeln gelten. Ob die eins bis acht aufeinanderfolgenden Fackelhebungen in den ‚Kestoi' ebensoleicht fehlerfrei hätten mitgezählt werden können, ist schwerer zu beurteilen, vor allem wenn man nicht weiß, welche Fähigkeiten zum Zählen bei den zum Fernschreiben abgestellten Mannschaften hätten vorausgesetzt werden können. Für die Datierung der beiden überlieferten Verfahren einer Fackelschrift dürfte also der Unterschied zwischen ‚Sukzessivität' und ‚Parallelität' wohl kaum einen begründbaren Anhalt bieten.

Schluß

Ob von den vorstehend beschriebenen Vorschlägen zur buchstabenweisen Nachrichtenübertragung mit Hilfe von Feuersignalen jemals ein praktischer Gebrauch gemacht wurde, ist nicht überliefert. Wenn man sich aber im Rahmen der Technikgeschichte nicht nur für die Produkte der Technik interessiert, sondern auch für die Entwicklung neuer technischer Ideen, dann kann man der Historie des Polybios immerhin entnehmen, daß spätestens gegen Ende des zweiten Jahrhunderts v. Chr. in Griechenland im Zusammenhang mit dem Feuersignalwesen Methoden erfunden worden waren, die wir heute einen Telegraphen-Code nennen würden.

Daß dies gerade in Griechenland geschah, erscheint plausibel, wenn man bedenkt, daß erstens die topographischen und klimatischen Verhältnisse in Griechenland die Verwendung von Feuersignalen begünstigten, zweitens die häufigen kriegerischen Auseinandersetzungen zwischen den vielen Stadtstaaten Griechenlands öfters zu Situationen geführt haben dürften, in denen die Möglichkeit einer schnellen Übermittlung unvorhergesehener Meldungen oder Befehle hätte hilfreich sein können, und drittens das Wirken von Euklid, Archimedes, Ktesibios, Phylon von Byzanz und anderer Forscher und Ingenieure der damaligen Zeit im griechischen Kulturkreis ein – um ein beliebtes Schlagwort unserer Zeit zu benutzen – innovationsfreundliches geistiges Klima geschaffen hatte.

Die wichtigste Voraussetzung war aber wohl die zusätzliche Anwendung des von den Phöniziern übernommenen Alphabetes als Zahlschrift; diese Entwicklung dürfte die Anregung dazu gegeben haben, durch die Zuordnung von Zahlen zu Buchstaben jede beliebige Nachricht mit Hilfe abzählbarer Signale auszudrücken.

Hinweise zum Weiterlesen

V. Aschoff: Geschichte der Nachrichtentechnik. Berlin, Heidelberg, New York, Tokio 1984.
V. Aschoff: Geschichte der Nachrichtentechnik, Band 2. Berlin, Heidelberg, New York, London, Paris, Tokio 1987.
Herodot: Historien. München 1963.
J. Poeschel: Die griechische Sprache. München 1968.
Polybios: Geschichte. Zürich 1961.
W. Riepl: Das Nachrichtenwesen des Altertums. Leipzig 1913.
H. J. Rose: Griechische Mythologie. München 1961.

Nicollet erhält ganze drei Stimmen, sein Gegenkandidat, der Astronom Damoiseau, 45. Zwei Jahre später, 1827, stirbt Laplace, und vorbei ist es mit Nicollets Karriereträumen. Er spekuliert an der Börse, gewinnt ein Vermögen und verliert es ebenso rasch wieder, ja er steht schließlich mit 200000 Francs in der Kreide. Er entzieht sich der drohenden Verhaftung wegen einer ungedeckten Zahlungsanweisung in der erwähnten Höhe durch eine Flucht bei Nacht und Nebel aus Paris. Fast genau ein Jahr nach Eugen Gauß schifft er sich 1831 ein und verschwindet in die USA. Das Längenbüro gibt ihm einen unehrenhaften Abschied.

Dritter (Entre-) Akt (1835): Leben auf dem Mond?

Im August 1835 druckt die New Yorker Zeitung ‚Sun' einen Artikel, der ungeheures Aufsehen erregt, nicht nur in den USA, sondern nach erfolgter Übersetzung auch in Europa. Sein Gegenstand ist die sensationelle Entdeckung von Leben auf dem Mond. Diese wird in der Publikation dem bekannten englischen Astronom Sir John Herschel zugeschrieben, der sich gerade am Kap der Guten Hoffnung aufhält und den südlichen Sternhimmel durchmustert. Als Quelle wird eine wissenschaftliche Zeitschrift in Edinburgh angegeben (die in Wahrheit gar nicht mehr existiert). Zahllose unkritische Leser erkennen den Unsinn nicht als Zeitungsente, sondern schenken ihm Glauben. In Massachusetts wird bereits Geld gesammelt, um Missionare auf den Mond zu entsenden. Herschel, befragt, was er von „seiner" Entdeckung halte, antwortet, er sei „überwältigt". Unter den Fachleuten beginnt das Rätselraten, wer der Autor sei. Gauß sen. gehört zu denen, die in Nicollet den Verfasser vermuten: Der hat den Ruf eines Hallodri, befindet sich in Amerika und hat guten Grund, sich über Leichtgläubige lustig zu machen. Gauß charakterisiert den Artikel als „possenreißerisch" und sieht in ihm einen Beweis dafür, „wie sehr plump eine Mystifikation sein kann, ohne die Kraft zu verlieren, viele Menschen zum Narren zu haben". (In Wirklichkeit hat Nicollet nicht das Geringste mit dem Schwindel zu tun; der Publizist Richard A. Locke ist der Urheber.)

Vierter Akt (1836): Die beiden Aussteiger treffen sich im Wilden Westen.

Nicollet, wohl kaum ahnend, welcher Ruf ihn inzwischen in Europa verfolgt, hat sich dem Leben in den USA angepaßt und erkundet das hydrographische Bassin des Oberen Mississippi. Er verbindet geographische Ortsbestimmungen mit geologischer Prospektion. Gauß jun., der nichts gelernt hat, blieb nach Verbrauch des kleinen Startkapitals nichts anderes übrig, als Soldat zu werden. Nach der Weigerung des Vaters, ihn vom Militär freizukaufen, dient er bis zum April 1836 seine fünf Jahre als US-Infanterist auf vorgeschobenem Posten in der Wildnis der heutigen Grenze der Staaten Wisconsin und Minnesota. Mit dem Vater wieder versöhnt, tritt er in den Dienst der American Fur Company im Quellgebiet von Mississippi und Missouri, lernt die Sprache der Sioux-Indianer und hilft einem Missionar bei der Erarbeitung eines Sioux-Alphabets. Eines Tages geht er über den Hof der Niederlassung der Pelzkompanie, als er von einem Fremden angesprochen wird:

„Ich höre gerade, daß Sie mit ‚Mister Gauß' angeredet werden. Sind Sie mit dem berühmten Mathematiker Gauß in Göttingen verwandt?" „Ich bin sein Sohn!" „Und ich bin der Astronom Nicollet, dessen Arbeiten Ihr Vater seine Aufmerksamkeit geschenkt hat."

Die beiden finden Gefallen aneinander, und Nicollet weiß Eugen Gauß für den Plan zu gewinnen, gemeinsam durch den unerforschten Westen bis zum Pazifik zu reisen und dann per Schiff nach Europa zurückzukehren. Es kommt jedoch alles Mögliche dazwischen, schließlich setzt Nicollets Tod im Jahre 1843 den endgültigen Punkt unter das Projekt.

Epilog

Gauß jun. (gest. 1896) bleibt in den USA, bringt es als Kaufmann – er gründet die First National Bank in St. Charles, Missouri – und Farmer zu Ansehen und Vermögen. Gauß sen. bescheinigt Nicollet, als er von dessen Tod hört, seine Arbeiten als Astronom und Geodät seien „nicht verdienstlos" gewesen; er versucht, Näheres über dessen Laufbahn in Amerika in Erfahrung zu bringen. Alexander von Humboldt läßt sich 1851 vom US-Konsul in Leipzig Nicollets posthum erschienenes Werk über das Hydrographical Basin of the Upper Mississippi kommen. Rund 75 Jahre später, 1925, wird Nicollets Leistung als Pionier der geologischen Erforschung des Oberlaufs des Mississippi gewürdigt. Der Verdacht, er sei der Erfinder des ‚gigantic moon hoax' gewesen, ist ausgeräumt. □

Eugen Gauß (1811–1896).

LITERATUR

F. Arago: Œuvres compl., Vol. 1. Paris 1854.

C. F. Gauß: Werke, Bd. 6. Göttingen 1874.

Fl. Cajori in: Science, N.S. 9 (1899) Nr. 229, S. 697–704.

Ch. Keyes in: Pan-amer. Geol., 43 (1925) No. 5, S. 321–332.

G. W. Dunnington: Gauß. New York 1955.

Zentr. Archiv Akad. Wiss. DDR: Nachlaß Encke, Brief Humboldts an J. F. Encke, Nr. I/142.

DER AUTOR

Kurt-R. Biermann, Dr. rer. nat. und Professor emeritus, zählt zu den anerkanntesten Wissenschaftshistorikern der DDR. Seit rund dreißig Jahren ist er vor allem in der Alexander von Humboldt-Forschung tätig.

VOM BUCHSTABEN-ALPHABETH

Volker Aschoff

Ende des zweiten Jahrhunderts v.Chr. wurde in Griechenland vorgeschlagen, mit Feuersignalen nicht nur verabredete Meldungen anzuzeigen, sondern beliebige Nachrichten buchstabenweise in die Ferne zu übertragen. Der Autor, Professor em. für Nachrichtentechnik an der Technischen Hochschule Aachen, rekonstruiert anhand der wenigen, aus dem Altertum überlieferten Quellen den Weg, der zu diesem Vorschlag geführt haben könnte.

Als vor langer Zeit der Göttervater Zeus gelegentlich vom Olymp zu den Menschen auf die Erde herabstieg, verliebte er sich eines Tages in Europa, die Tochter des Königs von Thyros, einer phönizischen Handelsstadt am Fuße des Libanon. Zeus nahm die Gestalt eines weißen Stieres an, ließ Europa auf seinen Rücken steigen und schwamm mit ihr durch das Mittelmeer nach Kreta. Dort gebar Europa Minos, den späteren König von Kreta.

In Thyros trauerte derweil Europas Vater um den Verlust seiner geliebten Tochter; er sandte seinen Sohn Kadmos aus, um nach der Schwester zu suchen. Nach langen, vergeblichen Irrfahrten bat Kadmos schließlich das Orakel von Delphi um Auskunft über Europas Aufenthaltsort. Apollon ließ die Antwort verweigern und stattdessen den Rat erteilen, die Irrfahrt zu beenden und sich in Böotien niederzulassen. Kadmos befolgte diese Weisung, gründete Katmeia (das spätere Theben) und brachte den Böotiern vieles bei, was in seiner Heimat Phönizien schon lange bekannt war; dazu gehörte unter anderem das Schreiben mit Buchstaben. So führte nach der mythischen Überlieferung ein Seitensprung des Göttervaters Zeus dazu, daß das Alphabet von Phönizien nach Griechenland kam und sich später von dort aus über ganz Europa ausbreiten konnte.

Wie in vielen anderen Fällen steckt in dieser Sage auch ein historischer Kern. Schon Herodot erzählt – ohne die olym-

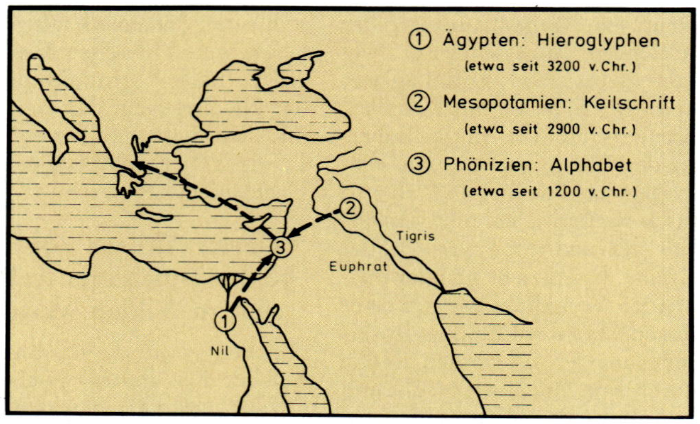

Der Ausbreitungsweg von der Bilderschrift zum Alphabet.

α' = 1	ι' = 10	ρ' = 100
β' = 2	ϰ' = 20	σ' = 200
γ' = 3	λ' = 30	τ' = 300
δ' = 4	μ' = 40	υ' = 400
ε' = 5	ν' = 50	φ' = 500
(ς') = 6	ξ' = 60	χ' = 600
ζ' = 7	ο' = 70	ψ' = 700
η' = 8	π' = 80	ω' = 800
ϑ' = 9	(ϙ') = 90	(ϡ') = 900

Im alten Griechenland dienten die Buchstaben gleichzeitig als Zahlzeichen. Hier die einzelnen Zuordnungen.

Hypothetische Rekonstruktion einer altgriechischen Fackelschrift. Den drei Fackelträgern waren je neun Buchstaben zugeordnet, die wiederum an die Anzahl der Fackelhebungen gebunden waren. Da die Buchstaben jedoch gleichzeitig als Ziffern dienten, war die Lesbarkeit dieser Telegrafenschrift in der Praxis außerordentlich erschwert, wahrscheinlich sogar unmöglich.

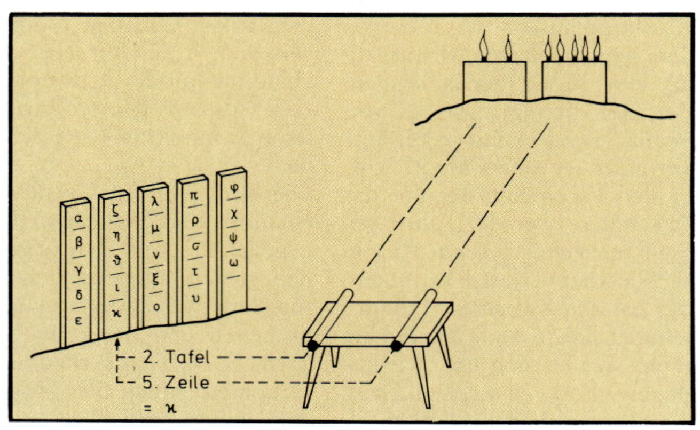

Im 10. Buch seiner Historien hat Polybios ein Verfahren beschrieben, mit dem „jede beliebige Nachricht mit großer Geschwindigkeit übermittelt" werden könne. Das Alphabet wird dabei in fester Ordnung über fünf Buchstabentafeln verteilt. Die Anzahl der entzündeten und gezeigten Fackeln gibt nun die Buchstabentafel und den Buchstaben an, getrennt nach Tafel- und Zeilensignal. Hier im Bild ist die Übertragung des Buchstabens Kappa rekonstruiert.

VOM FELSBILD ZUM ALPHABET

KÁROLY FÖLDES-PAPP

VOM FELSBILD ZUM ALPHABET

DIE GESCHICHTE DER SCHRIFT VON IHREN FRÜHESTEN VORSTUFEN BIS ZUR MODERNEN LATEINISCHEN SCHREIBSCHRIFT

MIT 242 ABBILDUNGEN
DAVON 26 FARBTAFELN

BELSER VERLAG

MEINER FRAU UND MITARBEITERIN

HEDILORE FÖLDES-PAPP GEB. ERDT

IN DANKBARKEIT GEWIDMET

Schutzumschlagmotive:
Vorderseite: Ägyptische Stele des Meki-Montu aus der sogenannten Spätzeit (nach 1085 v. Chr.). Die Hieroglyphenschrift weist Wortlaut- und »Konsonantenzeichen« auf.
Rückseite: Fol. 3 r des ältesten mehrsprachigen Psalters Barb. or. 2 aus der Biblioteca Apostolica Vaticana.
Die im 14. Jh. entstandene Handschrift enthält Psalmen in äthiopischer, syrischer, bohairischer, arabischer und armenischer Sprache.

CIP-Kurztitelaufnahme der Deutschen Bibliothek
Földes-Papp, Károly:
Vom Felsbild zum Alphabet: d. Geschichte d. Schrift von ihren frühesten Vorstufen bis zur modernen lat. Schreibschrift/Károly Földes-Papp. – Sonderausgabe. – Stuttgart; Zürich: Belser, 1987. –
ISBN 3-7630-1266-4

Sonderausgabe 1987
© 1966 und 1987 by Chr. Belser AG für Verlagsgeschäfte & Co. KG, Stuttgart und Zürich
Alle Rechte vorbehalten
Gesamtherstellung: New Interlitho S.p.A, Mailand
Printed in Italy
ISBN 3-7630-1266-4

VORWORT

Am Anfang war der Mythos – auch für die Schrift. Jedes Volk schreibt die Erfindung der Schreibkunst einer oder mehreren mythischen Personen zu.

Die alten Ägypter verehrten Theut oder Thoth, den Gott der Sprache und Rede und den Schreiber der Wahrheit im Dienst der höheren Götter, den Lehrer alles Wissens und aller Künste, als Urheber der Schrift.

Nach den alten Babyloniern soll ein göttliches Wesen Oannes – halb Mensch, halb Fisch – die Schrift erschaffen haben. Eine spätere babylonische Sage sieht indes den Schreiber der Götter, den Gott Nabu, als den Erfinder der Schriftzeichen an.

Nach einer alten chinesischen Sage war Fohi oder Fuhi der Erfinder der Schriftzeichen; er soll sie aus den Zähnen eines großen Drachens gezogen haben. In einer späteren chinesischen Sage erscheint der Weise Tschang Chien als der Erfinder der Schrift.

Die Israeliten oder Hebräer glaubten fest daran, daß ihre eigene – heilige – Schrift eine Schöpfung Gottes sei: ›Mose wandte sich und stieg vom Berge und hatte zwei Tafeln des Zeugnisses in seiner Hand, die waren beschrieben auf beiden Seiten. Und Gott hatte sie selbst gemacht und selber die Schrift eingegraben‹ (2. Mose 32, 15–16).

Nach einer indischen Sage soll Brahma die Schrift erfunden haben. Bei den Nordgermanen war Odin der Schöpfer der Runen. In einer irischen Überlieferung wird Ogmios (der keltische Herakles) als Erfinder der Schrift bezeichnet.

In der üppig wuchernden mythischen Tradition der alten Griechen tauchen im Zusammenhang mit der Erfindung der Schrift mehrere Namen auf: Musaios, Orpheus, Palamedes, Prometheus u. a. Eine spätgriechische Überlieferung aus dem 1. Jahrhundert v. Chr. bei Diodor hält die Musen auf Kreta, die Töchter des Zeus, für die Erfinderinnen des griechischen Alphabets.

All diese mythischen Überlieferungen lassen erkennen, welche Macht und Bedeutung der Schrift von jedem Volk zu jeder Zeit beigemessen wurde. Andererseits ist aber gerade diese mythische Einstellung aller Völker zur Zeit der Schrifterfindungen der Grund dafür, daß die Entstehung der Schrift und die damit zusammenhängenden Namen nicht überliefert worden sind. Wahrscheinlich wurden die Tatsachen damals von den Zeitgenossen nicht in unserem objektiven Sinne, sondern mythisch wahrgenommen.

Wer sich mit den Problemen der Vorzeit befaßt – zu ihnen gehört auch die Entstehung der Schrift –, muß sich in die Kindheit der Völker zurückversetzen. Der Begriff ›Vorzeit‹ ist andererseits durch die zahlreichen Funde der Paläontologie und der vorgeschichtlichen und frühgeschichtlichen Archäologie in unserem Jahrhundert, besonders in den letzten Jahrzehnten, relativiert worden. Nach unserer heutigen Betrachtungsweise gehört vieles, was früher zur Vorgeschichte zählte, dem geschichtlichen Blickfeld an.

Die geschichtliche Zeit im engeren Sinne beginnt erst mit den schriftlichen Aufzeichnungen. Wenn auch die Entstehung der ersten großen Schriftsysteme noch in Dunkel gehüllt ist, so bedeutet das aber nicht, daß wir sie heute noch nicht erforschen können. Die vorgeschichtliche Archäologie verfügt über einige feste Unterlagen, um wenigstens manchen Hinweis auf die Entstehungsgeschichte der Schrift geben zu können. Vor einigen Jahrzehnten zweifelte noch A. Scharff zum Beispiel den bilderschriftlichen Ursprung der ägyptischen Hieroglyphen ernsthaft an. S. Schott drückte noch vor kurzem eine ähnliche Ansicht aus. In unseren Tagen mehren sich jedoch die Beweise, daß alle ersten großen Schriftsysteme – das ägyptische, sumerisch-mesopotamische, kretische, hethitische und das chinesische – in ihrem Ursprung auf eine bilderschriftliche Stufe zurückgehen. Bedeutende Gelehrte – wie H. Jensen, J. Friedrich, A. Schmitt, D. Diringer, J. G. Février, I. J. Gelb und in mancher Hinsicht auch S. Schott – halten daran fest. Doch all diese Beweise reichen noch nicht aus, die genaue Entstehungsgeschichte auch nur eines der erwähnten Schriftsysteme zu rekonstruieren.

Die ersten großen Schriften entstanden an der Grenze der vorgeschichtlichen und der geschichtlichen Zeit, d. h. vor etwa 5000 Jahren. Vergleicht man diese Zeitspanne mit dem Alter des ältesten bilderschriftlichen Denkmals, der sogenannten Pasiega-Zeichen – mindestens um 12000 v. Chr. –, dann wird der große zeitliche Unterschied zwischen dem Bedürfnis des Menschen, sich darstellend (graphisch) auszudrücken und mitzuteilen, und der Entstehung der sprachlich gebundenen Schriften deutlich.

Mit anderen Worten, es handelt sich darum, daß die Forschung, die das menschliche Bedürfnis an der zeichnerischen bzw. malenden Mitteilung auch als Vorstufe der Schriftentstehung ansieht, sich auf das ganze Gebiet der eiszeitlichen Felsmalerei erstrecken muß. Die Anfänge derjenigen menschlichen Tätigkeit, die schließlich zur Erfindung des Alphabets geführt hat, sind mit den Anfängen der eiszeitlichen Felsmalerei oder der Malerei überhaupt identisch. Diese Identität ergibt sich aus der Unmöglichkeit, zwischen ›reinem Bild‹ und ›mitteilendem Bild‹ – wie A. Schmitt sich ausgedrückt hat – zu unterscheiden. Bereits im Jahr 1872 stellte H. Wuttke in seinem schriftgeschichtlichen Werk fest: ›Denn Schrift ist ohne Zweifel vorhanden, sobald sich an gemachte Zeichen eine Bedeutung anknüpft ...‹. Deswegen prägte er den treffenden Ausdruck ›Gemäldeschrift‹ neben der Bilderschrift. Wenn aber einerseits die Entstehung der Schrift aus der Bilderschrift feststeht, andererseits man aber keinen genauen Unterschied zwischen ›reinem‹ und ›mitteilendem‹ Bild machen kann, weil auch dem ›reinen‹ Bild ein gewisser mitteilender Wert beigemessen werden muß, so sind wir gezwungen, die Anfänge der Schrift in überaus lange Zeiträume der Vorzeit zurückzuverfolgen. Unsere Blicke richten sich in jene ferne Zeiten des Paläolithikums (oder der ›Altsteinzeit‹), in denen sich die zeichnende und einritzende Tätigkeit des Höhlenmenschen zum erstenmal geäußert hat.

Erst in jüngster Zeit ist man – dank der Erschließung der eiszeitlichen und der nacheiszeitlichen vorgeschichtlichen Kunst durch eine ganze Reihe namhafter Gelehrter mit Abbé H. Breuil und H. Obermaier an ihrer Spitze – überhaupt in der Lage, die prähistorische und vor allem die eiszeitliche Felsmalerei als Gemäldeschrift genügend auszuwerten.

Bei den schriftgeschichtlichen Werken zeigt sich jedoch ein allgemeiner Mangel. Sie ziehen nämlich auf dem Gebiet der ›Vorstufen der Schrift‹ mehr oder weniger nur völkerkundliche Vergleiche aus mittelalterlicher oder moderner Zeit und erwähnen höchstens die Pasiega-Zeichen und die bemalten Kiesel von Mas d'Azil aus der Vorzeit. Oft gehen sie dabei ›rational‹, in der Denkungsart des heutigen Menschen, vor, so daß ihre Forschungen in dieser Hinsicht zu keinem Ergebnis führen können. Wir wollen daher nur im Notfall Zuflucht zu völkerkundlichen Parallelen nehmen und erachten es vielmehr als eine Aufgabe der Forschung, auf dem ›dunklen‹ Gebiet der Vorstufen zuerst die wirklichen Tatsachen zu registrieren und – wenn möglich – größere Zusammenhänge aufzuzeigen.

Wir befassen uns in fast einem Drittel des vorliegenden Buches mit den ›Vorstufen der Schrift‹, d. h. mit der Gemäldeschrift des Eiszeitmenschen und mit der langwierigen Entstehung sprachlich ungebundener Bilderschriften in der späteren Jungsteinzeit. Bis alle Voraussetzungen für die Herausbildung auch nur einer Bilderschrift höherer Stufe erfüllt waren, sind überaus lange vorgeschichtliche Zeiträume anzusetzen. Das Thema ›Vorstufen der Schrift‹ umfaßt also ein Suchen und Forschen in dem Zeitraum von etwa 60000 bis nahezu 3000 v. Chr. Diese äußerst große Zeitspanne ist aber lückenhaft, und die vorhandenen spärlichen Unterlagen weisen noch so viel Unverständliches auf, daß sich hier nur mit Hypothesen manches Licht auf den vermutlichen Entwicklungsgang werfen läßt.

Auch die Schriftentstehungen und -erfindungen der großen Schriftsysteme des Altertums werden sich nie ganz aufklären lassen; keine von ihnen gibt uns alle ihre Geheimnisse preis. Dennoch wird man nicht aufhören, weiterzuforschen und das Dunkel, das eines der strahlendsten Lichter in der ganzen Kulturgeschichte der Menschheit, das geheimnisvolle ›Uralphabet‹, umgibt, aufzuhellen. Unsere Kenntnis von der Grundlage alles Wissens, vom Schriftalphabet, wie es in seiner ersten Gestalt aus der Dämmerung auftauchte, wird allmählich zunehmen.

In weiteren zwei Dritteln befaßt sich das Buch mit der Entstehungsgeschichte der lateinischen Schrift. Zwar waren die Römer keine Schrifterfinder und haben zur Schriftgeschichte nichts grundsätzlich Neues beigetragen, ihre Schrift ist im Prinzip das griechische Alphabet, aber sie haben ein Weltreich gegründet und jahrhundertelang erhalten; während der zweihundertjährigen Friedenszeit haben sie in alle westeuropäischen Provinzen ihre vom Griechentum befruchtete hohe Kultur hineingetragen und so die wichtigsten Grundlagen für die Zukunft geschaffen.

Eine wissenschaftlich zuverlässige, doch allgemein verständliche Übersicht der Entstehung und der Entwicklung dieses Alphabets zu geben, habe ich mir zur Aufgabe gestellt. In der Tendenz, statt auf Vollständigkeit zu dringen, den fruchtbareren Weg zu gehen und die Probleme eingehend zu erörtern, habe ich mich auf die wichtigsten Fragen der Entstehungsgeschichte des lateinischen Alphabets beschränkt. Dabei sind auch andere Schriftsysteme der Geschichte und der Gegenwart gestreift worden, soweit dies nötig war zum Verständnis der Entwicklung unserer eigenen Schrift.

In einigen begründeten Fällen habe ich – seit Jahrzehnten befasse ich mich intensiv auch mit den psychologischen Problemen der Schrift – den speziellen Gesichtspunkt der Graphologie dargelegt.

An dieser Stelle möchte ich dem Verlag für die Herausgabe des Buches und für die großzügige Gestaltung von Herzen danken.

Károly Földes-Papp

INHALT

I Die ersten Vorstufen zur Schrift
Die zeichnerisch-malende Tätigkeit des Eiszeitmenschen — Seiten

1. Die Felsmalerei als Ausgangspunkt der bildenden Kunst 7– 9
2. Die Bedeutung der Magie in der Entwicklung der Kunst der Eiszeit 10– 23
3. Ornamentale Formen · Geometrische und buchstabenähnliche Zeichen · Die Schematisierung als Endstufe der eiszeitlichen Kunst 23– 31
4. Erster Ansatz zu einer Bilderschrift in der Eiszeit: die Pasiega-Zeichen 31– 32

II Weitere Vorstufen zur Schrift in der Mittel- und Jungsteinzeit

1. Abstrakte Vereinfachungen und Bilderzählungen in der ostspanischen Kunst 33– 35
2. Die Kiesel von Mas d'Azil 36– 37
3. Voraussetzungen für das Bedürfnis nach einer Bilderschrift 38– 39
4. Vorgeschichtliche Siegelzylinder und Eigentumsmarken als Bildzeichen 40– 46
5. Naturgetreue Bildzeichen als die Urform späterer Hieroglyphen und anderer Schriften 47
6. Der Ursprung aller alten Schriftsysteme aus reinen Bilderschriften 48– 55
   a) Die sumerische, später mesopotamische Keilschrift
   b) Die ägyptische Hieroglyphenschrift
   c) Die kretisch-minoische Hieroglyphenschrift
   d) Die hethitische Hieroglyphenschrift
   e) Die chinesische Schrift
7. Hinweise der Wortforschung auf eine bilderschriftliche Urform der Schrift 55– 56
8. Völkerkundliche und psychologische Argumente für den Entwicklungsvorgang vom Bild zur Schrift 56– 58

III Die Erfindung sprachlich gebundener Schriften durch die Verwendung von Lautzeichen

1. Das Sichtbarmachen der hörbaren Sprache 59– 60
2. Die lineare Formung der Bilder als Voraussetzung für eine Lautzeichenverwendung 61– 64
3. Die Konventionalisierung und Vereinfachung der Bildzeichen als weitere Voraussetzung für eine Lautzeichenverwendung 64– 69
4. Das erste Aufkommen des Bedürfnisses nach einer Lautzeichenverwendung: die Eigennamenbezeichnung 70– 71
5. Lautzeichenverwendung nicht nur für Eigennamen, sondern auch für andere nicht darstellbare Begriffe 72– 73
6. Die kommentierenden Deutzeichen 73– 78
7. Die Mischformen von Bilderschriften und phonetisierten Schriftelementen 79– 81
8. Die Erfindung phonetisierter Silbenzeichen 81– 89
9. Von den einkonsonantigen Wortlautzeichen bis zu den Konsonantenzeichen 90– 92
10. Das ägyptische Wortzeichensystem und die untergeordnete Konsonantenbezeichnung 92– 97
11. Eine Übergangsform von Silbenschrift zu Konsonantenzeichen: die ›Schrift von Byblos‹ 97– 99

IV Ursprung und Entwicklung des Konsonantenalphabets

1. Verschiedene Hypothesen 100–107
   a) Phantastische Annahmen über die Entstehung des Alphabets
   b) Die ägyptische Hypothese
   c) Die kretische Hypothese
   d) Die sinaitische Hypothese
   e) Die ›Missing-Link‹-Hypothese
2. Das erste Konsonantenalphabet – eine nordsemitisch-phönikische Erfindung 107–110

3. Die nordsemitischen Schriften 110–112
4. Das phönikische Konsonantenalphabet und seine Entwicklung 112–119
5. Die kanaanäische oder althebräische Schrift 120–123
6. Die Abzweigung des aramäischen Konsonantenalphabets aus dem phönikischen 124–130
7. Die bedeutendsten semitischen Ausläufer des aramäischen Konsonantenalphabets 131–139
a) Die hebräische Quadratschrift
b) Die nabatäisch-arabische Schrift
8. Die nichtsemitischen Abzweigungen der aramäischen Schrift 140–141
a) Die nordwestindische Kharoṣṭhi-Schrift
b) Der Ursprung des bedeutendsten altindischen Konsonantenalphabets der sogenannten Brāhmī-Schrift
c) Die mitteliranischen Pehlevi-Schriften: das arsakidische, das sassanidische und das Awesta-Pehlevi

V Das vollständige Alphabet

1. Die Herkunft und die frühesten Entwicklungsphasen des griechischen Alphabets 142–149
2. Die hervorragende Leistung des griechischen Schriftsystems 149–151
3. Die Weiterentwicklung der griechischen Schrift 152–156
4. Das griechische Buchwesen 156–157
5. Die frühesten bedeutenderen Abzweigungen der griechischen Schrift 158–168
a) Das etruskische Alphabet und andere altitalische und alpine Schriften
Die germanische Runenschrift – Abzweigung aus einer nordetruskischen, alpinen Schrift
b) Die Entstehung einiger kleinasiatischen Schriften aus dem griechischen Alphabet
c) Die koptische Schrift
6. Weitere Ausläufer des griechischen Alphabets 169–174
a) Die westgotische Schrift
b) Die slawischen Schriften
7. Die Entstehung des lateinischen Alphabets aus dem Etruskischen und seine frühe Entwicklung bis zur Kapitalkursive 175–183
8. Die Weiterentwicklung 183–205
a) Von der Unziale bis zu den nationalen und lokalen Schriften
b) Von der karolingischen Minuskel über die humanistische Antiqua zum modernen Alphabet
9. Die Verbreitung des lateinischen Alphabets in der Gegenwart 206

Bildquellennachweis 208–210
Verzeichnis der berücksichtigten Literatur 210–216
Sachverzeichnis 217–222

I

DIE ERSTEN VORSTUFEN ZUR SCHRIFT

DIE ZEICHNERISCH-MALENDE TÄTIGKEIT DES EISZEITMENSCHEN

1. DIE FELSMALEREI ALS AUSGANGSPUNKT DER BILDENDEN KUNST

Die Ursprünge der Felsmalerei auch an den Beginn einer Entstehungsgeschichte der Schrift zu setzen, heißt die Frage beantworten: Welcher psychisch-geistige und welcher zeichnerische Wert kann den ersten Kritzeleien, den geometrischen Zeichen und den Felsbildern als erstaunlichen Kulturdokumenten der Eiszeit beigemessen werden?

Kultur ist im allgemeinen Sinn die zielbewußte Veränderung der Natur, wie sie unter allen Lebewesen nur dem Menschen möglich ist. Der Mensch aber war schon in der grauen Vorzeit vor einer halben Million Jahren ein kulturschaffendes Wesen, indem er absichtlich und voraussehend manche Vorgänge der Natur mehr oder weniger zu verändern oder – im Gegensatz zu den Tierarten, die gelegentlich auch Gegenstände benützen – ›Werkzeuge zur Herstellung von Werkzeugen‹ anzufertigen vermochte. Die klassische Bezeichnung für den Erstmenschen: *homo faber* (werkzeugmachender Mensch) stammt von HENRI BERGSON. Der frühe Werkzeugmacher kannte auch schon den Umgang mit dem Feuer. Die handwerklichen Fertigkeiten des homo faber haben noch nichts mit Kunst zu tun. Diese entstand Jahrhunderttausende später während einer langen Entwicklungszeit.

Falls das Bruchstück eines mit einer Kerbreihe verzierten Mammutstoßzahnes oder der Pferdeunterkiefer mit ähnlichen Kerben und sogar mit einem eingeritzten Schrägkreuz – beides wurde in Wyhlen bei Lörrach (Baden) gefunden – wirklich aus der mittleren Altsteinzeit stammt, so haben wir in diesen Stücken die frühesten ›zeichnerischen‹ Denkmäler des Menschen vor uns. Den Kerben fehlt allerdings jeder Rhythmus, sie sind also ohne künstlerischen Charakter; jedoch weisen die ebenmäßigen Faustkeile der mittleren Altsteinzeit manchen Sinn für Symmetrie auf. Auch einige Anhängestücke, wie ein durchbohrtes Zehenglied eines Rens aus der Höhle von La Quina, ein ähnlicher Fund aus Taubach bei Weimar, der durchbohrte Milchzahn eines Höhlenbären von Contencher sowie manche Steinbauten in den Alpenhöhlen von Drachenloch und Wildmannlisloch (beide in der Nordostschweiz) bekunden neben ihrer magischen Bedeutung wenigstens Ansätze zu einer dekorationsfreudigen Begabung des Urmenschen in der mittleren Altsteinzeit. In diesem Zusammenhang müssen auch die Farbreste auf manchen Knochen erwähnt werden; sie stammen von der ehemaligen Körperbemalung (Fund von La Ferrassie). Nimmt man noch das Ockerstück von La Chapelle (im französischen Département Dordogne) dazu und vor allem auch einen künstlich gefärbten Stein, der in Le Moustier (Dordogne) gefunden worden ist, so hat man genug Beweise für die Tatsache, daß der Neandertaler der letzten Zwischeneiszeit mit den Farben des bräunlich-rötlichen Ockers und des bläulich-schwarzen Mangandioxyds vertraut war. Dies zeugt jedoch von einer magischen und nicht von einer künstlerischen Gedankenrichtung; es kann höchstens vermutet werden, daß ein ästhetischer Sinn diesem frühen Neandertaler doch nicht fremd war. Die *zeichnerisch-malende* Kunst aber ist erst in der jüngeren Altsteinzeit bzw. in der ersten großen Kulturperiode der letzten Eiszeit entstanden; diese Periode (etwa von 60000 bis 40000 v. Chr.?) trägt nach den wichtigsten Fundorten von Werkzeugen, die für die Bestimmung eben dieser Periode ausschlaggebend waren, in Südfrankreich den Doppelnamen Aurignacien-Périgordien. Dieser Name bezeichnet zwei Phasen, die sich manchmal abwechseln, die aber auch parallel bestehen. Die folgenden zwei großen Kulturepochen sind – sie werden ebenfalls nach den Fundorten benannt – das Solutréen und das Magdalénien; das letztere dauert bis in die Zeit um 8000 v. Chr. Mit dem Magdalénien ist auch die jüngere Altsteinzeit und die letzte Eiszeit beendet; mit ihr befaßt sich unser erstes Kapitel.

Wer diese ersten Vorstufen zur Schrift verfolgt, darf sich weder von den ästhetischen Maßstäben der Kunstforschung noch vom Interesse der Religionswissenschaft an der Magie des Eiszeitmenschen leiten lassen. Für ihn ist nur die Frage ausschlaggebend, inwieweit eine reine Kritzelei, ein spielerisches Ornament, ein magisches Zeichen oder aber ein Kunstwerk einerseits diejenigen geistigen Fähigkeiten des Menschen förderte, die später unerläßliche psychische Voraussetzungen für die Entstehung von Bilderschriften sind, andererseits auch schon jene zeichnerischen Ansätze enthielt, die nach Jahrtausenden als Elemente von Schriftzeichen oder gar als echte Schriftzeichen auftauchen.

Das Erwachen eines zeichnerischen Triebes im Eiszeitmenschen des frühen Aurignacien erstreckte sich – wie an-

1 Etwa 55000–50000 Jahre alte ›makkaroniartige‹ Fingerritzungen mit dem ausdrucksvollen Kopf eines Moschusochsen aus dem frühen Aurignacien an der Lehmdecke der Höhle von Altamira (Nordspanien). Breite 5 m.

gedeutet – über eine langdauernde Entwicklungsphase. Aus der Zeit des Überganges – von den frühesten Kritzeleien zu den späteren Umrißzeichnungen von Tieren – stammen die ›makkaroniartigen‹ Fingerritzungen (Abb. 1), aus denen manchmal Tierköpfe herausgelesen werden können; auf jeden Fall darf man ohne Übertreibung sagen, daß die ›Makkaroni‹ die Tendenz zeigen, etwas darzustellen. Kann man aber auch sagen, wie die zeichnerisch-malende Kunst überhaupt entstanden ist?

Im Jahr 1902 bemerkte Abbé H. Breuil in einer Höhle der Dordogne Kratzspuren an einer Lehmwand, die ehemals offenbar weich gewesen war und später verhärtet ist; bald danach entdeckte er zusammen mit E. Cartailhac in der Höhle von Altamira (Nordspanien) ähnliche Zeichen. Sie befanden sich 1,70 bis 2 Meter über dem Boden und sahen deutlich wie Klauenabdrücke von Höhlenbären aus dem frühen Aurignacien aus. Nachdem man einmal darauf aufmerksam geworden war, entdeckte man solche Spuren auch in vielen anderen Höhlen; besonders gut erhalten sind diejenigen von Bétharram bei Lourdes (Abb. 2), die H. Obermaier 1907 gefunden hat. Die beiden Forscher, Breuil und Obermaier, gaben zwar verschiedene Erklärungen der Klauenspuren – der eine meinte, die Bären hätten im Dunkeln nach dem Höhlenausgang gesucht und sich dabei aufgerichtet, der andere hielt dafür, daß die Bären ihre Tatzen an den Wänden der Höhlen geschärft hätten –, sie sind sich aber einig darüber, daß der Eiszeitmensch, nachdem er solches Klauenstreichen bei den Höhlenbären beobachtet hatte, auch selbst mit seinen Fingern über manche Lehmwand fuhr und unbeholfene Einritzungen machte (Abb. 3).

Die Abbildungen zeigen, daß der Höhlenmensch in Altamira ähnliche Furchen in der Lehmwand hinterließ wie sein tierischer Höhlengenosse in Bétharram. Das würde bedeuten, daß der Mensch die erste Anregung zur zeichnerischen Tätigkeit an der Höhlenwand vom Höhlenbären erhalten hat. Diese Annahme wird heute von den meisten Fachleuten geteilt. Nur handelt es sich schon bei den ersten Fingerritzungen des Menschen ›um etwas grundsätzlich anderes‹, wie auch S. Giedion bemerkt. So ist denn die zeichnerisch-malende Kunst nicht aus magischen oder sonstigen religiösen Eingebungen heraus entstanden, sondern aus einem Nachahmungs- und Spieltrieb. Das Formempfinden hat also grundsätzlich eine für sich bestehende Geltung; es kann wohl stets im Dienst der Magie oder anderer Absichten auftreten, gehorcht aber dabei eigenen, aus dem natürlichen Ausdruckstrieb des Menschen stammenden Gesetzen.

2 Kratzspuren von Höhlenbären aus der Eiszeit auf einer Lehmwand in der Grotte Bétharram bei Lourdes.

3 Ritzungen von Eiszeitmenschen des frühen Aurignacien in der Höhle von Altamira.

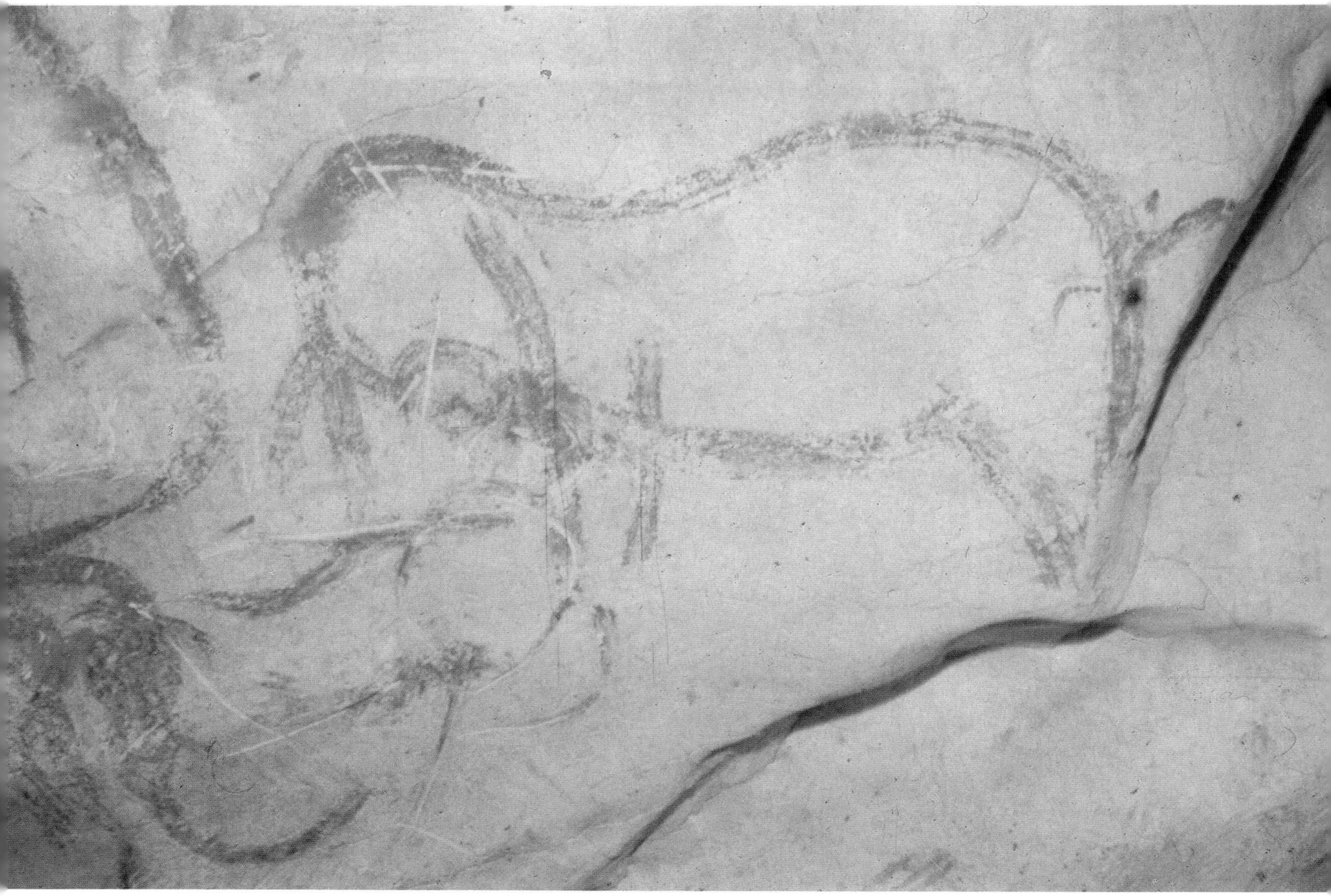

2. DIE BEDEUTUNG DER MAGIE IN DER ENTWICKLUNG DER KUNST DER EISZEIT

Wenn die Entstehung der eiszeitlichen Kunst auch ein in sich selbst begründetes Ereignis war, so ging doch ihre Anwendung und Entwicklung unter dem Einfluß magischer Vorstellungen vor sich. Man kann nicht genügend betonen, daß die Magie den Hauptimpuls dieser Kunstausübungen bildete. Um diesen Impuls entsprechend einschätzen zu können, müssen wir uns mit dem Jäger der Eiszeit befassen.

Der Mensch der Altsteinzeit muß in ständiger Angst gelebt haben. Die damals viel häufigeren Naturkatastrophen – Erdbeben, Vulkanausbrüche usw. – waren ihm völlig unbegreiflich und jagten ihm Schrecken ein. Auch vor den Toten war ihm angst; er fürchtete vor allem ihre Wiederkehr und ihre Rache. Für den Eiszeitmenschen besaßen auch Tiere Zauberkraft. Im europäischen Aurignacien gab es so gefährliche Ungetüme wie das Mammut, das Wollnashorn, den Urstier, den Bison; es gab riesige Höhlenbären, braune Bären, Panther, Höhlenlöwen, Säbelkatzen und Eber. Zum Kampf mit diesen großen, meist sehr schnellen und gefährlichen Tieren verfügte der Jäger der Eiszeit nur über Wurfstein, Knüppel, Bumerang, Lanze, Pfeil und – als wirksamste Waffe – Feuerbrand. So fühlte er sich von den Bestien ständig bedroht. Und doch hing sein Leben zum größten Teil – im Win-

4 Einer der sieben mit dem Finger auf Lehm gezeichneten Elefanten aus dem Aurignacien-Périgordien in der Höhle Baume-Latrone bei Nîmes. Länge: etwa 1,50 m.

5 Elfenbeinfiguren mit geometrischen Zeichen aus dem Aurignacien-Périgordien in der Vogelherdhöhle bei Stetten ob Lontal (Württ.): Mammut 49 mm lang, Panther 69 mm lang, Höhlenlöwe 92 mm lang, Rentiertorso 64 mm lang.

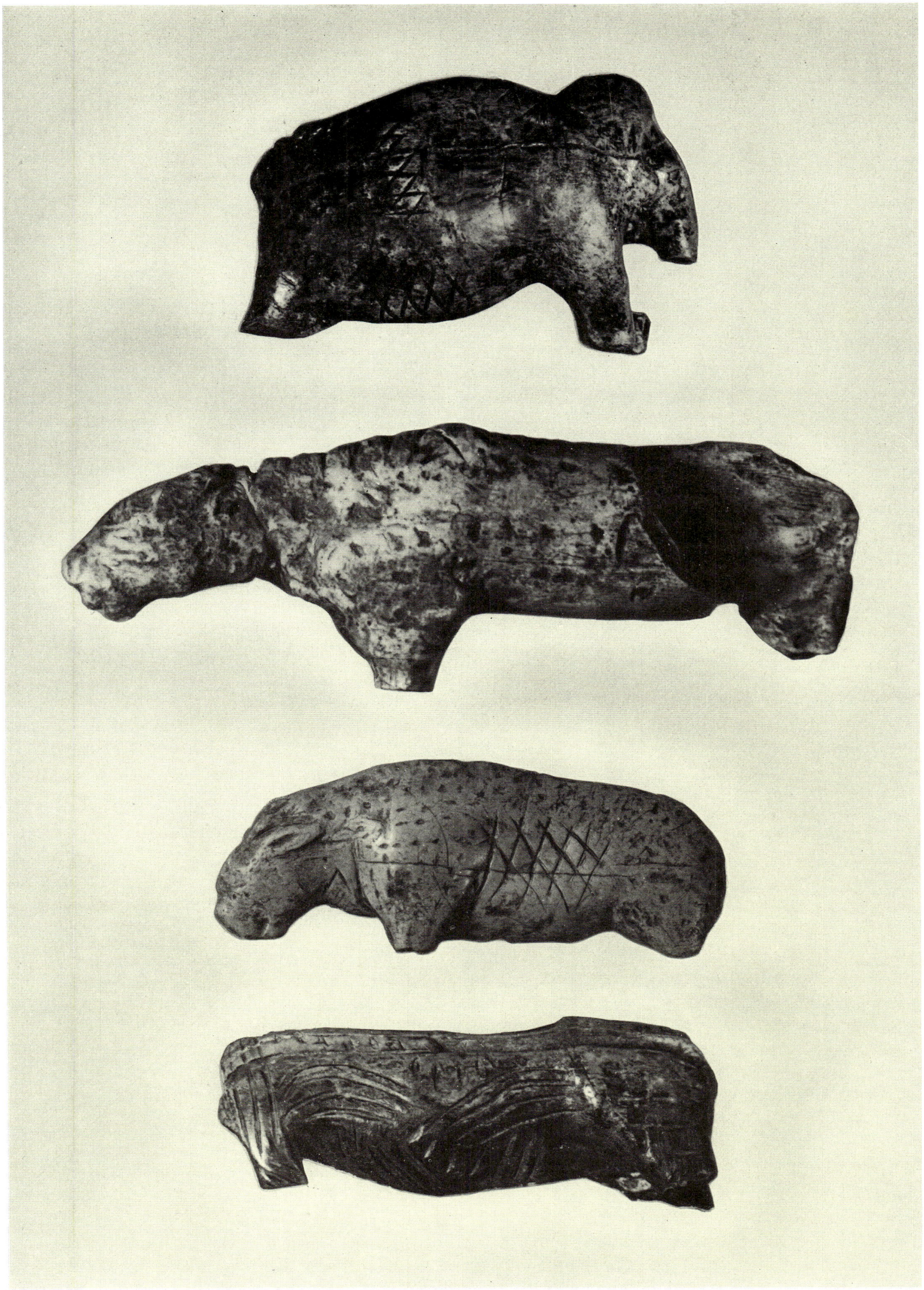

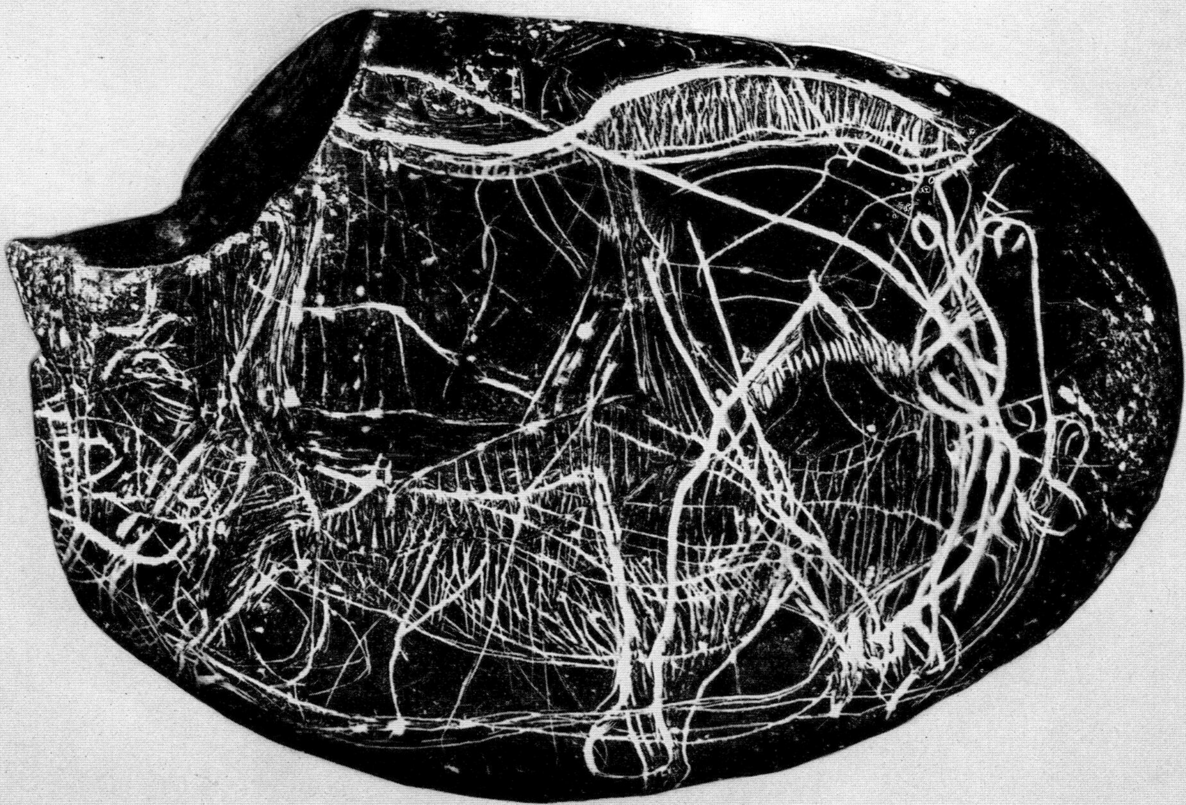

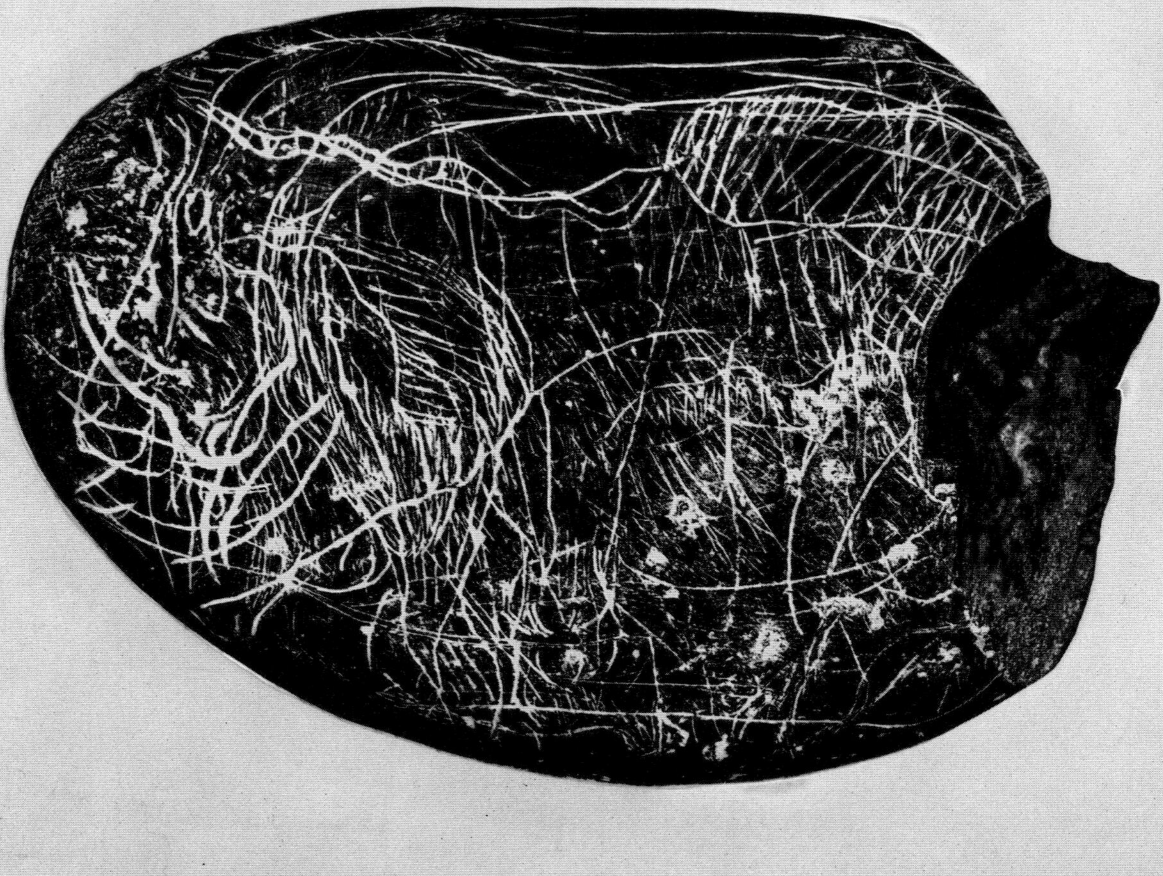

ter ausschließlich – von der Jagdbeute ab. Die harmlosen Wildtiere jedoch waren noch schneller als die gefährlichen Raubtiere, sie hatten bereits damals einen überaus feinen Geruchssinn und waren deshalb nicht weniger schwer zu erlegen. Der Mensch der Eiszeit kannte daher sicherlich nicht nur den Hunger, sondern auch die Gefahr des Verhungerns; außerdem stand er Seuchen hilflos gegenüber.
Es liegt nahe, daß in diesem Zustand des Ausgeliefertseins der Urmensch der letzten Zwischeneiszeit und der Frühmensch der letzten Eiszeit Zuflucht zur Magie nahmen. Die Jagdmagie sollte in wunderbarer Fernwirkung den Jägern Mut zum Kampf einflößen, ihn vor Gefahr schützen und die Beute garantieren. Die Totenmagie sollte den erfolgreichen Jäger vor der Rache des erlegten Tieres bewahren. Für diese so vielerlei Gefahren ausgesetzten Menschen war also die Magie eine ›fortschrittliche‹ Lösung der sonst unlösbaren Fragen und Fesseln des Daseins. Die Ritzungen, Zeichnungen und Höhlenmalereien leisteten dazu ihren Beitrag. Mit Recht hat ein Forscher (L. Franz) gesagt, die eiszeitliche Kunst sei ein ›Aufschrei gegen die Willkür der erbarmungslosen Natur‹.

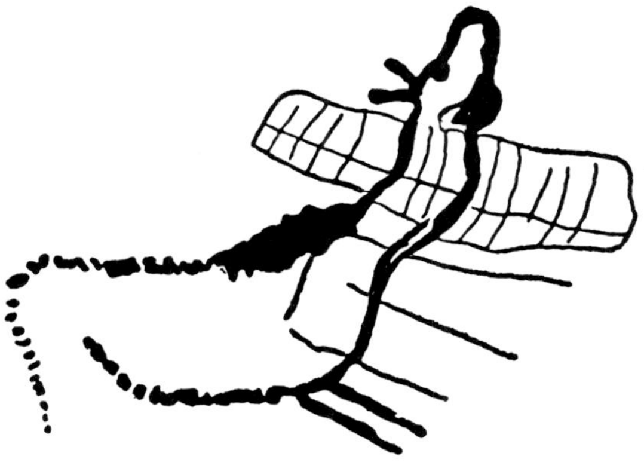

Es gibt unmittelbare Beweise dafür, daß die Eiszeitmenschen die Kunst bald nach deren Entstehung in den Dienst magischer Kulthandlungen einbezogen haben. Anders läßt sich die Tatsache nämlich nicht deuten, daß die Höhlenbilder meist weit vom Eingang entfernt an schwer zugänglichen oder verborgenen Stellen angebracht wurden. Zum Wohnplatz eignete sich doch nur der Raum nahe dem Eingang, wo der Rauch des der Kälte wegen ständig notwendigen Feuers rasch abziehen konnte. Die künstlerischen Darstellungen aber befinden sich meist in den versteckten hinteren Räumen. In der Grotte von Font-de-Gaume (Dordogne) zum Beispiel sind die ersten Bilder 65 Meter vom Eingang entfernt; in der Höhle von Altamira (Nordspanien) 270 Meter; sie gehören zu den schönsten Werken der Urepoche der Kunst. Die eiszeitlichen Felsmalereien und Felszeichnungen in Frankreich und Nordspanien können also unmöglich nur eine ästhetische, schmückende Aufgabe gehabt haben; viele der Bilder sind – für den Uneingeweihten nicht sichtbar – an versteckten Orten angebracht. Zur gleichen Einsicht führt auch ein anderes allgemeines Charakteristikum der Felsbilder. Sie weisen nämlich oft mehrfache Überzeichnungen und Übermalungen aus späteren Zeiten mit anderen Geistesrichtungen auf, zum Beispiel in der Höhle Font-de-Gaume, wo Mammute auf rotschwarze Bisons gezeichnet wurden. Es sind die ersten Dokumente eines ›Bildersturms‹, wenn auch einige Forscher bei den Überzeichnungen und Übermalungen manche ›Pietät‹ gegenüber den alten Felsbildern herauslesen wollen.
Schließlich gibt es zur Magie der Eiszeitmenschen völkerkundliche Parallelen auch in der Gegenwart. Der große Forscher der Kulturgeschichte Afrikas, Leo Frobenius, erzählt von seiner eigenen Beobachtung bei den im Urwald immer noch steinzeitlich lebenden Pygmäen, wie diese am Vorabend der Jagd Tierfiguren auf den Boden zeichneten und danach – sowie beim Sonnenaufgang am nächsten Tage – allerlei Zeremonien damit trieben. Nach Frobenius handelte es sich um magische Vorbereitungen für eine erfolgreiche Jagd.
Ihren großartigsten Ausdruck hat die Jagdmagie in den Wandmalereien von Lascaux (Dordogne) gefunden (Abb. 8, 9, 14); vier spielende Knaben entdeckten die Höhle im Jahr 1940. Ihr Erforscher, Abbé Breuil, nennt die Malereien auf den

6 Vorder- und Rückseite eines 12 cm großen Kiesels, auf den übereinander mehrere Tierdarstellungen eingeritzt sind. Höhle La Colombière bei Poncin (Südostfrankreich).

7 Steinbock in einer Fanggrube. Felszeichnung als Jagdmagie in der Höhle La Pasiega (Santander, Nordspanien). Größe 49 cm.

sich weit hinstreckenden Felswänden ›die Krönung all dessen, was die franko-kantabrische Felskunst uns zu bieten vermag. Die Erhaltung der Bilder, die Leuchtkraft ihrer Farben ist verwirrend und kaum glaubhaft‹. Bei diesen Malereien ist das Plastische der Binnenteile erstaunlich vollkommen betont. Hauptcharakteristik dieser Darstellungen ist die naturgetreue Wiedergabe der Tiere. Dennoch handelt es sich um Magie. Wenn eine große schwarze Renkuh mit den Hinterbeinen in einer schachbrettartig gemalten – offenbar in einer verdeckten und getarnten – Fallgrube feststeckt (Abb. 8), so drückt das die Beschwörung aus, es möge immer wieder so geschehen. Auf einem anderen mehrfarbigen Bild, einer Deckenbemalung diesmal, wird mit einem magischen Fallgrubenzeichen eine ganze Herde von Renkühen und auch ein Wildpferd gebannt (Abb. 9).

Dieses großartige Bild gehört zu den Hauptwerken der gesamten Kunstgeschichte der Menschheit. Aber sosehr die Darstellung auch für sich zu sprechen scheint, so wäre es doch falsch, in dieser eiszeitlichen Malerei nur den künstlerischen Fortschritt zu bewundern. In der Folge werden wir zwar noch Werke der Eiszeitkunst kennenlernen, denen aller Wahrscheinlichkeit nach keine magische Absicht innewohnt; wir müssen aber einräumen, daß die Werke ohne jede offensichtliche magische Tendenz nicht zu den schönsten gehören. Es ist, als ob die größten künstlerischen Begabungen schon in der Eiszeit für die Lösung der brennendsten Probleme ihrer Zeitgenossen – und das waren damals die magischen Praktiken – eingetreten wären.

Der Künstler der Eiszeit betrieb also vor allem Tötungsmagie für seine Jagdgenossen, ähnlich wie die erwähnten Pygmäen und andere steinzeitlich lebende Wildbeuter in unserer Zeit. In der Höhle Tuc d'Audoubert (Département Ariège) fand Graf H. BÉGOUEN 1912, als er sie entdeckte,

8 Renkuh über den magischen Schachbrettzeichen einer getarnten Fallgrube. Länge 2,15 m. Felsmalerei in der Höhle von Lascaux (Dordogne).

9 Drei Renkühe und ein Wildpferd mit magischem Fallgrubenzeichen. Felsmalerei mit Ocker und Mineraloxidfarbe in der Höhle von Lascaux.

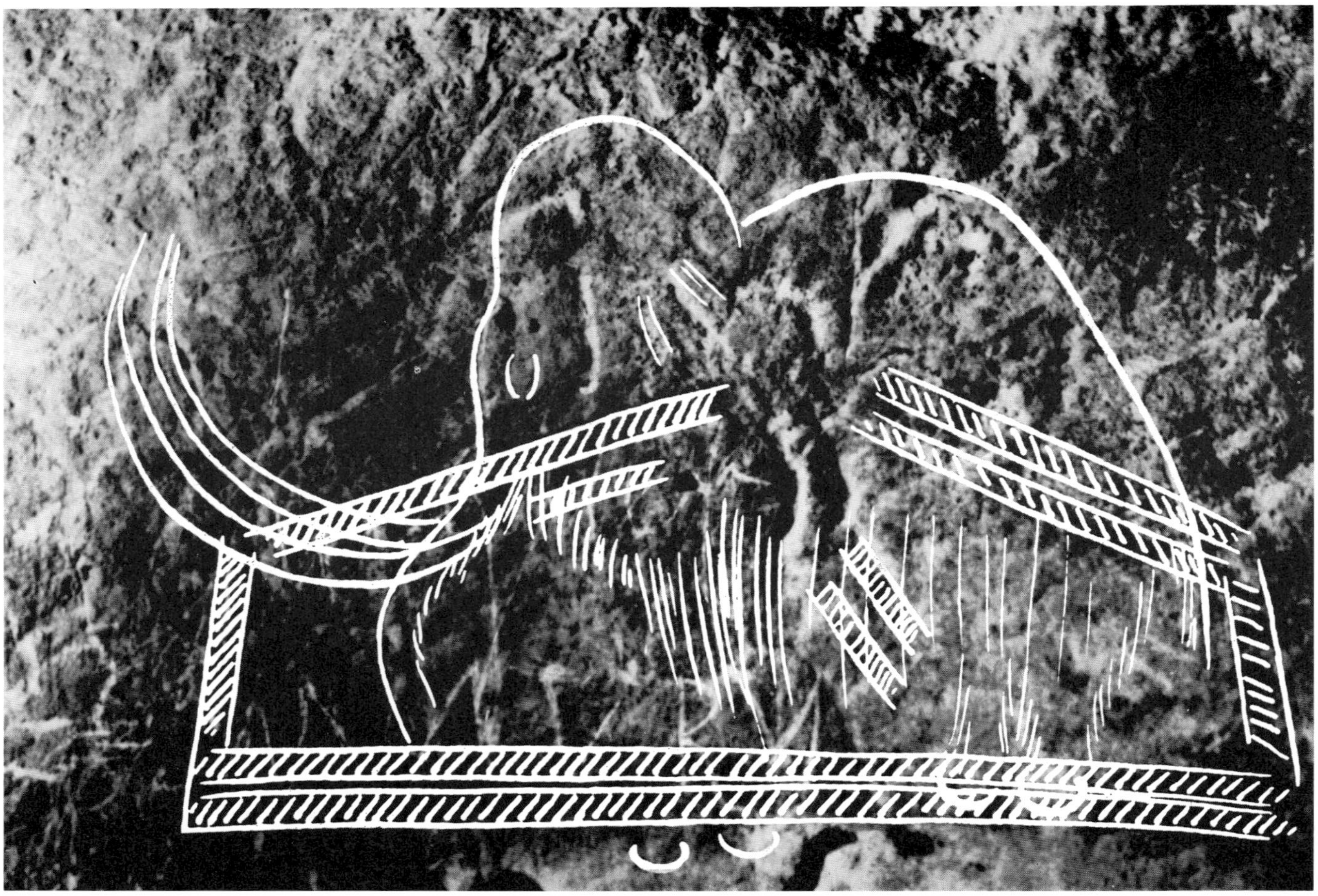

10 Mammut in magischer Fallgrube. Länge 3 m. Höhlenbild von Font-de-Gaume aux Eyzies (Dordogne).

11 Treppen- und bandartige magische Zeichnung einer getarnten Fallgrube, schwarz (oben) und rot (unten).

auf dem lehmigen Boden des hintersten und besonders schwer zugänglichen Raumes, etwa 700 (!) Meter vom Eingang entfernt, Fußspuren von Menschen und Bären, außerdem zwei Bisonplastiken und eine Bisonstatuette aus Ton, alle von hoher künstlerischer Qualität. Der wahre Sinn dieser Funde wurde erst 1923 durch eine Entdeckung von N. CASTERET in der Höhle von Montespan (Département Haute-Garonne) erklärbar. Der Fund von Montespan bestand aus mehreren Tierplastiken; besonders auffallend war eine Bärenfigur ohne Kopf von 1,10 Meter Länge und 0,60 Meter Höhe. In der Nähe fand man Reste eines echten Bärenschädels. Die künstliche Vertiefung der Halspartie läßt vermuten, daß in der Eiszeit der Originalkopf am Lehmkörper – dem vielleicht ein Bärenfell übergezogen war – befestigt wurde und magischem Zeremoniell gedient hat. Die zahlreichen Löcher, die sowohl die Bärenfigur als auch die übrigen Tierplastiken aufweisen, sind entweder Spuren der Tötungsmagie oder aber Symbole der Fruchtbarkeitsmagie.

Eine andere Art von magischen Praktiken zeigen die hüttenförmigen (tektiformen) Zeichen, die weder einen ästhetischen Wert noch einen künstlerischen Charakter haben (Abb. 10, 11, 27). H. OBERMAIER deutete sie als Schemen von Tierfallen, und diese Deutung bestätigt sich unmißverständlich bei solchen Bildern, auf denen die hüttenförmigen Zeichen in Verbindung mit Tierdarstellungen erscheinen: Sie weisen auf Fallgruben hin, in welche die Tiere durch die Wirkung der Jagdmagie hineinstürzen sollen. Es gibt auch Zeichnungen von getarnten Fallgruben, die man irrtümlich für abstrakte Zeichen gehalten hat; es sind jedoch magische Wiedergaben von sogenannten ›Verblendungen‹ (Tarnungen).

Bilder, die ohne Magie von einer Handlung erzählen, sind die Ausnahme in der eiszeitlichen Kunst Frankreichs und Nordspaniens. Die Tiere werden allgemein in Ruhestellung wiedergegeben und ohne Hintergrund. Beides, die Ruhestellung und das Fehlen des Hintergrundes könnten noch einmal Beweise für den magischen Charakter dieser Bilder

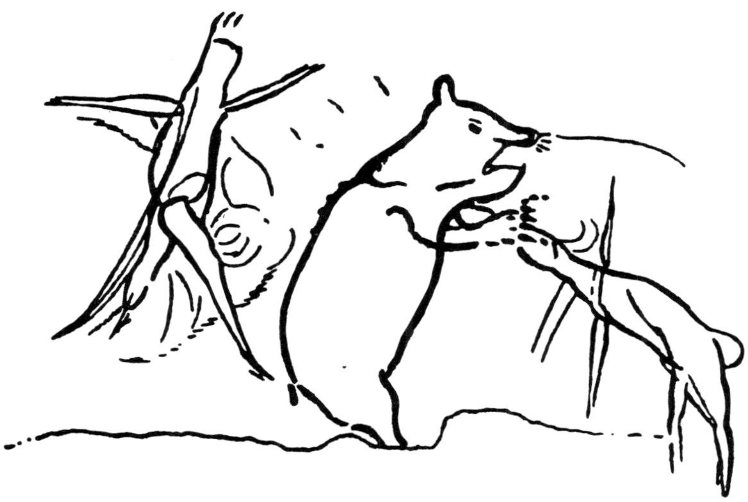

12 Der Kampf mit dem Bären. Auf Schieferplatte geritzte eiszeitliche Bilderzählung, 18 cm lang. Aus Péchialet (Dordogne).
13 Totenklage. Mit Abb. 12 die früheste Bilderzählung der Eiszeit. Stein, Länge 13 cm. Aus Limeuil (Dordogne).

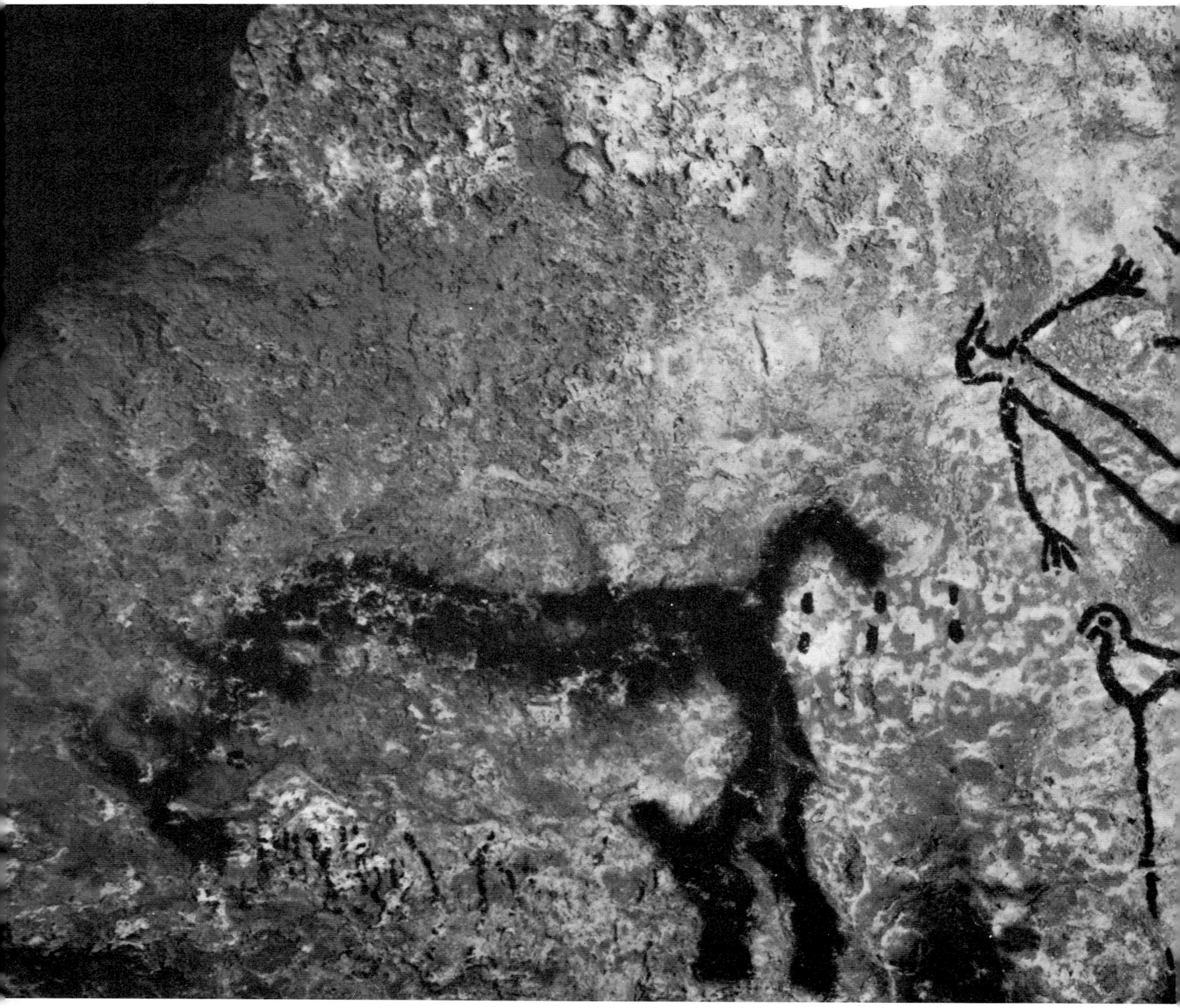

sein. Auch die bewegten Bildszenen, die ›Bilderzählungen‹, scheinen oft magischen Charakter aufzuweisen. Ein Dokument dafür ist die gravierte Schieferplatte von Péchialet (Dordogne); man liest daraus die ›Erzählung‹ ab, wie ein von einem Bär angefallener Mann zu Boden stürzt und ihm ein anderer Mann mit vor Entsetzen ausgebreiteten Armen zu Hilfe eilt (Abb. 12).

Eine andere erzählende Ritzzeichnung – auf einem Stein von Limeuil (Dordogne) – stellt vielleicht eine ›Totenklage‹ dar: Eine undeutlich im Umriß wiedergegebene Gestalt beugt sich über eine ebenso allgemein und ohne besondere menschliche Kennzeichen umrissene Figur, die stirbt oder tot ist und vom Gefährten beklagt wird (Abb. 13).

Unvergleichlich eindrucksvoller aber ist das sehr schöne mehrfarbige Felsbild von Lascaux (Dordogne), das den Titel ›Jägertragödie‹ erhalten hat, obzwar auch seine Deutung als ›magische Beschwörungsdarstellung‹ möglich ist (Abb. 14). Auf jeden Fall hat ein Jäger mit seinem Speer einen Bison

14 ›Jägertragödie‹ oder aber ›magische Beschwörung‹. Länge 2,50 m, Höhe 1,40 m. Malerei in der Höhle von Lascaux.

verwundet; dieser bäumt sich auf vor Schmerz, peitscht mit dem Schwanz durch die Luft, seine Gedärme quellen hervor, seine Augen funkeln. Der Jäger aber scheint entweder von einem vorbeilaufenden Nashorn getötet worden zu sein oder sich als Beschwörer in einem Erregungszustand zu befinden. Nur so viel ist auf dem Bild ersichtlich, daß das Nashorn, böse schnaubend, die Szene nach links verläßt. Das Gerät mit einer Vogelfigur wird als Totembild gedeutet, dies um so mehr, als der Kopf des Jägers selbst vogelartig geformt ist.

Diese eiszeitlichen Bilderzählungen stellen wirkliche Gemäldeschriften mit manch magischem Inhalt dar. Als Vorstufe der späteren Bilderschriften sind sie besonders bedeutsam, da sie bereits Mitteilung eines Geschehnisses enthalten. Von hier aus hätte der Schritt zur Entstehung einer sprachlich ungebundenen Bilderschrift im Grund schon ganz leicht und kurz sein können. Daß es aber noch viele Jahrtausende hindurch nicht dazu gekommen ist, hat seine bestimmten Gründe. In einem späteren Abschnitt wird darauf eingegangen.

Die Kunst der Eiszeitmenschen diente nicht nur dem Totenkult und der Jagdmagie; eine wichtige dritte Aufgabe betraf die magische Beeinflussung der Fruchtbarkeit. Mit beschwörenden Darstellungen wollten die Höhlenkünstler zur Vermehrung des Wildbestandes beitragen. Charakteristisch für ihr Denken und für ihre Erfahrung, selbst ganz in dem Naturgeschehen eingeschlossen zu sein, ist die Tatsache, daß nicht nur Zeichnungen von trächtigen Tieren, sondern auch die Darstellung hochschwangerer Frauen ein Teil der umfassenden Fruchtbarkeitsmagie war. Hierher gehören die zahlreichen Statuetten und sonstigen Menschendarstellungen des Aurignacien mit sexuellem Charakter, die man früher für Idole oder Fetische hielt; in die gleiche Richtung weisen die wenigen, kunstlosen Venus-Figuren des Magdalénien-Zeitalters (etwa zwischen 30000 [?] und 8000 v. Chr.; Abb. 19). Es ist sicherlich nicht richtig, darin einzelne weibliche Schönheiten porträtiert zu sehen, denn diese Darstellungen von Menschen lassen nichts Individuelles erkennen. Wir werden aber gleich darauf zu sprechen kommen, wie wichtig es für die magische Wirkung der Werke war, den gemeinten Gegenstand naturgetreu darzustellen, und zwar mit den typischen Zügen der Gattung, der er angehört. Unter dieser Voraussetzung sah das künstlerische ›Frauenideal‹ des Eiszeitmenschen – wenn man in Anbetracht der durchaus nicht zahlreichen Funde von Menschendarstellungen überhaupt davon reden darf – anders aus als in allen späteren Phasen der Kunstgeschichte. Auch das Frauenbild enthält einen magischen Sinn, will etwas bewirken. Soviel kann man sagen, wenn auch die Bedeutungen im einzelnen verborgen bleiben. Was bestimmte die Zusammenstellung einer Frauenfigur mit den Hinterfüßen eines Rentieres auf dem Knochen von Laugerie-Basse (Dordogne, Abb. 15)? Was meint die sehr füllige Frauengestalt auf dem Kalksteinrelief von Laussel (Dordogne) mit dem Bisonhorn in ihrer Hand (Abb. 16)? Da beide Frauen im Zustand von Schwangeren dargestellt und mit Tierattributen verbunden sind, wird man bei der Deutung stehenbleiben dürfen, daß die Fruchtbarkeitsmagie, der die Bildwerke dienen, in Fernwirkung auf die Beutetiere gerichtet war.

15 Fruchtbarkeitsmagie: Frau und Hinterfüße eines Rentieres, auf Knochen geritzt. Länge 10 cm. Fragment aus der Höhle Laugerie-Basse (Dordogne).

16 Frau mit Trinkbecher aus Bisonhorn als Vermehrungszauber. Höhe 46 cm. Basrelief auf Kalkstein aus Laussel.

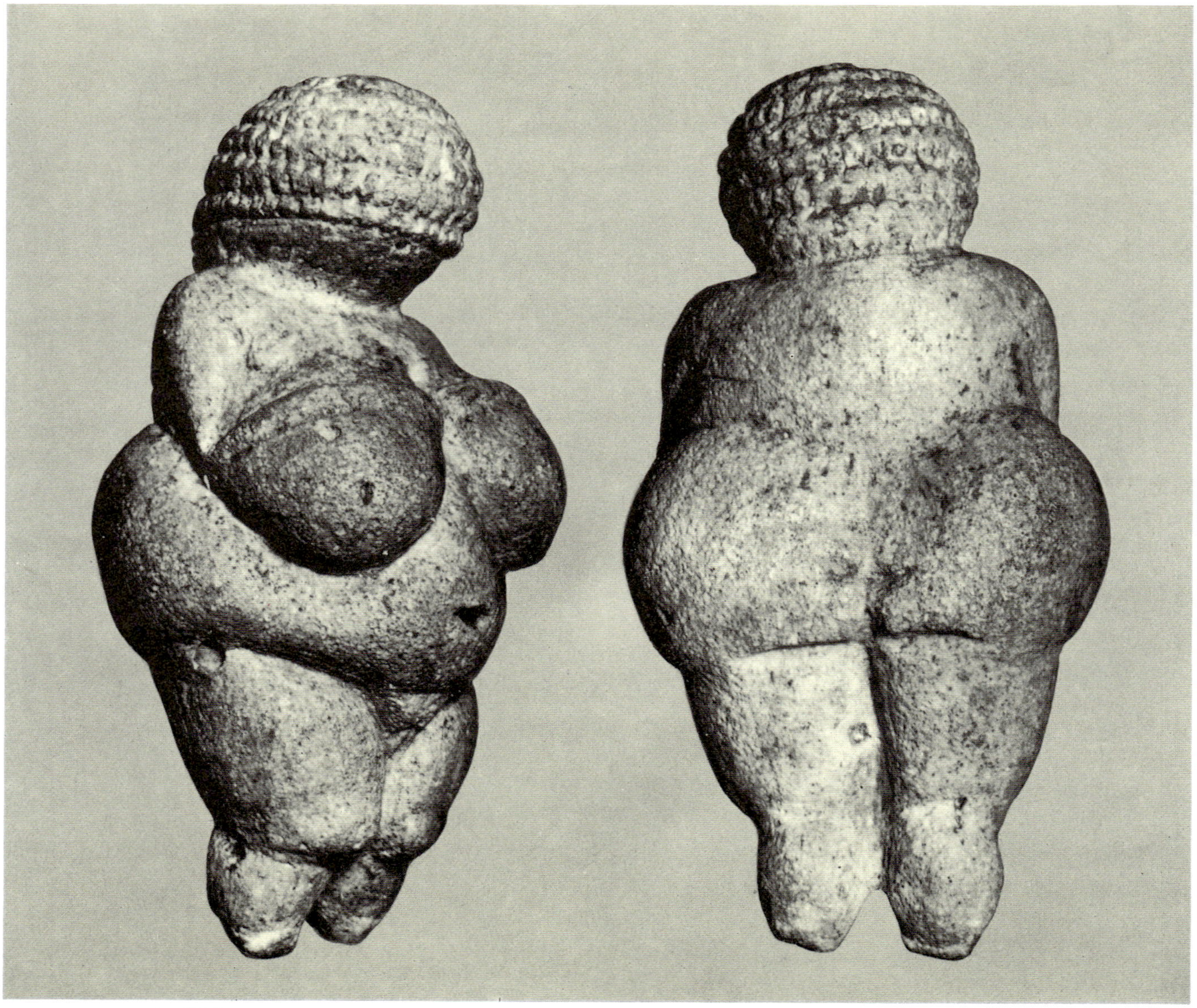

17 Fruchtbarkeitsidol: ›Venus von Willendorf‹. Kalkstein, Höhe 11 cm. Aus Willendorf (Niederösterreich).

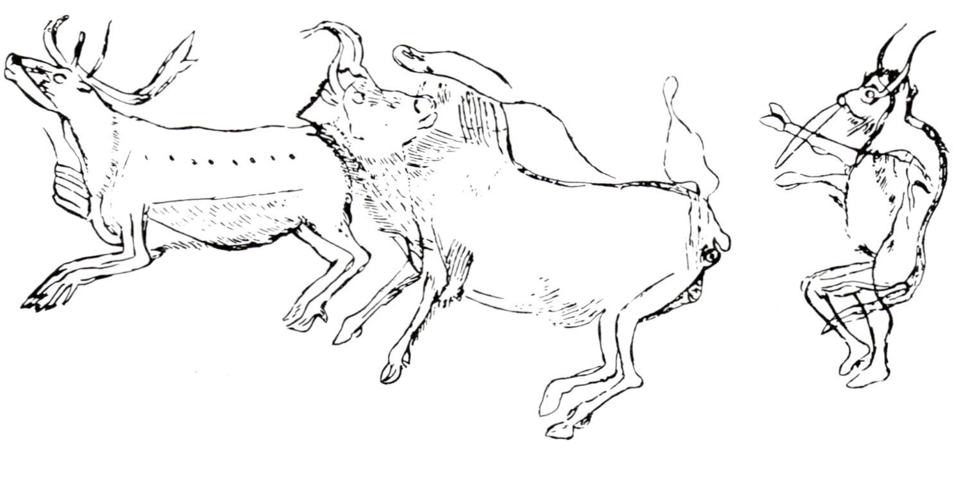

18 Jagd- und Fruchtbarkeitsmagie: Maskierter Zauberer beschwört mit Tanz und Flöte zwei Tiere. Höhle Les Trois Frères.

Die Menschendarstellungen der Eiszeit im Dienst der Fruchtbarkeitsmagie verbergen sich oft hinter Tierdarstellungen. Der Magier der Eiszeit verkleidete sich in Tierfelle und verlieh sich dadurch die Kraft jenes Urzauberers, den die Forschung heute als die Vorstellung vom ›Herrn der Tiere‹ ins Zentrum der eiszeitlichen Naturordnung stellt. Eine große Ritzzeichnung an einer Wand der Höhle Les Trois Frères (Département Ariège; die Höhle hat ihren Namen von ihrem Entdecker Graf H. Bégouen und seinen beiden Brüdern) stellt dar, wie ein mit Bisonfell maskierter Mensch zwei Tiere beschwört (Abb. 18); er tänzelt hinter ihnen her und spielt auf einem sogenannten Mundbogen, einer Art Flöte (dies ist die älteste bekannte Darstellung von Tanz und Musikinstrument). Der Zauberer wird dem Instrument wohl keine musikalischen Töne entlockt, sondern die Laute der Tiere nachgeahmt haben – mit Erfolg, denn das hintere der beiden Wildtiere (halb Renkuh, halb Bison, allem Anschein nach trächtig wie das vordere Tier) blickt gebannt zu ihm zurück. Jetzt wird die Fruchtbarkeitsmagie letztlich auch ein Stück Jagdmagie, denn nach ihrer Vermehrung sollen die Tiere ja schließlich doch überlistet und getötet werden.

Während wir in dieser Szene und in der ausdrucksvollen ›Venus von Willendorf‹ (Abb. 17) lebensnahe Darstellungen vor uns haben, wandeln tausend andere Fundstücke die einstmals wirkkräftigen Motive später ins Dekorative und ins Abstrakte ab, um so schematischer, je mehr das Spätmagdalénien zu Ende geht. Die Sitzfiguren aus Mezin in der Ukraine, aus Mammutstoßzähnen geschnitzt, sind so sehr mit Strich-, Kerb- und Mäandermuster bedeckt, daß diese Verzierung dem Künstler offenbar ebensowichtig gewesen sein muß wie die magische Beschwörung des in der Stilisierung kaum mehr erkennbaren Frauenleibes (Abb. 19).

3. ORNAMENTALE FORMEN · GEOMETRISCHE UND BUCHSTABENÄHNLICHE ZEICHEN

DIE SCHEMATISIERUNG ALS ENDSTUFE DER EISZEITLICHEN KUNST

Kommen wir noch einmal auf die Magie zurück. In Anbetracht seiner Unkenntnis der tieferen Zusammenhänge der Naturvorgänge und seiner immerwährenden Gefährdung durch Lebende und Tote, durch Menschen und Tiere, durch Hunger und Krankheiten, hat es für den Menschen der Eiszeit nur das Mittel der Magie gegeben, um sich über die bedrängenden Situationen zu erheben. Nach dem magischen Denken erhält derjenige Macht über ein Wesen, der über dessen Bild verfügt – eine Interpretation, für die zahlreiche völkerkundliche Parallelbeispiele aus der Gegenwart sprechen. Vielleicht läßt sich hieraus sowohl die erstaunlich naturgetreue Wiedergabe der Tiere auf den schönsten Höhlenbildern in der Blütezeit der franko-kantabrischen Kunst als auch die Tatsache erklären, daß die allerbesten Künstler am Werk gewesen sind; bei manchen Tierumrissen sagt man unwillkürlich, der Zeichner habe sein Objekt ›gut getroffen‹, was wahrscheinlich auch in der doppelten, der magischen Wortbedeutung seinen Sinn hatte. In der letzten Phase der Eiszeit, im Spätmagdalénien, kam es mehr und mehr zu einer flachen Schematisierung, die schließlich das Erlöschen der Eiszeitkunst am Ende des Diluviums zur Folge hatte. Es ist nur logisch, wenn man vermutet, daß gleichzeitig auch ein Wandel in der Bedeutung der Magie stattgefunden hat. Diese nebeneinander hergehenden Wandlungen aber schufen erst die Voraussetzungen, daß schriftartige Aufzeichnungen entstehen konnten. Wenn wir es jetzt mit Dokumenten zu tun

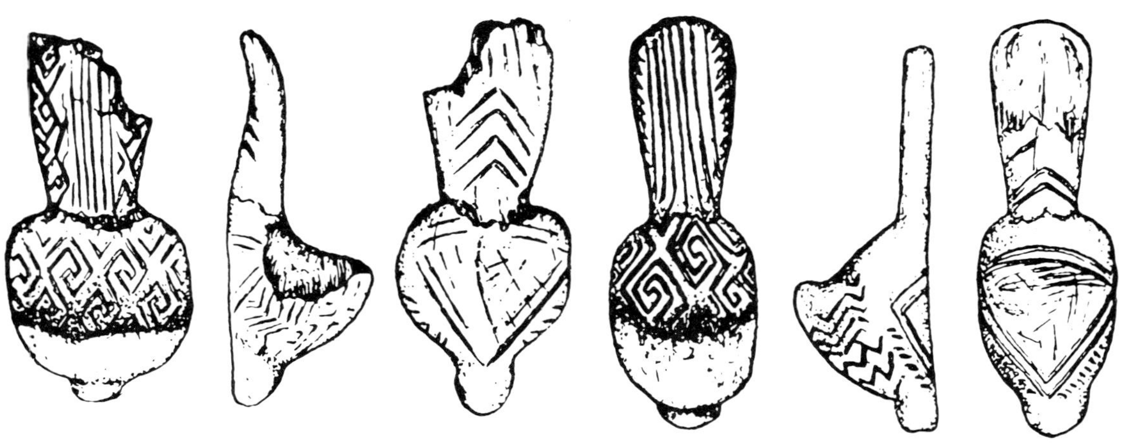

19 Frauenfigürchen aus Mammutstoßzahn, extrem schematisiert, mit Ornamenten bedeckt. Höhe 12,5 cm. Aus Mezin (Ukraine)

20 Pflanzenornamente, auf Knochen geritzt. a: Aus der Grotte Le Tribolite (Yonne), Länge 14,1 cm. b: Lochstab von Veyrier (Haute-Savoie), Höhe 28 cm. c und d: Aus der Höhle Laugerie-Basse (Dordogne).

haben werden, die vom künstlerischen Standpunkt aus immer weniger befriedigen, so ist daran zu erinnern, daß der Gesichtspunkt der Schriftgeschichte – auch in ihren Phasen der Vorstufen – ein grundsätzlich anderer ist als derjenige der Kunstforschung. Wer die ersten Vorstufen der Schrift in der Kunst aufsucht, den sollten nicht künstlerische Momente interessieren, sondern alle jene Zeugnisse aufzeichnender Tätigkeit, welche die psychisch-geistigen Fähigkeiten des Menschen zur Abstraktion, zur Verallgemeinerung, zur schematischen Regelmäßigkeit gefördert haben.

Werke, die allem Anschein nach keine magische Bedeutung besitzen, sind in erster Linie Pflanzendarstellungen in Form von Ritzungen und Skulpturen (Abb. 20, 22). Sie sind aus Muße, Spielerei oder Freude am Ornament entstanden. Sie tragen zwar nicht viel vom Funken schöpferischer Kraft in sich, doch haben sie wesentlich zu der bereits erwähnten Förderung der geistigen Fähigkeiten des Eiszeitmenschen beigetragen. Indem die Darstellungen einige Merkmale der beobachteten Pflanzen wiedergeben, beweisen sie die Gabe des Menschen, zwischen Wesentlichem und Unwichtigem zu

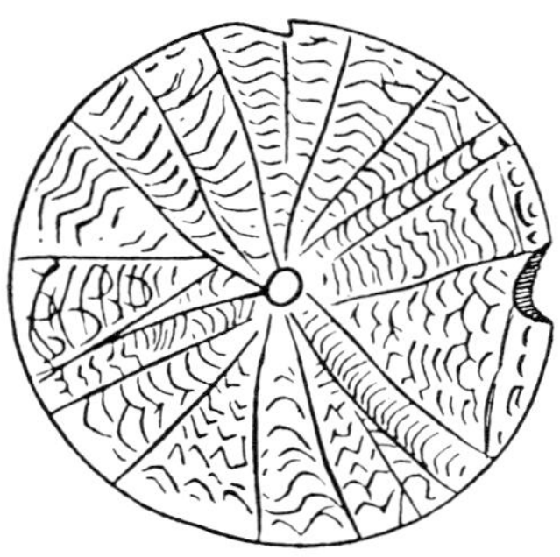

21 Kreisscheibe aus Elfenbein. Durchmesser 8 cm. Aus der Höhle Petersfels bei Engen (Baden).

22 Geschnitzte Stäbe aus Rengeweih mit ährenähnlicher Ornamentik. Magdalénien-Grotten Les Espélugues, Lourdes.

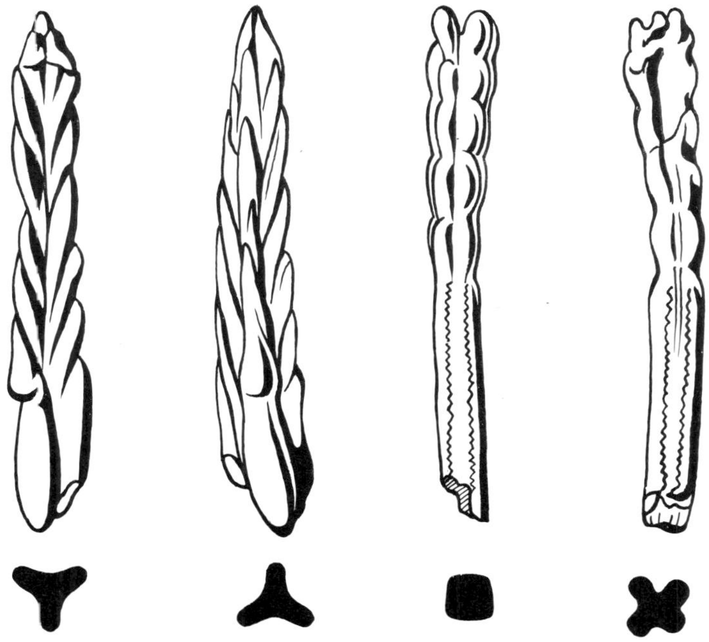

23 Magischer ›Kommandostab‹: Vorder- und Rückseite des Lochstabes aus Petersfels.

unterscheiden, das Kennzeichen seiner Intelligenz. Diese Gabe schuf die psychisch-subjektive Voraussetzung zur Herausbildung der Bilderschriften, die allerdings in einer ganz anderen, viel späteren Kulturepoche entstanden. Zum ersten Mal hat sich in der letzten Eiszeit das Unterscheidungs- und Abstraktionsvermögen des Menschen beim Darstellen von Pflanzenornamenten ausgiebig geschult.

Eine ganz andere Art ornamentaler Kunst zeigen die geometrischen Verzierungen, wobei wir vorderhand nur die reinen Verzierungen, nicht die geometrischen Einzelzeichen ins Auge fassen. Der ornamentale Schmuck ist gewiß noch mit einem magischen Interesse gepaart, etwa bei den sogenannten ›Kommandostäben‹ aus Petersfels in Baden (Abb. 23). Über ihren magischen Zweck kann man nur spekulieren, fest steht jedoch die Tatsache, daß hier eine Verzierung nach den immerwährenden geometrischen Regeln von Gleichmäßigkeit, Parallelität, Polarität, Ebenmaß geschaffen wurde; nach ihnen gilt auch, daß die Grundformen eines Gegenstandes (etwa die elfenbeinere Kreisscheibe aus Petersfels) die Wahl des Ornamentes beeinflussen kann (Abb. 21). Besonders

24 Gebogene Mammutstoßzahn-Platte, als Armreif gebunden, mit Feuerstein geritzt. Höhe 6 cm. Aus Mezin (Ukraine).

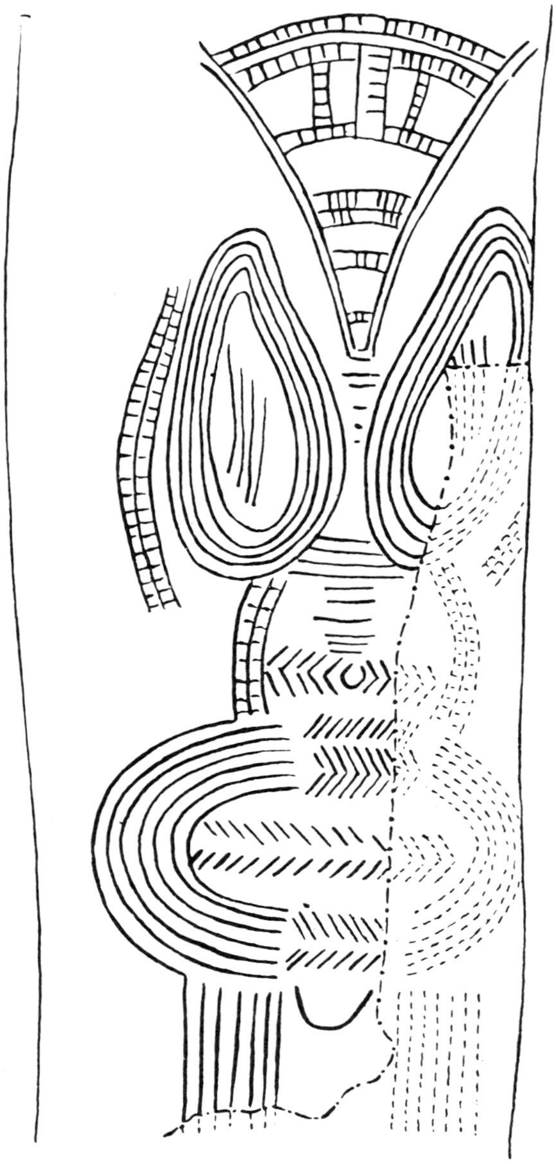

25 *Mammutstoßzahn mit eingeritzter, ornamental aufgelöster Frauengestalt (s. Ausschnitt). Höhe 15,5 cm. Aus Předmostí (Mähren).*

bemerkenswert ist in diesem Zusammenhang der Armreif von Mezin mit mäanderartigen Rhomboid- und Zickzackmustern, zweifellos nur dekorative, aber sehr hochentwickelte Zierformen (Abb. 24).

Im Spätaurignacien entfernen wir uns von der ausschließlich magischen Bedeutung der Kunstformen. Ganz eigenartig erscheint uns die Frauenfigur in rein geometrischen Formen aus der Epoche des späteren Périgordien (aus Předmostí in Mähren; Abb. 25). Zwar deuten der – nach Giedions Ansicht – ›vogelförmige‹ Kopf manche Totemvorstellung und die stark betonte Brustpartie und das breite Becken eine Fruchtbarkeitsmagie an, trotzdem aber lebt das ganze Bild vom Spiel der geometrischen Ornamentik. Daß für jeden Körperteil andere Formen gefunden wurden, dünkt uns schon eine bedeutende Leistung des Abstraktionsvermögens, der Einbildungskraft und der Konzentrationsfähigkeit.

Mit einer aufschlußreichen Zusammenstellung hat Abbé Breuil belegt, wie im Lauf der Jahrtausende, vom Aurignacien-Périgordien bis zum Spätmagdalénien, aus naturnahen Darstellungen von Hirsch- und Steinbockköpfen durch zunehmende Stilisierung schließlich blumenähnliche Schemen geworden sind (Abb. 26). Beide Tendenzen, diejenige zum Ornament und die andere zum Schema oder zur Abstraktion, bewirkten eine beträchtliche Weiterentwicklung der geistigen Fähigkeiten des Menschen bis zum Ende der Eiszeit. Es gibt keine Vereinfachung ohne den psychischen Vorgang des Abstandnehmens vom Dargestellten. Durch die Schematisierung oder durch die extreme Abstraktion waren also in der Kunst gegen das Ende der Eiszeit sowohl die subjektiven Fähigkeiten als auch die objektiven Bedingungen für die Entstehung der Bilderschrift geschaffen.

Warum haben aber die hervorragenden Künstler der Eiszeit keine echte Bilderschrift zustande gebracht, obwohl sie technisch vollkommen über die zeichnerischen Mittel verfügten? Weil sie, ganz von der Magie gefangen, noch kein Interesse daran haben konnten. Die Jäger und Sammler der Eiszeit waren immer nur während einer Jahreszeit seßhaft. Ihr Interesse kreiste in dem engen Bereich des bloßen Überlebens, so daß in ihnen kein Bedürfnis nach Mitteilung schriftlicher oder darstellerischer Art entstehen konnte – außer den magischen Aufzeichnungen und den spielerischen Ornamentierungen. Der harte Nahrungserwerb ließ dem eiszeitlichen Jäger keine Zeit für Muße und nicht genügend Kraft für andere Interessen als die Befriedigung seiner Triebe, der auch die Magie diente. Unter solchen Lebensumständen war es nicht möglich, daß aus den vorhandenen geistigen Voraussetzungen der entscheidende Schritt hätte erfolgen können. Die gesellschaftlichen, wirtschaftlichen und kulturellen Verhältnisse der Eiszeit schlossen das Bedürfnis nach einer Schrift im Sinne alltäglicher Mitteilungen oder überhaupt der Kommunikation mit dem Mitmenschen völlig aus; einzig eine magisch beschaffene Zeichen- und Gemäldeschrift konnte entstehen.

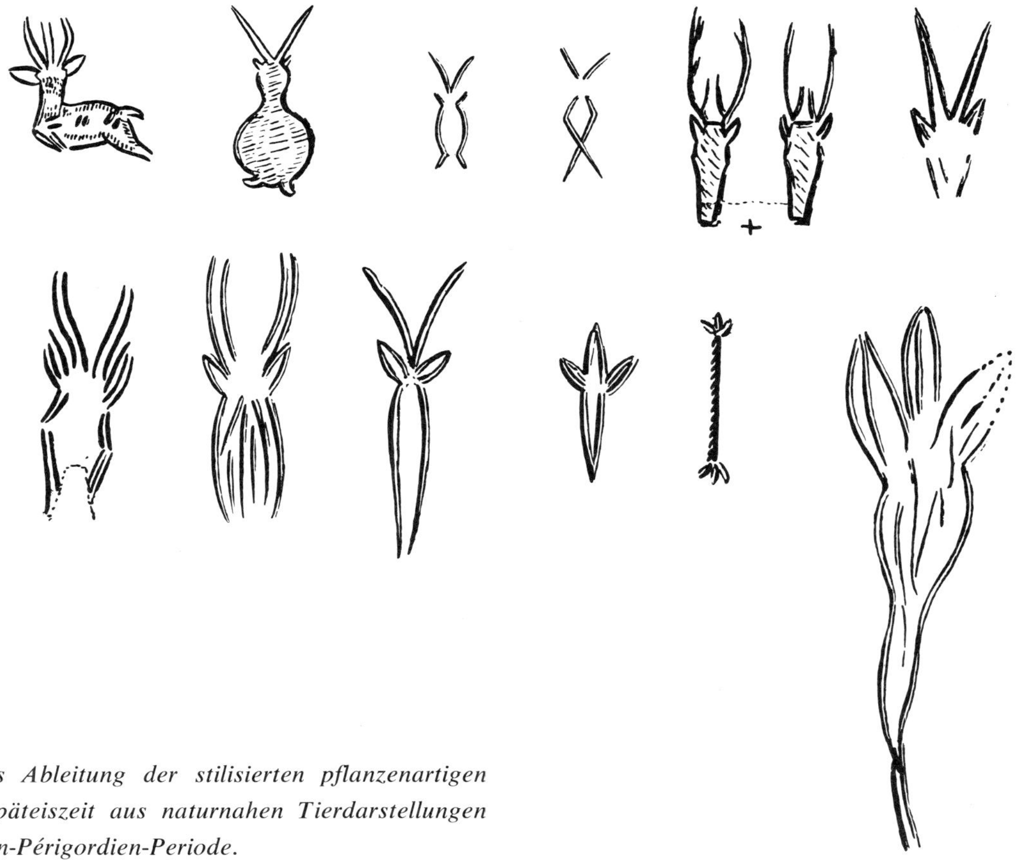

26 H. Breuils Ableitung der stilisierten pflanzenartigen Muster der Späteiszeit aus naturnahen Tierdarstellungen der Aurignacien-Périgordien-Periode.

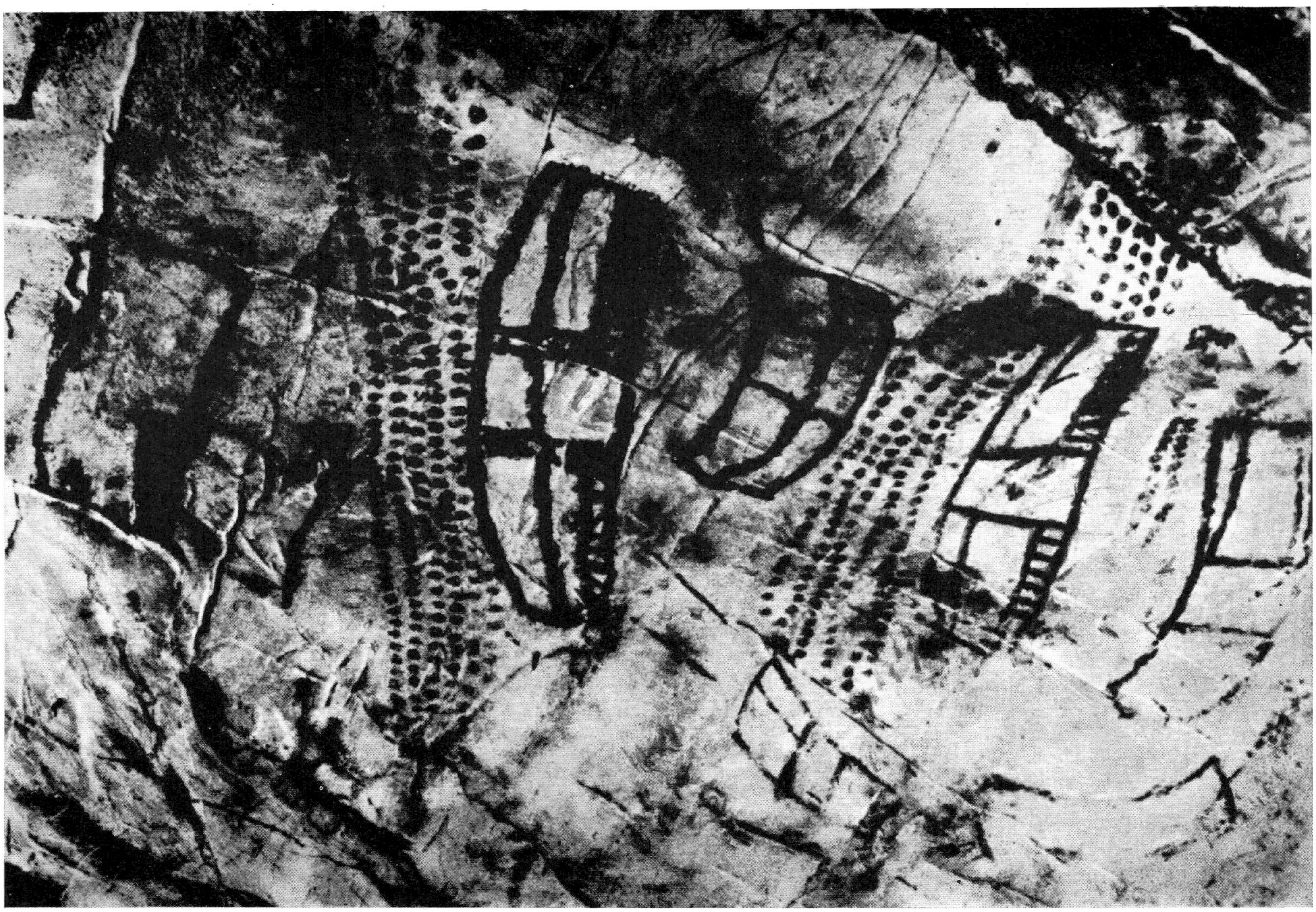

27 Hüttenförmige Zeichen und rotbraune Punktreihen von 1,25 m Breite in der Höhle El Castillo (Nordspanien).

Felsbilder mit solch magischer Zeichen- oder Gemäldeschrift gibt es aus der Eiszeit sehr viele, wenn sie auch nicht so bekannt geworden sind wie die schönsten der oft abgebildeten Höhlenmalereien. Allein in der Höhle von Font-de-Gaume (Dordogne) finden sich 25 hüttenförmige oder zeltartige und andere ähnliche Einzelzeichen (Abb. 28). Das Rätsel dieser Zeichen liegt darin, daß sie keinen darstellenden Sinn und auch keinen bloß ornamentalen Charakter haben. Manche kommen sogar den Jahrtausende später entstandenen Buchstaben nahe. Dadurch wird aber ihr Geheimnis nur um so größer, und wir können in dieser Untersuchung über die ersten Vorstufen der Schrift nicht darauf verzichten, eine Deutung zu erwägen.

Irgend etwas Wichtiges müssen die Zeichen jenen Menschen bedeutet haben, sonst wären sie nicht so häufig angebracht worden. Daß sie doch eine Art Buchstaben, also Bestandteile einer lautlichen Schrift seien, ist eine ganz unmögliche (wenn auch schon von namhaften Forschern erwogene) Annahme; denn das wäre ein verblüffender Anachronismus der Kulturgeschichte. Wir haben schon dargelegt, wieso die Eiszeitjäger kein Interesse für schriftliche Mitteilungen haben aufbringen können.

Wo die hüttenförmigen und andere ähnliche Zeichen zusammen mit Tierdarstellungen angebracht worden sind, mag es sich, wie oben erläutert, um Fangmagie handeln: Die Zeichen deuten unmißverständlich auf Fallgruben hin, die manchmal auch ›getarnt‹ gezeichnet wurden. Nun gibt es aber auch viele Zeichen dieser Art, die jünger sind als die danebenstehenden Tierdarstellungen, oder die überhaupt nicht zusammen mit Tieren gemalt worden sind, zum Beispiel in den Höhlen Font-de-Gaume, Altamira, Marsoulas, Comberelles, Castillo, Pindal; sie nur ›magische Zeichen‹ zu nennen, ist als Erklärung zu allgemein. Daß es sich um ›Eigentumsmarken‹ handelt (wie Obermaier annahm), scheint eine für die Eiszeit zu frühe Vorstellung; sie hätten auch auf den Felsmalereien und Felszeichnungen, die keine Gebrauchsgegenstände waren, nichts zu suchen. Viel hat die Ansicht von Abbé Breuil für sich, der die hüttenförmigen Zeichen, die in

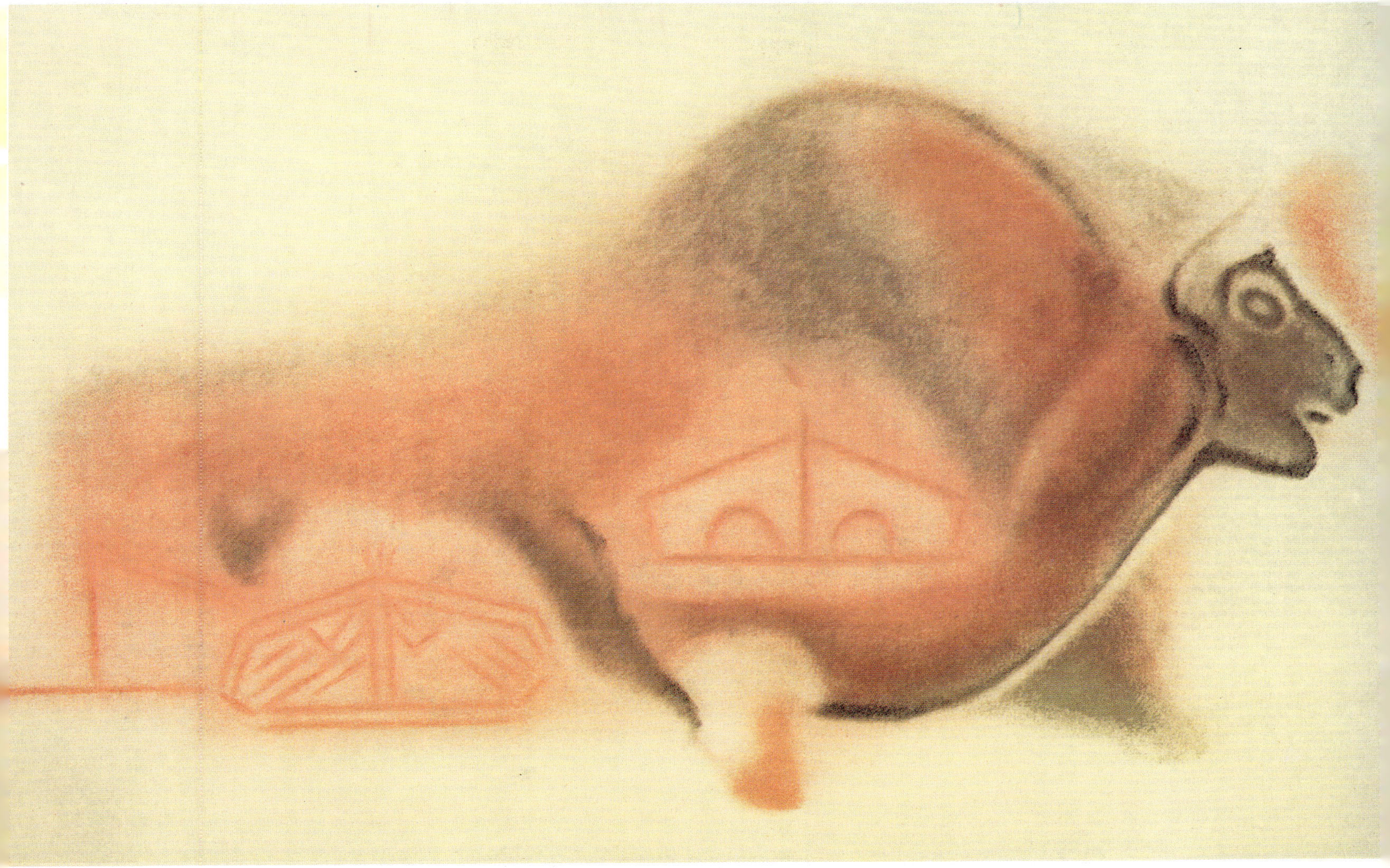

28 Rote Hüttenzeichen, über eine mehrfarbige Bisondarstellung gemalt. Font-de-Gaume (Dordogne).

keiner Verbindung mit der Fangmagie stehen, als ›Fixierung der Wohnstätten für die Geister der Vorfahren‹ deutete.

Einer ganz anderen Gruppe scheinen die meist roten, zweigartigen Zeichen sowie die Punktlinien in den Höhlen von Marsoulas (Haute-Garonne) und Pindal (in der spanischen Provinz Asturias) anzugehören – vielleicht stehen sie im Dienste der Fruchtbarkeitsmagie. In ihrem Zusammenhang ist noch einmal die verzierte Kreisscheibe von Petersfels bei Engen in Baden (Abb. 21) zu nennen. BREUIL und OBERMAIER legen diese geometrischen Formen in die letzte Phase der eiszeitlichen Kunst. Ihre Deutung ist noch umstrittener als die der hüttenförmigen Zeichen. Ob man sie ›magische Zeichen‹ oder ›magische Symbole‹ nennen will – ihr klarer Sinn ist uns verschlossen und bleibt es wohl für immer.

Auch die buchstabenähnlichen Zeichen sind gewiß aus magisch-kultischen Vorstellungen entstanden, nur vermögen wir über die meisten dieser Symbole nichts Näheres zu sagen. Es ist aber eine Tatsache, daß sie über die Kulturepoche des nacheiszeitlichen Azilien-Zeitalters (benannt nach dem Fundort Mas d'Azil im französischen Département Ariège) in die Jungsteinzeit hinübergerettet worden sind, in eine Epoche, in der sie dann als abgeschliffene Zeichen den ersten Schriftsystemen zur Verfügung gestanden und allem Anschein nach gute Dienste geleistet haben. Allerdings muß betont werden, daß die Beziehungen zwischen diesen Zeichen der Altsteinzeit und einigen Formen der wesentlich späteren ersten Schriftsysteme der ausgehenden Jungsteinzeit rein äußerlich sind. Wenn wir oben die ornamentalen und die geometrischen Formen, ja die ganze Felsmalerei der Eiszeit als eine bedeutsame Förderung der ›psychisch-geistigen‹ oder ›subjektiven‹ Voraussetzungen zur späteren Entstehung der Bilderschriften gewertet haben, so kann man die buchstabenähnlichen Zeichen als die konventionell-objektive Voraussetzung dazu bezeichnen. Der Vorrat an konventionell-objektiven Zeichen und Formen bildete in den späteren Zeiten, als die Bilderschriften in größerem Umfang zustande kamen, eine unerläßliche Bedingung für die Entstehung von schriftlich-bildlichen Verständigungsmitteln.

29 Zwei Bisons übereinandergemalt, der eine mehrfarbig (Länge 2,25 m), der untere schwarz (links sein Kopf, über dem Rükken zwei Hörner). Darüber mehrere rotbraune und rote Zeichen, eines davon fünfgezinkt. Höhle von Marsoulas (Südfrankreich).

Noch rätselhafter aber als die geometrischen Gebilde muten uns die buchstabenähnlichen Zeichen auf einem gemalten Bison in der Höhle von Marsoulas an (Abb. 29, 31). Das linke Zeichen sieht einer das Tier beschwörenden schematisierten Hand – fünf gleichhohe Finger – ähnlich. In einer sehr viel späteren Zeit treffen wir solche Formen – wie oben ausgeführt – als ausgesprochene Schriftzeichen an. Bei den Zeichen von Rochebertier und Gourdan, beide im französischen Département Haute-Garonne, ist die Ähnlichkeit mit späteren Buchstaben sogar noch größer (Abb. 30). Das linke Zeichen auf dem geritzten Knochenstück von Gourdan zum Beispiel sieht genauso aus wie das um viele Jahrtausende spätere phönikische Aleph oder das griechische Alpha oder aber das große A der lateinischen Schrift. Daß diese Zeichen aus dem Spätmagdalénien (Altsteinzeit) stammen, steht nach den Schichtenbestimmungen des Fundes durch H. Breuil fest.

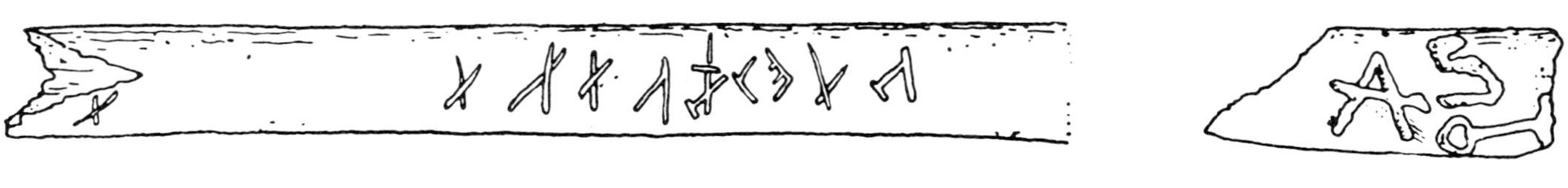

30 Buchstabenähnliche Kerben auf Knochen aus den Höhlen Rochebertier und Gourdan (Haute-Garonne).

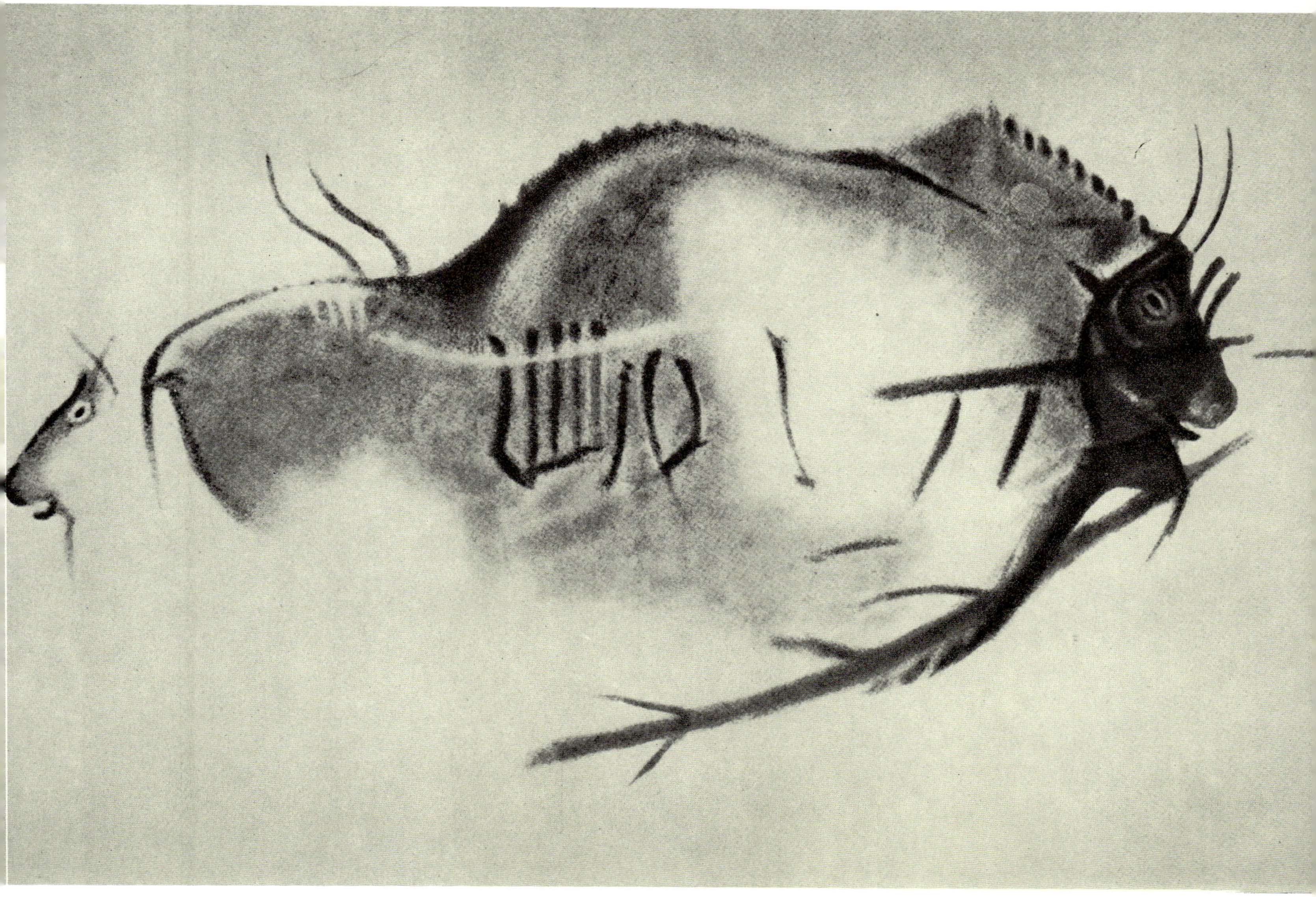

31 Rekonstruktion der mehrfarbigen Bisondarstellungen in der Höhle von Marsoulas (s. Abb. 29), wie Abbé H. Breuil sie noch um 1900 erkennen konnte. Buchstabenähnliche Zeichen und fünfgezinktes Symbol nebeneinander.

4. ERSTER ANSATZ ZU EINER BILDERSCHRIFT IN DER EISZEIT: DIE PASIEGA-ZEICHEN

Fest steht auch seit ihrer Entdeckung im Mai 1911, daß die geheimnisvollen Zeichen in der Pasiega-Höhle in Nordspanien einen bilderschriftlichen Charakter haben. Ein Blick auf die Nachzeichnung (Abb. 32) genügt, um die Überzeugung zu erlangen, daß diese Zeichen etwas mitteilen sollen. An Erklärungen hat es bis jetzt nicht gefehlt. Besonders eindrucksvoll, aber dennoch äußerst fragwürdig, sind die Deutungsversuche von KARL WEULE. ›Als ich‹, schreibt er (in: Vom Kerbstock zum Alphabet, Stuttgart 1915), ›1913 die Pasiega-Höhle ... besuchte, entströmten meinem Munde dieser Inschrift gegenüber fast reflexartig die deutenden Worte: ‚Weiche zurück, Fremdling, denn hier ist heiliges Land'‹. In der 12. Auflage seiner Publikation macht er 1921 die für die Deutungsgeschichte interessante Mitteilung: ›Während des Weltkrieges haben sich, wie die Zuschriften an mich beweisen, zahlreiche Männer in den Schützengräben mit der Deutung befaßt. Fast alle ... halten ... die ganze Inschrift nicht für ein Verbot, sondern eher für eine Einladung zu einem bestimmten Termin, der durch die vier unteren Zeichen angedeutet wurde, und von denen das kreisrunde zweifellos den Vollmond darstellt.‹

Alles das ist eine typisch rationalistische Deutungsart mit ›Termin‹, ›Einladung‹ usw. Das einzige, was wir aus diesen Versuchen verwerten können, ist die Bemerkung über den

›Vollmond‹: Sie entspricht nämlich – wie wir sehen werden – der Psychologie des magisch denkenden Menschen.
Die Höhle von La Pasiega besteht aus mehreren, oft schwer zugänglichen Räumen. In der hintersten Höhle lag zur Zeit der Entdeckung ein zum Schneiden geeignetes Steinwerkzeug auf einem nur wenig bearbeiteten Steingebilde. OBERMAIER schließt daraus, daß in den Höhlen von Pasiega in der Eiszeit magische Opfer- bzw. Kulthandlungen vorgenommen wurden; die gleiche Ansicht vertreten die meisten Gelehrten. Die symbolische ›Inschrift‹, um die es sich hier handelt, ist hoch oben an der linken Felswand angebracht, wo der Zugang zur Hauptgalerie sich verengt.
Es kann kein Zweifel bestehen, daß in dieser stark magischen Atmosphäre der ganzen Höhle auch die bilderschriftlichen Zeichen im Dienst der Magie gestanden haben. Hier liegt der Ausgangspunkt für unsere Deutung. Die bilderschriftlichen Zeichen wollten von keinem Menschen als ›Verbot‹ oder ›Einladung‹ gelesen werden – von wem denn auch? Die Sippe des Zeichners wußte über die Kulträume Bescheid, und daß fremde Eindringlinge solche älteren Zeichen für nichts achteten, das belegen alle späteren Übermalungen. Vielleicht wurde diese magische Inschrift so versteckt angebracht, um sie vor Übermalungen und damit vor dem Verlust ihrer Zauberkraft zu schützen.
Betrachten wir die einzelnen Zeichen näher. Wir halten (nach Breuil) die hüttenförmigen Zeichen links oben für ›magische Wohnstätten der Geister‹ von toten Vorfahren. Ob das Fußpaar daneben Menschen- oder Bärenspuren darstellt, erscheint unwesentlich; als Fußspur versinnbildlicht es (wie die zwei menschlichen Beine in der sehr viel späteren ägyptischen Hieroglyphenschrift) das Gehen von Menschen und von Tieren. Das E-ähnliche Zeichen und die drei unteren Striche mit dem ausgefüllten Kreis wie auch die ganze Inschrift müssen als von rechts nach links laufend betrachtet werden, gleich den unvergleichlich viel später entstandenen ersten großen Schriftsystemen des Alten Orients. Die drei Striche – Sinnbilder der Geister der oberen magischen Wohnstätten – scheinen sich zu bewegen, zu schweben, und zwar zu den Wohnstätten von unten nach oben, was schriftpsychologisch soviel wie ›aus dem Unbewußten herauf‹ bedeutet. Diese raumsymbolisch-graphologische Deutung der Striche als ›Geister‹ wird ferner durch einen Hinweis von H. KÜHN gestützt, wonach es in China Schriftzeichen gibt, die ›Gestalten mit Strichen anstelle eines Kopfes‹ darstellen und die ›Geist‹ und ›Gespenst‹ bedeuten. In diesen Zusammenhang paßt die Deutung des kreisförmigen Zeichens – ursprünglich durch H. OBERMAIER, den Mitentdecker der Pasiega-Höhle – als ›Vollmond‹ gut hinein, auch dann, wenn der Vollmond wegen der Verbindung mit den Zeichen der Geister unten und nicht oben angebracht ist; es gibt zahlreiche völkerkundliche Parallelen, nach denen die Geister besonders bei Vollmond ihre Reisen machen.
Was nun das E-Zeichen betrifft, so läßt es sich nach der Raumsymbolik der Schriftpsychologie unmißverständlich als völlige Absperrung der Beziehungen nach rechts, das heißt zum Mitmenschen bzw. zur Umgebung, deuten; es stellt hier ein magisches Verbot dar. Die Lage der Fußspuren macht es sehr wahrscheinlich, daß sie sich sowohl nach unten als auch nach rechts beziehen. Die Striche unten geben dem Fußpaar augenscheinlich die Bedeutung, daß die Geister ihre Wege (insbesondere bei Vollmond) ungehindert gehen können: Sie befinden sich ja links vom Verbotszeichen, das – wie schon erwähnt – nach der Raumsymbolik der Schriftpsychologie nur nach rechts wirkt. Bezüglich der magischen Aussperrung hingegen deuten die Fußspuren an, daß aus dieser Richtung niemand, und zwar weder Mensch noch Tier, Zutritt zu den magischen Wohnstätten der Geister haben darf. Wir glauben also, den Sinn des frühesten Dokumentes einer magischen Bilderschrift aus der Eiszeit mit folgendem Wortlaut richtig zu deuten: ›Weder Mensch noch Tier darf die (magischen) Wohnstätten der Geister stören, damit diese ihre Wege, insbesondere bei Vollmond, ungehindert gehen können.‹

32 Magisch wirkende ›Bilderschrift‹ der Späteiszeit in der Höhle La Pasiega (Nordspanien).

II

WEITERE VORSTUFEN ZUR SCHRIFT IN DER MITTEL- UND JUNGSTEINZEIT

1. ABSTRAKTE VEREINFACHUNGEN UND BILDERZÄHLUNGEN IN DER OSTSPANISCHEN KUNST

Dieses Kapitel der Entstehungsgeschichte der Schrift führt uns von der Altsteinzeit in die Mittel- und Jungsteinzeit – das heißt aus der Epoche um 8000 bis in die Zeit um 3500 v. Chr. – und aus dem Pyrenäenraum der franko-kantabrischen Kunst von Südfrankreich und Nordspanien nach Ost- und Südspanien sowie nach dem Nahen Orient. Die ›Levantekunst‹, die Kunst der spanischen Ostküste (Levante heißt Osten), hat vor allem einfarbige Malereien und nur wenige Ritzzeichnungen überliefert; man findet sie nicht in Höhlen, die es in Ost- und Südspanien so gut wie gar nicht gibt, sondern im Freien, an Felswänden, die durch Steinüberhänge vor dem Verwittern geschützt sind. Die rötlichen und braunen Farben aus Eisenoxid überwiegen, seltener sind schwarze Felsbilder und noch seltener weiße. Die Bilder der ostspanischen nacheiszeitlichen Kunst zeigen Jäger, Kampfszenen und Tierjagden in sehr stark vereinfachten Gestalten, oft sogar im höchsten Grad der Abstraktion und von kleinen Dimensionen. Der magische Gehalt der Darstellungen ist gegenüber der Eiszeitkunst viel geringer, dafür scheinen rein ästhetische Impulse stärker mitzusprechen. Wenn in den ostspanischen Bilderzählungen noch ein magischer Charakter liegt, dann besteht er meistens darin, daß sie aus magischer Furcht jede individuelle Menschendarstellung vermeiden; auch sie zeigen noch keinen landschaftlichen Hintergrund.

Die Levantekunst hat zwei Wurzeln, die von der heutigen Forschung allgemein anerkannt sind: Die Tierdarstellungen gehen auf die franko-kantabrische Kunst der Eiszeit zurück, die bereits im Kapitel I behandelt wurde, die Menschendarstellungen aber gelten als Ausläufer der nordafrikanischen ›Capsien‹-Kultur. Dieser Kunststil hat sich übrigens nicht nur an den Mittelmeerküsten, sondern bis nach Südafrika verbreitet, wofür zahlreiche Funde sprechen.

Für die Geschichte der Schrift sind vor allem zwei Eigenheiten der Levantekunst bedeutsam: die abstrakte Vereinfachung der Gestalten und die Form der Bilderzählung. Es sind weniger die Tiere, die schematisiert dargestellt werden – vielleicht wirkt in ihnen noch der Stil der Eiszeitkunst nach –, sondern vielmehr die menschlichen Figuren. Sie sollen – fast im modernen expressionistischen Sinn – das Typische einer Bewegung oder einer Gestalt zeigen, z. B. das, was sie als Jäger beim Spannen des Bogens oder als Krieger beim Abschießen der Pfeile oder als Tanzende charakterisiert. Eine scharfe Beobachtung des Naturvorbildes war die Voraussetzung dafür, daß die Levantekünstler mit vereinfachten Zügen und Formen das Allgemeine und Typische treffen konnten. Für die Entstehung der späteren Bilderschriften war diese Abstraktion und Vereinfachung eine wichtige Bedingung. Wenn mancher Kunsthistoriker in dieser Epoche von Verfall und Rückbildung sprechen mag, so sieht die Schriftgeschichte in ihr im Gegenteil eine Stufe des Fortschrittes. Nichts trug nämlich zur Förderung der Abstraktionsfähigkeit des Menschen in der nacheiszeitlichen Epoche so viel bei wie gerade diese oft phantastischen und kühnen Vereinfachungen. Auch ist in ihnen ein Vorrat an Formen geschaffen worden, der zum Teil bis in die späte Jungsteinzeit reichte und dann bei der Entstehung jener Bilderschriften zur Verfügung stand, die an eine sprachliche Formulierung nicht gebunden waren.

Aber nicht weniger bedeutend für die weiteren Vorstufen der Bilderschriften war ein Charakterzug der Levantekunst, der auch in rein künstlerischer Beurteilung immer positiv gewertet wird. Es ist die starke Betonung der Bewegung. Im Gegensatz zu den franko-kantabrischen Eiszeitbildern, die Mensch und Tier oft nur in Ruhestellung zeigten, werden in der Levantekunst mit Vorliebe sehr genau beobachtete bewegte Tiere und Menschen dargestellt. In einem halb naturgetreuen, halb abstrakten Stil wird die Bewegung sogar nicht selten überbetont. Da wimmelt es von Jägern, die ihr Wild verfolgen, von davonpreschenden Tieren, von Kriegern im Kampfgetümmel und von Tänzern, die – fast wie in Ekstase – ihre

34 Tanzende mit Pfeilen und Bogen. Schwarze Felsmalerei aus der Mittelsteinzeit (Valltorta-Schlucht bei Cueva del Civil, Spanien). Meisterhaftes Beispiel für die abstrakt vereinfachte Überbetonung des Charakteristischen bzw. der Bewegung.

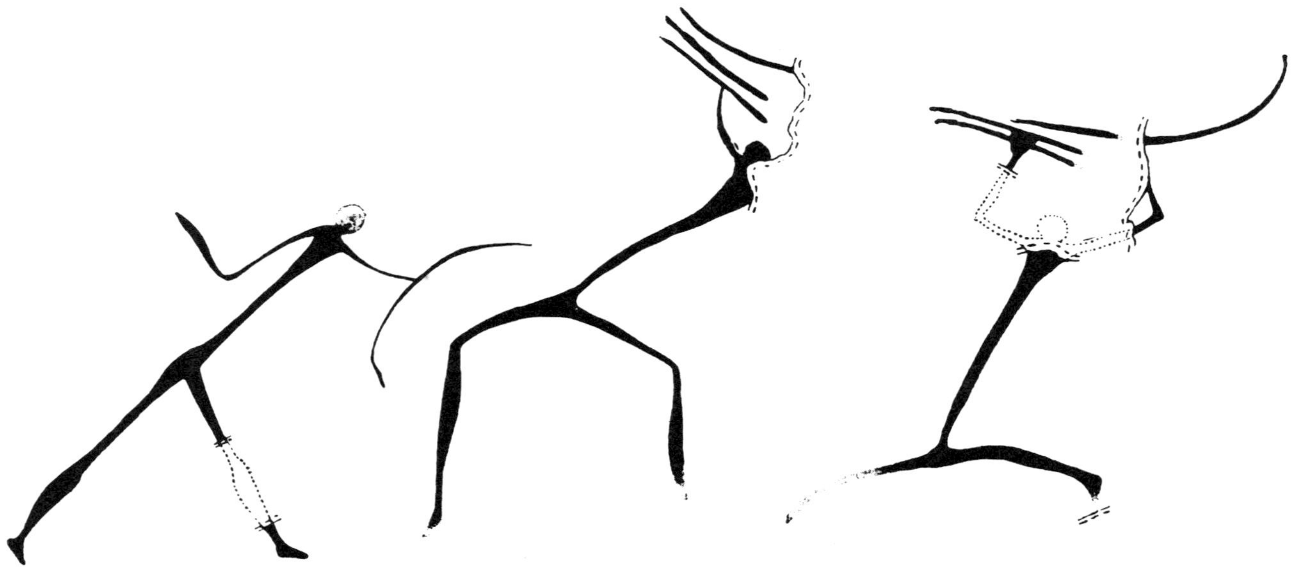

Arme und Beine vorwerfen und ihre Waffen schwingen. Erst jetzt werden – als Folge einer intensiveren Bewegungsdarstellung – szenische Kompositionen bevorzugt.
Viele dieser Szenen zeigen einen erstaunlichen Grad von kompositionellen Erfindungen, einen höchst lebhaften Rhythmus bei der Zusammenstellung von Einzelfiguren zu einer Gruppe, eine starke Spannung bei der Gegenüberstellung von einer Menschengruppe und einem einzelnen. Und bei all dem: Welch hohe Ausdrucksfähigkeit des Einzelstriches! Diese kleinen Bilder zeugen davon, daß der Mensch der Mittelsteinzeit eigentlich schon eine entwickelte Gemäldeschrift für die Übermittlung – oder kann man gar von ›Mitteilung‹ sprechen? – ganz alltäglicher Gedanken zur Verfügung hatte. Nur war in ihm, da er ausschließlich Jäger

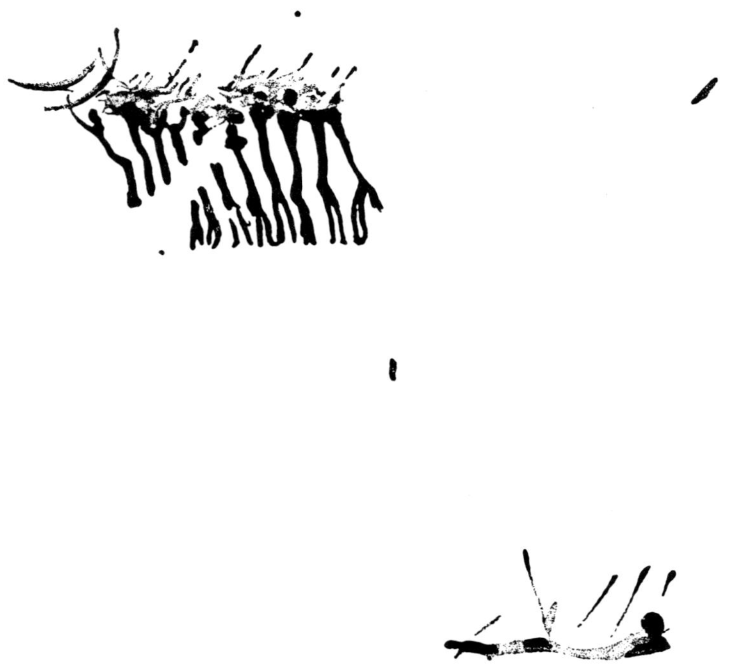

35 ›Hinrichtung‹. Ausdrucksvolle Bilderzählung in wenigen Strichen und abstrakt vereinfacht, wohl auch ohne jede magische Beschaffenheit. Mittelsteinzeitliche Felsmalerei, rot und schwarz, aus der Gasulla-Schlucht (Gueva Remigia). Höhe 27,5 cm.

und Sammler war und noch lange nicht seßhaft, das Bedürfnis nach bilderschriftlichen ›Mitteilungen‹ noch nicht richtig erwacht; es meldete sich höchstens das spielerisch-künstlerische Bedürfnis zum Erzählen mit den Mitteln eines Bildes. Ein Beispiel dafür ist die ›Hinrichtung‹ (Abb. 35).

Man spürt in der ostspanischen Kunst vor allem, daß die starren Vorschriften magischer Praktiken, die für die Eiszeitkunst eine beengende Aufgabe gewesen waren, nun nicht mehr vorherrschende Geltung haben.

Der Mensch der Mittelsteinzeit, den wir durch die Levantekunst kennenlernen, hat die Natur schärfer beobachtet und genauer gekannt als der Mensch der Altsteinzeit. Seine Denkfähigkeit und sein Urteilsvermögen treten dadurch in ein besonderes Licht. Durch diesen Menschentyp und durch seine – gegenüber der des Eiszeitmenschen – viel weniger magisch ausgerichtete Kunst fühlen wir uns schon der Zeit nahe, in der die Bilderschriften entstehen – vermutlich an mehreren Orten zu gleicher Zeit. Es fehlte dazu nur noch eine günstige Lebensweise, vor allem die Seßhaftigkeit, ohne die kein besonderes Bedürfnis nach schriftlicher Mitteilung aufkommen und demzufolge auch noch keine Bilderschrift entstehen konnte.

Wer von hier aus auf die franko-kantabrische und die Levantekunst zurückblickt, mag vielleicht in mancher schematischen Vereinfachung der Levantekunst einen ›Verfall‹ sehen. Aber was vom Standpunkt der Geschichte der urzeitlichen Kunst als Verlust erscheint, betrachtet die Entstehungsgeschichte der Schrift als einen bedeutenden Gewinn und einen Fortschritt. Gerade diese abstrakten Vereinfachungen und schematischen Darstellungen gehören zu den subjektiven und objektiven Voraussetzungen für die Entstehung der späteren Bilderschriften.

36 Bogenspannender Schütze aus der Mittelsteinzeit. Schwarze Felsmalerei aus Alpera (Spanien). Höhe des Jägers 17,5 cm.

37

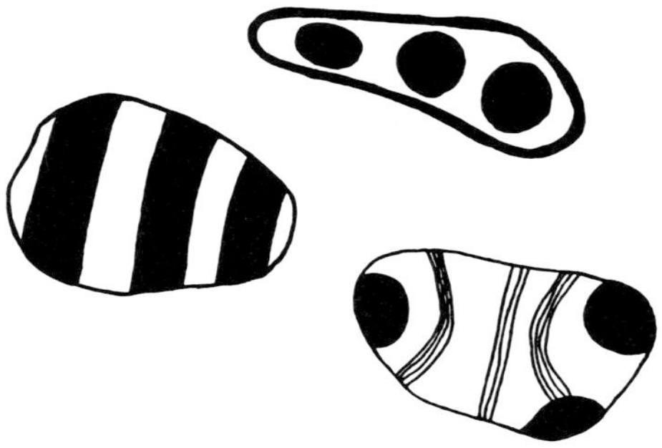

38

39

2. DIE KIESEL VON MAS D'AZIL

1887 fand EDUARD PIETTE in der Höhle von Mas d'Azil (Dép. Ariège) im Vorland der Pyrenäen zahlreiche bemalte runde und längliche Bachkiesel, 9 bis 10 cm groß und von weißlicher oder hellgrauer Farbe. Zur Bemalung war mit dem Finger oder einem Stäbchen eine Paste aus Eisenoxid und Fett oder Harz aufgetragen worden. Der Entdecker hatte phantastische Vorstellungen von der Bedeutung seines Fundes. Er ordnete die Kiesel in drei Gruppen und interpretierte die eine als ›Zählsteine‹ mit Angaben von ›Ziffern‹, die andere als graphisch-symbolische Zeichen für den Sonnengott und die dritte als ›alphabetische Zeichen‹ einer regelrechten Lautschrift (in der Mittelsteinzeit!) oder als die Wiedergabe von Bäumen, Augen, Schlangen, Harpunen usw. als Teile einer Bilderschrift. Er wähnte eine ›Schule‹ aus grauer Vorzeit entdeckt zu haben, wo Rechnen, Lesen und Schreiben unterrichtet worden seien; von Mas d'Azil hätten die Phöniker viele Jahrtausende später die Schrift übernommen und ihrer nordsemitischen Sprache angepaßt.

Seine These ist aus vielen Gründen unhaltbar. Etwa 24 der 30 verschiedenen Zeichen auf den Kieselsteinen kommen nur einmal vor, was (nach F. HOMMEL, 1914) die Annahme einer Buchstabenschrift ausschließt. Die wirklich vorhandene und oft verblüffend große äußerliche Ähnlichkeit einiger Zeichen von Mas d'Azil mit manchen sehr viel späteren Buchstaben des phönikischen, griechischen und lateinischen Alphabets wird von der heutigen Forschung als ein Spiel des Zufalls betrachtet.

HUGO OBERMAIER enträtselte das Geheimnis der Azilien-Zeichen durch einen völkerkundlichen Vergleich: Bei den Eingeborenen Zentralaustraliens besitzt jede Stammesgruppe eine Höhle, wo gewisse bemalte Holz- oder Steinstücke (›Tschuringas‹) als Verkörperung der Vorfahren gehütet werden. In Europa, in der Höhle von Bierseck bei Basel, hat man ähnlich bemalte Kiesel aus der Azilien-Zeit gefunden; sie waren gewaltsam zerstört worden ›und geben wohl von einem feindlichen Racheakt Kunde, der zum Zweck hatte, jenen Stamm seines heiligsten Besitzes, der ‚Seelensteine', und damit des Schutzes seiner Ahnen zu berauben‹. (H. OBERMAIER). Als ›Seelensteine‹ bezeugen die Kiesel von Mas d'Azil einen mittelsteinzeitlichen, animistischen (die Seele = *anima* betreffenden) Ahnenkult. Schriftgeschichtlich stellen sie einen reichen Vorrat an entwickelten Zeichen dar, die später in den Epochen der Schrifterfindung – mit ganz anderer Bedeutung – in Gebrauch genommen werden konnten.

37–40 Bemalte Kiesel von Mas d'Azil (Südfrankreich), Mittelsteinzeit. Abb. 37: Angebliche ›Zahlen-Kiesel‹ Abb. 38: ›Symbolzeichen-Kiesel‹. Abb. 39: ›Buchstaben-Kiesel‹.

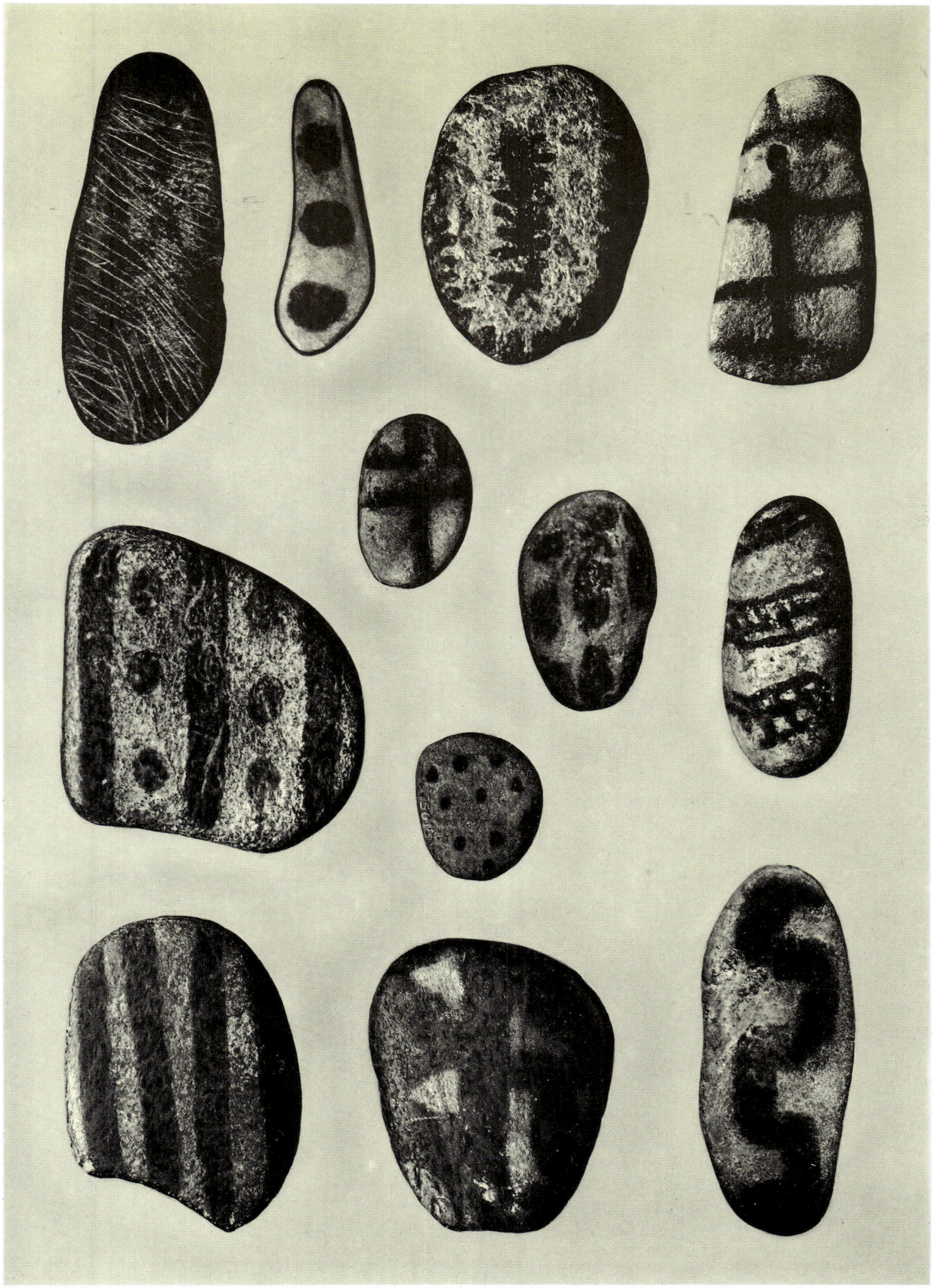

41 Darstellung – u. a. – eines Hackpfluges aus Eichenstamm, wie er im 5. Jahrtausend v. Chr. von den Sumerern erfunden wurde. Tontafel aus Uruk, um 3000 v. Chr. 42 Darstellung von Rädern als bilderschriftliche Aufzeichnung auf einer Tontafel aus Uruk (Ende 4. Jahrtausend v. Chr.). Auch das Rad ist eine vorgeschichtliche Erfindung der Sumerer.

3. VORAUSSETZUNGEN FÜR DAS BEDÜRFNIS NACH EINER BILDERSCHRIFT

Seit dem langsamen Zurückweichen der Gletscher gegen Ende der Eiszeit hat der Mensch zahlreiche Phasen eines raschen Aufstiegs durchlaufen, nicht zuletzt infolge der eingetretenen gewaltigen Klimaänderung. Er ist den sich nach kälteren Regionen zurückziehenden Jagdtieren gefolgt. Auf diesen Wanderungen kamen Stämme und Sippen miteinander in Berührung. Dabei wurden Kenntnisse auch technischer Art ausgetauscht, und die nun anhebende Kommunikation trug zur Erweiterung seines Gesichtskreises bei.

Aber die entscheidende Entwicklung, die schließlich das Bedürfnis nach schriftlicher Fixierung weckte, begann erst mit der Jungsteinzeit im Nahen Osten. Der Mensch lernte nicht nur Knochen, sondern auch Steine schleifen – er konnte nun ein Beil anfertigen und sich ein Haus bauen, das gesünder, gesicherter und geräumiger war als die anfänglichen Grubenhütten und das für Vorräte Platz und Schutz bot. Zu dieser einen Voraussetzung zur Seßhaftigkeit kam noch eine zweite: die Entwicklung von Ackerbau und Viehzucht. Jagd und Fischerei wurden allmählich nur noch zur gelegentlichen Nahrungsmittelquelle und traten an die zweite Stelle zurück. Im Nahen Orient ist die Rinderzucht bereits gegen 5000 v. Chr. nachweisbar, also wesentlich früher als in Europa. Funde aus Mesopotamien und Ägypten beweisen, daß dort in der frühen Jungsteinzeit der Urstier domestiziert wurde, aber auch schon Ziege, Schaf und Schwein als Haustiere gehalten wurden.

So müssen wir unseren Blick jetzt nach dem Zweistromland und dem (damals gegenüber heute ausgedehnteren und fruchtbareren) Niltal richten. Mit wichtigen Erfindungen ging der Vordere Orient den europäischen Gebieten um mehr als ein Jahrtausend voraus. Nach der Anfertigung des ersten Beiles wurde der aus einem Eichenstamm bestehende Hackpflug erfunden (Abb. 41); er diente nicht zum Umgraben, sondern zum Auflockern der Erde. Die gebräuchlichsten Getreidesorten, wie Weizen, Roggen, Gerste und Hafer, stammen aus den Gebieten von Kleinasien, Nordsyrien und dem Kaukasus. Von dort hat sich auch der Flachs (Lein) verbreitet. Schon im steinzeitlichen Ägypten und Mesopotamien wurde Wein angebaut und Bier gebraut. Garne, Schnüre, Seile wurden hergestellt; auf den ersten ›Webstühlen‹ entstanden Gewebe; die Entwicklung der Keramik und Töpferei begann. Und die hervorragendste technische Errungenschaft des vorgeschichtlichen Menschen, das Rad, wurde von den Sumerern erfunden (Abb. 42).

Die Seßhaftigkeit brachte eine starke Zunahme der Bevölkerungszahl und der Siedlungsgebiete und überhaupt eine neue Siedlungsform: bäuerliche Wohnorte größeren Umfanges. Gegen Tiere und feindliche Einbrüche abgeschlossen und befestigt, verstärkten sie das Gefühl der Zusammengehörigkeit ihrer Bewohner. Die technischen Kenntnisse verfeinerten sich schnell; die Arbeitsgebiete wurden aufgeteilt. So entstanden vom 4. vorchristlichen Jahrtausend an die frühesten sumerischen Städte: *Ur*, über das in der ersten Hälfte des 4. Jahrtausends v. Chr. eine Flutkatastrophe hereinbrach, die als Sintflut durch biblische und babylonische Überlieferung bekannt ist, *Nippur*, *Uruk*, *Kisch* und *Lagasch* usw. Östlich vom Lande der Sumerer, in Elam, bildete die Stadt *Susa* ein frühes Kulturzentrum; als Gründungen der Semiten entstanden parallel die weiteren mesopotamischen Großstädte *Akkad*, *Assur*, *Babylon*, *Sippar* und *Borsippa* usw. (von denen Babylon aber erst als Hauptstadt des Reiches von *Hammurabi* im 18. Jahrhundert v. Chr. eine Rolle spielen wird). Syrien und Palästina bildeten für Mesopotamien schon in der Steinzeit das verbindende Durchgangsland zwischen Kleinasien und Ägypten; eine der ältesten Städte der Menschheit, *Jericho*, wurde in Palästina errichtet. Daß Oberägypten eine eigene hochstehende Nomadenkultur in der Steinzeit besessen hat, bezeugen u. a. die hervorragenden Töpferwaren. Ihre wichtigsten Fundorte sind *el Amrah*, *Badari*, *Negade* und *Gerze*. Nach späteren Funden sind wesentliche, frühe Kulturzentren die zwei oberägyptischen Städte *Hierakonpolis* und *Abydos* wie auch die unterägyptische Stadt *Memphis* gewesen. Die Altägypter waren ein hamitisches Volk, teils mit der europäischen Mittelmeerrasse, teils mit den Semiten fern verwandt. Ihre jungsteinzeitliche Zivilisation ist zusammen mit derjenigen der Sumerer die früheste bekannte Hochkultur der Menschheit. Sie schufen in der Blütezeit des Ackerbaus die neolithische (jungsteinzeitliche) Pflugkultur – wobei das Wort ›Kultur‹ ursprünglich nichts anderes als ›Ackerbau‹ (vom lateinischen *Cultura agri*) bedeutete. Eine vergleichbare Stufe erreichte vom 3. Jahrtausend v. Chr. an in Vorderindien die Industal-Kultur; in China ist sie um ein gutes Jahrtausend später zu datieren.

In allen diesen fruchtbaren Gebieten bildete die Erzeugung von Gebrauchsgütern durch Ackerbau und Viehzucht und durch allerlei Handwerke die wirtschaftliche Grundlage für die Herausbildung eines anderen Menschentyps in der späteren Jungsteinzeit. Etwas noch nie Dagewesenes wurde von ihm geschaffen: die rechtlich gegliederte Gemeinschaft und bald darauf sogar eine Gesellschaft in der ersten Form des Stadtstaates etwa im 4. Jahrtausend v. Chr.

An die Stelle der eiszeitlichen Magie und des mittelsteinzeitlichen Animismus' (in Form des Ahnenkultes) treten jetzt – neben den kultischen Zeremonien – die klaren Göttergestalten der Städte mit moralischen Geboten und Verboten für die Menschen in Erscheinung. In diesem neuen Menschentyp können wir mit Recht ein erstes Bedürfnis nach graphisch festgehaltener Mitteilung vermuten. Doch besitzen wir für diese Annahme keine beweiskräftigen Funde. Eine reine Bilderschrift wird es aber in der letzten Phase der vorgeschichtlichen Zeit gegeben haben. Diese schriftgeschichtliche Hypothese ist durch die ältesten Schriftdenkmäler der Sumerer und Ägypter aus dem Ende des 4. vorchristlichen Jahrtausends (oder nicht viel später) bezeugt: Sie gehören zwar schon der Anfangsstufe der Verlautlichung (Phonetisierung) der einst reinen Bilderschrift an, enthalten aber klare Hinweise darauf, daß sie aus einer niederen Stufe der Bilderschrift (Piktographie) entstanden sind. Die demnach vorauszusetzende Bilderschrift hatte anfangs mit ihren Zeichen noch Gegenstände und Vorgänge dargestellt und nicht konventionalisierte Ideen oder Begriffe wie die Ideenschrift der höheren Entwicklungsform. Da die Anfänge der Hochkulturen ins 5. und 4. Jahrtausend v. Chr. zu datieren sind, die frühesten Schriftdenkmäler des ausgehenden 4. Jahrtausends mit ihrer Mischform von Bilderschrift und Lautelementen aber schon von einer höheren Stufe der Schrift zeugen, der eine reine Bilderschrift vorausgegangen sein muß, darf man die Entstehung eines Bedürfnisses nach Schrift mit den orientalischen Hochkulturen in Verbindung bringen; denn viele der ältesten Schriftdenkmäler der Sumerer, der Ägypter und der Akkader haben wirtschaftlichen Charakter. Andere Inhalte der ersten schriftlichen Überlieferungen sind politisch-geschichtlicher und religiöser Art. Sie bezeugen, daß bewußt als Ereignis erlebte geschichtliche Veränderungen (zum Beispiel der Zusammenschluß von Ober- und Unterägypten) und religiöse Kulte ein Bedürfnis nach der Schrift entstehen ließen. ›Was (wenigstens in Ägypten) zum Schreiben zwingt und zur Schrifterfindung führt‹, sagt S. Schott, ›ist der Geist der beginnenden Geschichte, der nach Überlieferung verlangt und Mittel sucht, das Erlebte so, wie es sich erzählen läßt, monumental und unverlierbar festzuhalten...‹

Zusammenfassend können wir sagen, daß das erste Bedürfnis nach graphisch fixierter Mitteilung eine – höchstwahrscheinlich allmähliche – Entstehung von Bilderschriften an den wichtigsten Kulturstätten des jungsteinzeitlichen Orients zur Folge hatte. Warum allerdings unmittelbare Dokumente für diese früheste Form der Schrift – die reine Bilderschrift ohne jede Verlautlichung – nicht erhalten geblieben sind, das können wir nicht genau sagen, wir können nur vermuten, daß die beschränkten Möglichkeiten der reinen Bilderschrift kein besonderes Schriftdenkmal entstehen ließen. Wir wissen auch nicht, wie die Bilderschriften ausgesehen haben. Aber durch die Anschauung der vorgeschichtlichen Siegelzylinder und der Eigentumsmarken, vor allem auf Tongefäßen, können wir uns eine gewisse Vorstellung von ihnen machen.

43 Sumerisches Rollsiegel (Ende 4. Jahrtausend v. Chr.). Vermutlich mythische Schiffsszene, aus der 4. Fundschicht von Uruk.

4. VORGESCHICHTLICHE SIEGELZYLINDER UND EIGENTUMSMARKEN ALS BILDZEICHEN

Bevor es zur Entstehung von Bilderschriften kommen konnte, hatte sich der Wunsch nach Formzeichen, die einen Inhalt ausdrücken, bemerkbar gemacht. Dies ist in vor- und frühgeschichtlichen Fundstücken dokumentiert. Als Belege hierfür sind die noch in der Steinzeit weitverbreiteten Siegelzylinder und andere Siegelsteine anzusehen. Besonders die Sumerer hatten schon im 4. Jahrtausend v. Chr., d. h. vor der Entstehung ihrer Bilderschrift, häufig Siegelzylinder sowie Roll- und Stempelsiegel (Abb. 43) benützt.

Die Sumerer besaßen eine relativ hochentwickelte Wirtschaft mit Import und Export; ihr Warenverkehr mußte mengen- und wertmäßig aufgezeichnet werden. Aus diesem Bedürfnis heraus entwickelte sich eine sumerische Bilderschrift, die noch reine Piktographie, d. h. eine Darstellung der konkreten

44 Elamischer Siegelzylinder mit Kreuzzeichen, Susa (4. Jahrtausend v. Chr.), vor Übernahme der sumerischen Schrift.

45 Assyrischer Siegelzylinder aus der Zeit der Schriftübernahme von den Sumerern oder unmittelbar danach.

Gegenstände nach ihrem natürlichen Aussehen, gewesen sein muß. Die meisten frühsumerischen Schriftdenkmäler, die bis jetzt gefunden worden sind, enthalten Warenaufzählungen mit Mengenangaben (Abb. 62 a, b); meistens sind es Ton-, seltener Gipstafeln. In der Regel tragen sie den Namen oder das Sinnbild des Absenders als Siegelzylinder-Abdruck, wozu oft noch die piktographische (primitiv bilderschriftliche) Angabe der Waren kommt. Ein Bohrloch läßt erkennen, daß diese ›Begleitbriefe‹ an die Waren angebunden wurden. Man hat Tausende solcher Ton- und Gipstäfelchen aus der frühesten sumerischen Zeit in Südmesopotamien, besonders in der Stadt Uruk (heute Warka, in der Bibel Erech), gefunden; sie weisen schon manche Verlautlichung auf und sind aller Wahrscheinlichkeit nach in sumerischer Sprache abgefaßt. Der primitivsten Stufe der Bilderschrift muß eine Epoche vorangegangen sein, in der die Kaufleute die Abdrücke der Siegelzylinder als Eigentumszeichen anerkannten; noch vor der Entstehung der sumerischen Bilderschrift haben die Elamiter von ihnen den Gebrauch der Siegelzylinder übernommen (Abb. 44).

Als die semitischen Akkader (Babylonier und Assyrer) vom Norden her aus der Arabischen Halbinsel in Mesopotamien einwanderten, übernahmen sie den Gebrauch der Siegelzylinder (Abb. 45) und später auch den der sumerischen Schrift. Weder bei den Sumerern noch bei den Akkadern und Elamitern verdrängte aber die Schrift den Gebrauch der Siegelzylinder; Funde von Siegelzylindern aus einer Zeit, in der bereits die Existenz einer sehr entwickelten phonetisierten sumerischen Schrift durch andere Zeugnisse nachgewiesen ist, belegen dies.

Abdrücke von Beamtensiegeln auf Krügen gab es auch im Ägypten der Frühzeit (Abb. 47). Ob die Ägypter den Gebrauch von Siegeln und die Schrift von den Sumerern übernommen haben, oder ob sie selbst beides entwickelten, das ist eine offene Frage. Da sie wirtschaftlich und kulturell den Sumerern ebenbürtig waren, bedurften sie dazu wohl keiner Anregung von außen; sie werden Siegel und eine Bilderschrift – später

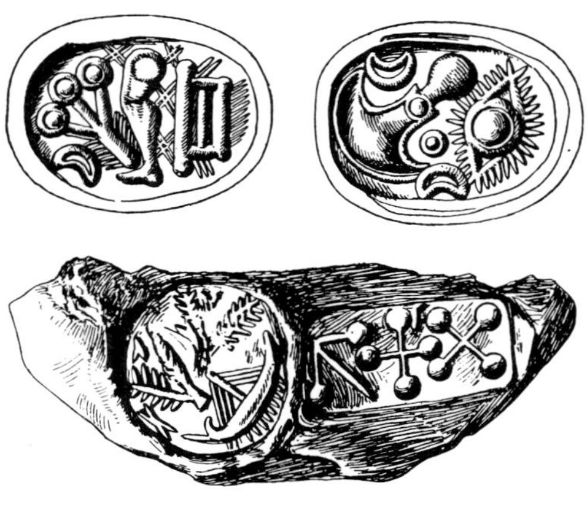

46 Dreiseitiger Siegelstein aus frühminoischer Zeit, vor der kretisch-minoischen Hieroglyphenschrift (östliches Kreta).

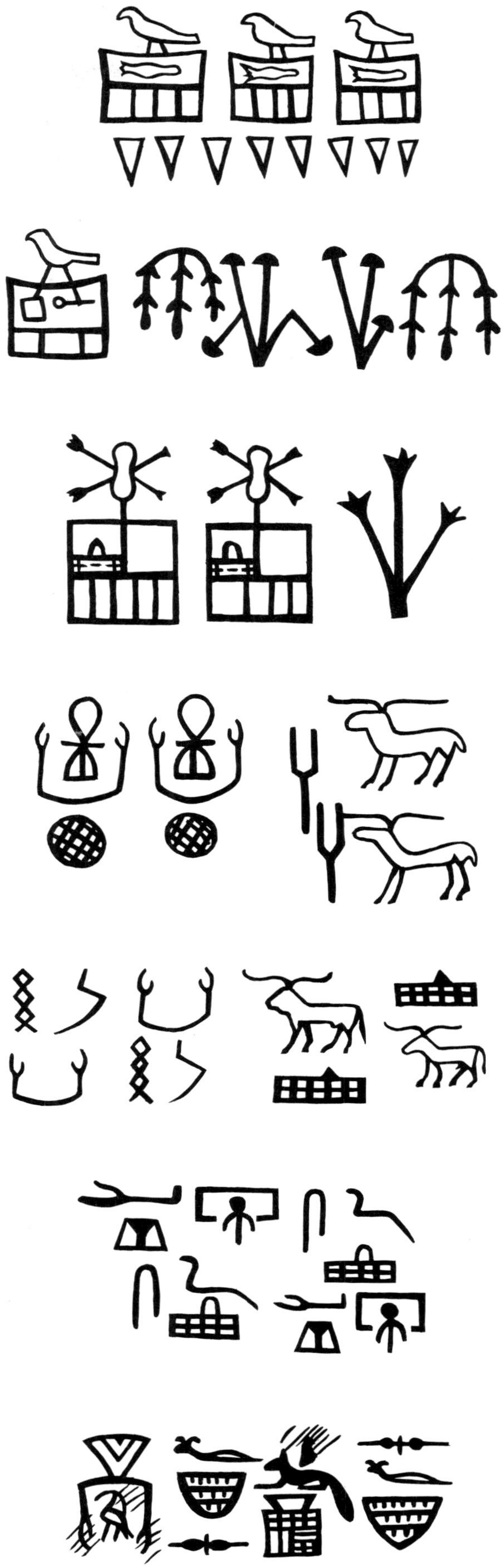

47 Ägyptische Beamtensiegel. Abdrücke auf Krügen aus der Frühzeit, als die Hieroglyphenschrift schon erfunden war.

48 Eigentumszeichen einiger Naturvölker.

auch eine phonetisierte Schrift – aus eigener Initiative und nach eigenem Geschmack geschaffen haben.

Siegelsteine sind bei zahlreichen schriftlosen und voneinander oft unabhängigen Völkern nachweisbar. In Kreta fand man Siegelsteine aus der frühminoischen Zeit (Abb. 46).

Bei manchen nomadisierenden Völkern zeigten Eigentumszeichen das Besitzrecht an Tieren an, so bei den Tscherkessen, Arabern, Samojeden, Tscheremissen und Tschuwaschen, auch bei den Lappen und Altrussen (Abb. 48). Bei den schriftlosen Germanen gab es ebenfalls allerlei Zeichen für das Eigentum und die Person, und sie blieben noch lange nach der Entstehung von Bilderschrift und Lautschrift in Gebrauch. Hausmarken als Loszeichen, auf kleinen Holztäfelchen eingeritzt, wurden z. B. noch im vorigen Jahrhundert auf Hiddensee, in Jürgenshagen und in Selow (Mecklenburg) verwendet, im schweizerischen Vispertermінen (Oberwallis) sogar noch im Jahr 1917.

Hier interessieren aber besonders die vorgeschichtlichen Siegelzylinder und Siegelsteine sowie die Eigentumsmarken aus der Zeit vor der Entstehung der Bilderschriften, deren unmittelbare Vorstufe wir in ihnen erkennen. Diese Zeichen stellen schon eine Art Bilderschrift dar, indem sie Angaben über die Identität und die Besitzrechte von Menschen graphisch ausdrücken. Es ist ihnen aber außerdem ein magischer Charakter eigen, denn das Magische hat in der Jungsteinzeit noch eine große Rolle gespielt – wenn auch keine so ausschließliche wie beim Eiszeitmenschen. Die Erwähnung vom ›Malzeichen des Tieres‹ im Neuen Testament (Offenbarung des

49 Bemaltes Tongefäß aus der letzten vorgeschichtlichen Kultur Ägyptens (Negade II), worauf die ursprünglich rote Bemalung, die Reihung von Straußen und Dreiecken sowie die zur Dekoration verkümmerten ›Wellenhenkel‹ hinweisen. Die Bildzeichen sind teils Verzierungen, teils magisch-mythische Symbole. Aus Oberägypten (4. Jahrtausend v. Chr.).

Johannes 13, 17) deutet manches Geheimnisvolle, Mystische an; LUTHER faßte sie als Eigentumsmarken auf. Wenn in einer so späten Zeit wie der Entstehung der Offenbarung des Johannes, gegen Ende des 1. Jahrhunderts, die Hausmarke als Personenzeichen noch eine geheimnisvolle Anwendung fand, wieviel mehr mag sie in ihrem Ursprung ein magisches Symbol gewesen sein.

Die Anfänge der Keramik und Töpferei lassen sich bis ins Frühneolithikum (5. Jahrtausend v. Chr.) zurückverfolgen. Zu dieser Zeit der frühesten bekannten Hochkulturen gab es bereits rege Handelsbeziehungen zwischen den Völkern des Nahen Ostens. So ist verständlich, daß der vorgeschichtliche Vorrat an allerlei magisch-mythischen und dekorativen Zeichen und Bildern nahezu ein gemeinsames Kulturgut dieser Völker bildete. Durch die Keramik und Töpferei fanden die magisch-mythischen und dekorativen Zeichen und Bilder in allen Ländern der ersten Hochkulturen große Verbreitung. Das Hauptcharakteristikum dieser Töpferbemalungen ist das oft kunstvolle und vollkommene Zusammenschmelzen von Dekoration und Mythos. Der bemalten Schale (Abb. 50) aus der ältesten Schicht von Susa in Elam entströmt neben der Dekorationstendenz eine Atmosphäre von Magie und Mythos. Nach der Deutung von FROBENIUS ist das kammartige Gebilde am Rande als ein Regenmotiv aufzufassen. Das

50 Bemalte Schale aus Susa I (Elam) mit magischer Verzierung aus der Zeit vor der Erfindung der sumerischen Schrift (4. Jahrtausend v. Chr.).

51 Tonvase mit weißen Figuren aus dem vorgeschichtlichen Oberägypten (Negade I, etwa 5. Jahrtausend v. Chr.), lange vor der Erfindung der Hieroglyphenschrift (um 3000 v. Chr.).

52 Bemalter Becher aus der Epoche Susa I (4. Jahrtausend v. Chr.). Er zeigt einen stilisierten, stark vereinfachten Steinbock, dessen Hörner einen fast geschlossenen Kreis bilden. In der Mitte des Kreises steigen mythische ›Sonnenvögel‹ auf. Oberhalb des Kreises sind jagende, langgestreckte Hunde zu erkennen. Den abschließenden Kranz bilden Vögel mit langgestreckten Hälsen.

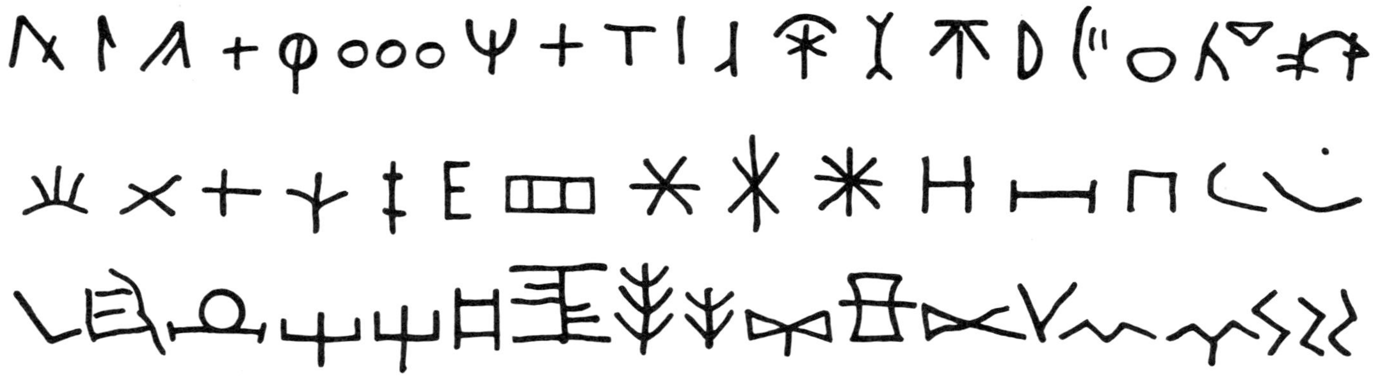

53, 54 *Vorgeschichtliche Töpferzeichen aus Ägypten (Abb. 53) und aus Kreta (Abb. 54). Viele von diesen Zeichen wurden später in die verschiedenen hieroglyphischen und – noch später – in die alphabetischen Schriften übernommen.*

Mäandermuster zwischen Mitte und Rand soll das Symbol des ›Okeanos‹ oder Urmeeres darstellen. Das aus Vierecken zusammengestellte Kreuz in der Mitte, verbunden mit der kreisförmigen Scheibe, kann als Symbol der Sonne gedeutet werden. Zwischen diesem Kreuz und dem Mäandermuster befinden sich im Kreis rundherum fliegende mythische ›Sonnenvögel‹. Solche stark vereinfachte Bilder und sonstige magisch-mythische Zeichen der Keramik und Töpferei in der Vorgeschichte des Nahen Ostens hatten einen beträchtlichen Beitrag zur Entstehung von Bilderschriften und noch mehr zur Herausbildung von ›Ideogrammen‹ oder Ideenzeichen mit gebundenen Konventionen in der höheren Entwicklungsstufe der Bilderschrift geleistet. Manche dieser Zeichen tauchen später als bilderschriftliche Überbleibsel in den verschiedenen frühesten Hieroglyphenschriften auf.

Eine besondere Gruppe von Eigentumsmarken bilden die vorgeschichtlichen Töpferzeichen. Zu der Zeit, als es noch nicht einmal die primitivste (piktographische) Form von Bilderschriften gab, übten besonders die Töpferzeichen als graphisch fixierte Mitteilungen und Überlieferungen über Personen, die Töpfer bzw. ihre Werkstätten, eine ähnliche, wenn auch sehr eingeschränkte Funktion aus wie später die Schrift selbst. In der Steinzeit waren die Ton- und Steingefäße in allen Hochkulturen gebräuchlich; dadurch sind die Zeichen der wichtigeren Töpfereien in den verschiedensten Kulturstätten allgemein bekanntgeworden. Beispiele solcher Töpferzeichen aus Ägypten und Kreta zeigen die Abb. 53 und 54. Die Töpferzeichen wie auch die vermutlich weniger verbreiteten übrigen Eigentums- und Hausmarken können als die letzte Vorstufe zur Entstehung von allerlei Bilderschriften noch in der vorgeschichtlichen Zeit betrachtet werden. Mehrere dieser Marken erscheinen später als regelrechte Schriftzeichen; manche begegnen uns in den frühesten alphabetischen Schriften sogar als Buchstaben wieder.

55 *Der Stier als Töpferzeichen aus dem vordynastischen Ägypten, vor der Erfindung der Hieroglyphenschrift.*

56 *Der Stier, nach der Erfindung der Hieroglyphenschrift, verwandelt zum religiösen Symbol des Königs (Memphis).*

5. NATURGETREUE BILDZEICHEN ALS DIE URFORM SPÄTERER HIEROGLYPHEN UND ANDERER SCHRIFTEN

Die ältesten Bestandteile der großen Schriftsysteme des Altertums sind unmittelbar verständliche Bildzeichen, die das meinen, was sie darstellen. Wir können sie heute noch leicht ›lesen‹ und verstehen, so gewisse sumerische, ägyptische, altkretische (minoische), hethitische und altchinesische Bildzeichen (Abb. 57). Eine Zusammenstellung dieser alten Bildzeichen ist lehrreich, weil sie in mehreren Fällen eine Ähnlichkeit zwischen Schriften zeigt, bei denen ein genetischer Zusammenhang ausgeschlossen ist (z. B. zwischen der ägyptischen und der altchinesischen Schrift). Die sumerischen und ägyptischen Bildzeichen stammen aus vorgeschichtlicher Zeit und demonstrieren den bilderschriftlichen Ursprung dieser beiden großen Schriftsysteme. Die Bildzeichen der altkretisch-minoischen Bilderschrift sind mit der kretisch-minoischen Hieroglyphenschrift entfernt, aber erkennbar verwandt. Die leicht verstehbaren Zeichen der hethitischen Bilderschrift gehören zu der Vorstufe, aus der die hethitische Hieroglyphenschrift entstanden ist. Auf einer rein bilderschriftlichen Stufe stehen noch die altchinesischen Schriftzeichen; sie stammen aus vorgeschichtlicher Zeit. Den Grundbestand der chinesischen Schrift bilden bis heute, zum Teil verändert, die ursprünglichen Bildzeichen, von denen es etwa 600 gibt.

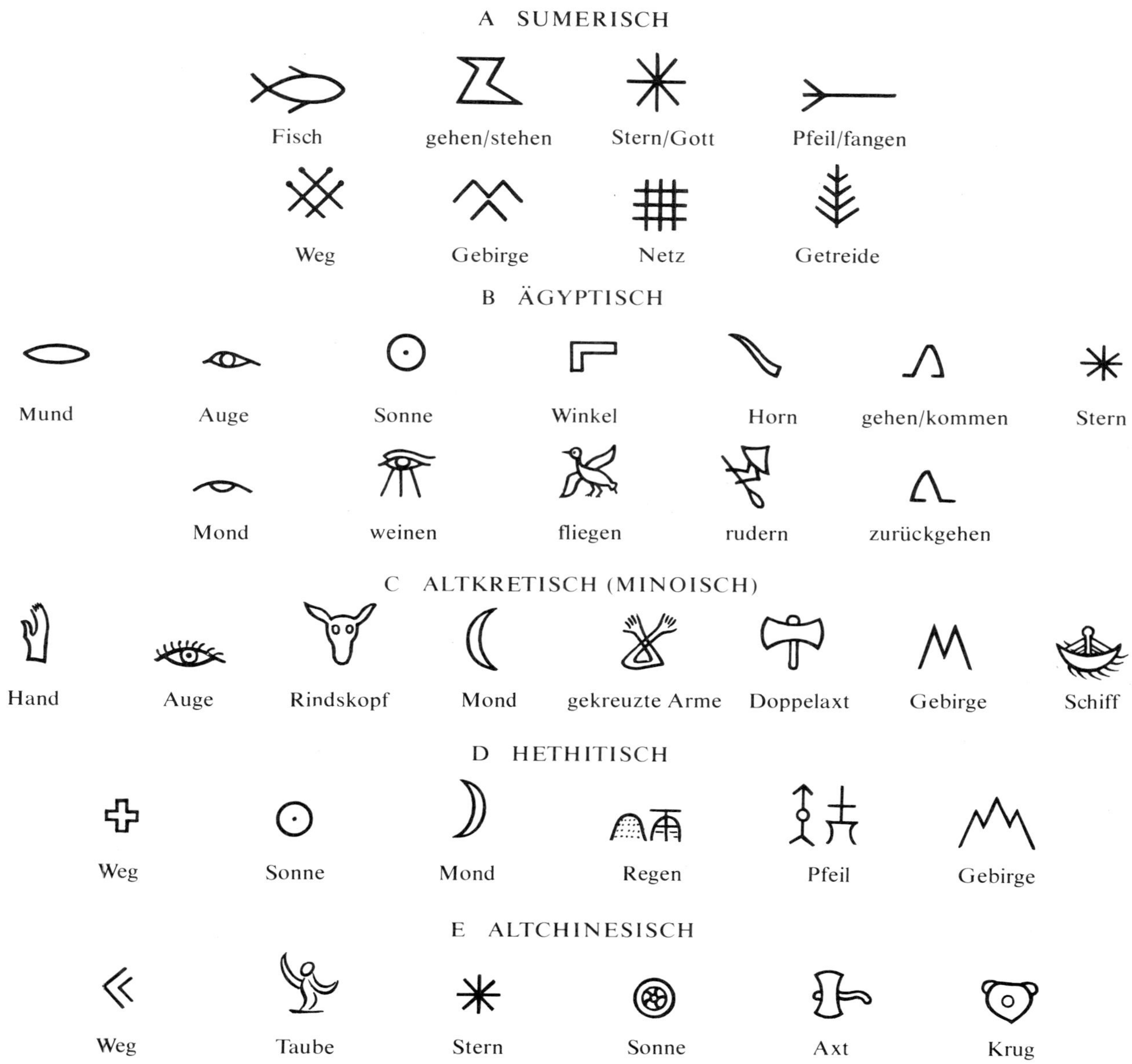

57 Naturgetreue Bildzeichen verschiedener Völker aus vorgeschichtlicher Zeit, als Elemente von Bilderschriften; sie wurden später in die verlautlichten Hieroglyphenschriften übernommen.

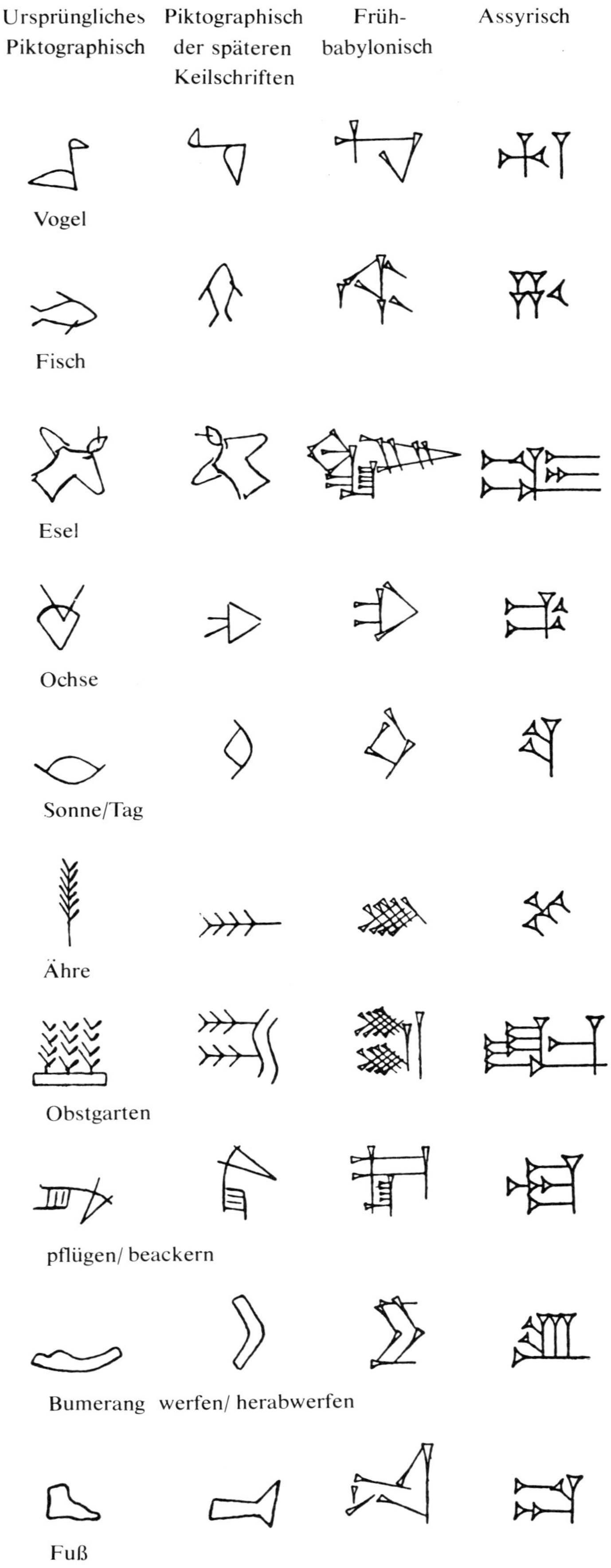

58 Bildlicher Ursprung von 10 Keilschriftzeichen, ihre ursprüngliche oder abgeleitete Bedeutung. Vor der Keilformung wurden die sumerischen Schriftzeichen um 90° gedreht.

6. DER URSPRUNG ALLER ALTEN SCHRIFTSYSTEME AUS REINEN BILDERSCHRIFTEN

a) Die sumerische, später mesopotamische Keilschrift

Die älteste Schrift der Menschheit ist die Schrift der Sumerer. Dieses hochbegabte Volk – vermutlich aus Zentralasien noch vor dem 4. vorchristlichen Jahrtausend in Südmesopotamien eingewandert – hat in seiner neuen Heimat um 3000 v. Chr. oder wenig früher eine teilweise phonetisierte Hieroglyphenschrift geschaffen und aus ihr nach einigen Jahrhunderten eine hervorragende Keilschrift entwickelt. Später haben die semitischen Akkader (die Babylonier und Assyrer) und auch andere Völker die sumerische Schrift übernommen, diese nach ihrer Sprache geformt und weitergebildet. Im 2. Jahrtausend v. Chr., als die Sumerer von der Bühne der Geschichte schon verschwunden waren, bildete diese sumerische Erfindung, die Keilschrift, im ganzen Nahen Orient ein allgemeines Mittel der internationalen Verständigung für Kaufleute und für Diplomaten.

Die sumerische Schrift hatte vor der kurzen hieroglyphischen Phase, die bereits einige verlautlichte Elemente aufwies, allem Anschein nach eine rein bilderschriftliche Vorstufe oder Urform gehabt, die die Sumerer vielleicht aus ihrer vorherigen Heimat mitgebracht hatten. Die ersten zwei Reihen auf der Abb. 57 stellen einige dieser ursprünglichen Bildzeichen dar.

Bei der Gestaltung der Keilschrift (Abb. 58, 59) aus der Hieroglyphenschrift hat nun nicht nur die phonetisierende Tendenz mitgewirkt, sondern viel mehr das Schreibmaterial, der Ton. Wenn die Griffelspitze nämlich bei der nötigen Druckanwendung (besonders an den Ecken der Schriftzeichen) in das weiche Schreibmaterial sich eingrub, so führte das zur keilförmigen Umgestaltung der Bildzeichen, die sich zu dieser

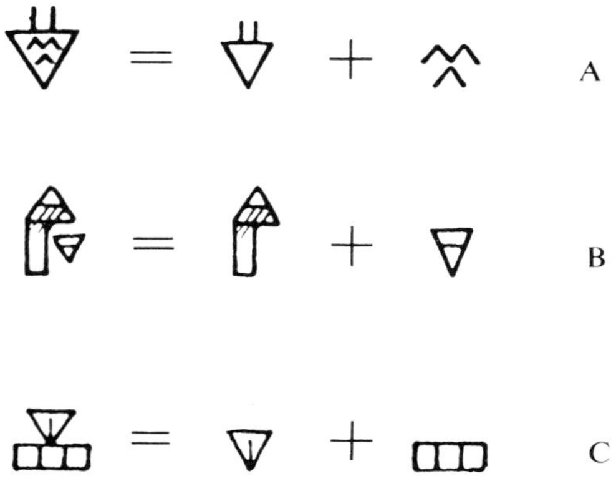

59 Sumerische und akkadische Hieroglyphen als Keilschriftzeichen, zusammengesetzt: A) ›Wildochse‹ aus Ochse und Berg, B) ›essen‹ aus Mund und Brot, C) ›Herrin‹ aus Weib und Kleid.

60 Entwicklung einiger kretischer Hieroglyphenzeichen in zwei Linearformen, die ihr Entdecker, A. J. Evans, als ›Linear A‹ und ›Linear B‹ bezeichnete. Dieser Entwicklungsvorgang veranschaulicht den Ursprung der beiden vollkommen verlautlichten Linearschriften aus den Bildern der Hieroglyphenschrift, die ihrerseits aus einer reinen Bilderschrift entstanden war.

Zeit im Stadium der Phonetisierung befanden. Später wurde die keilförmige Schreibweise auch auf Stein angewendet.

Die mesopotamische Schrift hat zwei Komponenten: die ursprünglich sumerische Hieroglyphenschrift mit teilweise phonetischen Formen aus überlieferten und meist unentzifferten Schriftdenkmälern und vermutlich die bilderschriftliche Urform ohne phonetische Elemente und ohne ideenschriftliche Konventionen, d. h. eine reine Piktographie. Wir kennen diese Bilderschrift zwar nicht, ihre Spuren lassen sich aber in der zum Teil phonetisierten Hieroglyphenschrift verfolgen. Daß zahlreiche Zeichen der späteren Keilschrift auf eine ursprüngliche (aber in Dokumenten nicht erhaltene) Bilderschrift zurückgehen, dafür gibt es wichtige Belege. Das keilschriftliche Bildzeichen eines Sterns  ist z. B. in allen Keilschriftsprachen dasselbe; es ist also ein Wortbildzeichen, sprachlich ungebunden und ohne lautliche Bedeutung. Infolgedessen dient es als Ideogramm (Ideenzeichen) für den Begriff ›Himmel‹; es wird sumerisch ›an‹ ausgesprochen, babylonisch-assyrisch ›šămû‹ und hethitisch (eine indogermanische Sprache) ›nepiš‹. Ein anderes Beispiel: Das Keilschrift-Ideogramm für König 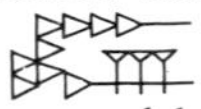 ist sumerisch ›lugal‹, babylonisch-assyrisch ›šarru‹ und hethitisch ›ḫaššu‹ (beide Beispiele nach J. Friedrich). Diese beiden Bildzeichen sind also sprachlich noch völlig ungebunden, sie befinden sich auf einer höheren Stufe der Bilderschrift mit stark konventionalisierten Zeichen, im Stadium einer Ideenschrift.

Die bilderschriftliche (piktographische) Vorstufe der mesopotamischen Keilschrift ist aus der Abb. 58 leicht zu erkennen, die den bildlichen Ursprung von 10 Keilschriftzeichen beweist. Die keilschriftlichen Zeichen sind oft zusammengesetzt. Abb. 59 zeigt, wie zwei einfache Bildzeichen ein Keilschriftzeichen ergeben.

Diese Beispiele genügen, um die bilderschriftliche Abstammung der mesopotamischen Keilschrift zu erhärten. Von fast 300 Keilschriftzeichen ist der Ursprung aus einer Bilderschrift nachgewiesen.

b) Die ägyptische Hieroglyphenschrift

Obwohl das ägyptische Schriftsystem ein paar Jahrhunderte jünger ist als das sumerische, hat es für uns doch eine besondere Wichtigkeit: Es gilt als erster Vorfahre unseres heutigen lateinischen und ›deutschen‹ Alphabets.

Das Wort ›Hieroglyphe‹ wurde von Clemens Alexandrinus (er starb um 210 n. Chr.) in griechischer Sprache geprägt (hieros = heilig und glyphein = einmeißeln, einritzen). Es bedeutet etwa ›heiliges Zeichen‹. Die Griechen hatten nämlich die irrige Vorstellung, daß die künstlerisch ausgestalteten Schriftdenkmäler der Ägypter nur Geheimnisse über Kult und Lehre der Priester enthielten. Diese Auffassung konnte entstehen, weil die Hieroglyphenschrift im Lauf der drei Jahrtausende bis zur christlichen Ära als die Schrift für feierliche Anlässe, zu Denkmalinschriften und in der religiösen Sphäre verwendet worden ist. Schon früh aber hatten die Ägypter noch eine andere, flüssigere Schrift entwickelt. Clemens Alexandrinus nannte diese die ›hieratische‹ – also Priesterschrift; sie wurde im frühen 1. Jahrtausend von einer dritten, noch flüssigeren Schrift für den täglichen Gebrauch, der ›demotischen‹ (von demos = Volk), allmählich verdrängt, so daß die hieratische Schrift nur noch von den Priestern für religiöse Texte als Buchschrift auf Papyrus benützt wurde. Der deutsche Ägyptologe A. Scharff vertrat die Meinung,

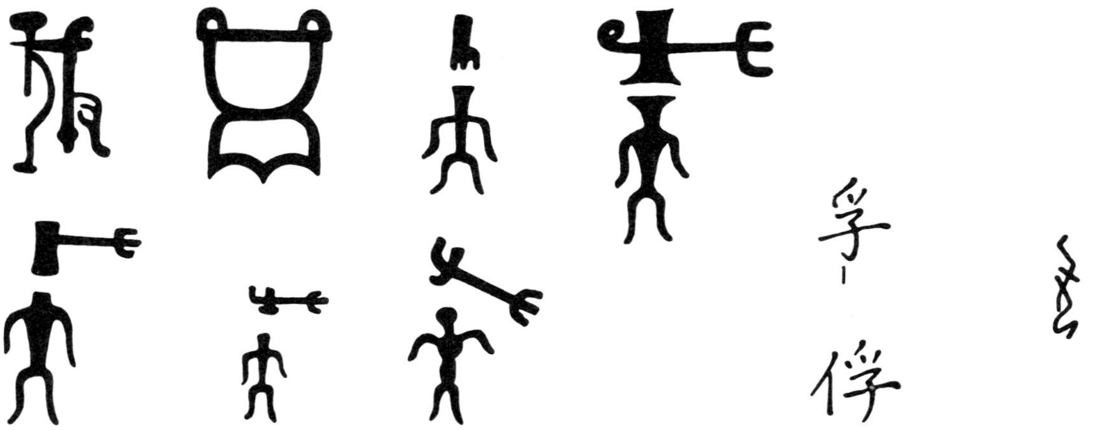

61 a) Aus der frühesten chinesischen Bilderschrift (Shangdynastie): Menschenopfer, durch Bildzeichen dargestellt. b) Moderne Schreibweise oder Darstellung. – Daß die chinesische Schrift seit ihren Anfängen in der 1. Hälfte des 2. Jahrtausends v. Chr. eine langwierige Entwicklung durchgemacht hat, beweisen u. a. die Schriftzeichen für das Rhinozeros und den Elefanten, für Tiere also, die die Chinesen erst nach 1000 v. Chr. kennengelernt haben.

62, 63 ›Buchungstafel‹ (Ton) aus Uruk IV, eines der ältesten Schriftdenkmäler (um 3200 v. Chr.). Die Vorderseite enthält Personennamen mit Zahlenangaben von Waren (Vieh). Die Summierung der Waren auf der Rückseite ist – bis auf die Zahlenwerte – noch rein bilderschriftlich und kann daher ohne sumerische Sprachkenntnis gelesen werden: ›54 Stiere und Kühe‹.

die ägyptische Hieroglyphenschrift hätte sich nicht aus einer reinen Bilderschrift entwickelt, sondern stamme von einem Erfinder aus der Frühzeit. Demgegenüber betonte zur gleichen Zeit der deutsche Ägyptologe K. SETHE den bilderschriftlichen Ursprung der Hieroglyphenschrift. Heute wird sowohl der bilderschriftliche Ursprung als auch die geniale Leistung womöglich eines einzigen Erfinders für möglich gehalten. Der bekannte Ägyptologe unserer Tage, S. SCHOTT, unterstreicht die ›lange Vorgeschichte‹ einer ›Bildkunst‹, die der Phonetisierung vorangegangen sein mußte. ›Doch stellt die Schriftverwendung von Bildern‹, sagt er, ›etwas Neues und Eigenartiges dar. Sie hebt den Bildcharakter dieser Bilder auf und macht sie zu Hieroglyphen, die als Bilder gesehen, ohne ihren Lautwert, nicht verstanden werden können.‹

Dieselbe Ansicht vertritt auch der deutsche Schrifthistoriker H. JENSEN: ›Es hält schwer zu glauben, daß die Schriftentwicklung in Ägypten anders verlaufen sein sollte als überall da, wo wir sonst in der Lage sind, sie zu beobachten oder zu rekonstruieren.‹

Die ägyptische Hieroglyphenschrift vermochte während ihres ganzen Bestehens, während dreier Jahrtausende, ihre alten, schönen Formen beizubehalten, was letztlich an dem künstlerischen und konservativen Charakter der Altägypter lag. Die frühesten ägyptischen Schriftdenkmäler stammen aus dem Beginn der geschichtlichen Zeit: Zusammen mit der ersten Dynastie treten sie im frühen 3. Jahrtausend v. Chr. auf. Zu diesen ältesten ägyptischen Schriftdenkmälern aus Hierakonpolis (in Oberägypten) gehört die ›Narmerplatte‹ (Abb. 64, 65), die noch viel Bildhaftes aufweist.

In neuerer Zeit wird die Bezeichnung ›Hieroglyphen‹ auch für nichtägyptische Schriften verwendet, sofern diese ähnlich bildhaften Ursprungs sind. Die zum Teil phonetisierte bildhafte Schrift der Sumerer wurde hier schon als hieroglyphisches Stadium vor der Ausbildung der Keilschrift bezeichnet; man spricht ebenso von kretisch-minoischen, hethitischen und altchinesischen Hieroglyphen, aber auch von der Hieroglyphenschrift der Azteken und der Maya, womit gesagt werden soll, daß alle diese bildhaften Schriften schon eine höhere Stufe der Schriftentwicklung mit mehr oder weniger zahlreichen Lautelementen erreicht haben.

c) Die kretisch-minoische Hieroglyphenschrift

Wie aus den altkretisch-minoischen Bildzeichen die kretisch-minoische Hieroglyphenschrift entstand und wie sich aus dieser später, noch im Lauf des 2. vorchristlichen Jahrtausends, zwei andere Schriften, die ›Linear A‹-Schrift und die ›Linear B‹-Schrift, entwickelten, kann hier nur kurz gestreift und auf einer Bildtafel (Abb. 60) mit einigen Beispielen anschaulich gemacht werden. Wahrscheinlich ist aus der kretisch-minoischen Hieroglyphenschrift auch die hethitische Hieroglyphenschrift entstanden.

64 ›Narmerplatte‹, Vorder- oder Napfseite. Frühzeit der ägyptischen Hieroglyphenschrift (1. Dynastie, Anfang 3. Jahrtausend v. Chr.), teils noch rein bilderschriftlich, teils schon mit hieroglyphisch phonetisierten Elementen.

65 *Rückseite der ›Narmerplatte‹ mit ähnlich bildhaften Erzählungen und verlautlichten Mitteilungen wie auf der Vorderseite. Die ›Narmerplatte‹ zeichnet bereits ein geschichtliches Ereignis, die Reichseinigung, auf.*

66 Mehrfarbiges Kalksteinbildnis eines unbekannten ägyptischen Schreibers aus der Zeit der 5. Dynastie (2563–2423 v. Chr.). Diese früheste erhaltene Schreiberdarstellung der Kulturgeschichte – neben einer sumerischen – zeigt, welch große Bedeutung im Nilland – wie auch in Sumer – der Schreibkunst beigemessen wurde. Viele Eltern schickten ihre begabten Söhne oft schon mit sechs Jahren in die Schule. Ein Berufsschreiber mußte allerdings 700–800 Hieroglyphen beherrschen.

67 Hethitische Hieroglypheninschrift mit Bild. Löwenjagd in Steinrelief. Späthethitische Zeit, 9. Jahrhundert v. Chr.

d) Die hethitische Hieroglyphenschrift

Die Hethiter in Anatolien besaßen im 2. Jahrtausend v. Chr. zwei Schriftsysteme. Die Keilschrift haben sie von den semitischen Babyloniern und Assyrern übernommen und nach ihrer indogermanischen Sprache umgeformt. Daneben entwickelten sie unter kretisch-minoischem Einfluß aus Bildzeichen eine eigene phonetisierte Hieroglyphenschrift, die von etwa 1500 v. Chr. bis um 700 v. Chr. in Gebrauch war. Ein Steinrelief mit der Wiedergabe einer Löwenjagd enthält eine solche hethitische Hieroglypheninschrift (Abb. 67). Die Bildhaftigkeit der Schriftzeichen weist auch hier auf den Ursprung der Schrift aus einer bilderschriftlichen Vorstufe hin.

e) Die chinesische Schrift

Ein altchinesisches Schriftdokument – mit Bildzeichen ist ein Menschenopfer dargestellt (Abb. 61 a, b) – verdeutlicht, wie in der chinesischen Schrift der ursprüngliche bilderschriftliche Charakter ausgeprägt geblieben ist. Heute noch ist sie eine Ideenschrift, allerdings mit vielen phonetischen Elementen. Dieser bilder- bzw. ideenschriftliche Charakter wird durch eine Eigenart der chinesischen Schrift begründet: Sie besteht aus nur einsilbigen Wörtern ohne Endungen. Das mag auch erklären, weshalb sie sich in den 3500 Jahren nicht viel weiterentwickelt hat, etwa im Vergleich zur Entwicklung der mittelmeerischen Schriften.

7. HINWEISE DER WORTFORSCHUNG AUF EINE BILDERSCHRIFTLICHE URFORM DER SCHRIFT

Die erste Darstellung eines schreibenden Menschen ist uns in dem altägyptischen mehrfarbigen Kalksteinbildnis eines unbekannten Schreibers erhalten (Abb. 66); es stammt aus der Mitte des 3. vorchristlichen Jahrtausends. Die Streitfrage, ob der Schreiber wirklich schreibt oder mit aufmerksam blickenden Augen etwas abmalt, verweist darauf, daß die Wortforschung viele Hinweise auf die ursprüngliche Identität von Malen und Schreiben gibt; die Etymologien verschiedener alter und neuer Sprachen bestätigen, daß die reine Bilderschrift, also die Darstellung des gemeinten Gegenstandes, die Urform der Schrift gewesen ist. Die Sprache gibt, da sie weit ins Dunkel der Vergangenheit zurückreicht, in vielen Fällen

wertvolle Aufklärung über vorgeschichtliche Tatbestände. In der altägyptischen Sprache, die bereits im Altertum vom Koptischen abgelöst worden ist und deren Vokale uns nicht erhalten sind, haben die Wörter s š und š p ẖ r sowohl die Bedeutung von ›schreiben‹ als auch von ›malen‹ (nach einer Konvention in der Ägyptologie spricht man die nur in Konsonantenschrift aufgezeichneten Wörter, deren Vokale unbekannt sind, mit dazwischengeschobenem ›e‹ aus).
Die nordsemitische Wortwurzel für ›schreiben‹ – in Konsonantenschrift k t b, in vokalisierter Aussprache ›kátab‹ – hat zuerst soviel wie ›einschneiden‹ bedeutet, worauf das syrische Wort maktebā = Pfriem zurückzuführen ist. Ähnlich hat die assyrische Wortwurzel š ṭ r = ›schreiben‹ ursprünglich noch die Bedeutung von ›einschneiden‹ gehabt; das arabische Wort sāṭūr bezeichnet jedenfalls das (große) Messer, und sāṭīr heißt ›Metzger‹.
Das griechische Zeitwort ›graphein‹ = ›schreiben‹ zeigt ebenfalls die Bedeutung von ›kerben‹ oder ›schnitzen‹ (woraus der Begriff ›Graphik‹ im engeren Sinn für Holzschnitt, Radierung und Kupferstich seinen Ursprung hat). Das griechische ›skariphaomai‹ = ›einritzen‹ kommt im Lettischen als ›skrīpāt‹ vor. Das gotische Wort ›mēljan‹ bedeutete zuerst ›malen‹ und erst später auch ›schreiben‹. Das russische ›pisatj‹ = ›schreiben‹ steht mit dem lateinischen ›pingere‹ = ›malen‹ (und mit dem englischen ›picture‹ = ›Bild‹) in Verbindung. Das englische ›to write‹ = ›schreiben‹ hängt mit dem altnordischen ›rīta‹ = ›einritzen‹ (der Rune) und dem deutschen ›reißen‹ (auch für ›zeichnen‹) zusammen. Das deutsche ›schreiben‹ stammt aus dem lateinischen ›scribere‹, das zuerst die Bedeutung ›einritzen‹ hatte; auch das englische ›to scribe‹ (aus derselben Wortwurzel) bedeutete ursprünglich ›einritzen‹.
Im Osttürkischen (Uigurischen) findet sich Ähnliches: ›biček‹ bedeutet ›Messer‹ und ›bičik‹ heißt ›Schrift‹. Dieselbe Wortwurzel kommt auch in der mit dem Türkischen nur sehr fern verwandten ungarischen Sprache als ›bicska‹ = ›Taschenmesser‹ vor, wahrscheinlich infolge der vielen Berührungen der Ungarn mit türkischen Stämmen in alter Zeit; es ist also ein Lehnwort. Und das finnische Wort ›kirja‹ hat die Bedeutung ›Schrift‹, ›Buch‹ und ›bunt‹.
Die Felszeichnungen und die Felsmalereien in der Berberei und im Saharagebiet heißen in der Sprache der gegenwärtigen Eingeborenen ›hádschra máktuba‹ = ›beschriebene Steine‹ (nach FROBENIUS und OBERMAIER).

8. VÖLKERKUNDLICHE UND PSYCHOLOGISCHE ARGUMENTE FÜR DEN ENTWICKLUNGSVORGANG VOM BILD ZUR SCHRIFT

Die wichtigsten Argumente für die Annahme, die Schrift sei aus einer – in Dokumenten nicht erhaltenen – bilderschriftlichen Vorstufe entstanden, können ungefähr folgendermaßen so zusammengefaßt werden: Alle natürlich entstandenen Schriftsysteme, die nicht aus einer bereits bestehenden Schrift hervorgegangen sind und die die Entwicklungsstufe der Verlautlichung (Phonetisierung) erreicht haben, weisen mehr oder weniger eindeutige Spuren einer bilderschriftlichen Vorstufe auf; das gilt besonders für die großen Schriftsysteme des Alten Orient. Die ältesten Schriftdenkmäler machen diesen Sachverhalt augenfällig (Abb. 62–65, 67).
Alle Naturvölker, die noch keine entwickeltere Schrift besitzen, übermitteln und überliefern ihre Gedanken durch Bilder. Die Völkerkunde bestätigt dies für die Primitiven auch durch manche Beispiele aus moderner Zeit. In diesem Zusammenhang seien die verschiedenen Phasen der sogenannten Bamum-Schrift in Westafrika vom Anfang dieses Jahrhunderts genannt, die ein einzelner Mann erfunden hat, sowie die Alaska-Schrift der Eskimo. Diese beiden modernen Schrifterfindungen von Naturvölkern machen den Entwicklungsvorgang vom reinen Bildzeichen zur Phonetisierung sichtbar, wenn diese auch noch nicht völlig durchgeführt ist.
Die gleiche Entwicklung von Bild- zu Lautzeichen zeigt die Schrift der Maya von der Halbinsel Yukatan (Abb. 68, 69). Dieses Schriftsystem stammt aus den Jahrhunderten, die man in Europa das ›Mittelalter‹ nennt. Es zeigt viele bilderschriftliche Züge, wenn auch schon mit vielen verlautlichten Elementen, besonders für Begriffe, die sich durch Bildzeichen nicht veranschaulichen lassen. Ähnlich entwickelte sich – kurz zuvor – die Schrift der Azteken in Mexiko.
Aber nicht nur die Naturvölker, auch jedes Individuum in den zivilisierten Ländern unserer Zeit benötigt Bilder als einfachste Form der Gedankenübermittlung; denn das Auge ist das wichtigste Sinnesorgan als Verständigungsmittel. Das Schauen ist ursprünglicher als das ›Lesen mit Verstand‹, es ist ›vorsprachlich‹. Der Mensch ist von Natur aus ein Augenwesen, deshalb schreibt er zuerst mit dem Auge und später erst mit dem ›Verstand‹. Die Bilderschrift ohne jede sprachliche Bindung stellt eine natürliche Vorstufe dar, die letzte Vorstufe zur echten, verlautlichten Schrift; diese ist schon sprachlich gebunden, indem sie das Gehörte, nämlich die Sprache, in etwas zu Sehendes, in das Bild oder Zeichen umsetzt. Dieser Entwicklungsvorgang wird in der Schriftwissenschaft Phonetisierung oder Verlautlichung genannt.

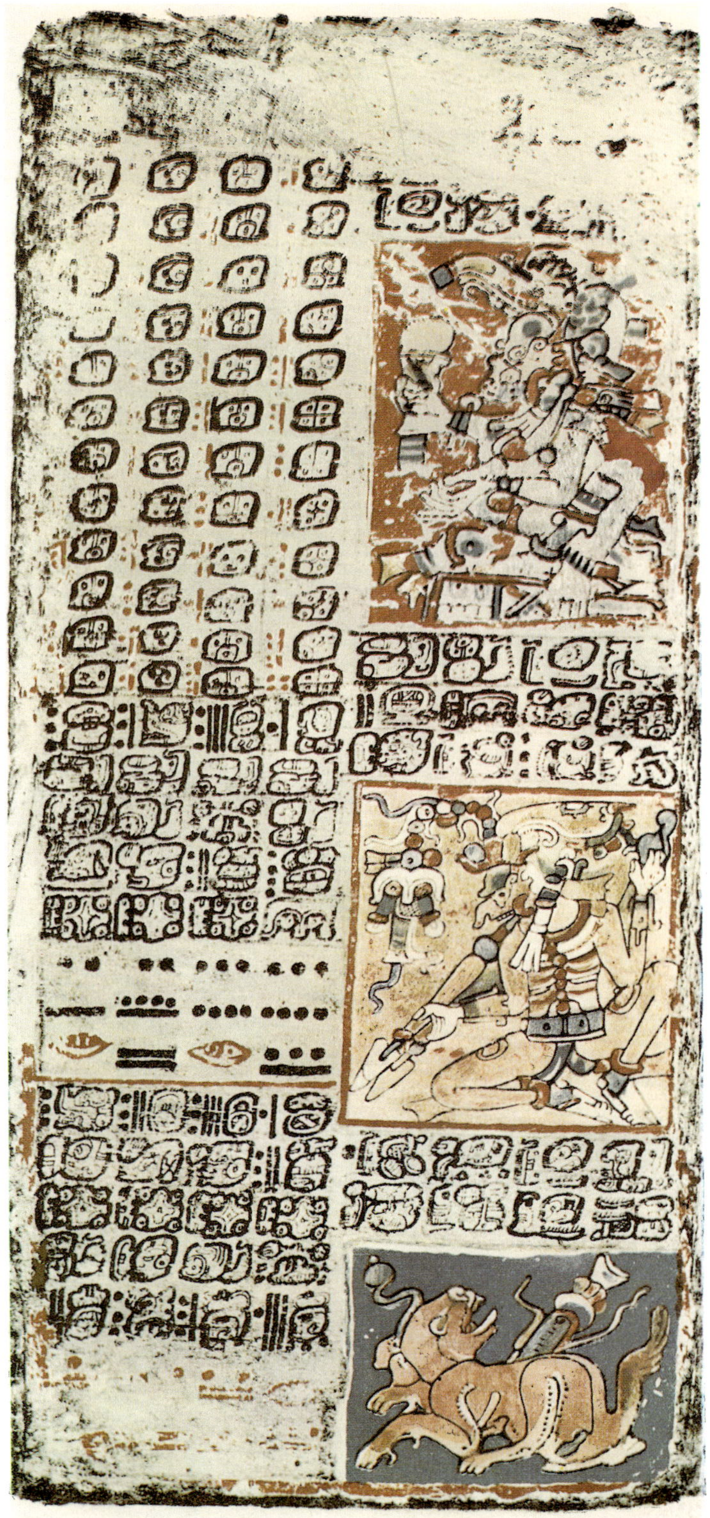

68, 69 Maya-Schriftzeichen, teils mit rein bilderschriftlichem, teils mit hieroglyphischem Charakter, aus der Zeit des europäischen Mittelalters. Neben den bilderschriftlichen Zügen tauchen in dieser Schrift bereits viele, meist noch unentzifferte Elemente auf: astronomische und sonstige Kalenderangaben im Dienst der Religion. Die Schrift der Maya – wie auch die der Azteken – bezeugt, daß auch die Schriften späterer Zeiten auf eine rein bilderschriftliche Vorstufe zurückgehen.

III

DIE ERFINDUNG SPRACHLICH GEBUNDENER SCHRIFTEN DURCH DIE VERWENDUNG VON LAUTZEICHEN

1. DAS SICHTBARMACHEN DER HÖRBAREN SPRACHE

Die geheimnisvolle Epoche der ersten Schrifterfindungen – es gab fast gleichzeitig mehrere – reicht beinahe bis zu den Anfängen der geschichtlichen Zeit im Nahen Orient. Die Geschichte beginnt mit der Schrift. Die schriftlichen Äußerungen als überlieferte Dokumente – so unentwickelt und primitiv sie auch immer sein mögen – bilden die frühesten mehr oder weniger zuverlässigen, aber ›sprechenden‹ Unterlagen (im Sinne des *saxa loquuntur*, wie die Römer sagten) für eine Rekonstruktion jener frühen Zeiten. Die Schrift, das Mittel für die Aufzeichnung, muß also unmittelbar vor der ›geschichtlichen‹ Zeit erfunden worden sein, damit es sie überhaupt geben konnte.

Worin bestand die anfängliche Schrifterfindung? Ist die Schrift nicht eine selbstverständliche Äußerung des menschlichen Geistes? Auf die letzte Frage ist mit einem Nein zu antworten. Zur Zeit ihrer Erfindung mußte die Schrift als eine absurde Sache dem Menschen erschienen sein. Dabei ist zwischen Bilderschrift und Schrift im engeren Sinne zu unterscheiden. Die Bilderschrift ist (nach den mehrere Jahrzehntausende währenden Vorstufen in der Alt-, Mittel- und früheren Jungsteinzeit) eine große Leistung des Menschen im späteren Neolithikum, in den frühesten Hochkulturen. Sie brauchte aber wegen ihrer natürlichen Bestrebung, die sichtbaren Dinge und Vorgänge in einer ebenso sichtbaren Weise zu fixieren, nicht erfunden zu werden. Die sprachlich ungebundenen Bilderschriften sind zwar in langwierigen, aber natürlichen Fortschritten entstanden. Die Schrift im engeren Sinne hingegen ist an die Sprache gebunden und sozusagen in ihren Dienst gestellt. Sie mußte die Zeitgenossen ihres Erfinders als etwas Unheimliches, als etwas Absurdes anmuten. Dieses Unheimliche oder Absurde lag in der scheinbaren Widersprüchlichkeit der sprachgebundenen Schrift, nämlich in ihrem Bestreben, mit visuellen (zeichnerischen), also räumlichen Mitteln etwas Akustisches (Sprachliches), d. h. etwas Zeitliches oder sich in der Zeit Ereignendes zu fixieren, festzuhalten. Eine solche Widersprüchlichkeit scheint der Mensch der ausgehenden Jungsteinzeit tatsächlich empfunden zu haben, ja, er wird sich sogar gegen das Auftauchen solcher Ideen zur Wehr gesetzt haben. Den ersten Schrifterfindern, die sich von der Tyrannei des ›Zeitgeistes‹ zu befreien vermochten, muß daher eine Genialität zuerkannt werden. Die meisten Schrifthistoriker nehmen an, daß die großen Schriftsysteme des Alten Orient von je einem einzigen Menschen erfunden worden sind. Zu dieser Ansicht kommen sie durch die Analogie von Schrifterfindungen in neuer Zeit (zum Beispiel der tscherkessischen Schrift, der Alaska-Schrift, der Somali-Schrift) und noch mehr durch die Struktur dieser Schriften. Für die ägyptische Hieroglyphenschrift – sie ist der früheste Vorfahre unseres heutigen Alphabets – gilt die Annahme so gut wie bewiesen. A. SCHMITT neigt sogar zu der Ansicht, daß es eine einmalige ›Urerfindung‹ der Schrift gegeben hat.

Die Schrifthistoriker nennen das Verfahren der Schrifterfindung eine Verlautlichung oder Phonetisierung der Schrift. Doch

70 Unentzifferte sumerische Lautzeichen auf der Vorderseite einer Tontafel von Kisch (Ende 4. Jahrtausend v. Chr.), aus der Zeit zwischen einer Bilderschrift, vermutlich mit konventionalisierten Ideogrammen und einer frühen, anfänglichen Verlautlichungsstufe der sumerischen Hieroglyphenschrift. Beide Momente, die bilderschriftlich konventionalisierten Begriffszeichen und die Elemente einer primitiven Verlautlichung ohne grammatische Formen, erschweren eine Entzifferung.

handelt es sich bei der Schrifterfindung nicht so sehr um eine ›Verlautlichung‹ der Schrift, als vielmehr um das Sichtbarmachen der sonst nur hörbaren Sprache. Die scheinbare Widersprüchlichkeit, das tatsächlich Unheimliche an der Schrift, mag einer der Gründe dafür sein, daß die Zeitgenossen den Erfinder mythisiert haben. Kein Name eines Schrifterfinders oder eines Schriftwiedererfinders ist überliefert.

Haben sich die graphisch-zeichnerischen Voraussetzungen für die Schrift in Jahrzehntausenden entwickelt, so liegen die Anfänge der Sprache unvergleichlich weiter zurück. Schon der homo heidelbergensis vor 500000 Jahren scheint eine Art Sprache gehabt zu haben. Diese beiden ›kulturhistorischen‹ Entwicklungslinien – Gemälde- bzw. Bilderschrift und Sprache – haben sich erstmals im ausgehenden 4. Jahrtausend v. Chr. gekreuzt. An ihrem Kreuzungspunkt kam der erste Versuch einer sprachlich gebundenen, einer echten ›Schrift‹ zustande. Von da an gehen Schrift und Sprache Hand in Hand. Beide werden immer vollkommener werden, bis endlich im griechischen Alphabet alle Möglichkeiten einer Vervollkommnung der Schrift im Prinzip erschöpft sind. Schrift und Sprache bleiben auch danach miteinander in einer untrennbaren ›ewigen‹ Verbundenheit. Die Schrift strebt jederzeit eine maximale Anpassung an die jeweilige Sprache an.

Die Schrifterfindung ist eine große kulturelle Tat des menschlichen Geistes. Die Wissenschaft bemüht sich, den ungefähren Verlauf zu ermitteln; ›ungefähr‹ – weil die einzigen zuverlässigen Zeugen der ›Geburt‹ der Schrift die ersten Schreibversuche selbst sind.

71 Vergleich einiger bemalter Kiesel von Mas d'Azil (rechts) mit linearen und abstrakten Menschendarstellungen der nacheiszeitlichen spanischen Felsmalerei (links).

72 Lineare und abstrakte Figuren aus Südspanien: a, b, d menschliche Gestalten, c Steinböcke oder Wildziegen. Rote Felsbilder, wahrscheinlich aus der frühen Jungsteinzeit.

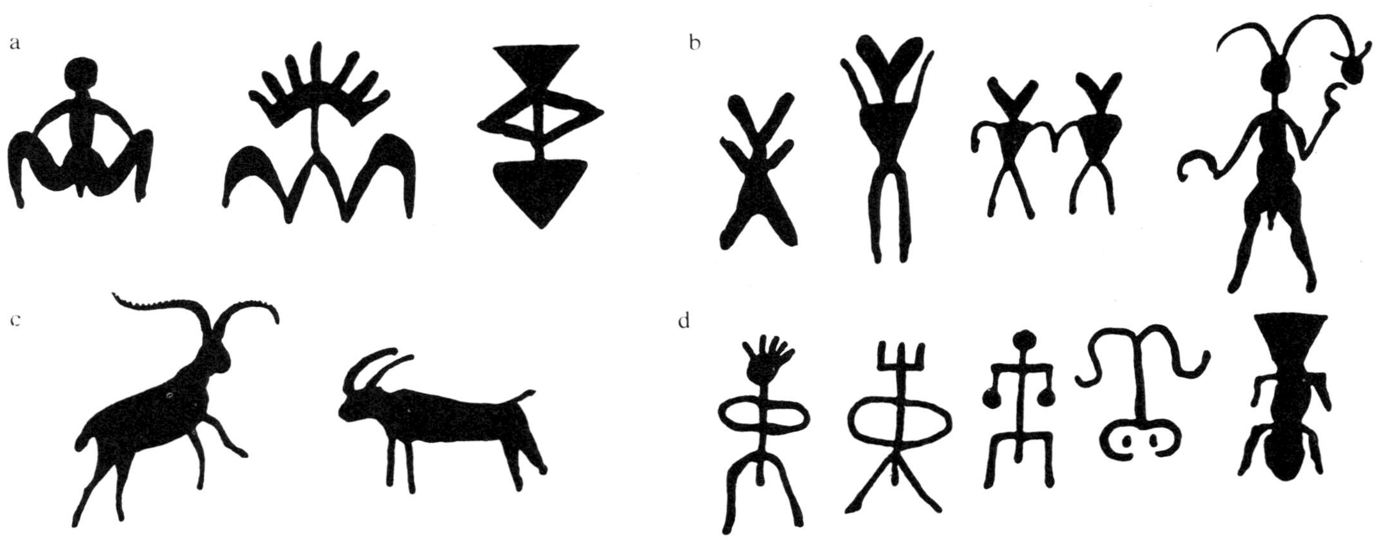

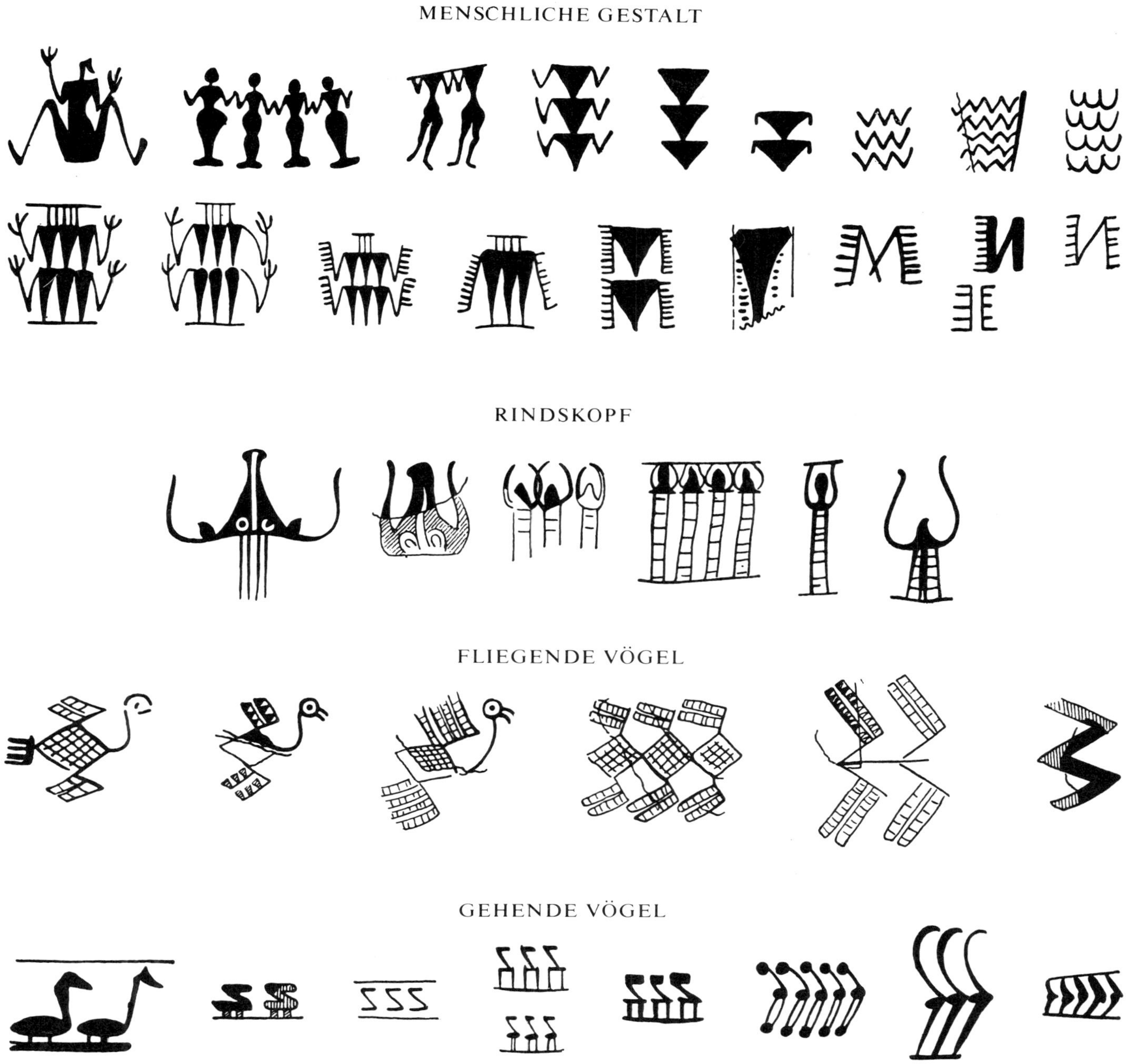

73 Stufen der Bildentwicklung zur linearen Form. Jungsteinzeitliche persische Keramik.

2. DIE LINEARE FORMUNG DER BILDER ALS VORAUSSETZUNG FÜR EINE LAUTZEICHENVERWENDUNG

Der erste Ansatz zu einer linearen Formung von Bildern ist schon in der Eiszeit, noch mehr aber im Azilien (Mittelsteinzeit) zu finden. Linear schematisierte Bilder von Menschen (Abb. 71) und Tieren waren nicht selten. Daß handwerkliche Fertigkeit, reine Spielerei und wohl auch schon die Freude am Ornament die Ursache dafür waren, beweisen auch Funde aus eine späteren Epoche, aus der Jungsteinzeit (Abb. 72, 73). Mehr spielerisch als ornamental ist die lineare Formung einiger Felsbilder Ägyptens aus dem 4. Jahrtausend v. Chr. (Abb. 74). Auch in Tanganjika gibt es viele solche dem Spieltrieb entsprungene Felsbilder aus der Jungsteinzeit (Abb. 75). Eine besondere Art buchstabenähnlicher Zeichen bilden die Gravierungen auf den Steinen von Alvão in Nordportugal (Abb. 76). Diese Zeichen ähneln denen von Mas d'Azil, sind

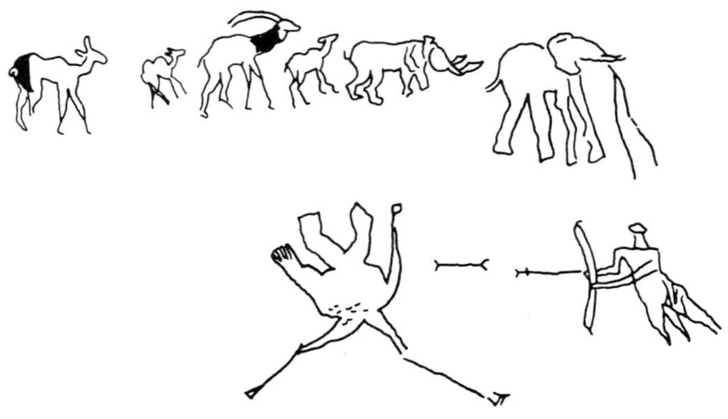

74 *Straußenjagd. Felszeichnung mit linearer Tendenz aus der Jungsteinzeit, etwa 4. Jahrtausend v. Chr. (Oberägypten).*

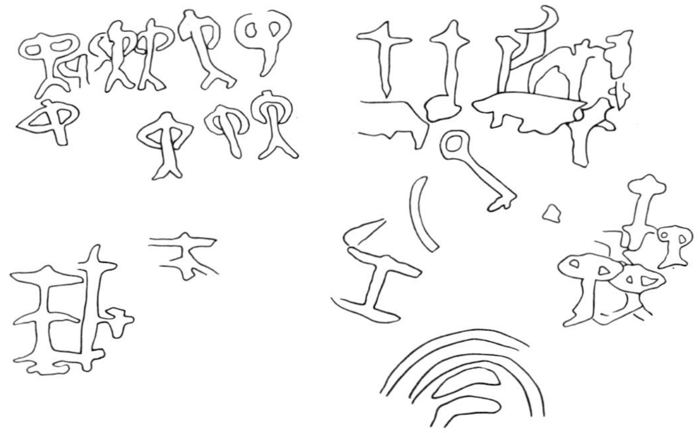

75 *Lineare Zeichen in weißgelber Farbe an einer Höhlenwand aus der Jungsteinzeit (Tanganjika).*

jedoch linear geformt. Anfänglich hat man den Zeichen Schriftcharakter beigemessen, ja, man glaubte in ihnen die früheste Schrifterfindung von Südeuropa vor sich zu sehen. Doch wurde nachgewiesen, daß 22 bis 24 der 30 Zeichen verschieden sind. Dies schließt die Deutung als Buchstabenschrift völlig aus. Eine Wort- und Silbenschrift würde, wie H. JENSEN argumentiert, keine so einfache geometrische Figuren aufweisen. Eine Wortschrift, auch eine primitive, benötigt aber wenigstens ein paar hundert Zeichen, und ein solcher Zeichenbestand lasse sich aus einfachen Figuren nicht bestreiten. Eine Schrift von solch linearem Gepräge sei schwerlich mit der steinzeitlichen Stufe zu vereinbaren. Bei einer echten Schrift jener Zeit wäre eine ausgeprägte Bildform zu erwarten. Nach H. JENSEN sind die buchstabenähnlichen und linearen Zeichen von Alvão aus der Zeit um 4000 v. Chr. ›spielerische Kritzeleien‹ oder ›magische Ritzungen‹. Wenn es auch feststeht, daß es keine Schriftzeichen sein können, so dürfte es auch abwegig sein, in ihnen spielerische Kritzeleien zu sehen. Die gravierten Steine sind nämlich durchlocht und waren, wie K. WEULE berichtet, je mit einem Stäbchen in der Grabkammer aufgehängt. In Grabkammern hat aber der Neolithiker nie spielerische Kritzeleien betrieben. Der Mensch der Jungsteinzeit, besonders in der zweiten Hälfte, hatte einen ausgedehnten Totenkult entwickelt (Abb. 84, 85). Gigantische Megalithgräber, Dolmen und Menhire zeugen davon (griechisch *mega* = groß und *lithos* = Stein: Gräber aus großen Steinblöcken; bretonisch *dol* = Tafel und *men* = Stein: Tafelstein; bretonisch *men* = Stein und *hir* = lang: langer Stein). Die linearen Zeichen von Alvão dürften daher magische Symbole sein, die im Dienst des Totenkultes standen. Von diesen linearen Formen sind die Bildzeichen zu unterscheiden, die zweifellos den Schrifterfindungen oder Verlautlichungen dienten. Die Verlautlichung hat die lineare Formung in der frühsumerischen Schrift stark gefördert.
In der frühen hethitischen Schrift ist derselbe Vorgang zu verfolgen. Die Abb. 78 zeigt einige hethitische Bildzeichen der bilderschriftlichen Stufe ohne jede lineare Formung, Abb. 79 eine kurze hethitische Inschrift der späteren phonetisierten Phase mit bereits mancher linearen Formung. Die aufschlußreiche Gegenüberstellung beider Phasen stammt

76 *Buchstabenähnliche und lineare Zeichen aus Alvão (Portugal), im Dienst des Totenkultes (um 4000 v. Chr.)*

77 *Beispiel einer streng linearen, schon vollkommen verlautlichten Schrift. Ägyptische kursive Hieroglyphenschrift als Buchschrift. Die Zeilen verlaufen von oben nach unten; die Zeichen innerhalb jeder Gruppe werden von rechts nach links gelesen.*

78 *Beispiel für die frühe hethitische Bilderschrift, ohne strenge lineare Formung.*

79 *Aus der späteren, vollkommen phonetisierten hethitischen Hieroglyphenschrift, schon mit linearer Formung.*

von dem amerikanischen Mitentzifferer der hethitischen Hieroglyphenschrift, I. J. GELB.

Die lineare Formung der Bilder machte überall schnelle Fortschritte, seit mit der Verlautlichung der Bildzeichen die Sprache immer mehr Einfluß auf die Schrift gewann: Die sprachliche Wortfolge als ein zeitliches Hintereinander verlangte auch ein räumliches Hintereinander der Bilder. In der sumerischen wie auch in der ägyptischen Hieroglyphenschrift verlief dieser lineare Formungsprozeß in einem besonders raschen Tempo. Die frühesten Schriftdenkmäler der Sumerer, wie sie die Abb. 70 zeigt, oder die der Ägypter, wie die sogenannte Narmerplatte (Abb. 64, 65), haben noch keine sprachlich bestimmte Wortfolge, das heißt keine lineare Formung, sondern bestehen aus einer reinen Anhäufung von Bildern. Diese bildhafte Gruppierung von lauttragenden und sonstigen Schriftzeichen wurde aber in Sumer schon in der frühesten Zeit der Schrifterfindung (Abb. 62, 63) und auch in Ägypten bald nach der Schrifterfindung, das heißt noch während der ersten Dynastie, durch die Zeile gelockert und aufgelöst. In Ägypten hat sich dadurch schon früh eine streng lineare Hieroglyphenschrift, die sogenannte Buchschrift auf Papyrus (Abb. 77) entwickelt, in der die Schriftzeichen meist von oben nach unten und von rechts nach links verlaufen.

Durch eine lineare Bildung der Schriftzeichen haben sich auch die kretische ›Linear A‹- und die ›Linear B‹-Schrift aus bilderschriftlichen und hieroglyphischen Formen entwickelt (Abb. 60).

Ähnlich früh wie in Ägypten – wenn auch mehr als 1000 Jahre später – scheint die lineare Formung der Schriftzeichen auch in China entstanden zu sein. Die ältesten chinesischen Inschriften zeigen schon manche lineare (meist senkrechte) Form. Dadurch verlieren die Schriftzeichen bald ihren alten, rein bilderschriftlichen oder piktographischen Charakter und nehmen eine viereckige Gestalt an (Abb. 61a, b).

3. DIE KONVENTIONALISIERUNG UND VEREINFACHUNG DER BILDZEICHEN ALS WEITERE VORAUSSETZUNG FÜR EINE LAUTZEICHENVERWENDUNG

Schon in der lang andauernden Epoche der Entstehung von Bilderschriften in der Jungsteinzeit, vermutlich im 4. Jahrtausend v. Chr. oder nicht viel früher, gab es einen ausgiebigen Vorrat an allerlei Mustern und Zeichen, deren – wahrscheinlich magischer – Sinn durch die Macht der Konvention von Generation zu Generation überliefert und von einem Volksstamm zum anderen weitergegeben wurde. Da ähnliche Zeichen bereits in der Eiszeit vorkommen, ist anzunehmen, daß sich ihr magischer Sinn im Laufe der Epochen von Alt-, Mittel- und Jungsteinzeit vielfach geändert hat, während die äußeren Formen die alten geblieben sind. Eine solche vorgeschichtliche linear geformte Zeichenreihe sind die buchstabenähnlichen Zeichen von Alvão (Abb. 76). Ähnliche Zeichen sind allenthalben anzutreffen in Palästina (Abb. 80), Syrien (Abb. 81), Tanganjika (Abb. 83), Spanien (Abb. 84, 85), Sibirien, Indien usw.

Besonders bemerkenswert sind die Konventionalisierungen in den Bilderschriften des Alten Orient. Sie haben als nicht mehr naturgetreue Bildzeichen zu Beginn der Phonetisierung zweifellos eine wesentliche Rolle gespielt. Ursprünglich echte Bilder sind durch die Konventionalisierung oft so verändert worden, daß ihr anfängliches Bild verlorenging. Ihren Sinn, wie den der magischen Symbole und geometrischen Formen, mußte man kennen, um sie richtig verstehen zu können. Einige konventionalisierte Bildzeichen aus ältesten Schriften sind auf Abb. 82 zusammengestellt. Diese Zeichen lassen auf stark ausgeprägte bilderschriftliche Konventionen mit allgemeiner Geltung schließen. Auf diese Weise sind die ersten Begriffszeichen oder Ideogramme als Wortbildzeichen der Bilderschriften höherer Stufe entstanden.

Eng verbunden mit der Konventionalisierung war auch die Tendenz nach einer Vereinfachung der Bildzeichen und der

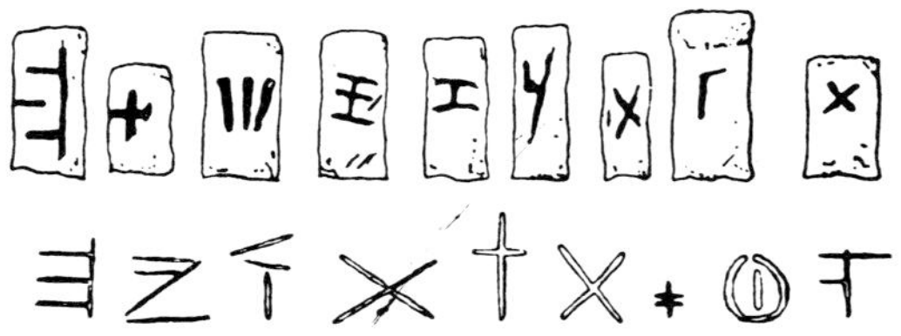

80 Vorgeschichtliche geometrische Zeichen aus Palästina.

81 Ähnliche Symbole aus Byblos (Syrien).

82 Konventionell vereinfachte Bildzeichen.

83 Buchstabenähnliche magische Symbole aus dem steinzeitlichen Tanganjika. Reste einer Felsmalerei in Weiß (nat. Größe).

84, 85 Konventionalisierte magische Symbole – Strahlenkreise, anthropomorphe Formen und Punktreihen im Dienst des Totenkultes, eingraviert in zwei Wandsteinen eines megalithischen Kuppelgrabes aus der Jungsteinzeit (Granja de Toniñuelo).

späteren Schriftzeichen. Die Schrifthistoriker nennen diese Vereinfachung den ›Abschliff‹ der Zeichen. Er hat, dem ›Gesetz der Ökonomie‹ folgend, den alten Bildcharakter allmählich völlig aufgelöst. Aus den alten, oft schwerfälligen und komplizierten Bildern und Bildzeichen sind durch die Phasen der Vereinfachung leicht zu handhabende Schriftzeichen geworden.

Nicht mehr das Visuelle wie in der ehemaligen reinen Bilderschrift (Piktographie), sondern allein das Akustische, die gesprochene Sprache, war für die Entwicklung bestimmend. Diese vereinfachende Entwicklung vom Bild zum Lautzeichen veranschaulicht die Abb. 60, die auch die Entstehung der beiden kretischen Silbenschriften aus bildhaften Hieroglyphen zeigt. Die Entwicklung der ägyptischen hieroglyphischen, hieratischen und demotischen Schrift läßt sich aus Abb. 86 ablesen. Als schönes Beispiel der Konventionalisierung und gleichzeitiger Vereinfachung der ägyptischen Schriftzeichen ist ein Text aus dem Papyrus Ebers wiedergegeben: in linksläufiger hieratischer Schrift um 1600 v. Chr., ohne Bild, nur in konventionalisierten und vereinfachten Schriftzeichen; und derselbe Text in stark bildhafter Hieroglyphenschrift von links nach rechts geschrieben (Abb. 87a, b). Das Schriftsystem ist während der Phasen der allmählichen Vereinfachungen im Prinzip immer dasselbe geblieben. Den gleichen

Die Punktreihen ähneln denen in eiszeitlichen Malereien. Die Symbole stammen wahrscheinlich aus verschiedenen Zeiten. Die Deutung der magischen Zeichen ist äußerst schwierig, da sie an uns unbekannte Konventionen gebunden sind.

Entwicklungsgang zu einfachen Formen durchlief auch die mesopotamische Keilschrift. Die altakkadischen Schriftzeichen (Abb. 88a) wie auch die altsumerischen (Abb. 98) enthalten noch manche bildhafte Elemente; die Zeichen der neuassyrischen Keilschrift hingegen erscheinen bereits – ohne jegliche Bildhaftigkeit – zu reinen Keilformen abgeschliffen und vereinfacht (Abb. 88b).

Wie sich die Tendenz nach Vereinfachung in der altchinesischen Schrift allmählich durchgesetzt hat, zeigen die ältesten Schriftdenkmäler aus der Mitte des 2. Jahrtausends v. Chr.; es sind meist Orakeltexte und Herrschernamen auf Tierknochen, Schildkrötenschalen und Bronzegeräten.

Solche Konventionalisierungen und Vereinfachungen der Bildzeichen haben auch noch in viel späteren Epochen stattgefunden: Bei den Maya in Mittelamerika (Abb. 69) und bei den Azteken in Mexiko (Abb. 102) verlief die Entwicklung während des europäischen Mittelalters in ähnlicher Weise wie im Nahen und Fernen Orient im 3. und 2. Jahrtausend v. Chr. Die Entwicklung der Schriftzeichen bei den verschiedenen Völkern beweist, daß zunächst Sinn und Bedeutung von Schriftzeichen durch die Konvention erhärtet werden mußten, und daß eine fortschreitende Vereinfachung der Schriftzeichen überall erforderlich war, ehe eine vollkommene Phonetisierung erfolgen konnte.

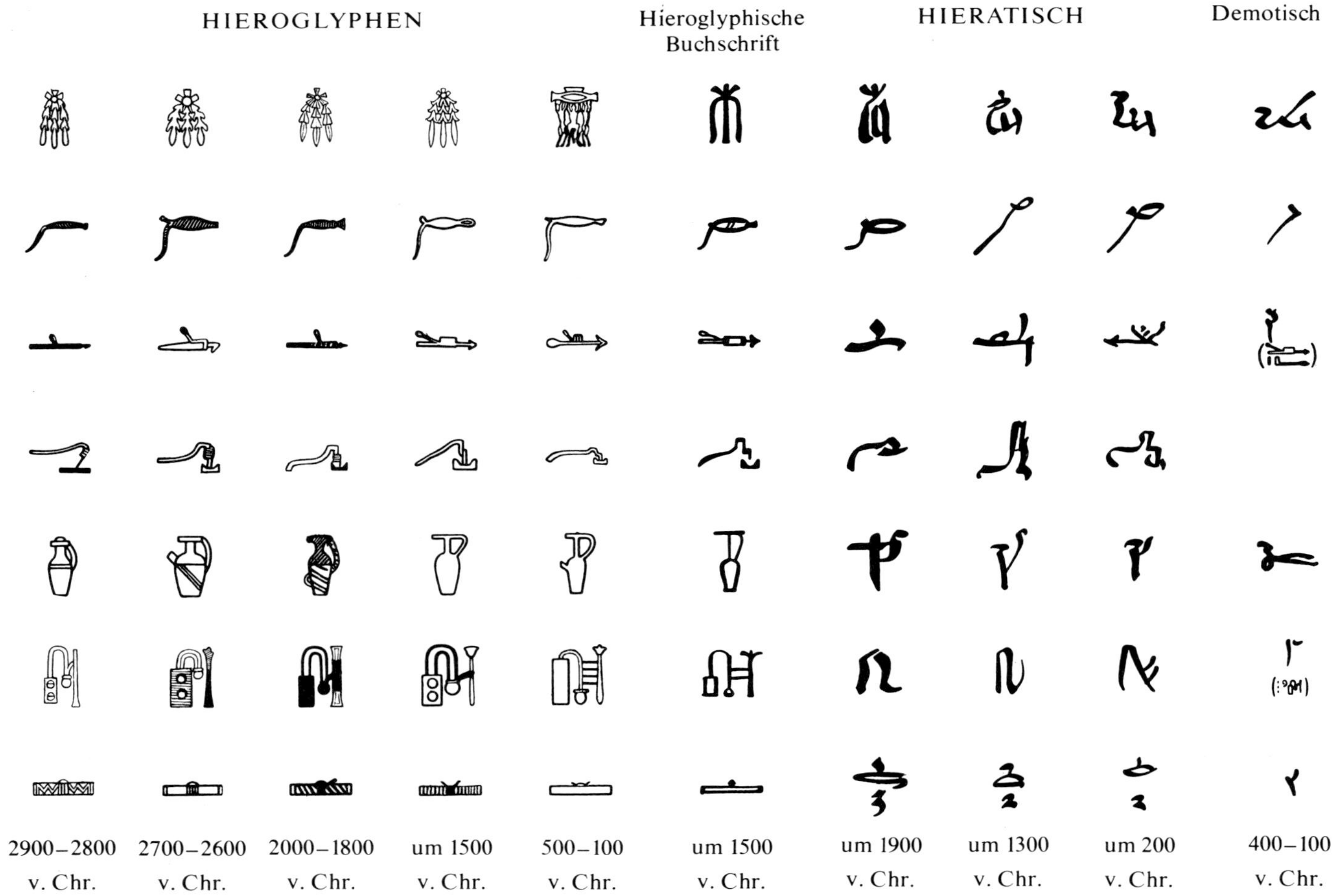

86 Die hieroglyphische, hieratische und demotische Schrift vom Bild zur Konventionalisierung und Vereinfachung.

a)

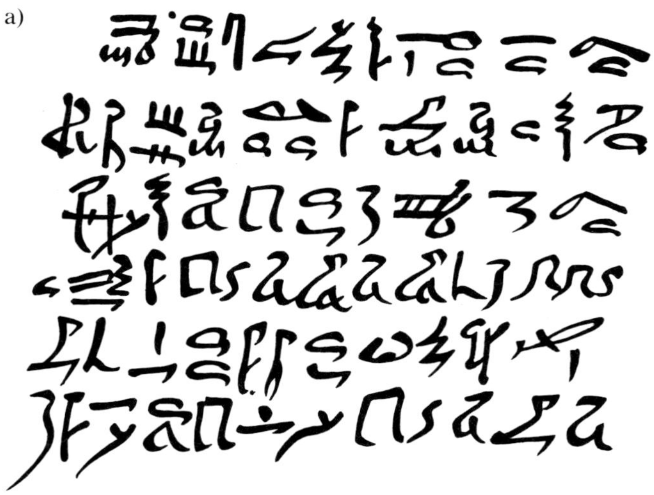

b)

87 Beispiel für die Konventionalisierung und Vereinfachung der Bildzeichen: ein hieratischer Text aus dem ›Papyrus Ebers‹ (um 1600 v. Chr.). a) Mit Schriftrichtung von rechts nach links; b) die Umsetzung in Hieroglyphen, von links nach rechts; c) die Umschrift des medizinischen Textes in lateinische Buchstaben; d) die Übersetzung:

c) 1. *k.t n.t ẖ.t mr.š*
2. *tpnn mrh t sꜣ .w jrt.t*
3. *ps swr*
4. *k.t n.t tm rdj pr ḥfꜣ w m bꜣ bꜣ w*
5. *jnr.t šw.t rdj.tj r rꜣ n bꜣ bꜣ w.f*
6. *n pr n f jm*

d) 1. ›Ein anderes (Rezept) für den Bauch, wenn er krank ist:
2. Kümmel, Gänsefett, Milch.
3. Kochen, trinken.
4. Ein anderes, um nicht zuzulassen, daß eine Schlange aus dem Loche herauskommt:
5. Ein trockener Fisch, an die Öffnung ihres Loches gelegt,
6. (dann) kommt sie nicht heraus.‹

88 Alte und neue Formen der mesopotamischen Keilschrift als Beispiel für die Vereinfachung der Schriftzeichen.
a) Altakkadische Inschrift des Königs Šarganišaralim mit 23 Gruppen von Schriftzeichen. Die ersten fünf Schriftzeichengruppen – von oben nach unten und von links nach rechts verlaufend – in Umschrift:
1. ^{d}*Šar-ga-ni-šar-alim*
2. mār Da-ti ^{d}*En-lil*
3. da-núm
4. šar
5. A-ga-de^{ki}
Die Übersetzung des ganzen Textes:
1. Šarganišaralim,
2. der Sohn des Dati-Enlil,
3. der Mächtige,
4. der König
5. von Akkad
und den Bereichen des Enlil, (ist) der Erbauer des E-kur, des Tempels des Enlil, in Nippur. Wer diese Urkunde verändert, dessen Grundlage mögen Enlil und Šamaš ausreißen und seinen Samen wegraffen.
b) Die altakkadische Inschrift in neuassyrischer Schrift, in moderner Schreibweise der keilschriftlichen Texte, von links nach rechts und von oben nach unten verlaufend.

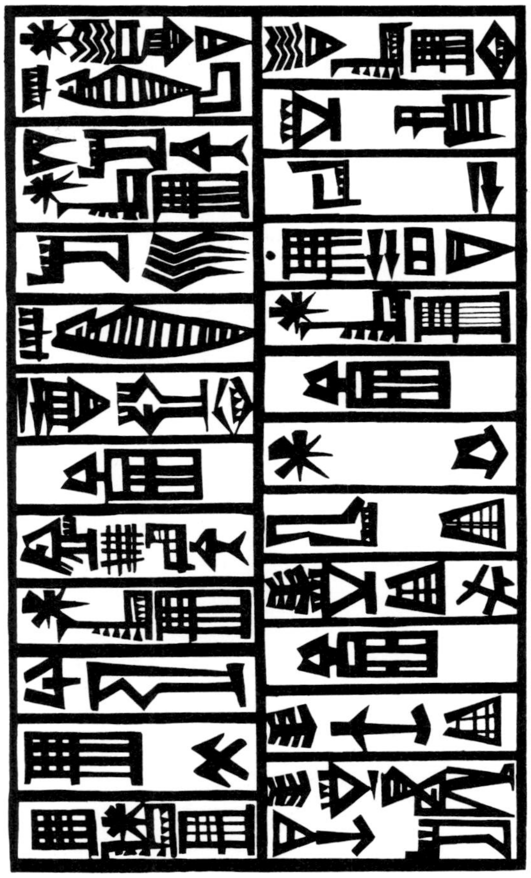

a

b

a b c d e

89 Alte chinesische konventionalisierte Bildzeichen: a–c) auf Bronze; d) auf Knochen; e) vereinfachte moderne Zeichen.

4. DAS ERSTE AUFKOMMEN DES BEDÜRFNISSES NACH EINER LAUTZEICHENVERWENDUNG: DIE EIGENNAMENBEZEICHNUNG

Der Schritt von der Bilderschrift zur Lautzeichenverwendung wird allgemein Phonetisierung genannt; richtiger wäre die Bezeichnung: das Sichtbarmachen der Sprache. Voltaire drückt sich ähnlich aus, wenn er das Wesen der Schrift charakterisiert: ›Schrift ist das Bild der Stimme; je mehr es dieser gleicht, desto besser ist es‹. Auch S. Schott vertritt diese Ansicht: ›So erwächst die Schrift aus der Sprache, obwohl sie sich zum Schreiben des Bildes bedient‹.

Wie und wo ist die Sprache zum erstenmal verbildlicht oder sichtbar gemacht worden? Die beschränkte Ausdrucksmöglichkeit der Bilderschrift war gewiß der Anlaß, ein Mittel zu erfinden, das aus dem Bereich der Bilderschrift hinaus- und in den der echten, das heißt der verlautlichten Schrift hinüberführte. Für den Begriff des ›Sichtbarmachens‹ der Sprache sei ein Beispiel der Völkerkunde aus neuerer Zeit angeführt. Bei den Yoruba-Negern im Hinterland von Lagos (Afrika) war, wie K. WEULE berichtet, noch in unserem Jahrhundert eine Gegenstandsschrift mit Kaurischnecken in Übung. Ein Junge und ein Mädchen, beide der Schrift unkundig, unterhielten einen regelrechten Briefwechsel in dieser Gegenstandsschrift. Sie benutzten den Gleichklang mancher Wörter, um ihre sprachlichen Mitteilungen ›sichtbar‹ zu machen und einander zuzuschicken. Der junge Mann schickte an das Mädchen eine Schnur mit sechs Kauri. Sechs heißt in ihrer Muttersprache *efa*, dieses Wort hat aber noch eine Bedeutung: *fa* ist ein Zeitwort und heißt ziehen, anziehen; die Partizipform *efa* heißt gezogen, angezogen. Der Brief ist leicht verständlich, leicht lesbar: ›Ich fühle mich zu dir hingezogen‹, oder nach dem dortigen Brauch: ›Ich will dich heiraten‹. Die Antwort des Mädchens lautete ähnlich. Acht heißt in der Sprache der Yoruba-Neger *ejo*; das Zeitwort *jo* soviel wie übereinstimmen oder einverstanden sein; die Partizipform *ejo*. Der Antwortbrief mit den acht Kauri lautet demnach: ›Ich fühle wie du‹, oder wieder nach der dortigen Konvention: ›Ich willige in die Ehe ein‹.

Ähnliches läßt sich auch in der Alaskaschrift der Eskimo, eine Erfindung eines einzigen Mannes um die letzte Jahrhundertwende, beobachten; darüber hat A. SCHMITT eingehend berichtet.

In der vermuteten ägyptischen Bilderschrift der vordynastischen Zeit gab es bereits Götternamen als konventionalisierte Zeichen, die ihren Symbolwert in die Hieroglyphenschrift mitbrachten. Aus ihnen entstanden die Götter-Hieroglyphen. Die Schwierigkeit der Bilderschrift, Eigennamen wiederzugeben, zwang zu solcher Konventionalisierung der Götternamen. Zu unterscheiden ist jedoch zwischen der erstmaligen Verbildlichung von Eigennamen durch Lautzeichen und den viel älteren konventionalisierten Symbolen für Götter und für Personen. Bildhafte oder zeichenhafte Symbole für verstorbene Ahnen gab es wahrscheinlich schon in der Altsteinzeit; nachweisbar sind sie im Azilien (Mittelsteinzeit). Die bemalten Kiesel von Mas d'Azil, die sogenannten ›Seelensteine‹ sind solche Symbole (Abb. 37–40). Ihre Bedeutung war nicht sprachlich fixiert, sondern war rein visuell. Wenn zu ihrem Verstehen auch die Kenntnis bestimmter Konventionen gehörte – sie blieben dennoch nur der Ansatz zu einer Bilderschrift; die ›Seelensteine‹ enthielten noch keine zusammenhängende Mitteilung, sondern sind Bezeichnungen bestimmter Personen. Die Anfänge der Personenbezeichnung im Dienst der Religion als Ahnenkult sind also uralt. Ein anderes Beispiel: Der Falke auf der Rückseite der Narmerplatte (Abb. 65, 91) ist Symbol des Falkengottes, des Horus, wie auch des siegreichen Königs von Oberägypten; der König identifiziert sich mit dem Falkengott. Ob dieser der Sieger und der Gründer der ersten Dynastie ›Menes‹ war, wie Herodot berichtet, oder aber sein vermutlicher Vorgänger, ›Narmer‹, wissen wir nicht. Bekannt ist nur, daß ein sieghafter König Horus-›Narmer‹ (die Bedeutung des Namens ist unbekannt) Unterägypten seinem eigenen Land unterworfen und so die beiden Teile des großen Nilgebietes vereint hat. Aus diesem Anlaß stiftete er als Weihgeschenk die Narmerplatte (eigentlich eine Schminktafel) für den Falkengott des Tempels von Hierakonpolis (Oberägypten).

Zur Zeit der Schrifterfindung hat es also in Ägypten bereits einen alten Bestand an konventionalisierten Bildzeichen, sogenannten ›Ideogrammen‹ oder Ideenzeichen (Begriffszeichen), gegeben. Ein Teil wurde in die Hieroglyphenschrift übernommen. So stammen – nach K. SETHE und S. SCHOTT – gewisse Symbole, Zeichen für Tiermächte, Standarten, und Idole aus einer vorgeschichtlichen Bilderschrift. Konventionalisierte Zeichen gab es aber nur für alte, allgemein bekannte Begriffe (Götternamen oder Personen des Ahnenkultes). Um Eigennamen wiederzugeben, für die es noch keine Konvention geben konnte, mußte eine neue Form gefunden werden. Allem Anschein nach wurden auf der Narmerplatte erstmals – oder wenigstens in der frühesten Zeit der ägyptischen Schrifterfindung – ägyptische Eigennamen, und zwar gleich zwei, nicht konventionell symbolisch, sondern schon verlautlicht oder phonetisiert geschrieben. Die neue, hervorragende Erfindung ist also die Phonetisierung. Einer der beiden Eigennamen heißt ›Narmer‹. Die Phonetisierung dieses Königsnamens dürfte nicht schwer gewesen sein, nachdem die Methode der Verlautlichung ja schon erfunden war und *nar* ägyptisch ›Fisch‹ und *mer* ›Meißel‹ bedeutet. Das Bild eines Fisches und das eines Meißels

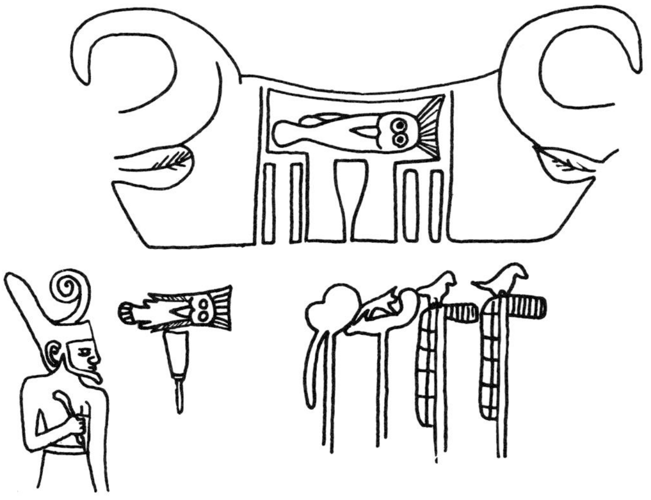

90 Aus Abb. 64. Das Zeichen ›Nar-mer‹ ist doppelt angebracht.

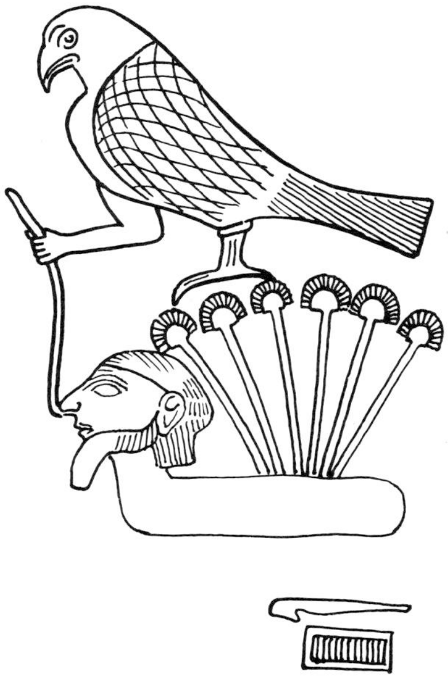

91 Aus Abb. 65. Das Zeichen unten bedeutet ›Unterägypten‹.

darunter machten also den sonst undarstellbaren Eigennamen ›Narmer‹, der auf ägyptisch keine Bedeutung hat, sichtbar bzw. lesbar. Diese phonetisierte und dadurch sichtbar gemachte Eigennamenbezeichnung (wenn sie auch nach S. SCHOTT ›umstritten‹ ist) steht einmal in der Mitte oben zwischen den zwei symbolischen Kuhköpfen auf den beiden Seiten der Narmerplatte (Abb. 64, 65) und ein zweites Mal auf der Vorderseite, vor dem Bild des Königs im Triumphzug (Abb. 90, 92), und in diesem Sinne wird sie von E. OTTO und anderen Ägyptologen gelesen.

Wesentlich komplizierter scheint die Phonetisierung des anderen Eigennamens auf der Narmerplatte, die von ›Unterägypten‹, zu sein. Dieses Wort heißt ägyptisch *w-*ᶜ (d. h. *w* mit einem gepreßten stimmhaften Kehllaut, dessen Umschrift ein hochgesetzter, rechtsgehöhlter Halbkreisᶜ ist, und mit einem unbekannten Vokal, der aber nicht geschrieben wurde). Da das Wort ›Harpune‹ den gleichen Klang hatte, so wurde das eroberte Land ›Unterägypten‹ auf dem Weihdenkmal des großen Ereignisses, auf der Rückseite der Narmerplatte, mit einer Harpune geschrieben oder bezeichnet (Abb. 65 Mitte rechts oder Abb. 91 unten). Damit nun nicht ›Harpune‹ gelesen wurde, fügte der ›Schreiber‹ noch ein Zeichen hinzu: ein mit Wellenlinien ausgefülltes Rechteck unter der Harpune. Nach der bilderschriftlichen Konvention hat dieses Rechteck einen See bzw. ein an einem See liegendes Land bedeutet. Ähnlich rebusartig verbildlicht durch den Gleichklang anderer, leicht darstellbarer Wörter sind auch andere Eigennamen (Libyen, Memphis, Skorpion usw.) auf den frühesten uns erhaltenen Schriftdenkmälern Ägyptens geschrieben.

Diese rebusartige Verwendung von Bildern gleichklingender Wörter zur Lautbezeichnung von Eigennamen ist auch in der archaischen Phase der sumerischen Schriftgeschichte zu beobachten. Die ältesten sumerischen Schriftdenkmäler stammen aus einer noch früheren Zeit als die ägyptischen; die sumerische Schrift ist um einige Jahrhunderte älter als die ägyptische. Die frühesten sumerischen Tontäfelchen aus Uruk IV, die bis heute noch nicht entziffert werden konnten – denn das Schriftsystem ist noch eine Art Bilderschrift mit konventionalisierten Zeichen und mit zu wenig phonetisierten Elementen –, stellen vermutlich Namen für Personen, Waren und Zahlen dar (Abb. 62, 63, 70), jedoch mit zu wenig phonetischen Zeichen. Die sumerischen Schriftdenkmäler in der frühen primitiven Phonetisierungsstufe enthalten noch keine grammatischen Formen wie Endungen usw., was zur Erschwerung der Entzifferung beiträgt.

Solche halb bilderschriftlich-konventionalisierte, halb phonetisierte Inschriften, wie die frühesten sumerischen und ägyptischen Schriftdenkmäler, ähneln einem Rebus: Man ist oft auf Erraten des Sinnes angewiesen. Daher rührt die Bezeichnung ›Rebusschrift‹ für die anfängliche Form der Phonetisierung. Ob die früheste sumerische Schrift als Vorbild für die ersten Phonetisierungen in Ägypten gedient hat, läßt sich nicht entscheiden. Es wird aber auf Grund der von Anfang an typisch ägyptischen Beschaffenheit des ägyptischen Schriftsystems allgemein angenommen, daß es auf ägyptischen Kulturboden erfunden worden ist; dabei kann die sumerische Schrift höchstens manche anregende Rolle gespielt haben.

In den ältesten chinesischen Inschriften aus der Shang-Dynastie (1700–1100 v. Chr.) sind Orakelsprüche und Herrschernamen durch konventionalisierte Zeichen einer Bilderschrift dargestellt. Die älteste chinesische Schrift besteht aus etwa 600 Bildzeichen, die – das scheint festzustehen – aus einer reinen Bilderschrift stammen. Die phonetischen Zeichen entwickelten sich viel später, erst unter der Han-Dynastie (206 v. Chr. – 221 n. Chr.); sie haben auch heute noch in der chinesischen Schrift große Bedeutung.

5. LAUTZEICHENVERWENDUNG NICHT NUR FÜR EIGENNAMEN, SONDERN AUCH FÜR ANDERE NICHT DARSTELLBARE BEGRIFFE

Die Phonetisierung von Eigennamen eröffnete der Schrift in Ägypten und in Mesopotamien große Entwicklungsmöglichkeiten. Diese wurden gleichzeitig mit den ersten lautlichen Eigennamenbezeichnungen oder bald danach – jedoch noch vor Beginn der geschichtlichen Zeit – von den Schrifterfindern erkannt und ausgenützt. Die ältesten Schriftdenkmäler der Ägypter und der Sumerer enthalten nicht nur phonetische Namenbezeichnungen, sondern auch die Verlautlichung von anderen bilderschriftlich nur ungenau oder gar nicht darstellbaren Wörtern. Die Phonetisierung hat in diesem Fall dasselbe Prinzip wie bei der Verlautlichung von Eigennamen angewandt: Sie hat den Doppelsinn, die Mehrdeutigkeit der Wörter ausgenützt. Einige Beispiele solcher doppelsinnigen Wörter (griechisch Homonyme) aus der deutschen Sprache: das Tor und der Tor, der Kiefer und die Kiefer, der Tau und das Tau, der Arm und arm, die Feige und feige. Da in der ägyptischen Schrift wie in den rein semitischen Schriften nur Konsonanten geschrieben werden (was an der Eigenart dieser Sprachen liegt), besitzt sie eine große Anzahl doppelsinniger oder mehrdeutiger Wörter. Diese Schriften sind an das Konsonantengerippe gebunden. Ein Beispiel: Auf der Rückseite der Narmerplatte (Abb. 65, 91) hält der Falke – Symbol sowohl des Gottes Horus als auch des Königs von Oberägypten – in einem seiner Füße, der seiner Hand gleicht, einen Strick, dessen anderes Ende im Munde eines menschlichen Kopfes (Symbol des besiegten Feindes) liegt; hinter dem Kopf befinden sich sechs Lotosstengel. Die Harpune mit dem darunterliegenden Viereck verlautlicht – wie oben ausgeführt – ›Unterägypten‹; eine Lotosblume – es gab ihrer viele im sumpfigen Nildeltagebiet – bedeutet in der Schriftkonvention die Zahl ›tausend‹, die sechs Lotosblumen deshalb ›sechstausend‹. Die Bildergruppe kann sich nur auf die Gefangenen beziehen, deren Zahl 6000 ist. Der ›Strick‹ hat also einen phonetischen Sinn: Er ist gleichlautend mit dem Zeitwort ›nehmen‹ (›Strick‹ = *t* + ein unbekannter Vokal, und ›nehmen‹ = *itj*; in diesem Wort zählt aber nur der einzige vollwertige Konsonant *t*, das *j* ist nur ein sogenannter schwacher Konsonant, der ebenso wie das *i* vernachlässigt werden kann). Demzufolge hat der ›Strick‹ die Bedeutung ›nehmen‹ von 6000 Gefangenen durch den Falken, das heißt den König Oberägyptens.

Ähnlich wurde das Wort ›groß‹ (= *wr*) mit dem Bild einer ›Schwalbe‹ (altägyptisch gleichlautend: *wr*) geschrieben. Weitere Homonyme: ›Käfer‹ (*ḫpr*) und ›werden‹ (*ḫpr*), ›Korb‹ (*ḏr*) und ›Grenze‹ (*ḏr*), ›Haus‹ (*pr*) und ›herauskommen‹ (*prj*), ›Lunge‹ (*smꜣ*, wobei *ꜣ* einen harten Stimmeinsatz bezeichnet) und ›vereinigen‹ (*smꜣ*), ›Sichel‹ (*mꜣ*) und ›sehen‹ (*mꜣꜣ*), ›Palme‹ (*imꜣ*) und ›angenehm‹ (*imꜣ*), ›Dattel‹ (*bnr*) und ›süß‹ (*bnr*), ›Schakal‹ (*sꜣb*) und ›Richter‹ (*sꜣb*), ›Flöte‹ (*mꜣʿ*, wobei der hochgesetzte kleine Halbkreis in dieser rechtsgehöhlt stehenden Form einen gepreßten stimmhaften Kehllaut bedeutet) und ›wahr‹ (*mꜣʿ*) usw.

So haben schon die frühesten Hieroglyphen einen ›festen Lautwert‹ (S. SCHOTT). In der späteren Hieroglyphenschrift steht für den menschlichen Zahn und den Zahn überhaupt ein Elefantenzahn, für das Ohr allgemein ein Kuhohr, für die Zunge eine Schlangenzunge, für den Hals ein Hundehals. In der phonetisierten Schrift ist der Laut ausschlaggebend, nicht mehr das Bild. Die Bildzeichen – sofern sie verlautlicht sind – stellen schon Sprachlaute und nicht mehr konkrete Gegenstände oder abstrakte Ideen dar. Dennoch haben einige Bilder ihre bilderschriftliche Bedeutung in der verlautlichten Hieroglyphenschrift beibehalten, wodurch das ägyptische hieroglyphische Schriftsystem noch schwerfälliger wurde. Die Phonetisierung der sumerischen Schrift kann auf ähnliche Weise wie in Ägypten zustande gekommen sein. Die meisten

92 Ausschnitt aus Abb. 64.

ältesten Schriftdenkmäler der Sumerer aus Uruk sind noch nicht entziffert. Die Zahl der Schriftzeichen aus der ältesten Schicht ›Uruk IV‹ (vor 3000 v. Chr.) wird von A. FALKENSTEIN auf 2000 geschätzt, wovon aber nur etwa 1000 bekannt sind. Mit dieser geringen Zahl an Wortbildzeichen, von denen um 2000 v. Chr. nur noch 500 in Gebrauch waren, konnte die sumerische Schrift nur auskommen, weil sie gleichlautende Wörter, die Homonyme, bei der Phonetisierung weitgehend ausnützte. Solche Homonyme sind in der Schrift der meist aus einsilbigen Wörtern bestehenden sumerischen Sprache zahlreich. Einige Beispiele nach A. FALKENSTEIN: ›Furcht‹ (*ni*) und ›Macht‹ (*ni*), ›Ohr‹ (*bur*; die Vokale werden übrigens wie auch in der akkadischen Schrift bezeichnet, im Gegensatz zu der ägyptischen und den späteren rein semitischen Schriften) und ›Gefäß‹ (*bur*), ›Pfeil‹ (*ti*) und ›Leben‹ (*ti*), ›Baum‹ (*mu*) und ›Name‹ (*mu*) sowie ›mein‹ (*mu*), ›Berg‹ (*kur*) und ›Land‹ (*kur*). Durch Verbindung einfacher Wörter konnten neue Wörter geschrieben werden. Einige Beispiele: ›Kind‹ + ›Kopf‹ = ›Erstgeborene‹ (*dumu-saŋ*, das Zeichen ähnlich wie g, nur weicher); ›Gottheit‹ + ›Mutter‹ = ›Göttin‹ (*diŋir-ama*); ›groß‹ + ›Wissen‹ = ›weise‹ (*gal-zu*). Die sumerische Keilschrift (Abb. 98, 99) ist die Fortsetzung der ursprünglichen Bilderschrift und der zum Teil schon phonetisierten Hieroglyphenschrift (Abb. 62, 63, 70).

Die phonetisierten ägyptischen und sumerischen Schriftzeichen stellen Wortlautzeichen dar, da die kleinste Einheit der Sprache das Wort ist. Auch die chinesische Schrift hat bei der Phonetisierung, die wesentlich später, um den Beginn unserer Zeitrechnung, vor sich ging, dasselbe Prinzip von der Verwendung gleichlautender Wörter angewandt. Einige Beispiele solcher Homonyme aus der einsilbigen chinesischen Sprache: ›Fuß‹ (*tsu*²), wobei die hochgestellte Ziffer 2 den charakteristischen Tonakzent Pekings zum Unterschied von den zahlreichen anderen chinesischen Tonakzenten angibt, und ›genügen‹ (tsu^2), ›Ring‹ ($huan^2$) und ›zurückkehren‹ ($huan^2$), ›Fledermaus‹ (fu^4) und ›Glück‹ (fu^4), ›Onkel‹ (pai^2) und ›weiß‹ (pai^2) usw.

Da die chinesischen Wörter nicht nur einsilbig, sondern auch unveränderlich sind, konnte die chinesische Schrift während ihrer über 3500jährigen Geschichte mit bloßen Wortbildzeichen auskommen; sie bilden – abgesehen von der geringen Zahl der erst viel später für die Fremdwörter eingeführten Silbenzeichen – bis in die jüngste Zeit den Grundstock der chinesischen Schrift. Diese Wortbildzeichen sind im Lauf der großen Zeitspannen derart konventionalisiert und vereinfacht worden, daß sie jede Bildhaftigkeit verloren haben (Abb. 89). ›Da sich in der langen Zeit vom Altertum bis heute‹ – stellt TSCHOU EN-LAI fest – ›die Aussprache stark verändert hat, haben die phonetischen Bestandteile... ihre Bedeutung für die Lesung verloren... Darum haben sich die Han-Schriftzeichen, wie LU HSÜAN sagte, in ‚Bilderzeichen ohne Bilder und gleichlautende Zeichen ohne gleiche Laute‘ verwandelt.‹ Der Wortbildzeichencharakter bereitet der chinesischen Schriftreform der Gegenwart große Schwierigkeiten.

Die ersten Phonetisierungen entstanden in Mesopotamien, in Ägypten, auf Kreta und in China in Form von Wortbildzeichen; wahrscheinlich wurden am Anfang der Phonetisierung – in Mesopotamien und Ägypten vor der geschichtlichen Zeit – nur Wörter und keine kleineren Einheiten, etwa Silben oder gar Buchstaben, geschrieben. Allem Anschein nach ist die früheste Erfindung der Phonetisierung und die Erfindung der Wortlautzeichen dasselbe. Die Zeiten der Silbenzeichen in Sumer und die der Konsonantenzeichen in Ägypten liegen so weit zurück, daß wir nicht mehr in der Lage sind, über ihre Anfänge und ihr Verhältnis zu den vermutlich noch älteren Wortlautzeichen jemals genaue Feststellungen zu machen.

6. DIE KOMMENTIERENDEN DEUTZEICHEN

Wie konnten aber diese Völker beim Gebrauch der Homonyme, also der stellvertretenden Schreibweise, herausfinden, welche Bedeutung des Wortes gemeint ist? Ist die ›Schwalbe‹ oder ›groß‹ gemeint, ›Haus‹ oder ›herauskommen‹? Diese Frage trifft den Kern der Schwierigkeiten beim Lesen aller frühen Schriftsysteme. Die Schrifterfinder im Alten Orient wollten den Schwierigkeiten begegnen und haben zu diesem Zweck Zeichen, sogenannte ›kommentierende‹ (wie A. SCHMITT diese nannte) oder Determinative eingeführt.

Neben den Wortbildzeichen als Überbleibsel der Bilderschrift gab es in den voralphabetischen Schriften zweierlei Zeichen: Zeichen mit einem phonetischen Wert, der beim Lesen ausgesprochen werden mußte, und stumme Zeichen, die nur die Funktion hatten, die richtige Aussprache der phonetischen Zeichen zu erleichtern. Ein solches ›kommentierendes‹ Deutzeichen enthält die Rückseite der Narmerplatte (Abb. 91). Unter der phonetisch geschriebenen Harpune (*w-ᶜ*) steht das Viereck mit Wellenlinien. Dies deutet an, daß das darüber befindliche Zeichen als Name eines Landes (*w-ᶜ* = Unterägypten) zu lesen sei. Auch auf der Vorder- oder ›Napf‹-Seite der Narmerplatte stehen ähnliche Wortzeichen (Abb. 92). Dort ist der König ›Nar-mer‹ dargestellt, wie er gerade die ›Sakristei‹ verläßt: ein ›Viereck‹ und darin ein ›Netzschwimmer‹ (*db3*), ›Netzschwimmer‹ klingt ähnlich wie das Wort ›Sakristei‹ (*db3*.t); das kleine *t* bedeutet nur Femininendung und mußte bei der Phonetisierung nicht berücksichtigt werden. Das ›Viereck‹ ist das Zeichen des ›Hauses‹ und kann hier ebenso als Deutzeichen aufgefaßt werden. Vor dem

König schreitet ein in Pantherfell gekleideter Beamter in einem Festzug, dessen Ziel rechts oben hieroglyphisch geschrieben steht: ein Tor mit Schwalbe (= ›das große Tor‹), daneben eine Harpune mit einem Falken und darunter ein ›Schiff‹. Das ›Schiff‹ ist das Deutzeichen für den Königsnamen: die Harpune mit Falke bedeutet also: ›Horus, der Harpunierer‹; die beiden Gruppen zusammen sind zu lesen als: ›Großes Tor Horus', des Harpunierers‹ (nach S. SCHOTT). In der ägyptischen Schrift, die fast nur aus sogenannten Wortbildern oder Wortbildzeichen bestand, wurden nur selten und wenige Deutzeichen als ›Lesehilfen‹ (S. SCHOTT) oder ›Unterscheidungszeichen‹, ›bloße Weiser‹ (H. WUTTKE), verwendet. Die Narmerplatte als eines der frühesten ägyptischen Schriftdenkmäler ist jedoch ein Beweis dafür, daß stumme Hieroglyphen als Deutzeichen bereits in der ältesten Form der Schrift gebraucht wurden. Wortendungen (Femininzeichen und Pluralformen) werden aber in der ältesten ägyptischen Schrift noch nicht benützt. Diese früheste Form der Schrift eignete sich nicht für komplizierte Texte, sie diente nur als Mittel für kurze Aufzeichnungen. Eine solche Schrift ohne Vokale – diese wurden während der ganzen 3000jährigen Geschichte der ägyptischen Schrift bis zur Römerzeit nicht geschrieben – und ohne Endungen mußte sehr schwer zu lesen sein, so daß die Deutzeichen äußerst wichtig waren.

Jede gebräuchliche Begriffsklasse wie ›Männer‹, ›Frauen‹, ›Säugetiere‹, ›Bäume‹, ›Länder‹, ›Königsnamen‹ hatte ihr eigenes Deutzeichen oder Determinativ. Die wichtigeren Deutzeichen zeigt die Abb. 94.

Die ägyptischen Deutzeichen haben sehr viel vom ursprünglichen bilderschriftlichen Charakter beibehalten; da sie nicht lauttragend waren, wurden sie meistens piktographisch (= rein bilderschriftlich) und nur in seltenen Fällen konventionalisiert verstanden. Die Deutzeichen geben die Klasse an, in die die Wortbildzeichen als Lautzeichen gehörten. So war das Wortzeichen für ›zornig sein‹ (*ḳnd*) die Meerkatze, deren altägyptischer Laut *gf.t* mit dem des Wortes ›zornig sein‹ nichts zu tun hatte. Ähnlich war das Determinativ für ›freundlich sein‹ (*ꜣmś*) die Kuh, die sich zum saugenden Kälbchen umwendet – ein vom phonetischen Wert des lauttragenden Wortes vollkommen unabhängiger Laut, aber ein unbedingt leicht verständliches Bildzeichen, das keiner weiteren Deutung mehr bedurfte (S. SCHOTT).

Die Verwendung von Determinativen erforderte aber manchmal doch Konventionalisierungen. So wurde z. B. der ›Durst‹ mit einem stehenden, ›dürsten‹ mit einem liegenden, ›zerbrechen‹ mit einem zerbrochenen Krug determiniert.

Der Leser ist nach diesen Zeichenerklärungen in der Lage, sich in einer Hieroglyphenschrift auf einem alten Schriftdenkmal aus der Zeit der frühen 4. Dynastie (um 2700 v. Chr.) zurechtzufinden und zum Teil sogar zu lesen. Die Abb. 93 stellt Prinz Rahotep und seine Gemahlin Nofret in sitzender Haltung dar. Die Kalksteinrückwand von Nofret enthält zwei von oben nach unten gesetzte Hieroglyphengruppen, die aus Rücksicht auf die künstlerisch wichtige Symmetrie sowohl links als auch rechts, das heißt doppelt angebracht sind. Die untere Gruppe besteht aus fünf Zeichen. Das Lesen verläuft von oben nach unten bzw. von rechts nach links. (Näheres über die verschiedenen Schriftrichtungen des Hieroglyphensystems in den Abschnitten 9 und 10 dieses Kapitels.) Rechts steht als das erste sogenannte Wortbildzeichen dieser Gruppe das Bild einer Laute, die altägyptisch *nfr* heißt. Schon allein dieses Zeichen gibt den Sinn der Hieroglyphengruppe an. Die gehörnte Schlange oder Viper und die darunter befindlichen beiden anderen Zeichen, die piktographischen Bilder eines Mundes und eines Brotes, stellten in der Hieroglyphenschrift eine pleonastische Konsonantenangabe des betreffenden Wortes dar. Wie sich die Konsonantenbezeichnung überhaupt herausgebildet hat, wird im 9. Abschnitt beschrieben. Hier genügt: Die ›gehörnte Schlange‹ oder die ›Viper‹ – die beiden Hörner sind auf dieser Abbildung wegen der starken Verkleinerung nicht erkennbar – bedeutet den Konsonanten *f*, der ›Mund‹ *r* und das ›Brot‹ *t*. Die ganze Gruppe der bis jetzt erklärten 4 Hieroglyphen lautet: *nfr+(f+r+t)*. Diese Zeichen reichen aus für den Klang des Namens ›Nofret‹, allerdings ohne Vokalbezeichnung. Die fünfte Hieroglyphe der Gruppe zeigt eine sitzende Frauengestalt, die das stumme Deutzeichen für Frauennamen darstellt. Der schriftkundige Altägypter sah auf den ersten Blick, daß die Laute nicht als ›Laute‹ zu verstehen war, sondern nach ihrem Klang als Angabe eines Frauennamens: *nfr* oder – nach der wichtigeren Konsonantenbezeichnung links von der Laute *f+r+t* -: *nfrt*, das heißt ›Nofret‹. Die Vokale mußten erraten werden, was den Altägyptern nicht schwergefallen sein kann.

In der ägyptischen Schrift werden Deutzeichen manchmal auch als Worttrenner angewandt, so die Hieroglyphe ›Stadt‹ (Abb. 94). Sie steht nach dem mit Konsonanten geschriebenen Stadtnamen und dient gleichzeitig als Worttrenner. Die Ägypter und die meisten Völker des Altertums kannten ja keine Interpunktionszeichen.

Deutzeichen wurden in der sogenannten archaischen sumerischen Schrift nur wenig verwendet. Um die Vieldeutigkeit auf Grund des Gleichklanges mehrerer Wörter zu vermeiden oder zu verringern, gab es jedoch in der frühesten sumerischen Hieroglyphenschrift bereits einige Gattungsbezeichnungen wie ›Mensch‹, ›Gott‹, ›Ort‹, ›Holz‹. Die Deutzeichen wurden in der Regel vor und seltener hinter die Wortzeichen und

93 Ägyptische Hieroglypheninschriften mit Deutzeichen aus der frühen Zeit der 4. Dynastie (um 2700 v. Chr.). Bemalte Kalksteinstatuen mit Prinz Rahotep und seiner Gemahlin Nofret. Die Augen sind aus Bergkristall. Die fünf unteren Hieroglyphen auf der Kalksteinrückwand von Nofret (aus Gründen der Symmetrie doppelt angebracht) bedeuten ihren Namen.

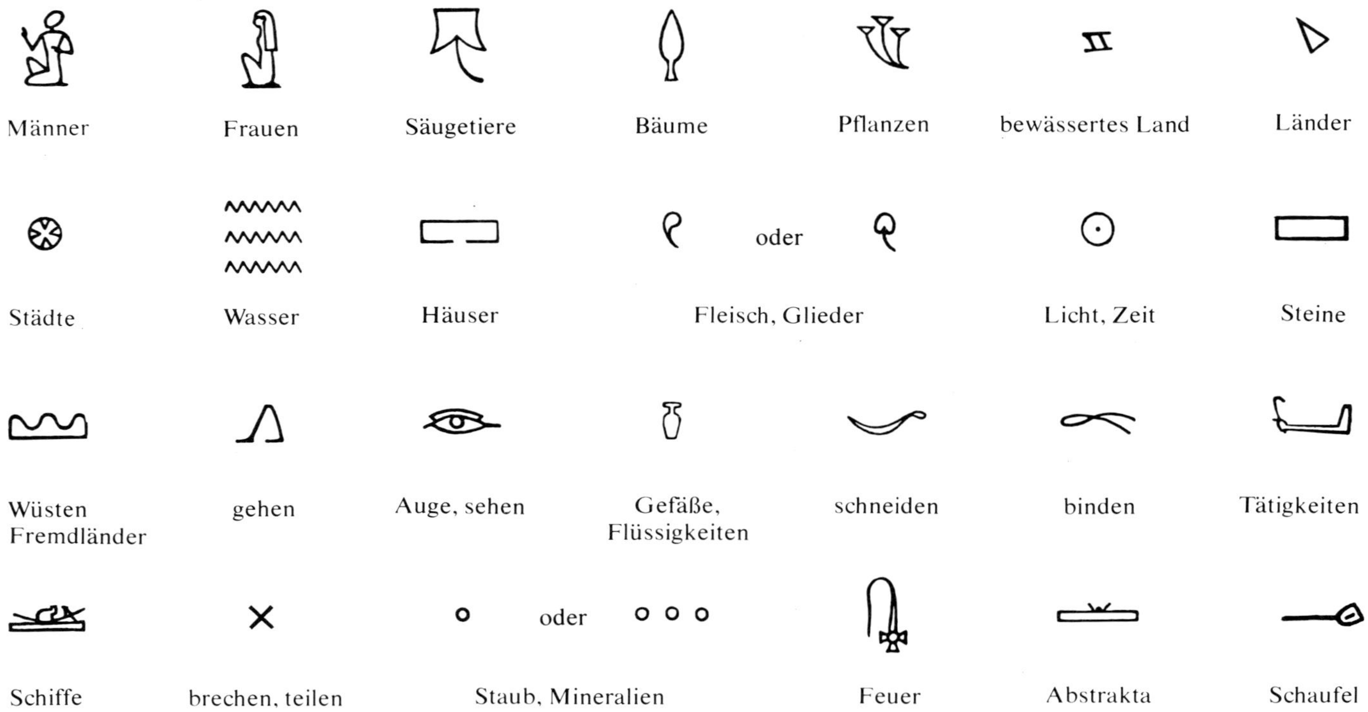

94 Ägyptische Deutzeichen oder Determinative nach der modernen Schreibweise ägyptischer Texte, von links nach rechts verlaufend. Die meisten Deutzeichen sind rein bilderschriftlich zu verstehen, nur wenige setzen Konventionen voraus.

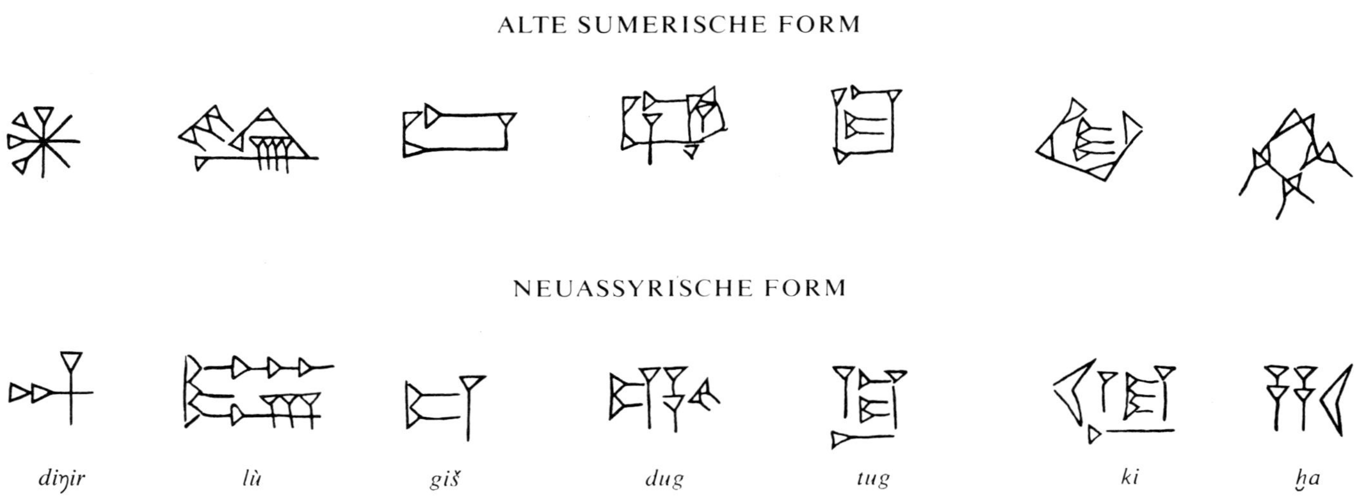

95 Einige Deutzeichen der mesopotamischen Keilschrift in der alten sumerischen Form (oben) und in neuassyrischer Form (unten). Umschrift und Bedeutung: diŋir (in der Umschrift als hochgesetztes ^{d}) = Gott (Stern, Himmel); lù = Mensch, Mann; giš = Baum; dug = Tongefäß; tug = Kleid; ki = Ort; ḫa = Fisch.

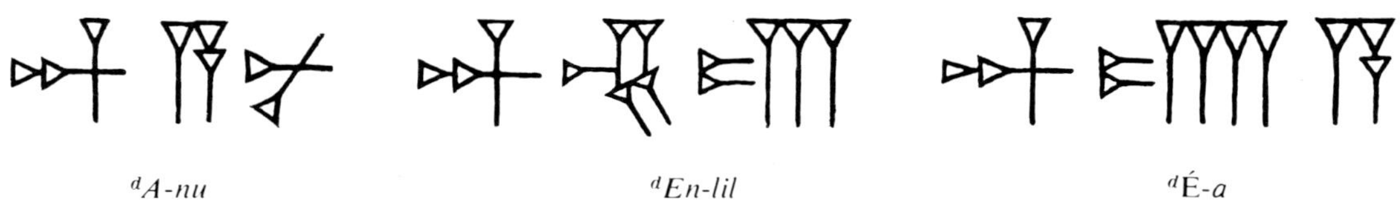

96 Drei Götternamen mit Deutzeichen ^{d} in spätmesopotamischer Keilschrift: ^{d}A-nu – ^{d}En-lil – ^{d}É-a.

die Silbenzeichen gesetzt, die sich wahrscheinlich etwas später, aber noch in der vorgeschichtlichen Zeit herausgebildet haben. Das Zeichen für ›Pflug‹ mit dem Determinativ für ›Holz‹ und aus Holz bestehende Geräte hatte die Bedeutung ›Pflug‹, das für ›Mensch‹ mit ›Pflug‹ = ›Pflüger‹. Deutzeichen, die vor die Lautzeichen gesetzt sind, werden ›Prädeterminative‹ und die, welche hinter den Lautzeichen stehen, ›Postdeterminative‹ genannt (A. FALKENSTEIN). Die Anzahl beider Zeichengruppen ist nicht groß. Die wichtigeren Prädeterminative sind: ›*diŋir*‹ – in der Umschrift meist als hochstehendes ^{d} geschrieben – mit der Bedeutung ›Gott‹ vor Götternamen; ›*dug*‹ = ›Topf‹ vor Gefäßen; ›*gi*‹ = ›Rohr‹ vor Gegenständen aus Rohr; ›ŋiš‹ = ›Holz‹ vor Bäumen und Holzgeräten; ›i^7‹ (die Ziffer bedeutet den Hinweis auf einen der i-Laute) ›Fluß‹ oder ›Kanal‹ vor Flüssen und Kanälen; ›*kam*‹ = ›Gericht‹ vor Speisen; ›*lù*‹ = ›Mann‹ vor Männernamen und männlichen Berufen; ›*mí*‹ = ›Frau‹ vor Frauennamen und weiblichen Berufen; ›na^4‹ = ›Stein‹ vor Steinen und Berufen, die mit Stein zusammenhängen; ›*ú*‹ = ›Pflanze‹ vor Pflanzen, Sträuchern; ›*uru*‹ = ›Stadt‹ vor Städtenamen und ›*sa*‹ = ›Waffe‹ vor Waffennamen. Postdeterminative gab es noch weniger; einige sind: ›*ki*‹ = ›Ort‹ nach Städten und Siedlungen; ›ku^6‹ = ›Fisch‹ nach Fischen und anderen Wassertieren; ›*mušen*‹ = ›Vogel‹ nach Vögeln und fliegenden Insekten; ›*sar*‹ = ›Grünzeug‹ nach Gartenpflanzen. Grammatikalische Formen erscheinen in der sumerischen Schrift erst von 2600 v. Chr. an, nach der ›archaischen Stufe‹ (3200 bis 2600 v. Chr.). Alle mesopotamischen Texte der archaischen Schriftstufe sind sumerisch und nicht semitisch-akkadisch (d. h. nicht babylonisch-assyrisch). Dies ist ein Beweis dafür, daß die Erfindung der babylonischen Schrift (Keilschrift) nur als eine sumerische Leistung betrachtet werden kann. Aus der frühesten Phase der archaischen Stufe stammt die ›Buchungstafel‹ (Abb. 62, 63). Späteren Ursprungs (2700 v. Chr.) ist die noch fast bildhafte, aber trotzdem schon durch und durch phonetisierte und entzifferte Inschrift des sumerischen Königs Eannatúm aus Lagasch. Diese Inschrift weist einige prä- und postdeterminative Deutzeichen auf: *d* und *sa* sind Prädeterminative, *ki* ist ein Postdeterminativ (Abb. 97).

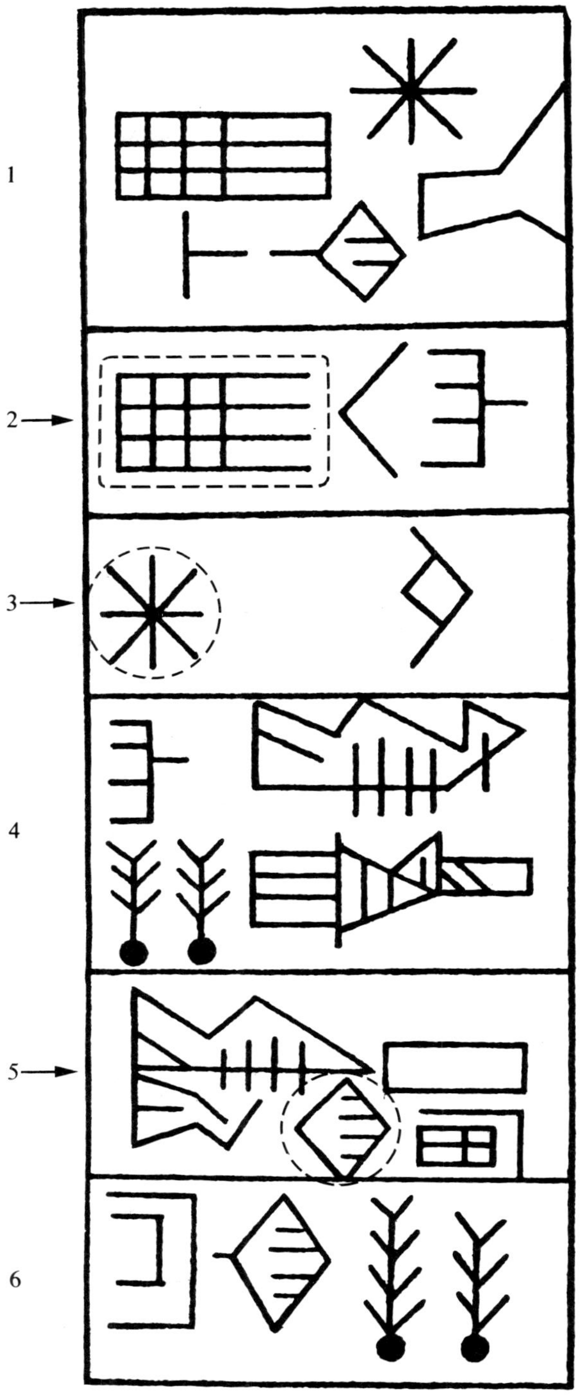

97 Bildhafte, aber schon phonetisierte sumerische Inschrift des Königs Eannatúm aus Lagasch (um 2700 v. Chr., vor dem Beginn der Keilformen), mit Deutzeichen (Determinativen), die in der nachstehenden Umschrift eingekreist sind. Die Zeichengruppen verlaufen von links nach rechts, sie werden von oben nach unten gelesen.

Umschrift:

1. E-an-na-túm-me

2. ^{sa}šuš-gal

3. ^{d}babbar

4. lugal zal-ší(g)-ga-ka

5. lù giš-HÚ^{ki}-ra

6. e-ma-sum

Übersetzung:

›Ich (me), Eannatúm, das große (gal) Netz (^{sa}šuš, eine göttliche Waffe) des Babbar (Sonnengott) des Königs, des lichterfüllten, über die Bewohner (lù) von Umma^{ki} (giš-HÚ^{ki}) warf ich es.‹

Die hochgestellten Zeichen ^{sa} (›Netz‹), ^{d} (›Stern‹) und ^{ki} (›Ort‹) sind Deutzeichen oder Determinativen. Die ersten zwei stehen vor, das dritte nach dem Wort, auf das sie sich beziehen. Siehe das ›Netz‹ (^{sa}) in der zweiten Gruppe, den ›Stern‹ (^{d}) in der dritten Gruppe und das Viereck mit horizontalen Linien darin (›Ort‹ = ^{ki}) in der Mitte der fünften.

98, 99 Keilschriftliche sumerische Bauurkunden des Ur-nammu, mit Deutzeichen (aus Uruk, um 2250 v.Chr.).

Die Sumerer haben (wahrscheinlich weil sie Ton als Schreibunterlage benutzten) ihre Hieroglyphenschrift allmählich zu einer keilförmigen Schrift oder Keilschrift umgestaltet. Diese wurde im Lauf der Zeit ein Gemeingut aller Völker Mesopotamiens (Babylonier, Assyrer und Elamiter). Die wichtigsten Deutzeichen – Prä- wie Postdeterminative – der mesopotamischen Keilschrift sind zum Teil mit den entsprechenden Deutzeichen der sumerischen Hieroglyphenschrift identisch. Ihre Keilschriftformen und Bedeutungen und ihre späteren Formen in der neuassyrischen Schrift sind auf Abb. 95 dargestellt. Für Götternamen galt als Prädeterminativ in der mesopotamischen Keilschrift das Bildzeichen als Bezeichnung für ›Himmel‹, ›Gott‹ – wie in der sumerischen Hieroglyphenschrift – und mit dem Lautwert in der Aussprache als ›d‹. Die Abb. 96 zeigt die keilschriftliche Form und die Umschrift von drei Götternamen mit dem entsprechenden Prädeterminativ (›^{d}‹, geschrieben). Vor männlichen Eigennamen oder Berufen wurde ein senkrechter Keil – ursprünglich Form eines Phallus –, vor weiblichen Namen oder Berufsbezeichnungen das keilförmige Bildzeichen einer Vulva als Prädeterminativ geschrieben.

In der chinesischen Schrift ist der Gebrauch von Deutzeichen besonders stark entwickelt, weil die chinesische Sprache, die nur einsilbige Wörter besitzt, reich an gleich- oder ähnlichlautenden Wörtern ist, so daß 20–30 Homonyme keine Seltenheit sind. Je mehr Homonyme eine Sprache besitzt, desto unklarer wird ihre Schrift. Die chinesische Schrift ist dafür ein Schulbeispiel. In der heutigen chinesischen Schrift werden 54 vereinfachte Deutzeichen oder ›Radikale‹ – wie man sie in China in deutscher Sprache nennt – registriert. Vier davon, ›Feuer‹, ›Auge‹, ›sprechen‹ und ›Erde‹, sehen wir auf Abb. 100. Eine Eigenart der chinesischen Determinative ist die vielfache Möglichkeit ihrer Stellung: Sie stehen, wie aus den Abb. 100 und 101 hervorgeht, entweder oben oder unten, entweder links oder rechts vom Lautzeichen. können aber auch innerhalb oder um das Lautzeichen herum geschrieben werden. Das Determinativ für ›sprechen‹ befindet sich zum Beispiel im Wortbildzeichen für ›lügen‹ vor dem Lautzeichen (Abb. 101). Es ist kulturhistorisch und völkerpsychologisch aufschlußreich, daß für das Zeitwort ›lügen‹ (wu^1) das Zeichen des ›Zauberers‹ (wu^1, es hat den gleichen Klang) gewählt wurde. Der Grund für diese Wahl wird aus der chinesischen Literatur verständlich, in der die Zaubereien der Zaubertänzer (wu^1) oft ›mit Mißtrauen aufgenommen und die Priester bisweilen sogar als Betrüger bezeichnet wurden...‹ (H. Jensen).

煌	›glänzend‹ aus	皇	›erhaben‹ +	火	›Feuer‹
瞽	›blind‹ aus	鼓	›Trommel‹ +	目	›Auge‹
訜	›Geschwätz‹ aus	分	›teilen‹ +	言	›sprechen‹ ›reden‹
堂	›Halle‹ aus	尙	›schätzen‹ +	土	›Erde‹

100 Einige Deutzeichen in Verbindung mit Lautzeichen in der chinesischen Schrift: ›Feuer‹, ›Auge‹, ›sprechen‹ oder ›reden‹, ›Erde‹. Das Deutzeichen für ›sprechen‹ (›reden‹) hat noch einen rein bilderschriftlichen Charakter, die übrigen sind konventionalisiert. Die Deutzeichen ›Feuer‹ und ›sprechen‹ stehen links von den Lautzeichen, die beiden anderen unten.

誣	wu^{1} ›lügen‹ aus	巫	wu^{1} ›Zauberer‹ und	言	yen^{2} ›reden‹

101 Das Chinesische setzt für ›lügen‹ das ähnlich klingende Lautzeichen für ›Zauberer‹ und das Deutzeichen für ›reden‹.

7. DIE MISCHFORMEN VON BILDERSCHRIFTEN UND PHONETISIERTEN SCHRIFTELEMENTEN

Die berühmte Narmerplatte (Abb. 64, 65) enthält neben einigen Verlautlichungen noch viele Merkmale der Bilderschrift. Beide Seiten dieser Schminktafel erwecken den irreführenden Eindruck, als ob es sich hier nicht einmal um eine reine Bilderschrift handele, sondern lediglich um Bilder oder Bilderzählungen und Symbole. Wir dürfen aber eine wichtige Charakteristik der ägyptischen Hieroglyphenschrift nicht außer acht lassen: die künstlerische Tendenz dieser Schrift, ihre ›bildhafte Lebendigkeit‹. Dieses Bestreben der Ägypter ist besonders auf Denkmälern stark ausgeprägt. Die Schönheit war den Ägyptern oft wichtiger als die Mitteilung selbst. Auch wenn man diese Tatsache berücksichtigt, bleibt noch sehr viel Bildcharakter auf der Narmerplatte oder auf den ›Annalentäfelchen‹ – ebenfalls aus der Zeit der 1. Dynastie – übrig. Zum Beispiel sieht man auf der Schmink- oder Vorderseite der Narmerplatte rechts oben 10 Köpfe zwischen den Füßen von 10 kopflosen Menschengestalten liegen – ein rein bilderschriftlicher Hinweis auf die Enthauptung von 10 Rebellen. Oder unten: Der König als Stier – das Symbol der Macht von Hierakonpolis – zertrampelt den Feind; auch diese Szene ist eine rein bilderschriftliche Erzählung, wenngleich der Stier seit alters her als ein konventionalisiertes Zeichen oder Symbol gilt.

Ähnliche, auch ideenschriftlich genannte Symbole – denn sie sind eine höhere Stufe der Bilderschrift – sind die Falkendarstellungen für den Gott ›Horus‹ und den König Oberägyptens auf der Rückseite der Narmerplatte und auf den Annalentäfelchen. Ferner die rein piktographische Szene: Der König im oberägyptischen Gewand und mit der hohen zylindrischen Krone der Könige von Oberägypten hält den in die Knie gezwungenen Feind am Schopf, um ihn mit der birnenförmigen Keule zu schlagen. ›Das, was an diesem Denkmal deutlich gemacht werden soll‹ – sagt der deutsche Ägyptologe, EBERHARD OTTO –, ›ist dies: Wir haben hier nebeneinander formelhaft gefügte Darstellung (König den Feind niederschlagend), symbolische Bildgruppe (Falke mit

102 Aztekische bilderschriftliche Inschrift mit einigen phonetisierten Zeichen aus dem 14.–15. Jahrhundert.

Gefangenenkopf) und phonetisch zu lesende bildhafte Zeichen (Namen, Titel).‹

Alte Symbole und Idole, Tiere und Geräte werden auch später mit Bildern aus dem bilderschriftlichen Bestand geschrieben. Ebenso behalten einige abstrakte Begriffe ihre bilderschriftlich konventionalisierten Formen weiterhin bei: ›herrschen‹ wird z. B. mit dem Krummstabszepter der Pharaonen (𓋾), der ›Süden‹ mit der Lilie als Wappenpflanze Oberägyptens (𓇓) ideenschriftlich ausgedrückt. Die frühesten ägyptischen Schriftdenkmäler sind eine Mischung von rein piktographischer und ideenschriftlicher Bilderschrift mit phonetisierten Elementen, sie stehen an der Grenze zwischen einer reinen Bilderschrift und einer z. T. phonetisierten Schrift.

Mischformen zeigen auch die ältesten sumerischen Schriftdenkmäler; so die ›Buchungstafel‹ aus der Zeit von 3200 v. Chr. aus Uruk (Abb. 62, 63) oder die etwa gleichzeitigen Bildzeichen auf dem Täfelchen aus Kisch (Abb. 70). Besonders die Buchungstafel ist in dieser Hinsicht aufschlußreich, da sie auf der Rückseite eine rein piktographisch-bilderschriftliche Einritzung, auf der Vorderseite hingegen vermutlich sowohl ideenschriftliche Ideogramme als auch bereits echte phonetisierte Zeichen für die aufgezählten Personennamen und ihre Waren enthält.

Diese Regel gilt auch im Amerika des Mittelalters. Nord-, Mittel- und Südamerika sind an Schrifterfindungen sehr arm. In diesen Kontinenten haben sich verschiedene primitive Bilderschriften bis ins vorige Jahrhundert, bei manchen Indianerstämmen sogar bis heute erhalten. Nur zwei Schriftsysteme haben eine höhere Form durch Phonetisierung erreicht: die Schrift der Azteken in Mexiko und die der Maya in Mittelamerika; beide Schriften blieben aber infolge der Unterjochung durch die ›christlichen‹ Spanier im 16. Jahrhundert auf der ursprünglichen Entwicklungsstufe stehen. Sie stellen typische Mischformen von Bilderschrift und verlautlichten Schriftelementen dar.

Die Schrift der Azteken war der erste Versuch einer Verlautlichung in Amerika, der den Maya wahrscheinlich als Vorbild für die Phonetisierung ihrer Schrift diente. Die Azteken in Mexiko haben ihre Bilderschrift vom 6. Jahrhundert an allmählich entwickelt. Sie erreichte später in Form von rebusartigen Lautwerten einen Ansatz zur Phonetisierung von Eigennamen (Orts- und Personennamen). So heißt zum Beispiel *Quauh* in ihrer Sprache ›Baum‹, *nauatl* ›Rede‹. Da aber *nauac* mit der Bedeutung ›an‹ oder ›bei‹ ähnlich wie *nauatl* klingt, kann dieses für ›an‹, ›bei‹ stehen. Ein Baum und ein redender Mund bedeuten somit ›am Walde‹ und drücken den Namen eines aztekischen Ortes *Quauh-nauac* aus. Geschrieben wurde er so:

In gleicher Weise wurde der Ortsname *Tepe-yacac* ›Bergvorsprung‹ mit einem Bild für den ›Berg‹ = *tepe* und mit einer Nase = *yacatl* für den ähnlich klingenden, aber schwer darstellbaren ›Vorsprung‹ = *yacac* geschrieben. Die Azteken haben für ihre Bilderschrift mit manchen verlautlichten Eigennamen auch Farben verwendet (Abb. 102).

Die Schrift der Maya (Abb. 69) in Mittelamerika hat unmittelbar bis zum Eindringen der Europäer einen höheren Grad an Phonetisierung erreicht als die Schrift der Azteken, obwohl diese vermutlich den Maya die Schreibkunst beigebracht hatten. Die Maya-Sprache – sie wird noch heute auf der Halbinsel Yukatan (Mittelamerika) gesprochen – ist reich an einsilbigen Wörtern, ähnlich wie das Sumerische. Diese Eigenart der Sprache war für ihre Phonetisierung von Vorteil. Besonders Götternamen, Kalenderbegriffe (Monatsnamen), Bezeichnungen für kultische Bräuche, Zahlenwerte usw. sind phonetisiert. Die zahlreichen ideenschriftlichen oder bilderschriftlich konventionalisierten Zeichen machten bis heute eine vollkommene Entzifferung der Schriften der Maya und der Azteken unmöglich. Beide zeigen die typischen Mischformen der Übergangsschrift: bilderschriftliche und sprachlich gebundene oder phonetisierte Elemente. Die Schrift der Azteken enthält außerdem noch geringe Ansätze zu einer sogenannten ›Silbenschrift‹.

8. DIE ERFINDUNG PHONETISIERTER SILBENZEICHEN

Der Anfang der Phonetisierung bildeten allem Anschein nach die *Wort*lautzeichen und nicht etwa die Silben- oder gar die Buchstabenzeichen. Das kleinste ›natürliche‹ Element der Sprache ist das *Wort* und nicht die Silbe oder der einzelne Laut in Form eines Vokals oder in Verbindung damit. Darum spielte am Anfang der Verlautlichung das Wort eine so bedeutende, wenn auch – vielleicht – nicht ausschließliche Rolle, wie wir es vor allem in der ägyptischen Schrift sahen. Für fremde Namen wie ›Hemaka‹, ›Henuka‹ und Fremdwörter überhaupt hat sich auch in Ägypten bald nach der Schrifterfindung zusätzlich eine Art ›Silbenschrift‹ herausgebildet. Diese Silbenschrift für Fremdwörter verwendet Zweikonsonantenzeichen mit einem sog. schwachen Konsonanten (j, w usw.) als einkonsonantisch, da mit dem schwachen Konsonanten ein Vokal bezeichnet wird, wodurch je eine Silbe in der Form von *Konsonant + schwacher Konsonant bzw. Vokal* entstand (z. B. ›He-nu-ka‹). Später, aber noch während der 1. Dynastie, werden ab und zu auch ägyptische Wörter in dieser Weise geschrieben. Im Prinzip bleibt jedoch das ägyptische Schriftsystem bis zum Ende des alten Ägypten eine *Wort*lautschrift, und der Ansatz zur Silbenschrift bildet darin immer nur ein Fremdkörper.

In ihren Anfängen war vermutlich auch die sumerische Schrift eine *Wort*schrift: Jedem Schriftzeichen bzw. jeder Gruppe von Schriftzeichen entsprach ein Wort. Allerdings kann die Möglichkeit des gleichzeitigen Bestehens einer Silbenschrift nicht ausgeschlossen werden. In jedem Fall muß angenommen werden, daß das Wortschriftsystem der Sumerer wegen seiner beschränkten Ausdrucksmöglichkeiten nur kurze Zeit erhalten blieb. Das steht im Gegensatz zu dem der Ägypter, die auch Einzelkonsonanten als Hilfsmittel verwendeten. Die Tendenz nach einer Erweiterung des Ausdrucksvermögens für Bildzeichen führte bei den Sumerern zur Erfindung von echten Silbenzeichen. So ist zum Beispiel in der sumerischen Schrift das Zeichen für die Wörter ›Name‹ und ›Baum‹ *(mu)* 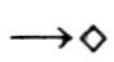 auch das Zeichen für die Silbe *mu* geworden und das Zeichen für ›Himmel‹, ›Stern‹ und ›Gott‹ mit dem Lautwert *an*  auch das Zeichen für die Silbe *an*; das Zeichen für ›Pfeil‹ *(ti)* 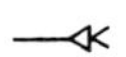 ist nicht nur das Zeichen für das gleichlautende Wort ›Leben‹ *(ti)*, sondern auch für die Silbe *ti* (H. Jensen).

Durch diese Beispiele wird der große Unterschied zwischen den ägyptischen und den sumerisch-mesopotamischen Silbenzeichen klar: Die sumerisch-mesopotamischen Silbenzeichen enthalten Vokale, während die ägyptischen nur schwache Konsonanten bzw. Halbkonsonanten als gelegentlichen Ersatz für die fehlende Vokalbezeichnung haben.

Bis zu einem gewissen Grad wurde die Keilschrift durch die Angabe von Vokalen schon frühzeitig zu einer Silbenschrift. Dies ganz im Gegensatz zur ägyptischen Schrift wie auch zu

allen anderen rein semitischen Schriftsystemen – mit einer Ausnahme: der akkadischen Schrift, die aber vielmehr eine Fortsetzung der nichtsemitischen sumerischen Keilschrift darstellt.

Das Verhältnis von Konsonant und Vokal hat in der sumerischen Keilschrift folgende Typen: a) Konsonant + Vokal (*ba, pi, ru*); b) Vokal + Konsonant (*ad, ar, uk*); c) Konsonant + Vokal + Konsonant (*bar, las, lum*). Einzelne Konsonanten kennt aber die sumerische Keilschrift und die mosopotamische Keilschrift im allgemeinen nicht, wohl aber die ägyptische Schrift. Die einzelnen Konsonanten müssen in der Keilschrift immer mit einem hinzugefügten Vokal geschrieben werden, zum Beispiel das ›b‹ als ›ba‹ oder ›ab‹, das ›l‹ als ›la‹ oder ›al‹ usw. Die Keilschrift vermochte folglich nur bis zur Silbe als der letzten Einheit der Sprache vorzudringen.

Auch die Doppelkonsonanz im An- oder Auslaut läßt sich in der silbenschriftlichen Keilschrift nicht ausdrücken; sie muß durch den Einsatz eines Vokals geändert werden: ›*bra*‹ durch ›*ba-ra*‹, ›*gušking*‹ durch ›*gu-uš-kin-ga*‹ usw. (A. FALKENSTEIN). Es sei nochmals betont, daß die sumerischen Silbenzeichen aus Wortzeichen abgeleitet wurden. Hier kamen vor allem einsilbige Wortzeichen in Betracht: Die sich dadurch herausbildenden Silbenzeichen wurden parallel mit den gleichlautenden Wortzeichen angewendet. So ist ›*a*‹ mit der Bedeutung ›Wasser‹ ein Wortzeichen, im Zusammenhang aber ›*uru-a*‹ mit der Bedeutung ›in der Stadt‹ ist es ein Silbenzeichen. Die sumerische Keilschrift bildete nicht genügend Silbenzeichen heraus, zumindest nicht so viel, wie es die sumerische Sprache erfordert hätte. Dieser Mangel an Silbenzeichen führte zum Gebrauch von i-haltigen Zeichen auch für Silben mit dem Vokal *e*, z.B. *gi* für *gi* und *ge*, *ri* für *ri* und *re*, *ni* für *ni* und *ne* usw.

Trotz dieses Nachteils hatte die sumerische Keilschrift durch ihren Ansatz zur Silbenschrift im Vergleich zur wortlautschriftlichen Stufe einen beachtlichen Vorteil: In ihr konnten Präfixe und Suffixe, die grammatischen Formen, wie Vorsilben und Endungen als Feinheiten einer jeweiligen Sprache – wenn auch umständlich – so doch ziemlich genau ausgedrückt werden. Außerdem bedeutete die ›syllabische Auflösung der Wortzeichen‹ in der sumerischen Keilschrift durch die hohe Zahl einsilbiger Homonyme eine wesentliche Verringerung der gebrauchten Schriftzeichen. Nach FALKENSTEIN werden in der sumerischen Keilschrift 26 Zeichen durch *gi* oder *ge*, 23 durch *du*, 17 durch *eš* und 16 durch *u* umschrieben. Die Silbenzeichen im Wortlautschriftsystem der Sumerer sind immer nur ein Behelfsmittel geblieben, um die Mängel der Wortzeichen zu ersetzen oder zu beseitigen. Die an einsilbigen Wörtern überaus reiche sumerische Sprache – das gleiche trifft auch auf die chinesische Sprache und die der Maya zu – war zur Wortlautschrift besonders geeignet. Ganz anders verhielt es sich mit der Keilschrift zu dem Zeitpunkt, als sie von den semitischen Akkadern, deren Sprache arm an einsilbigen Wörtern war, übernommen wurde.

Die Babylonier hatten zuvor mit der sumerischen Keilschrift auch die sumerischen lautlichen Silbenzeichen übernommen, nur verwendeten sie diese meistens für die Schreibung der

103 Gesetzesstele des Hammurabi, um 1760 v. Chr. Am obersten Teil des Basaltblocks sind zwei Gestalten dargestellt: der König von Babylonien, Hammurabi (stehend), und der babylonische Gott der Gerechtigkeit, Samas, der den Herrscher zu den am Obelisk in babylonischer Keilschrift angebrachten 282 Gesetzen anregt; diese beruhen auf altsumerischen Rechtsgrundlagen. Die Gesetzesstele, die sich jetzt im Louvre befindet, wurde 1900 n. Chr. in Susa (Elam) aufgefunden; dorthin ließ sie im 12. Jh. v. Chr. der elamische König, Sutruk-Nahunte, gelegentlich eines seiner Raubzüge in Babylonien bringen, das seit 1600 v. Chr. durch die Kassiten beherrscht worden war.

104 Kretische silbenschriftliche Inschrift in ›Linear B‹, erst 1952 durch zwei Engländer entziffert.

K = Knossos P = Pylos M = Mykenä T = Theben

105 Silbenzeichen der 1952 entzifferten kretischen ›Linear B‹-Schrift in mykenisch-griechischer Sprache. Die abweichenden Formen gehen auf verschiedene Funde in Knossos (Kreta) und in drei altgriechischen Städten, Pylos, Mykenä und Theben (in Achaia auf dem Peloponnes), zurück.

106 Vase mit drei Zeichen der kyprischen Silbenschrift aus der Zeit vor der Entstehung des griechischen Alphabets (etwa letztes Viertel des 2. Jahrtausends v. Chr.). Die linksläufige Inschrift lautet: TA-LE-SE. Die kyprischen Silbenzeichen enthielten kein Th, daher einfaches T (s. Seite 86).

107 Die hethitischen hieroglyphischen Silbenzeichen.

Silben ihrer eigenen Sprache. Im Falle einsilbiger akkadischer oder babylonischer Wörter ging es ohne Schwierigkeiten, aber nicht bei den mehrsilbigen semitischen Wörtern. Bei diesen nahmen die Akkader die sumerischen Wortlautzeichen zum Schreiben ihrer eigenen Wörter wie auch ihrer eigenen Silben. Zum Beispiel gebrauchten die Akkader das Zeichen für ›Name‹ (sumerisch *mu*) einmal für ihr Wort *šumu* (= ›Name‹), gleichzeitig aber auch als Silbenzeichen für die erste Silbe des semitisch-akkadischen Wortes, das heißt für *šum*; ähnlich benützten sie das Zeichen für ›Vater‹ (akkadisch *abu*) auch als Silbenzeichen für *ab*, *mātu* (= ›Land‹) für die Silbe *mat*, *šadû* (= ›Berg‹) ebenfalls für die Silbe *šad* usw. (H. JENSEN). Die mesopotamische Keilschrift weist schon in der frühen sumerischen Zeit und zur Zeit der Übernahme durch die Akkader bereits Wortlautzeichen und silbenschriftliche Zeichen auf. Als Beispiel für die babylonische Keilschrift mit Wortlaut- und Silbenzeichen zeigen wir die berühmte Gesetzesstele des Hammurabi (Abb. 103). Diese Sammlung von Gesetzen übte auf die erst nach vier Jahrhunderten erfolgte Gesetzgebung der Hebräer durch *Moses* einen nachweisbaren Einfluß aus. Die Zeit von Hammurabi (18. Jahrhundert v. Chr.) war eine klassische Kulturepoche Babyloniens.

Die kretische lineare Silbenschrift mit ihren beiden Formen Linear A und Linear B (Abb. 60) führt in das ägäische Kulturgebiet ein. Das Linear B wurde von dem Engländer MICHAEL VENTRIS – zum Teil auch von seinem Mitarbeiter JOHN CHADWICK – im Jahr 1952 entziffert. Die Sprache von Linear B ist archaisch-griechisch, womit feststeht, daß diese Silbenschrift die Schrift der Altgriechen in der voralphabetischen Zeit (2. Hälfte des 2. Jahrtausends v. Chr.) war. Eine Probe aus der entzifferten Silbenschrift Linear B gibt die Abb. 104; das Verzeichnis der Silbenzeichen in mykenisch-griechischer Sprache ist auf Abb. 105 wiedergegeben.

Zu den ägäischen Schriften gehört das kyprische Silbensystem, das der kretisch-minoischen Schrift nahesteht und als ›kyprisch-minoische‹ Silbenschrift bezeichnet wird. Wenn auch ursprünglich nicht für die griechische Sprache geschaffen, wurde das kyprische Silbensystem doch von den Griechen in der voralphabetischen Zeit ebenfalls gebraucht. Die Eigenart der entzifferten 56 Silbenzeichen der kyprischen Schrift besteht darin, daß jedes mit einem Schlußvokal und niemals mit einem Schlußkonsonanten endet. Ist die Endung einer Silbe bzw. eines Wortes doch ein Konsonant wie beispielsweise der Name *Tha-les* (nicht der des viel späteren Philosophen!), so muß noch ein Vokal hinzugefügt und dadurch die Silbe verdoppelt werden: *Tha-le-se*. Derselbe Name steht auf einem kyprischen Tongefäß aus der voralphabetischen Zeit (Abb. 106), nur ist statt ›Th‹ einfach ›T‹ geschrieben, da die kyprischen Silbenzeichen das Th nicht enthielten.

Die Hethiter in Anatolien (Kleinasien) übernahmen von den Akkadern die Keilschrift; sie entwickelten aber auch eine Hieroglyphenschrift – vielleicht nach kretischem Vorbild? –, die in der Zeit von etwa 1500–700 v. Chr. in Gebrauch war.

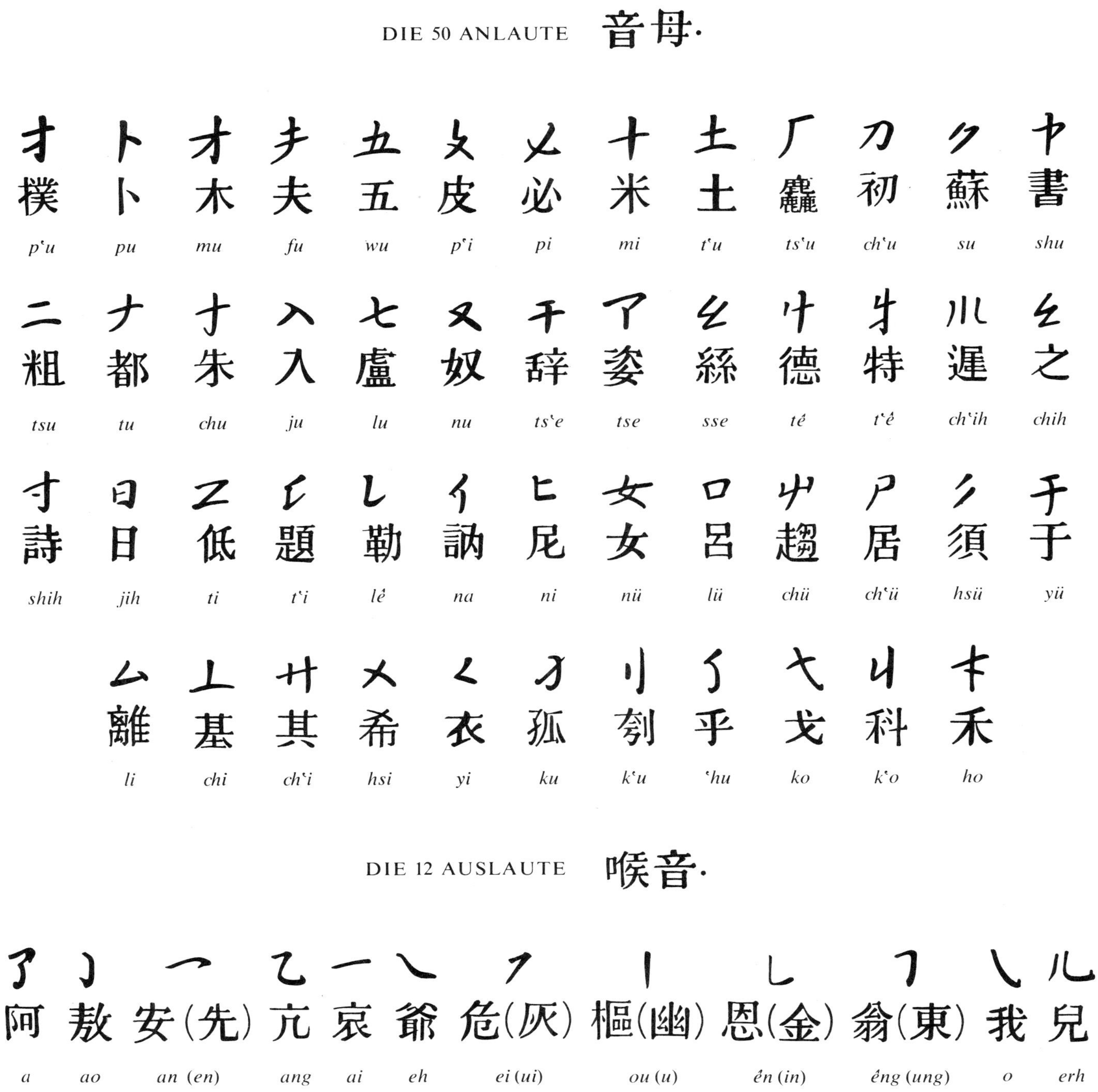

108 Chinesische Silbenzeichen, nach der Methode ›fantjiä‹: Wiedergabe der Aussprache durch ›zwei Schriftzeichen‹.

In der hethitischen Hieroglyphenschrift (Abb.67) gibt es etwa 60 Silbenzeichen (Abb. 107). Vermutlich liegt der Ursprung der hethitisch hieroglyphischen Silbenschrift im ägäischen Kulturgebiet und nicht in Ägypten.

Für ein besseres Verständnis der Silbenschrift kann eine nähere Betrachtung der Funktion der Silbenschrift sehr lehrreich sein, die diese in einem durch und durch silbenlosen Schriftsystem, wie es das chinesische ist, einnahm. Das typische Wortbild- oder Wortlautsystem der Chinesen hat erst im 5. Jahrhundert n. Chr. (wenn nicht noch später) eine Art ›Silbenschrift‹ entwickelt, um den Wortlautzeichen über einige Schwierigkeiten hinwegzuhelfen. Diese beginnende Silbenschrift wurde erst im 12. Jahrhundert n. Chr. zu einem System mit 62 Silbenzeichen entwickelt, vor allem für die Fremdwörter, die – im Gegensatz zu den einsilbigen chinesischen Wörtern – oft aus mehreren Silben bestanden. Die Chinesen selbst nennen dieses System die Wiedergabe der Aussprache durch ›zwei Schriftzeichen‹ (chinesisch: ›fantjiä‹ 反切). Die Methode ›fantjiä‹ als phonetische Umschreibung der Aussprache hat 62 Silbenzeichen, und zwar

Phonetischer Wert	Kata kana	Hira kana	Phonetischer Wert	Kata kana	Hira kana	Phonetischer Wert	Kata kana	Hira kana	Phonetischer Wert	Kata kana	Hira kana
i	イ	い	wa	ワ	わ	w(i)	ヰ	ゐ	sa	サ	さ
ro	ロ	ろ	ka	カ	か	no	ノ	の	ki	キ	き
fa (ha)	ハ	は	jo	ヨ	よ	o	オ	お	ju	ユ	ゆ
ni	ニ	に	ta	タ	た	ku	ク	く	me	メ	め
fo (ho)	ホ	ほ	re	レ	れ	ja	ヤ	や	mi	ミ	み
fe (he)	ヘ	へ	so	ソ	そ	ma	マ	ま	si (schi)	シ	し
to	ト	と	tu (tsu)	ツ	つ	ke	ケ	け	w(e)	ヱ	ゑ
ti (tschi)	チ	ち	ne	ネ	ね	fu	フ	ふ	fi (hi)	ヒ	ひ
ri	リ	り	na	ナ	な	ko	コ	こ	mo	モ	も
nu	ヌ	ぬ	ra	ラ	ら	e	エ	え	se	セ	せ
ru	ル	る	mu	ム	む	te	テ	て	su	ス	す
(w)o	ヲ	を	u	ウ	う	a	ア	あ	n	ン	ん

109 Die japanischen Silbenzeichen nach den beiden Schriftsystemen ›Kata kana‹ und ›Hira kana‹.

50 für die Anlaute und 12 für die Auslaute (Abb. 108). So wird beispielsweise das Wort ›Telefon‹ als *te-li-feng* oder *te-lu-fung*, der Name ›Jesus‹ als *Jeh-su* oder *Ja-su* phonetisch-silbenschriftlich geschrieben. Die Schriftrichtung ist in der Regel von oben nach unten, die senkrechten Zeilen verlaufen von rechts nach links.

Welch großen Vorteil die Silbenschrift mit ihren wesentlich wenigeren Schriftzeichen im Vergleich zur Wortbild- oder Wortlautschrift bietet, zeigt folgende Tabelle:

Summe der Zeichen		*davon Silbenzeichen*
Sumerisch ungefähr	600	ungefähr 100–150
Ägyptisch ungefähr	700	ungefähr 100
Hethitisch ungefähr	450	ungefähr 60
Chinesisch ungefähr	50.000	62 (›fantjiä‹)
		(nach I. J. Gelb)

In diesem Zusammenhang sei noch bemerkt, daß auch die kretisch-minoische Hieroglyphenschrift wesentlich mehr Zeichen hat als die beiden linearen Silbenschriften Linear A und Linear B.

Auch die Japaner haben eine typische Silbenschrift, obgleich ihre Sprache – im Gegensatz zur chinesischen – reich an mehrsilbigen Wörtern ist. Die japanische Silbenschrift wurde etwa im 9. Jahrhundert n. Chr. aus der chinesischen Schrift entlehnt und an die Eigenart der japanischen Sprache angepaßt. Sie besteht aus zwei Systemen: a) kata kana (kata = ›Neben-‹, kana oder gana ›entliehene Namen‹, also ›Neben-kana‹) und b) hira kana (hira = einfach, also ›einfaches kana oder gana‹). Kata kana wird vor allem für wissenschaftliche Werke, hira kana für schöne Literatur, Zeitungen und als kursive Schrift verwendet (Abb. 110). Beide Systeme besitzen je 47 Grundzeichen, außerdem ein Zeichen für den Silbenauslaut *n* (sowie *ng* und *m*) – Abb. 109 – ebenso einige zusätzliche Zeichen, die aber für uns an dieser Stelle nicht wichtig sind. Die Schriftrichtung war anfangs, wie in der chinesischen Schrift, meistens von oben nach unten (Abb. 110); sie ist seit dem Erlaß des Unterrichtsministeriums 1942 aber im allgemeinen horizontal und von links nach rechts. Der Versuch einer Einführung des lateinischen Alphabets seit dem vorigen Jahrhundert mißlang jedoch bis heute immer wieder.

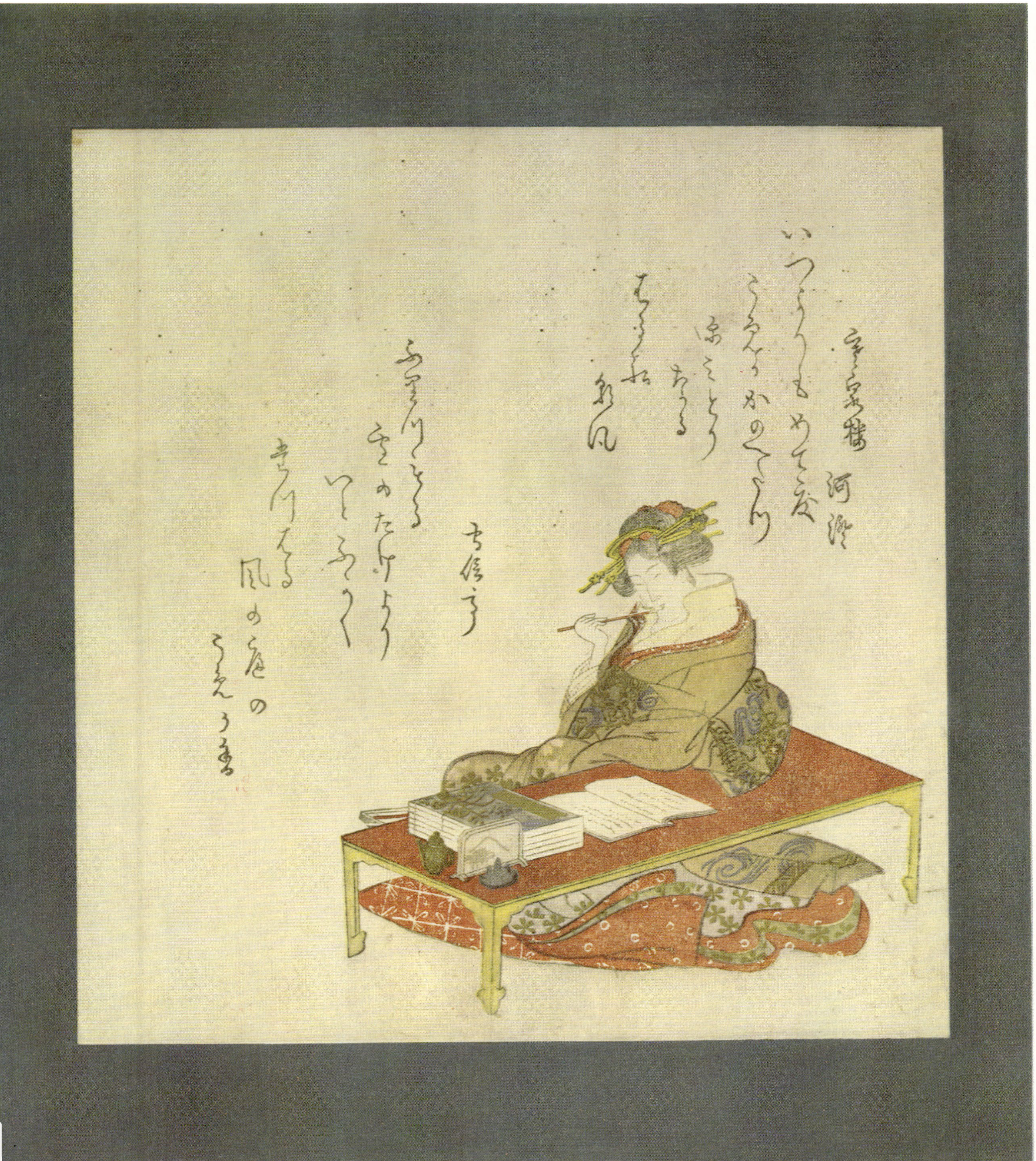

110 Japanische Schreibweise, wie sie bis 1942 üblich war.

9. VON DEN EINKONSONANTIGEN WORTLAUTZEICHEN BIS ZU DEN KONSONANTENZEICHEN

Für die Herausbildung von Silbenzeichen war es wichtig, daß in der betreffenden Sprache keine Konsonantenhäufungen vorkamen. Gab es dennoch welche – wie die im vorangehenden Abschnitt erwähnte Doppelkonsonanz in der sumerischen Sprache –, so mußte zwischen die beiden Konsonanten ein Vokal eingeschoben werden. Diese Lösung des Problems konnte nur in solchen Schriften verwendet werden, in denen das Silbensystem ähnlich wie in der mesopotamischen Keilschrift eine Rolle spielte. Die ägyptische Schrift vermochte sich nie vom System einer Wortbild- bzw. Wortlautschrift endgültig zu befreien, Silbenzeichen blieben für sie nur Behelfszeichen.
Eine große Schwierigkeit bedeuteten für die ägyptische zweitrangige Silbenschrift die genannten Konsonantenendungen. Hätte sich das ägyptische Schriftsystem mehr zur Silbenschrift geeignet, wäre auch hier eine Lösung – ähnlich wie in der mesopotamischen Keilschrift und in den typischen Silbenschriften des ägäischen Gebiets – erfolgt: Man hätte einen Vokal zwischen zwei Konsonanten gesetzt. Diese Möglichkeit gab es aber für die ägyptische Schrift nicht, weil sie keine Vokale berücksichtigte. Im Falle der Konsonantenhäufungen mußte es also zu einer neuen Lösung ohne Mithilfe von Vokalen führen, das heißt zu einer genialen Erfindung der Konsonantenbezeichnung. Dieser schriftgeschichtlich bedeutsame Schritt führte über Konsonantenhäufungen oder die Doppelkonsonanz.
Noch eine weitere Eigenart der ägyptischen Sprache hat zur Erfindung der Konsonantenbezeichnung beigetragen. Im Ägyptischen gibt es nämlich Wörter mit 3 Konsonanten (*nfr* = ›Laute‹, *ḫpr* = ›Käfer‹ usw.), mit 2 Konsonanten (*ḏr* = ›Korb‹, *pr* = ›Haus‹ usw.) und mit 1 Konsonanten (*t* = ›Brot‹, *p* = ›Sitz‹ oder ›Stuhl‹ usw.). Der einkonsonantigen Gruppe fiel unwillkürlich die hervorragende Rolle zu: die Erfindung oder die Herausbildung der Konsonantenbezeichnung zu ermöglichen. Schrieb man das Wort ›Brot‹ ägyptisch, so verwendete man schon – wenn auch vielleicht bis zur hellenistischen Zeit unbewußt – eine Konsonantenbezeichnung, da der zu diesem Wort gehörende Vokal in der Schrift nicht berücksichtigt wurde.
Nun gab es noch den Weg zur Herausbildung der Konsonantenbezeichnung aus zweikonsonantigen Wörtern, bei denen

	Zeichen	Umschrift	Dargestellter Gegenstand	Bemerkungen
1	𓄿	ȝ	Geier	harter Stimmeinsatz (hebr. א)
2	𓇋	*j*	Schilfrohr	
	𓇋𓇋 oder 𓏭	*jj*, *j*		seit dem mittl. Reich im Auslaut für *j*
3	𓂝	ʿ	Unterarm	gepreßter stimmhafter Kehllaut
4	𓅱	*w*	Wachtel	
5	𓃀	*b*	Bein	
6	𓊪	*p*	Stuhl	
7	𓆑	*f*	gehörnte Schlange	
8	𓅓	*m*	Eule	
9	𓈖	*n*	Wasser	
10	𓂋	*r*	Mund	
11	𓉔	*h*	Hof	
12	𓎛	*ḥ*	geflochtene Flachssträhne	rauher gesprochen als *h*
13	𓐍	*ḫ*	Placenta (?)	wie deutsches *ch* in *ach*
14	𓄡	*ẖ*	Tierbauch mit Zitzen	ähnlich dem vorigen Laut
15	𓊃	*s*	Riegel	ursprünglich stimmh. *s*
16	𓋴	*ś*	gefaltetes Tuch	ursprünglich stimmloses s
17	𓈙 , 𓈙	*š*	Teich, See	wie deutsches *sch*
18	𓈎	*ḳ*	Hügel(abhang)	tief gutturaler *k*-Laut
19	𓎡	*k*	Korb mit Handgriff	
20	𓎼	*g*	Ständer für Krüge	
21	𓏏	*t*	Brot	
22	𓍿	*ṯ*	Viehstrick	entw. wie engl. *th* oder wie deutsches *tsch*
23	𓂧	*d*	Hand	
24	𓆓	*ḏ*	Schlange	entw. wie *ds* oder wie *dj*

111 Die 24 ägyptischen ›Konsonantenzeichen‹, die nur als ergänzende Wortlautzeichen gebraucht wurden. Die Zeichen sind von links nach rechts zu lesen.

112 Ägyptische Hieroglypheninschrift mit dem Bild tanzender Mädchen und Flötenspielerinnen aus der 18. Dynastie (1562 bis 1308 v. Chr.). Die Inschrift enthält neben Deut- und Wortlautzeichen auch viele Konsonantenzeichen.

der zweite Konsonant nur ein halber (ein sog. harter Stimmeinsatz: ꜣ, oder ein schwacher Konsonant w, j und ꜥ) war. Dieser zweite, halbe Konsonant – sei es ein harter Stimmeinsatz, sei es ein schwacher Konsonant – wurde durch sogenannte ›Abschleifung‹ allmählich außer acht gelassen – oder seit dem Mittleren Reich immer häufiger und insbesondere in der hellenistischen Zeit stark ausgeprägt als Vokalbezeichnung verwendet –, wodurch nur noch ein einziger Konsonant aus einem Wort dieser Art übrigblieb. Dieses Verfahren heißt in der Schriftgeschichte ›Akrophonie‹ (gr. ›akro-‹ = ›vorn‹, ›oben‹ und ›phóné‹ = ›Laut‹, d. h. ›der erste Laut‹ bzw. ›der erste Mitlaut oder Konsonant‹): Abschleifung des zweiten Teils bis auf ›den ersten Mitlaut‹ (= Akrophonie). Allerdings wird der nächste Abschnitt darüber Aufschluß geben, daß dieses Verfahren in der ägyptischen Schrift keine echte Akrophonie war, da die Abschleifung nicht alle Konsonanten, sondern nur die sogenannten Halbkonsonanten betraf. Das steht im Gegensatz zu den frühesten semitischen Konsonantenschriften des 2. vorchristlichen Jahrtausends, bei denen regelrechte starke Konsonanten als zweiter Teil von Wörtern nicht selten abgeschliffen und dadurch aus Anfangskonsonanten alphabetische Zeichen gebildet wurden.

Vor allem aber waren für die Erfindung der Konsonantenbezeichnung in der ägyptischen Schrift einsilbige Wörter, männliche und weibliche, von besonders großer Bedeutung.

Männliche einsilbige Wörter: *h* = ›Hof‹ oder ›Halle‹, *p* = ›Stuhl‹ oder ›Sitz‹, *t* = ›Brot‹, *š* (wie *sch* im Deutschen) = ›See‹ oder ›Teich‹ usw. Die weiblichen Wörter haben in der ägyptischen Sprache ein Schluß-t als Zeichen für die Femininendung (in der Regel erst in der Pyramidenzeit verwendet). Bei der Umschrift mit lateinischen Buchstaben setzt man zur Unterscheidung einen Punkt zwischen den (oder im Falle mehrkonsonantiger weiblicher Wörter zwischen die) Konsonanten und das t. Solche weibliche Wörter mit einem einzigen Konsonanten sind z. B.: *n.t* = ›Welle‹ oder ›Wasser‹ (d. h. wellenschlagendes Wasser), *ẖ.t* (wie deutsches *ch*) = ›Tierbauch mit Zitzen‹ oder ›Leib‹, *ḏ.t* (wie *dj*) = ›Schlange‹, *f.t* = ›gehörnte Schlange‹ oder ›Viper‹; bei all diesen Wörtern wurde die Femininendung (*t*) bei der Verwendung für Konsonantenbezeichnung nicht berücksichtigt.

Im Falle des Gebrauchs des Konsonantenzeichens für *d* wird das bilderschriftliche Zeichen der ›Hand‹ benützt. Da die ›Hand‹ ägyptisch *dr.t* heißt, also ein zweikonsonantiges weibliches Wort ist, so kann das Anfangs-*d* dieses Wortes irreführend sein, als ob in diesem Fall doch eine regelrechte Akrophonie, eine Abschleifung des zweiten starken Konsonanten, stattgefunden hätte. S. Schott macht darauf aufmerksam, daß die Verwendung des Bildzeichens der Hand für den Konsonanten *d* nicht in der ursprünglichen Bedeutung dieses Wortes gebraucht wird, da es mehr als einen Konsonanten hat. Es wurde vielmehr als ›stellen‹ oder ›legen‹. ägyptisch *wdj*, verwendet, dessen beide schwachen Konsonanten *w* und *j* als Halbkonsonanten leicht außer acht gelassen werden konnten und dadurch nur noch *d* als der einzige Konsonant aus dem Wort übrigblieb.

Die Erfindung der Einkonsonantenzeichen ist eine hervorragende ägyptische Leistung, wahrscheinlich sogar einer einzigen Person. Wer diese geniale Person war, ist nie bekannt geworden. Auch wo der Ort der Erfindung lag – ob in Unterägypten, wie A. Scharff, H. Jensen und andere Wissenschaftler annehmen, oder in Oberägypten, wie S. Schott glaubt –, ist umstritten. Fest steht allein, daß Konsonantenbezeichnungen für grammatikalische Endungen (Pluralform usw.) und Konsonantenhäufungen bei silbisch geschriebenen Fremdwörtern und sonstigen silbenschriftähnlichen Schriftweisen seit dem Ende der 2. Dynastie allmählich immer häufiger werden.

Auf diese Weise gelangte die ägyptische Hieroglyphenschrift aus mehreren Gründen zur Erfindung der Bildzeichen für 24 ›Konsonanten‹, die im Lauf der Jahrtausende fast immer die gleichen geblieben sind (Abb. 111). Auf Abb. 112 sehen wir eine schöne Bildergruppe mit hieroglyphischer Inschrift aus dem Neuen Reich (18. Dynastie, 1562–1308 v. Chr.), in der reichlich Konsonantenbezeichnungen verwendet wurden. Hier kann sich der Leser mit Hilfe eines Wörterbuches auf Grund der 24 sogenannten Konsonantenzeichen ein wenig in der ›Entzifferung‹ der Hieroglyphen üben. Allerdings müßte er die Wortzeichen von den Konsonantenzeichen unterscheiden können, wozu schon einige Kenntnis der Sprache selbst erforderlich ist.

Die sumerische (babylonisch-assyrische) Keilschrift gelangte nie zur Erfindung alphabetischer bzw. konsonantischer Zeichen, sondern blieb während ihrer ganzen Gebrauchszeit – bei den Sumerern – eine Wortlautschrift mit einigen silbenschriftlichen Elementen. Bei den Akkadern erscheint sie umgekehrt als eine Silbenschrift mit einigen wortlautschriftlichen Elementen. Den entscheidenden Schritt, von der Silbe zu einer noch kleineren Einheit, dem Konsonanten, vorzudringen, machten im 3. Jahrtausend v. Chr. allein die Ägypter, aber auch sie fast unbewußt. Diese für die Ägypter selbst nebensächliche Leistung ihrer Schrift war aber der Hauptgrund, warum die wichtigste Anregung für das erste Konsonantenalphabet nicht von der verbreiteten mesopotamischen Keilschrift, sondern von dem umständlichen, komplizierten und isolierten ägyptischen Schriftsystem ausging.

10. DAS ÄGYPTISCHE WORTZEICHENSYSTEM UND DIE UNTERGEORDNETE KONSONANTENBEZEICHNUNG

Vor dem Beginn der Untersuchung der frühesten sogenannten Konsonantenalphabete, muß der Irrtum ausgeschaltet werden, die Ägypter hätten schon ein regelrechtes Konsonantenalphabet gehabt. Es sei darauf hingewiesen, daß das Wesen der ägyptischen Schrift aus *Wort*zeichen bestand – sei es als naturgetreue Bilder oder konventionalisiert-vereinfachte, aber immer noch bilderschriftliche (sprachlich ungebundene) Zeichen, sei es als verlautlichte oder phonetisierte Schriftzeichen. Diese Wortzeichen waren also entweder Wort*bilder* bzw. Wort*bildzeichen* oder Wort*lautzeichen*, allerdings standen sie in beiden Fällen im Zusammenhang mit dem dargestellten oder dem verlautlichten *Wort*. Für den Altägypter, der des Schreibens und Lesens kundig war, bedeutete jede Hieroglyphe ein Wort; nur neigen wir dazu, unter dem Einfluß unserer – lateinischen oder deutschen – Schrift mit Konsonanten- und Vokalbezeichnung auch die ägyptische Schreibweise als solche anzusehen, in der es schon Konsonanten, manchmal sogar auch Vokale gegeben haben soll. Aber der

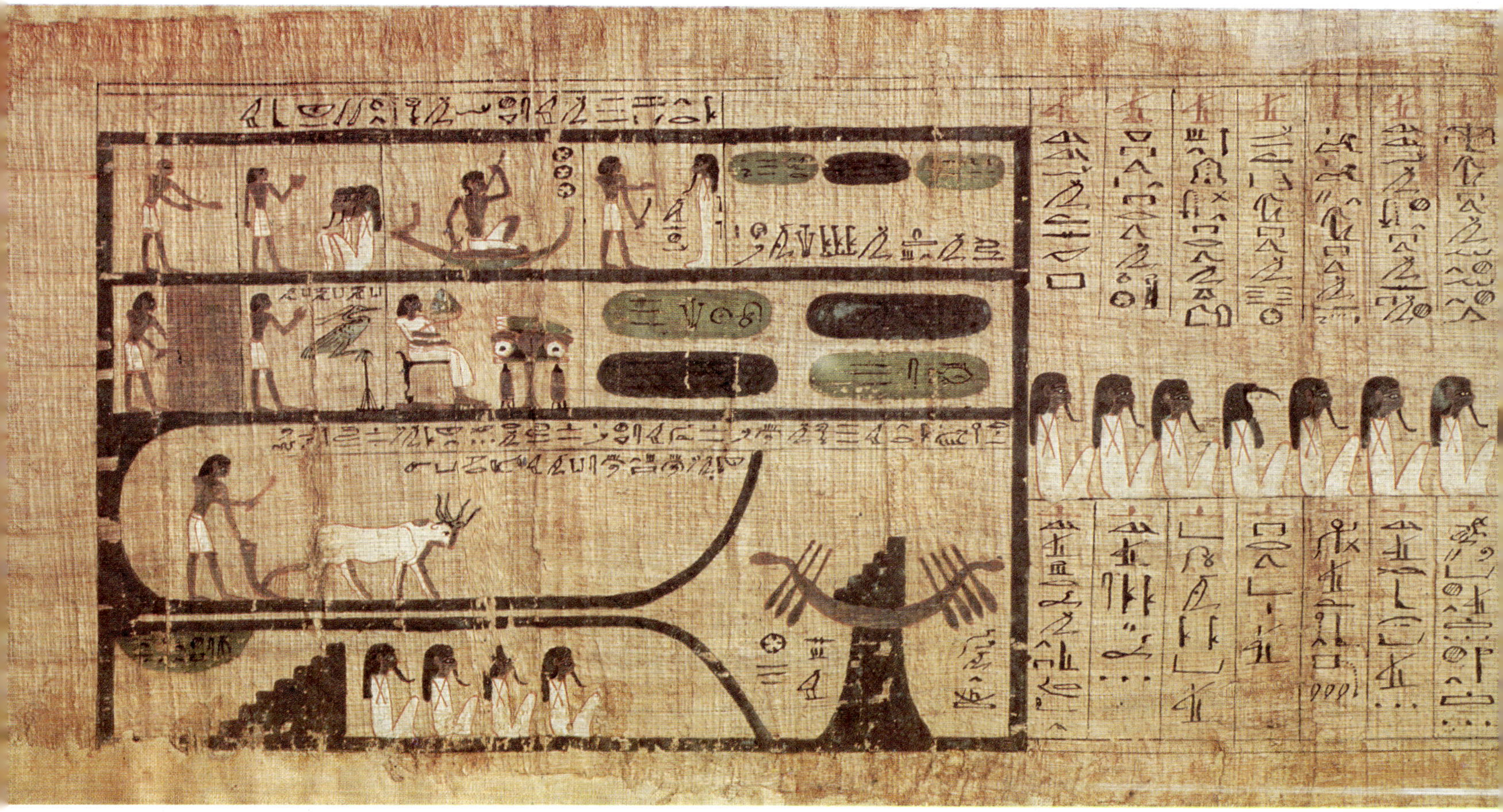

113 Kursive Hieroglyphenschrift (Buchschrift) mit abgeschliffenen Formen; die Wortlautzeichen werden stets vor jede Zeichengruppe gesetzt, erst dann folgen die ergänzenden ›Konsonantenzeichen‹, durch Wortzeichen dargestellt, von denen nur der erste, echte Konsonant gelesen wird. Die stummen Deutzeichen stehen meist am Schluß der Wortzeichengruppe. Die Inschrift – sie stellt einen Ausschnitt aus einem Totenbuch-Papyrus dar – verläuft von rechts nach links und von oben nach unten.

Schein trügt. Es sieht nur so aus, als ob die Ägypter die Konsonantenschrift, und zum Teil auch die Vokalangabe, entdeckt oder erfunden hätten. Und wenn wir im vorangegangenen Abschnitt diesen Schein gewahrt haben, so wollen wir ihn hier dem ägyptischen Schriftsystem entsprechend einschränken.

Die Einzelkonsonantenzeichen, die so irreführend ähnlich wie die Mitlaute unseres Alphabets ausschauen, stellen keine Buchstabenbezeichnung in unserem Sinne dar, sondern sind einfache Wortzeichen. Um diese Befreiung vom Einfluß des hochentwickelten lateinischen oder deutschen Alphabets zu erreichen und uns die überaus großen Schwierigkeiten einer primitiveren Stufe der Schreibkunst während der ganzen voralphabetischen Epoche vor Augen zu führen, müssen wir noch einmal auf das Schriftsystem der Ägypter zurückkommen. Als Beispiel soll der Ausdruck ›stark sein‹ hieroglyphisch geschrieben werden: Er hat im Altägyptischen die drei Konsonanten *wśr* und wird nach moderner Sprachkonvention – da wir die meisten fehlenden Vokale der altägyptischen Schriftdenkmäler nicht mehr rekonstruieren können – als *uśer* ausgesprochen. Wie schreibt man nun hieroglyphisch diesen Ausdruck? Man nimmt die konventionalisierte und vereinfachte Hieroglyphe des Stiers (nach unserer Schreibweise von links nach rechts gezeichnet): . Der Stier heißt altägyptisch *wśr* (nach der modernen Aussprache also *uśer*). Aber auch ›stark sein‹ hat den gleichen Klang, sofern nur die drei Konsonanten berücksichtigt werden. Das Bildzeichen des Stiers könnte somit – nach unserer ökonomischen Auffassung – schon allein den gleich- oder ähnlich klingenden Ausdruck ›stark sein‹ bedeuten. Wir würden höchstens noch die Hinzufügung eines Deutzeichens gutheißen, daß hier ›stark sein‹ und nicht ›Stier‹ zu lesen ist. Es gibt tatsächlich ein solches Deutzeichen in der ägyptischen Schrift: das Bild einer Schaufel als Andeutung der Kraftanwendung: . Uns modernen Menschen würden also die beiden Hieroglyphen, die lauttragende und die stumme, deutende vollkommen genügen, um in diesem Fall ›stark sein‹ (= *wśr*) und nicht ›Stier‹ (= *wśr*) lesen zu können. Ein gewisses Maß an Verständnis der altägyptischen Sprache und der Schriftkonventionen der Ägypter ist jedoch Voraussetzung.

Der Ägypter aber ging von einer ganz anderen Schreibweise als Leitbild aus, und hier liegt der ausschlaggebende Unterschied zwischen dem ägyptischen *vor*alphabetischen und unserem alphabetischen Schriftsystem. Dieser Unterschied besteht in einer völlig anderen Auffassung dessen, was geschrieben werden soll. Der Ägypter hatte beim Schreiben ständig Worte vor Augen, Worte, die er – nach der Erfindung der Phonetisierung – dreifach auszudrücken pflegte: mit bilderschriftlichen oder vereinfacht-konventionalisierten Bildzeichen, mit phonetisierten Wortlautzeichen und mit stummen Deutzeichen. Die Bildzeichen waren aber in allen Fällen, in denen sie nicht mehr das Dargestellte ausdrückten, selbst phonetisiert, wie unser Beispiel zeigt. Nur schwer begreifen wir heute die Funktion der Wortlautzeichen neben den Wortbildzeichen und den Deutzeichen, und zwar in ihrer Bedeutung als ›Komplemente‹ (Sethe) und nicht als ›Konsonanten‹ oder ›Buchstaben‹. Der Ägypter begnügte sich nicht mit der für uns durch das Setzen des Deutzeichens hinreichenden Klarheit, ›stark sein‹ und nicht ›Stier‹ zu schreiben, sondern er hatte noch das Bedürfnis, ein zusätzliches oder ›komplementäres‹ Mittel, nämlich weitere Wortlautzeichen, zur Steigerung der Klarheit hinzuzufügen. Demzufolge fühlte sich der Ägypter sozusagen unter dem Zwang seines Schriftsystems, weitere Hinweise anzugeben, daß er nicht den ›Stier‹, sondern das gleich- bzw. ähnlich klingende ›stark sein‹ meint. Diese weiteren Hinweise haben sich – auf Grund der Beschaffenheit der Schrift als Wortzeichensystem – zwar aus einigen Konsonanten des Wortes ›stark sein‹ (wśr) ergeben; es sind aber keine Konsonanten in unserem Sinne, sondern Anfangskonsonanten ganzer Wörter, wie: das Zeichen des gefalteten Tuches (= *ś*-) für das *ś*, das Zeichen des Mundes (= *r*-) für das *r*.

Am Anfang einer Hieroglyphengruppe wird in der Regel das ganze Wort durch ein piktographisches oder vereinfacht-konventionalisiertes Wortbildzeichen angegeben wie in unserem Beispiel das konventionalisierte Bild eines Stiers (= *wśr*). Bedeutet dieses Bildzeichen nicht das unmittelbar dargestellte, sondern nur ein gleich- bzw. ähnlich klingendes Wort wie hier das ›stark sein‹, so ist das Wortbildzeichen als phonetisiertes Zeichen aufzufassen. Seine Funktion ist für den Ägypter vermutlich zweifach: die Andeutung des ganzen Wortes einerseits, die Angabe des Anfangskonsonanten für das zu schreibende Wort andererseits. Der ganze Ausdruck ›stark sein‹ wird also hieroglyphisch in der Umschrift so geschrieben: *wśr* + (*ś* + *r*) + *stummes Deutzeichen* für etwas, was Kraft erfordert; mit Hieroglyphen geschrieben:

Auf Abb. 115, Stele des Meki-Montu aus der Spätzeit, bedeuten das erste und das letzte Wort den Namen selbst: ›Meki-Montu‹. Oben, in der Mitte, beginnt die Inschrift – der bildhaften Symmetrie wegen von der Mitte nach links verlaufend; dann geht die Schrift wieder von der Mitte nach rechts weiter. Die beiden unteren Zeilen sind sozusagen außerhalb des Bildes oder Ornaments, weshalb sie durch die Achse der Symmetrie nicht geteilt werden, sondern normal von rechts nach links verlaufen. In der zweiten unteren Zeile befindet sich an letzter Stelle wieder der Name ›Meki-Montu‹. Betrachten wir zuerst die Namensangabe oben, die den Anfang der ganzen Inschrift bildet. Sie besteht aus acht Hieroglyphen: einmal vier, einmal drei untereinander und eine weitere am Schluß der Gruppe. Die ersten vier sind: eine Eule für *m*, ein Unterarm für den gepreßten stimmhaften Kehllaut ›ajin‹, der in diesem Fall als Vokal *e* gelesen wird, ferner ein Korb mit Handgriff für *k* und schließlich das Zeichen // für das auslautende j (allerdings erst seit dem Mittleren Reich), das hier im Zusammenhang mit dem Namen den Vokalwert von *i* hat; das ergibt zusammen ›Meki‹.

Die oberste Hieroglyphe der Dreiergruppe stellt ein zweikonsonantiges Lautzeichen für *mn* dar; dann wird durch das abgeschliffene Zeichen des ›Wassers‹ *n* geschrieben; unten steht das Zeichen des ›Brotes‹ für *t*; zusammen *mn* + (*n*+*t*). Links von der zweiten Gruppe erscheint eine ›Wachtel‹ als das Zeichen des Halbkonsonanten *w*, das aber in der Spätzeit – wie auch hier – für die Bezeichnung des Vokals *u* gebraucht wird. Insgesamt haben also die acht Hieroglyphen, hier von links nach rechts, auf der Stele aber von rechts nach links bzw. von oben nach unten verlaufend, folgenden Lautwert:

m	mn	u
e	n	
k	t	
i		

Die gleichen Hieroglyphen wiederholen sich in der letzten Vierergruppe der Inschrift, nur mit dem Unterschied zur oberen Dreiergruppe, daß am Ende des Textes als eine Schlußhieroglyphe noch das stumme Deutzeichen, eine Männergestalt, für den Männernamen (Meki-Montu) steht. Nun gelangten die Ägypter bereits zur Wahrnehmung der eigentlichen Konsonanten, da die Mitlaute in ihrem Schriftsystem eine – wenn auch untergeordnete – Funktion hatten, die Vokale aber nicht. Nur war die Funktion der Konsonanten in ein System der Wortzeichenschrift eingebettet, oft sogar hineingezwungen, so daß die Mitlaute als letzte Einheiten der Schrift bei den Ägyptern nie eine Selbständigkeit, nie den

114, 115 Kursive Hieroglyphenschrift mit Wortlaut- und ›Konsonantenzeichen‹ sowie mit Determinativen auf der Stele des Meki-Montu (aus der sogenannten Spätzeit, nach 1085 v. Chr.). Die beiden Hieroglyphengruppen am Anfang und am Ende der Inschrift bedeuten den Namen ›Meki-Montu‹.

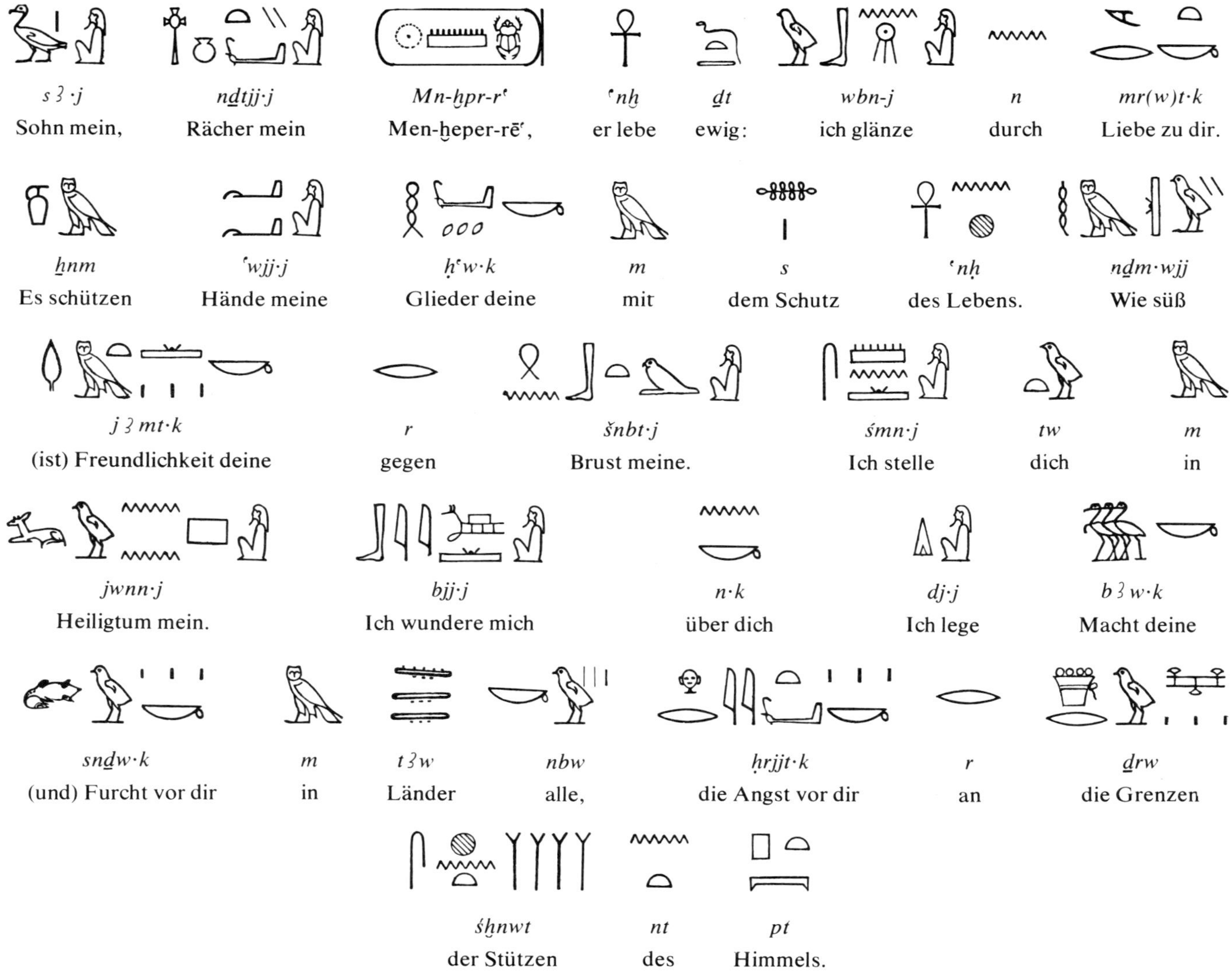

116 Ägyptische Hieroglyphensätze mit den untergeordneten ›Konsonantenzeichen‹ und mit Deutzeichen. Inschrift nach der konventionellen Schreibweise der Ägyptologie von links nach rechts (sonst meist umgekehrt oder von oben nach unten).

Rang eines Systems erreichen konnten. Ob dabei die konservative Einstellung des Ägypters oder das ›ungeheure Beharrungsvermögen‹ erreichter Formen, oder aber ein ›Trägheitsmoment der Tradition‹ die Hauptrolle gespielt hat – möglicherweise auch das ›Bestreben der Priesterkaste, das Privileg der Schriftkenntnis zu bewahren und dessen Erwerbung durch Außenseiter zu erschweren‹, kann heute kaum mit Sicherheit entschieden werden. Das Zusammenwirken all dieser Gründe verhinderte vermutlich den klaren Fortgang zur Erfindung des Konsonantenalphabets. Die Ägypter vermochten daher nur eine indirekte bzw. ungewollte oder unbewußte Anregung zu dieser hervorragenden Erfindung der Kulturgeschichte zu geben, sie konnten aber nicht selbst die Erfinder sein.

Wie schwerfällig dieses Schriftsystem war, und welch große Schwierigkeiten die Ägypter in dieser voralphabetischen Epoche durchzukämpfen hatten, um den Weg für die Erfindung des Konsonantenalphabets zu ebnen, wird erst richtig verständlich, wenn wir das hieroglyphische Textstück auf Abb. 116 (unter Berücksichtigung der deutschen Übersetzung, der Beachtung der Umschrift und der Abb. 111) eingehender studiert haben. Die hier dargestellten Hieroglyphen sind selbstverständlich moderne Rekonstruktionen, weshalb sie so klar ›gedruckt‹ erscheinen. In den Papyrusrollen und auf den Denkmälern sehen die Hieroglyphen oft mehr oder weniger abgeschliffen aus (Abb. 115). So ist das ›Wasser‹ (*n*-) oft keine Wellenlinie ∿∿∿∿ mehr, wie es ursprünglich sein sollte, sondern eine gerade Linie ——, und die ›Wachtel‹ (*w*-) – wie auch die übrigen Vogelhieroglyphen – hat nur noch eine fast geometrisiert-vereinfachte bzw. abgeschliffene Form: (Abb. 115).

An dieser Stelle sei noch das Problem der Vokalbezeichnung im ägyptischen Schriftsystem gestreift. Zum Teil wurden bereits im Mittleren Reich (von der 11. Dynastie bzw. etwa von 2000 v. Chr. an bis etwa 1600 v. Chr.), noch mehr aber im Neuen Reich (von der Vertreibung der Hyksos, etwa von

1600 v. Chr. an, bis zum politischen Verfall Ägyptens in der sogenannten Spätzeit, ab 1085 v. Chr.), Vokale mittels der Halbkonsonanten bezeichnet (ᶜ, ȝ, j, w). In der Spätzeit, als schon die höchsten Formen der Schrift, das griechische und das lateinische Alphabet, existierten und auch in Ägypten unter den Schreibkundigen bekannt waren, wurde die Vokalbezeichnung durch Halbkonsonanten mehr und mehr benutzt.
Der Menschheit in der voralphabetischen Epoche bereitete die Schreibkunst unendliche Mühe und geistige Anstrengung. Da gelang es einem nordsemitischen Volk oder auch nur einem genialen Menschen dieses Volkes – angeregt durch die ›Konsonantenbezeichnung‹ im ägyptischen Wortzeichensystem –, das erste Konsonantenalphabet der Schriftgeschichte zu erfinden.

11. EINE ÜBERGANGSFORM VON SILBENSCHRIFT ZU KONSONANTENZEICHEN: DIE ›SCHRIFT VON BYBLOS‹

Die wichtigsten Funde der ›Schrift von Byblos‹ – vorwiegend Bronzetafeln und einige Inschriften auf Stein gemeißelt, insgesamt neun linksläufig beschriebene Denkmäler – wurden durch den Franzosen M. DUNAND in der syrischen Stadt Byblos entdeckt und 1945 unter dem Titel ›Byblia Grammata‹ in Beirut veröffentlicht. Die Funde stammen wahrscheinlich aus der Zeit zwischen 2000 und 1500 v. Chr., also wenig früher als das erste Konsonantenalphabet und sprachlich wie geographisch aus demselben Gebiet.
Die Inschriften enthalten – wie der Entzifferer, E. DHORME, bis jetzt feststellen konnte – etwa 114 Schriftzeichen. Im Vergleich zu den 22 Konsonanten des ersten Alphabets sind das viel zuviel, um eine echte Buchstaben- bzw. Konsonantenschrift zu sein. Auch äußerlich ist ihre Abweichung vom ersten Konsonantenalphabet offensichtlich, die Schriftzeichen ähneln mehr den ägyptischen Hieroglyphen. Da aber nur wenige dieser sonderbaren Zeichen das bedeuten, was sie bildlich darstellen, so nannte sie DUNAND eine ›pseudohieroglyphische‹ Schrift, obwohl sie schon wegen der hohen Anzahl der Schriftzeichen mit gleichem Recht auch als eine pseudo-konsonantische Schrift hätte bezeichnet werden können.
DHORME konnte die zwei wichtigsten Inschriften von Byblos entziffern und nachweisen, daß es sich hier um eine Übergangsform in phönikischer Sprache von der Silbenschrift zu Konsonantenzeichen handelt. Er betonte, daß die Schrift von Byblos vor der Erfindung des Konsonantenalphabets steht, wofür auch ihre Eigenart als Übergangsschrift spricht.
J. FRIEDRICH vertritt dagegen die Ansicht, daß DHORME sich um die Entzifferung ›mit noch nicht ganz eindeutigem Erfolg bemüht‹ habe; er glaubt, diese Schrift ›in den Anfang des 2., wenn nicht gar in das Ende des 3. Jahrtausends v. Chr.‹ datieren zu müssen, und bezeichnet sie als ›protobyblisch‹ (= frühbyblisch).

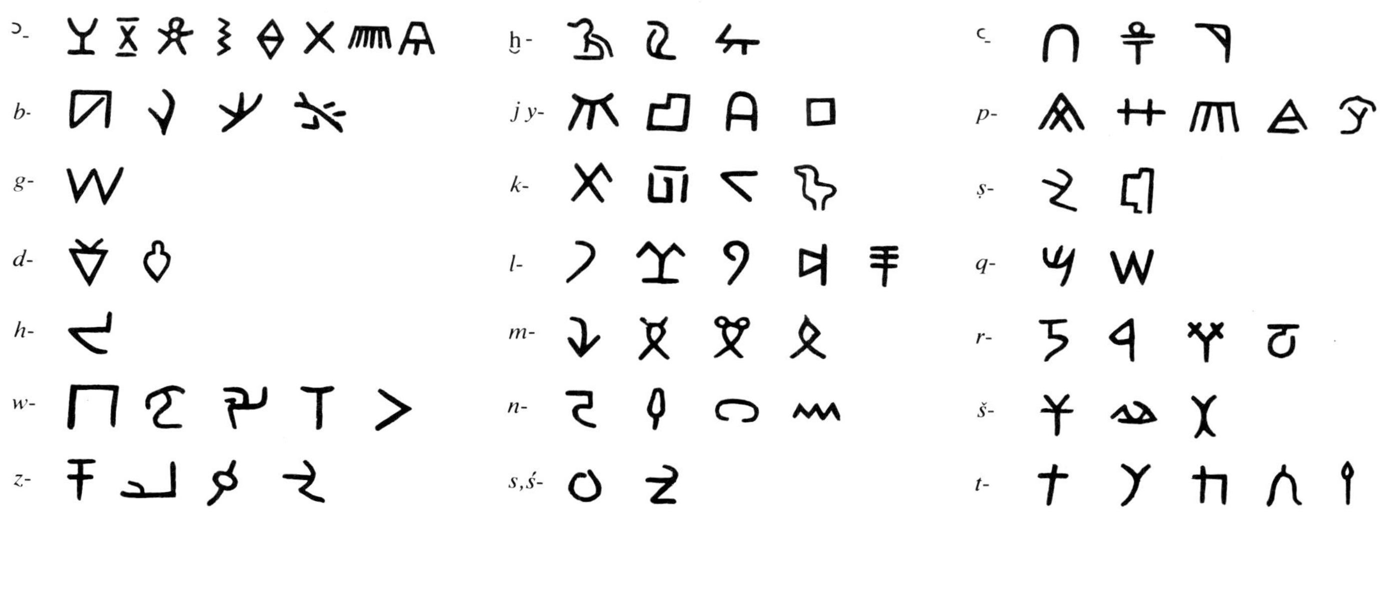

117 Silbenzeichen mit Varianten für die Konsonantenbezeichnung in der ›Schrift von Byblos‹, eine Übergangsform in phönikischer Sprache von der Silbenschrift zu Konsonantenzeichen.

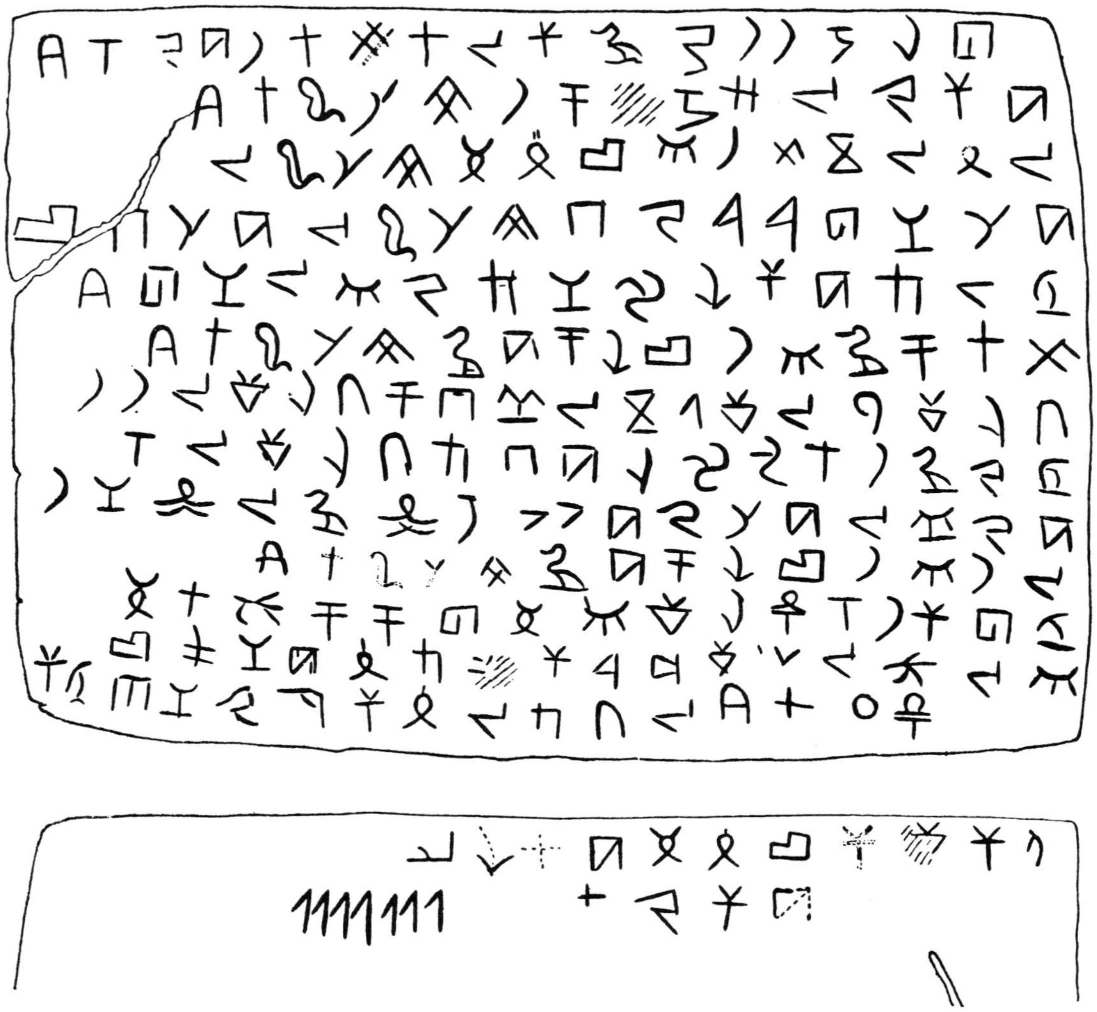

118 Schriftgeschichtlich bedeutsame Bronzetafel aus Byblos, mit linksläufiger Inschrift.

119 Umschrift und Übersetzung der Bronzetafel aus Byblos (Abb. 118), Vorder- und Rückseite.

1. *k$_1$ [d]b$_1$r ll nḫš h-tpt lbnty$_2$*	*So spricht L-l: Die Bronze des Topheth (Tempelvorraum?) habe ich gewalzt,*
2. *b-šn h-p$_1$rzl pt$_1$ḫ$_1$ty$_2$*	*mit eisernem Griffel habe ich graviert*
3. *hm$_3$ h'$_1$-klyy$_1$m$_1$ m$_1$pt$_1$ḫ$_1$ h-*	*diese Geräte. Den Schlüssel*
4. *bt$_1$ 'k$_1$r$_1$r$_1$nw pt$_1$ḫ$_1$-h b-t$_1$wy$_1$*	*des Tempels hat '-k-r-r-n-w mit Zeichen graviert*
5. *w$_1$ k$_2$t$_2$b šmw$_2$ 't$_2$n-yh'k$_1$y$_2$*	*und hat seinen (des Tempels) Namen geschrieben: ›Ich setzte j-h-'-k-j‹.*
6. *kt zḫyly$_1$ mzbḫ pt$_1$ḫ$_1$ty$_2$*	*Die Messingkrönung des Altars habe ich graviert.*
7. *ʿb$_1$d l$_2$-hdr$_1$ '$_1$hl$_1$w z ʿb$_1$d-h ll*	*Dieses Werk hat zu Ehren seiner Familie L-l vollbracht.*
8. *w$_1$ nḫlt z$_3$w$_2$b$_1$bwt$_2$ ʿb$_1$d-ht*	*Und das ›Bienenschwarm‹-(Muster) haben gemacht*
9. *bn l$_1$hbt$_1$-nbw$_4$ · '$_2$ḫ h'$_2$-'l*	*der Sohn des L-h-b-t–N-b-w (und) der Bruder des H-'-'-l.*
10. *hlyly$_1$ mzbḫ pt$_1$ḫ$_1$ty$_2$*	*Die Halbmonde des Altars habe ich graviert,*
11. *w$_1$ k$_1$šlt ʿ$_1$b$_1$dym$_1$ k-z z b$_3$-tm$_1$*	*und die Arbeiten, diese wie jene, sind mir zur Vollendung gelungen.*
12. *yhb$_3$ h-gdl$_3$ rš[y]t$_2$m$_3$ $_3$ b-'zy$_1$*	*Möge der Große (= Gott) ihren ersten Platz hier gewähren!*
13. *ʿ$_1$šty$_2$-h ʿt$_2$ h-m$_3$šʿ$_2$n 'p$_2$w$_1$š*	*Ich habe dies geschaffen zur Zeit des Gouverneurs '-p-w-š*
14. *· šdś y$_1$m$_3$m$_1$ b-tmz$_1$*	*in 6 Tagen (Dhorme: le sixième jour) des Tamuz*
15. *b-šnt … 7*	*im Jahre . . . 7.*

Wie dem auch sei, hier ist entscheidend, daß der Übergangscharakter der ›Schrift von Byblos‹ von der Silbenschrift zur Konsonantenbezeichnung außer jedem Zweifel steht. Eine reine Silbenschrift kann sie unmöglich sein, da die Silbenzeichen in allen Varianten, deren es in dieser Schrift zahlreiche gibt, nur Konsonanten und keine echten Silben bedeuten. Diese Abstammung aus einer richtigen Silbenschrift und das Beharren der einstigen Silbenzeichen – wenigstens als Mittel für die Konsonantenbezeichnung – erklärt, daß es in dieser Schrift für jeden Konsonanten mehrere Zeichen gibt (Abb. 117); daher also die verhältnismäßig hohe Anzahl von Zeichen in diesem Schriftsystem.

Dhorme hat die Entzifferungsarbeit mit einer zweiseitig, linksläufig beschriebenen Bronzetafel (Abb. 118) begonnen, die eine der längsten Inschriften trägt. (Umschrift Abb. 119.) Die von ihm nur unwesentlich abweichende Übersetzung Jirku's zeigt Abb. 119.

Bei der Entzifferung ging Dhorme vom letzten Zeichen der 15. Zeile aus, das siebenmal geschrieben ist () und nur ›sieben‹ heißen kann. Das vorangehende Wort *b-š-n-t* bedeutet in nordsemitisch-phönikischer Sprache ›im Jahre‹. So vermochte Dhorme gleich danach das Wort *n-ḥ-š* in der ersten Zeile als ›Erz‹ oder ›Bronze‹, oder ›Messing‹, und das Wort *m-z-b-ḥ* in der sechsten Zeile als ›Altar‹ sowie den Ausdruck *b-t-m-z* in der 14. Zeile als ›im Tamuz‹, d. h. im Monat Tammuz‹ (etwa Mitte Juni–Juli) zu entziffern.

Wir haben anfangs erwähnt, daß sich auch manche Steininschriften unter den schriftgeschichtlich aufschlußreichen und wertvollen Funden von Byblos befinden. Dieser andere Beschreibstoff hat zu einer geringfügigen Veränderung der Schriftzeichen von Byblos beigetragen, da diese massiver und dicker, dafür aber weniger kursiv als die Zeichen auf den Bronzetafeln aussehen (Abb. 120).

Die ›Schrift von Byblos‹ mit mehreren Zeichen für jeden Konsonanten (insgesamt etwa 114 Schriftzeichen!) muß eine erhebliche Belastung für dieses Schriftsystem bedeutet haben, so daß sich diese schwerfällige und komplizierte Schrift mit dem hervorragend einfachen und klaren ersten Konsonantenalphabet von nur 22 Schriftzeichen (!) in derselben Sprache und geographisch ungefähr im gleichen Gebiet nicht messen konnte. Sie mußte deshalb wie eine andere kurzfristige Schrift Syriens, die sogenannte ›ugaritische‹ Keilschrift, bald nach der Erfindung des Konsonantenalphabets erstarren und schließlich untergehen.

120 Nachzeichnung einer Steininschrift aus Byblos (frühes 2. Jahrtausend v. Chr.).

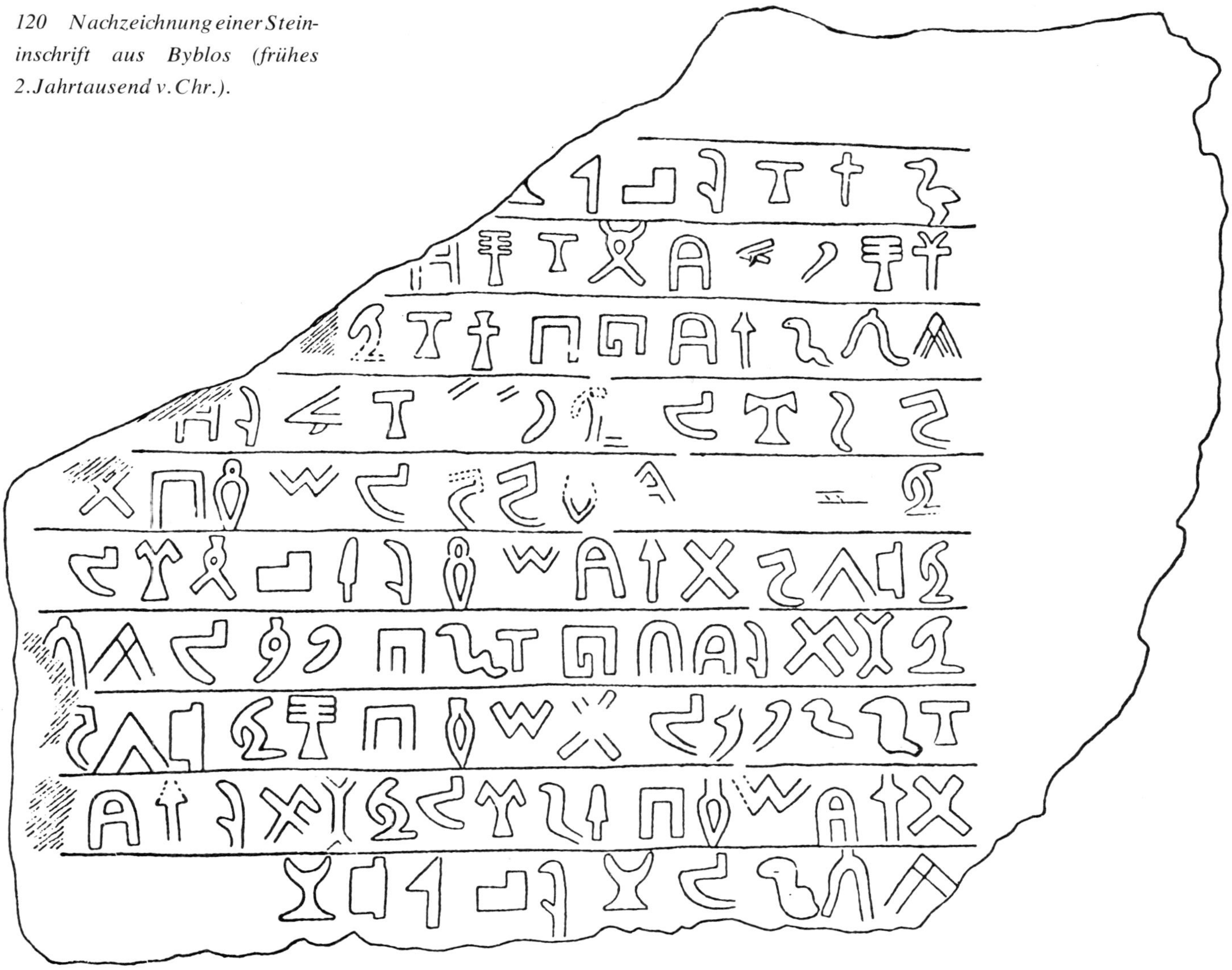

IV

URSPRUNG UND ENTWICKLUNG DES KONSONANTENALPHABETS

1. VERSCHIEDENE HYPOTHESEN

a) Phantastische Annahmen über die Entstehung des Alphabets

Der Ursprung des ersten Konsonantenalphabets ist seit dem Altertum sehr umstritten. Verschiedene Annahmen – oft ganz irrige – stehen gegeneinander. Der griechische Geograph STRABO (er starb im Jahre 23 n. Chr.) vertrat die Ansicht, daß die iberischen Turdetanier eine über 6000 Jahre alte (!) Schrift gehabt hätten. Heute können wir mit gutem Grund annehmen, daß diese ›turdetanische‹ oder ›iberische‹ Schrift nichts anderes als ein Ausläufer des phönikischen Konsonantenalphabets war. Man kann höchstens die Existenz vorzeitlicher magisch-kultischer Zeichen auf der iberischen Halbinsel anerkennen, die den viel späteren phönikischen (punischen) Schriftzeichen in den äußeren Formen ähnelten. Namhafte Wissenschaftler hielten noch vor einigen Jahrzehnten das mittel- und jungsteinzeitliche Südwesteuropa für den Entstehungsort der Schrift.
Der Römer PLINIUS d. J. hielt die Assyrer für die Erfinder der Schrift. Auch einige Gelehrte der neueren Zeit glaubten, daß die Schrift aus der neuassyrischen oder aus der altbabylonischen Keilschrift bzw. aus der sumerischen Bilderschrift hervorgegangen wäre. Die kyprischen Silbenzeichen wurden als Quelle für das erste Konsonantenalphabet ebenso herangezogen wie die hethitischen Hieroglyphen.
Viel ernsthafter als diese Annahmen sind aber die nachfolgenden Hypothesen.

b) Die ägyptische Hypothese

Schon in der Antike wurde von hervorragenden Autoren die Ansicht vom ägyptischen Ursprung des Konsonantenalphabets und der Schrift vertreten. Selbst PLATON äußerte sich in diesem Sinne im ›Phaidros‹, einem seiner berühmtesten Dialoge. Auch der griechische Geschichtsschreiber PLUTARCH teilte diese Auffassung, und der größte römische Historiker, TACITUS, schrieb darüber: ›Als erste stellten die Ägypter die Begriffe durch Figuren von Tieren dar; diese ältesten Denkmäler menschlicher Erinnerung sind noch in Steine eingeschnitten zu sehen; sie geben sich als Erfinder der Schrift aus. Von ihnen sollen die Phöniker, weil sie das Meer beherrschten, die Schrift nach Griechenland gebracht und den Ruhm erlangt haben, als hätten sie erfunden, was sie nur übernommen hatten.‹ (Annales XI, 14.)
Nach der Wiederentzifferung der Hieroglyphen im 19. Jahrhundert auf Grund der dreisprachigen Inschrift des Steines von Rosette (Abb. 121), der von Napoleons Armee ans Tageslicht gebracht und durch den genialen Franzosen J. F. CHAMPOLLION erforscht und gedeutet wurde, erhielt die ägyptische Hypothese eine neue Stütze, indem sie sich auf alle drei Schriftformen Ägyptens – die hieroglyphische, hieratische und demotische – berufen konnte. Auf diese Weise sind drei verschiedene Gruppen von Hypothesen über den ägyptischen Ursprung des ersten Konsonantenalphabets entstanden.
Die hieroglyphische Richtung wurde in gemäßigter Weise von CHAMPOLLION und von K. SETHE sowie den Gelehrten F. LENORMANT, J. HALÉVY usw. vertreten. HALÉVY hat mit den äußeren Formen der altsemitischen Schriftzeichen argumentiert (Abb. 122), was im Prinzip unberechtigt und verfehlt ist. Die äußere Ähnlichkeit allein kann nicht als hinreichender Beweis für die innere, strukturelle Verwandtschaft zwischen verschiedenen Schriften gelten!
Die hieratische Gruppe der ägyptischen Hypothese (S. D. LUZZATTO; E. DE ROUGÉ, I. TAYLOR usw.) wollte ebenfalls in der äußeren Ähnlichkeit einen Beweis sehen (Abb. 123).

121 Der ›Stein von Rosette‹ mit einer dreisprachigen Inschrift: in altägyptischer Sprache und Hieroglyphenschrift (oben), in neuägyptischer Sprache und demotischer Schrift (Mitte) und in griechischer Sprache und Schrift (unten). Der Stein wurde 1799 in Rosette (im Nildelta) gefunden. Die Inschrift ist ein Beschluß der Priester Ägyptens (196 v. Chr.). Durch diese dreisprachige Inschrift gelang es J. F. Champollion (1790–1832) in langjähriger Arbeit, die ägyptische Hieroglyphenschrift zu entziffern.

122 Vergleichende Tabelle der nordsemitischen Schriftzeichen mit ägyptischen Hieroglyphen.

Die demotische Richtung wurde vor fast 50 Jahren von dem deutschen Entzifferer, u. a. der ›ugaritischen‹ Schrift, H. Bauer vertreten. Diese Ansicht – sie steht am Anfang der wissenschaftlichen Karriere Bauers – kann aber heute, wie D. Diringer richtig bemerkt, nicht mehr ernst genommen werden, weil die demotische Schrift ja erst viel später als das erste Konsonantenalphabet entstanden ist, was Bauer im Jahre 1918 noch nicht wissen konnte.

Diringer wendet gegen die ägyptische Hypothese, und zwar aller drei Schriftarten, überzeugend ein: "I am unable to believe that if the alphabet had originated in Egypt, the Egyptians would have continued to use — for so many centuries — their old and extremely complicated writing." Es ist wirklich kaum zu glauben, daß die Ägypter weiterhin auf ihrem schwerfälligen alten Schriftsystem bestanden hätten, wenn sie im Besitz einer unvergleichlich einfacheren Schrift, nämlich des Konsonantenalphabets, gewesen wären. Sie zogen es vor, ihr altes, bildhaftes, kompliziertes Hieroglyphensystem durch die Entwicklung der demotischen Schrift zu reformieren, die im Wesen der hieroglyphischen und hieratischen gleich war. Es ist daher unmöglich, daß die Ägypter die Vorteile des nordsemitischen Alphabets gekannt haben.

c) Die kretische Hypothese

Das nordsemitische Gebiet (Syrien und Palästina) lag im zweiten vorchristlichen Jahrtausend, dem Jahrtausend der alphabetischen Schrifterfindungen, im Mittelpunkt der kulturellen und wirtschaftlichen Beziehungen zwischen Ost und West, Süd und Nord. Es war der Knotenpunkt der Wege von Mesopotamien (Babylonien, Assyrien) nach Ägypten, von Ägypten nach dem nördlich liegenden hethitischen Reich, zu den östlichen Ländern des Mittelmeeres und von Mesopotamien auch nach Kreta. Es ist nicht anzunehmen, daß bei den damaligen lebhaften Verbindungen zwischen den verschiedenen Ländern mit Hochkulturen die wirtschaftlich wie kulturell so bedeutenden Schriftsysteme hätten isoliert bleiben können. Viel wahrscheinlicher ist es, daß diese Kulturvölker alle in der ersten Hälfte des zweiten vorchristlichen Jahrtausends im Nahen Orient im Gebrauch gewesenen Schriften mehr oder weniger gekannt haben. Insbesondere den Phönikern, diesem Seefahrervolk, dürften bei ihren regen Verbindungen, unter anderem auch mit Kreta, die linearen Schriften dieser Insel bekannt gewesen sein. So wurde ein kretisches lineares Schriftzeichen auf einem Krughenkel aus der Zeit um 1400 v. Chr. – um nur ein Beispiel von den zahlreichen ähnlichen Fragmenten zu nennen – bei den Ausgrabungen in Bésan, südlich vom See Genezareth (Palästina), gefunden. Es ist nicht verwunderlich, wenn der Grieche Diodor das Zeugnis kretischer Schriftsteller überliefert, daß nicht die Phöniker die Erfinder des Alphabets gewesen seien, sondern daß sie nur die auf Kreta ›von den Musen, den Töchtern des Zeus, erfundene Schrift‹ übernommen und verändert hätten. Die Hypothese vom kretischen Ursprung des ersten Konsonantenalphabets wurde aber noch in jüngster Zeit von A. J. Evans, H. Schneider und vor allem von dem finnischen Archäologen und Schrifthistoriker, J. Sundwall, vertreten. Allerdings zeigt die von Sundwall zusammengestellte vergleichende Tabelle beider Schriften eine große äußerliche Übereinstimmung zahlreicher Schriftzeichen (Abb. 124). Noch eine weitere Übereinstimmung kommt hinzu: Nur in der kretischen und in der nordsemitisch-phönikischen Schrift gibt es Worttrenner in Form von einem Strich oder Punkt. Selbst H. Jensen schreibt der kretischen Hypothese eine große Wahrscheinlichkeit zu.

123 Vergleich der nordsemitischen Buchstaben mit hieratischen und hieroglyphischen Schriftzeichen.

124 Vergleich kretischer Schriftzeichen mit nordsemitischen Konsonanten. Beide Formen sind sich oft ähnlich.

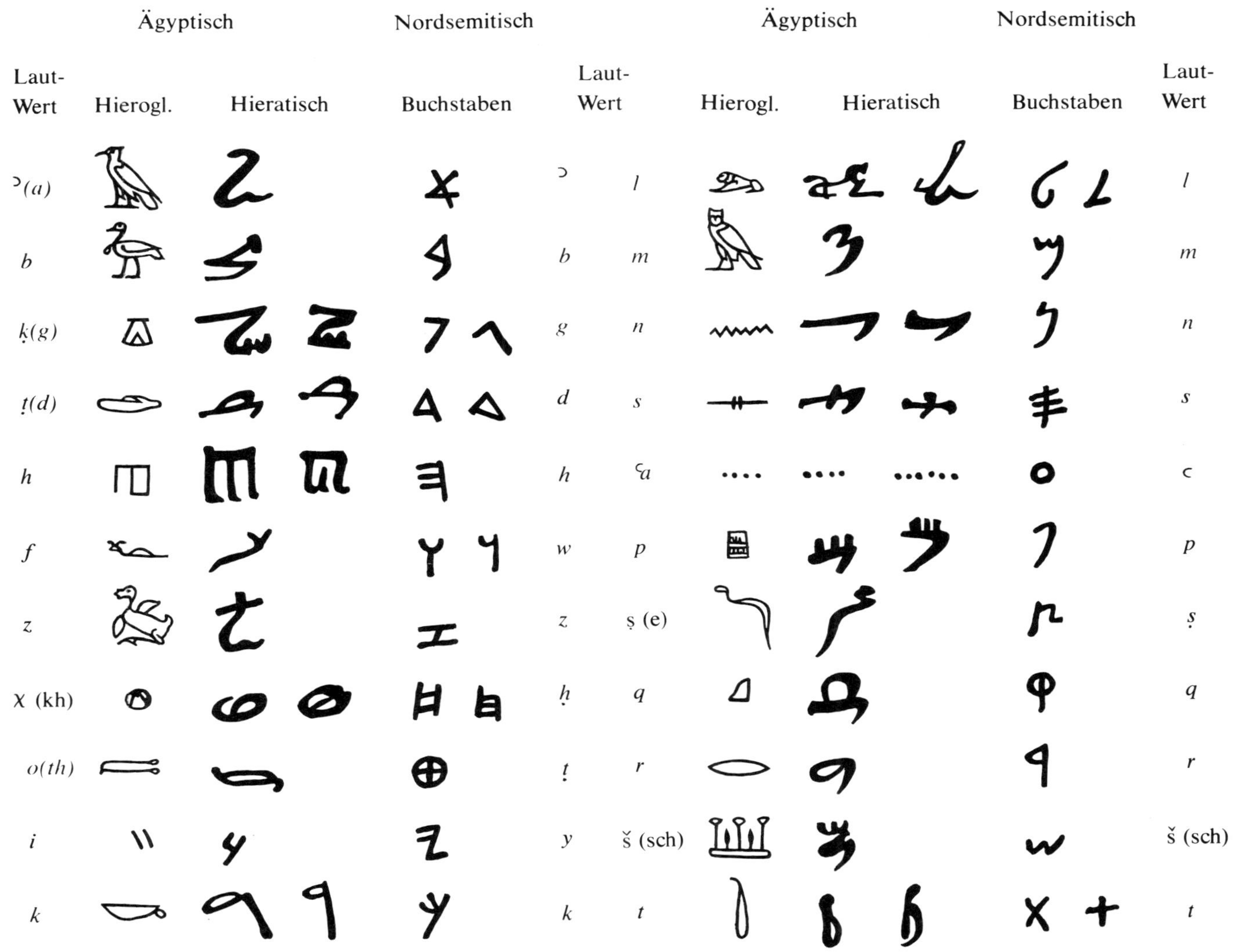
Ägyptisch
Nordsemitisch
Ägyptisch
Nordsemitisch
Laut-Wert
Hierogl.
Hieratisch
Buchstaben
Laut-Wert
Hierogl.
Hieratisch
Buchstaben
Laut-Wert
ʾ(a)
b
ḳ(g)
ṯ(d)
h
f
z
χ (kh)
ο(th)
i
k
ʾ
b
g
d
h
w
z
ḥ
ṭ
y
k
l
m
n
s
ʿa
p
ṣ (e)
q
r
š (sch)
t
l
m
n
s
ʿ
p
ṣ
q
r
š (sch)
t

Ägypt.
Kret.
Nordsem.
Ägypt.
Kret.
Nordsem.
Ägypt.
Kret.
Nordsem.
Aleph
Beth
Gimal
Daleth
He
Waw
Zain
Cheth
Teth
Jod
Kaph
Lamed
Mem
Nun
Samech
Ajin
Pe
Ssade
Qoph
Resch
Schin
Taw

125 Denkmal mit verstümmelter Inschrift nach der ›Sinai-Schrift‹ aus der 2. Hälfte des 19. Jahrhunderts v. Chr.

1952 wurde das kretische ›Linear B‹ von M. Ventris und J. Chadwick entziffert. Diese entwickeltere Form der kretischen Linearschriften ist eine Silbenschrift in altgriechischer Sprache. Der Unterschied zwischen der griechischen und der nordsemitischen Sprache ist aber so groß und die Ähnlichkeit der semitischen mit der verwandten ägyptischen Sprache so erheblich (in beiden Sprachen spielt das Konsonantengerippe der Wortstämme eine große Rolle), daß der Ursprung des Konsonantenalphabets aus einer typischen Silbenschrift – dem ›Linear B‹ –, in welchem häufig auch einzelne Vokale als selbständige Silben vorkommen, nicht anzunehmen ist. Wenn der nordsemitische Schrifterfinder nach einem Vorbild für sein eigenes Schriftsystem Ausschau gehalten haben sollte, dann kann ihm nur die ägyptische Schrift als geeignet erschienen sein. Dennoch ist die äußere Ähnlichkeit zwischen den kretischen linearen Formen und den ersten Konsonantenzeichen der Nordsemiten so auffallend (Abb. 124), daß vielleicht doch manche Beziehung bestanden hat.

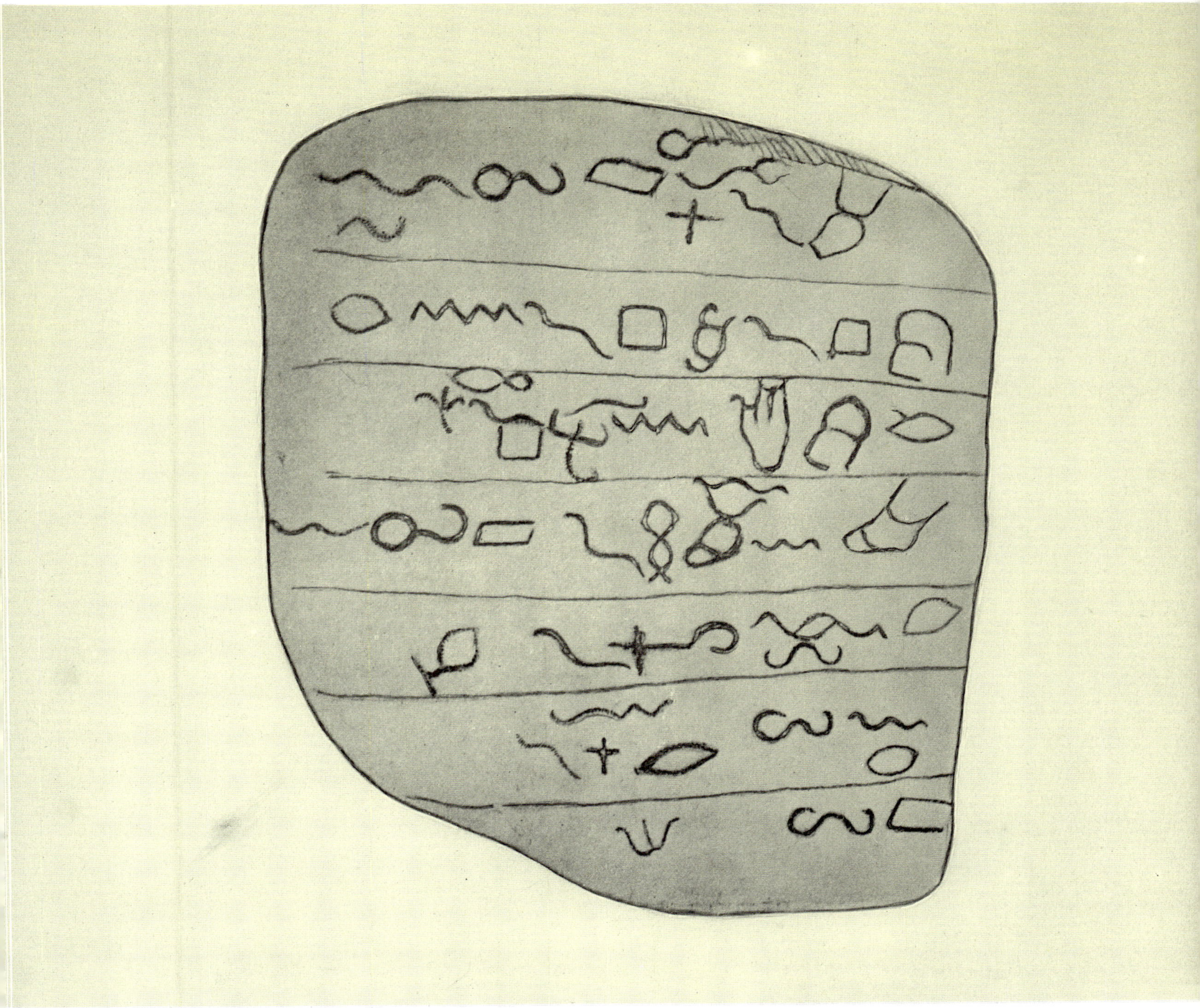

126 Umzeichnung der linksläufigen Sinai-Inschrift auf Abb. 125 nach H. Grimme. Da die Inschrift verstümmelt und das Alphabet der ›Sinai-Schrift‹ nicht vollständig bekannt ist, weisen Umschrift und Übersetzung Grimmes manche Willkürlichkeit auf.

Umschrift	*Übersetzung*
ʾn ḥtspšwmš	*›Ich bin Hatsepšumoš,*
rbn ʾbnm wbt ṣṇj	*Verwalter des Erzgesteins und des heiligen Bezirks (von Sinai?),*
sṛṭ mlẉ bsnj mss	*Schreiber der fronarbeitenden Leute auf Sinai.*
p. lw hnʾš npšẉ	*Sie hatten (Man hatte) vermutet: Siehe, seine Seele ist verzweifelt,*
wmšwtn mjṃ w	*da hast du mich gegriffen heraus aus dem Nil (?) und*
nšʿnt ʿl	*ich habe mich gestützt auf*
snh l	*jemand, der mir Feind (Feindin?) war.‹*

d) Die sinaitische Hypothese

Der englische Archäologe W. M. Flinders Petrie fand 1904/05 in den alten Kupferminen des Sinaiberges und in den Ruinen eines ägyptischen Tempels in Serābiṭ el-Ḫādim 16 Schriftdenkmäler mit kurzen Inschriften aus dem 19. Jahrhundert v. Chr. Die Abb. 125 und 126 zeigen eines der Denkmäler. 1927–1935 wurden noch andere Schriftdenkmäler gleicher Art gefunden, die meisten aus der zweiten Hälfte des 19. Jahrhunderts v. Chr.

Dem englischen Ägyptologen A. H. Gardiner gelang es, einige der Inschriften semitisch zu lesen. Gemeinsam mit dem deutschen Ägyptologen K. Sethe stellte er folgende Hypothese auf: Die Inschriften seien Denkmäler einer älteren Schrift als die phönikische, diese stamme von jener ab. Bald unternahmen auch andere Gelehrte, vor allem W. F. Albright, Versuche mit der Entzifferung. Einen Vergleich der äußeren Formen einiger Zeichen der sogenannten Sinai-Schrift mit ägyptischen und nordsemitischen Schriftzeichen gibt die Tabelle von Gardiner (Abb. 127). Dieser Hypothese können wir uns aber nur mit Vorbehalt anschließen. Es ist wahrscheinlich, daß die Sinai-Schrift einen Übergang oder ein Bindeglied zwischen der ägyptischen und der nordsemitisch-phönikischen Schrift darstellt. Damit ist aber nicht gesagt, daß das phönikische Konsonantenalphabet von der Sinai-Schrift ›abstammt‹. Wenn von einer ›Fortsetzung‹ der Sinai-Schrift gesprochen wird, dann fallen die südsemitischen Schriften viel stärker ins Gewicht. In diesem Zusammenhang weist H. Jensen auf eine Anzahl nordsemitischer Buchstaben (b, d, h, z, t, s, r,) hin, die kaum eine Übereinstimmung mit den Zeichen der Sinai-Schrift aufweisen. Auch der stark bildhafte Charakter der Sinai-Schrift und die streng lineare und konventionalisiert-vereinfachte Form der nordsemitisch-phönikischen Schriftzeichen sprechen gegen eine unmittelbare Entstehung der einen Schrift aus der anderen.

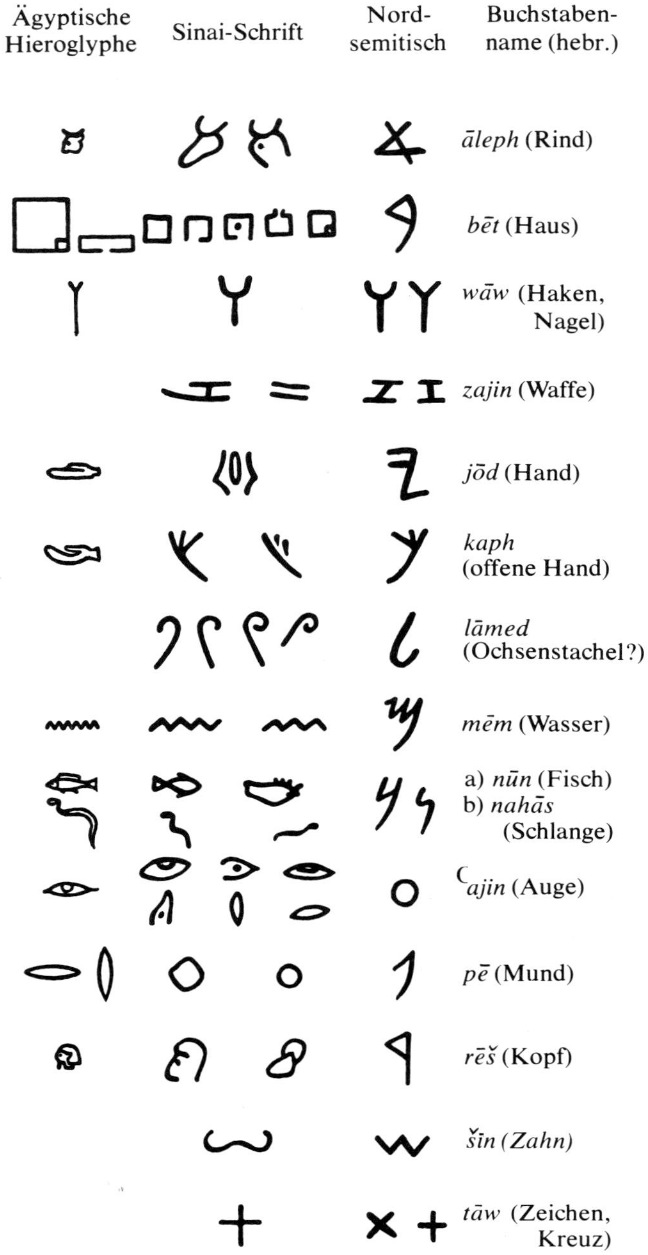

127 Vergleichende Tabelle einiger Zeichen der ›Sinai-Schrift‹ mit den entsprechenden ägyptischen Hieroglyphen und den nordsemitischen Konsonanten.

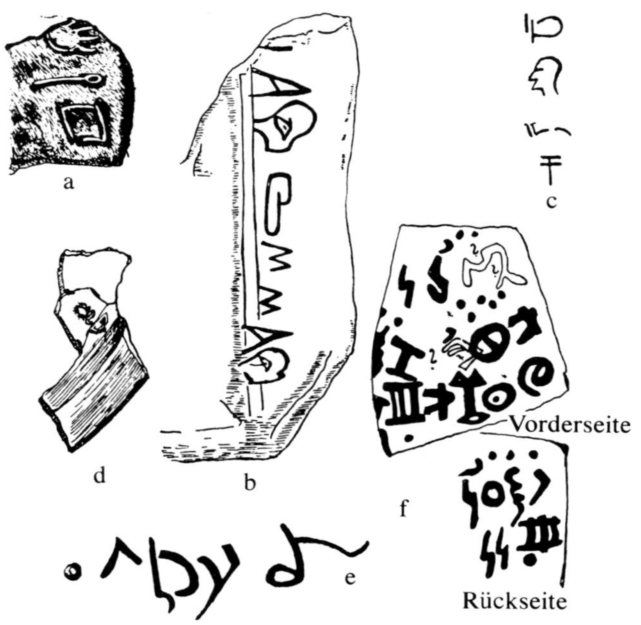

128 Frühkanaanäische Inschriften, die nach T. H. Gaster das ›fehlende Bindeglied‹ (›missing link‹) zwischen der ›Sinai-Schrift‹ und dem altphönikischen Konsonantenalphabet darstellen sollen. a) Scherbe aus Tell Gezer, b) Plakette aus Tell Balāta oder Schichem-Plakette, c) Schriftzeichen auf einem Bronze-Dolch aus Lachisch, d) Scherben mit Inschrift aus Tell el-Hesy, e) Inschrift auf den Scherben aus Tell el-Ajjul, f) Schriftzeichen auf Stein aus Beth Schemesch (oben: Vorderseite, unten: Rückseite). Die Figuren a–c stammen nach W. F. Albright aus dem 14. vorchristlichen Jahrhundert. D. Diringer zweifelt den alphabetischen Charakter der Zeichen auf der Schichem-Plakette (b) an.

e. Die ›Missing-Link‹-Hypothese

Um die allzu große Zeitspanne von mehreren Jahrhunderten zwischen den Denkmälern der Sinai-Schrift und denen des altphönikischen Alphabets zu überbrücken, stellte der Engländer T. H. Gaster die Hypothese des ›fehlenden Bindeglieds‹ (missing-link) auf. Die zum großen Teil in den dreißiger Jahren in Palästina (Sichem, Lachisch usw.) gefundenen Fragmente (Abb. 128) betrachtete er als ›Bindeglieder‹ zwischen der Sinai-Schrift und dem altphönikischen Alphabet. Auf jeden Fall kann mit Sicherheit festgestellt werden, daß das syrisch-palästinische Gebiet in der ersten Hälfte oder im zweiten Drittel des zweiten vorchristlichen Jahrtausends ein fruchtbarer Boden für verschiedene Schrifterfindungen war; von zwei Schrifterfindungen, der ›Schrift von Byblos‹ und der Sinai-Schrift, wurde hier schon berichtet. Es gibt deren gewiß mehr; sie sind aber nur in knappen Fragmenten überliefert und lassen sich nicht entziffern.

Diese unentzifferten Inschriften oder Schriftzeichen können aber weder mit der Sinai-Schrift noch mit dem altphönikischen Alphabet in eine unmittelbare Verbindung gebracht werden, so daß die ›Missing-Link‹-Hypothese vorläufig abzulehnen ist. Nach dem Urteil der meisten Gelehrten (Diringer, Dunand, Jensen usw.) deuten diese frühkanaanäischen Fragmente verschiedene Versuche von Schrifterfindungen an. Die Möglichkeit mancher Verbindung dieser frühkanaanäischen Fragmente mit der ägyptischen, kretischen und auch der Sinai-Schrift ist, nach Diringer, nicht auszuschließen. Die frühkanaanäischen Schriften, einschließlich der Sinai-Schrift, stellen eine Reihe von ›Parallelentwicklungen‹ (Jensen) dar, von denen aber die nordsemitisch-phönikische Schrift als die geschichtlich bedeutendste anzusehen ist.

2. Das erste Konsonantenalphabet – eine nordsemitisch-phönikische Erfindung

Seit der Jahrhundertwende treten immer mehr Wissenschaftler der Auffassung bei, daß das Konsonantenalphabet, das nordsemitisch-phönikische ›Alphabet‹, die bewußte Schöpfung eines einzigen Menschen gewesen ist.

Diese geniale Tat konnte aber nicht ohne Beeinflussung durch die damals (in der ersten Hälfte des 2. Jahrtausends v. Chr.) in Ägypten, Mesopotamien, auf Kreta usw. bekannten Schriften zustande kommen. Insbesondere hat Ägypten das Küstengebiet Phönikiens beträchtlich beeinflußt. In der phönikischen Hafenstadt Byblos wurden ägyptische Gegenstände aus der Thinitenzeit (3000–2778 v. Chr.) gefunden. Es ist sehr wahrscheinlich, daß es in den Jahrhunderten unmittelbar vor der Erfindung des ersten phönikischen Konsonantenalphabets sogar schon ägyptische Gouverneure in Byblos gab. Zur Zeit der phönikischen Schrifterfindung (18.–17. Jahrhundert v. Chr.?) war der ägyptische Herrscher Neferhotep in Byblos anerkannt. Besonders rege waren seit alters her die Handelsbeziehungen zwischen Phönikien und Ägypten. (Vgl. die Landkarte des Nahen Orient zur Zeit der alphabetischen Schrifterfindungen, Abb. 129.) Nach einer phönikischen Sage war Taaut (Tōt) der Erfinder der Schrift; die ägyptische Variante des Heldenmythos nennt den Gott Thoth. Der – wenn auch nur mythische – phönikische Name deutet darauf hin, daß das erste Konsonantenalphabet manche Beziehung zu der ägyptischen Schrift hatte.

Neben diesem Mythos gibt es aber auch noch zuverlässige Momente der vergleichenden Schriftgeschichte, die außer Zweifel lassen, daß die ägyptische Schrift bei der Erfindung des nordsemitisch-phönikischen Konsonantenalphabets eine anregende Rolle gespielt hat. Nach K. Sethe sind drei übereinstimmende Züge beider Schriftsysteme festzustellen: a) die Vokallosigkeit, b) die linksläufige Schriftrichtung, c) die Anwendung des sogenannten ›akrophonischen‹ Grundsatzes, nach welchem nur ›der erste Laut‹ (griechisch ›akrophóné‹) aus bestimmten Wörtern zählt, und nur dieser erste Konsonant einen Lautwert hat, der übrige Teil hingegen außer acht bleibt. In der ägyptischen Schrift ist die Akrophonie durch das Weglassen des zweiten Halbkonsonanten bei zweisilbigen Wörtern kaum absichtlich geschehen, während der Erfinder des nordsemitisch-phönikischen ›Alphabets‹ sie unmißverständlich bewußt angewandt hat. In gleicher Weise wie aus dem ägypischen *r- ȝ* (im Koptischen *ro*) das Zeichen des Mundes 𓂋 die Buchstabenbezeichnung für *r* durch das Weglassen des Kehllautes (hebräisch א aleph) geworden ist, ist auch das phönikische Zeichen *2* für *p* aus dem Wort *pē* = Mund entstanden. Wie daraus ersichtlich, ist bei den Semiten aus dieser ägyptischen Schriftkonvention ein regelrechtes Prinzip der Akrophonie geworden: Sie haben nicht nur Halbkonsonanten, sondern oft auch Konsonanten weggelassen und nur den Anfangskonsonanten beibehalten.

Der Erfinder des ersten Konsonantenalphabets hat außer der Linksläufigkeit und der Akrophonie eigentlich nur die ›Konsonantenbezeichnung‹ aus dem ganzen System der ägyptischen Schrift herausgegriffen. A. Schmitt vermutet sogar, daß der nordsemitische Schrifterfinder das ganze komplizierte Schriftsystem der Ägypter nicht richtig verstanden habe, denn er habe nur die für die ägyptische Schrift nebensächliche Konsonantenbezeichnung übernommen. Wie dem auch sei, es

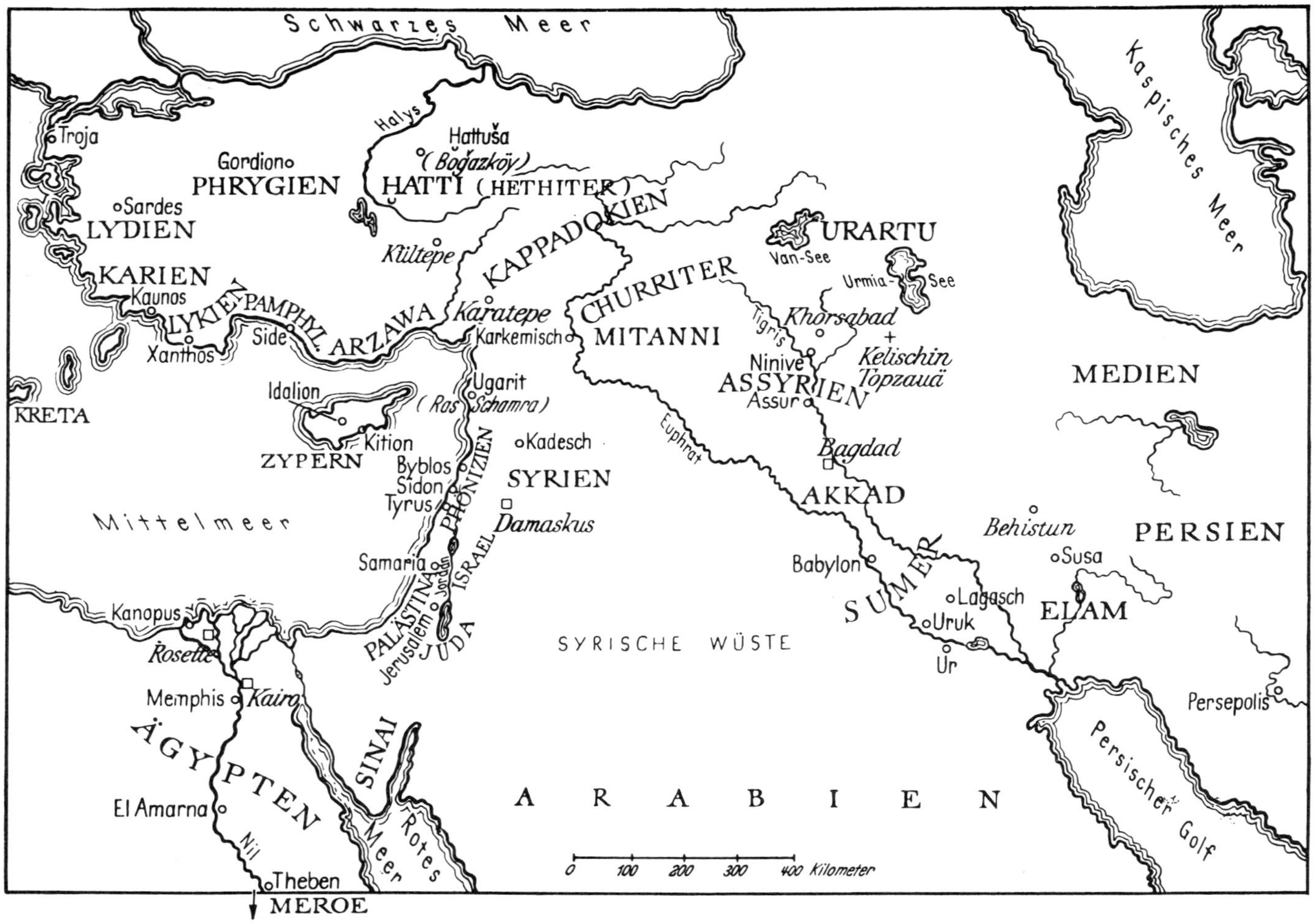

129 Landkarte des Nahen Orient zur Zeit der alphabetischen Schrifterfindungen (2. Jahrtausend v. Chr.).

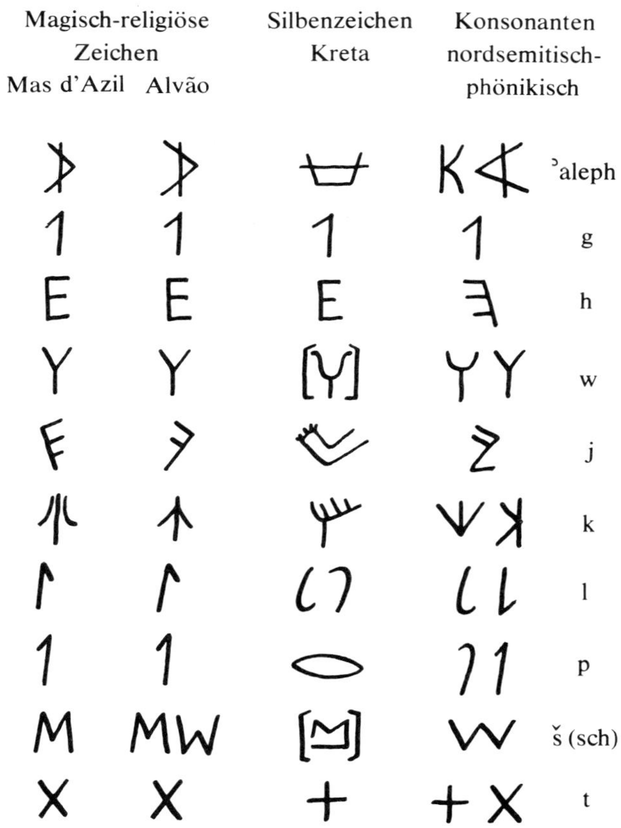

ist eine Tatsache, daß die ägyptische Hieroglyphenschrift die Stammutter der abendländischen Schriften ist. Unbekannt ist lediglich das Ausmaß der Anregung, die der nordsemitische Schrifterfinder durch das ägyptische Hieroglyphensystem empfangen hat. Der Erfinder stand aber mit großer Wahrscheinlichkeit auch noch unter anderen Einflüssen, zum Beispiel der kretischen Linearschriften. Man kann mit Sicherheit annehmen, daß der Gebrauch von Worttrennern im nordsemitisch-phönikischen Konsonantenalphabet auf Kreta zurückgeht. Der Erfinder der ersten alphabetischen Schrift muß ein – im Verhältnis zu den damaligen Möglichkeiten – schriftkundiger ›Fachmann‹ gewesen sein, der sich mit den verschiedenen Schriftsystemen eingehend beschäftigt zu haben scheint; darauf läßt manche eklektische (auf einer ›Auswahl‹ aus den bekanntesten Schriften beruhende) Beschaffenheit seines Konsonentenalphabets schließen.

130 Vergleichende Tabelle einiger nordsemitisch-phönikischer Buchstaben mit kretischen Silbenzeichen sowie mit magisch-religiösen Zeichen von Alvão aus der frühen Jungsteinzeit und von Mas d'Azil aus der frühen Mittelsteinzeit.

131 Wandgemälde in Theben um 1400 v. Chr., als das phönikische Konsonantenalphabet schon seit Jahrhunderten existierte. Zwei phönikische Handelsschiffe mit Kaufleuten und Waren in einem ägyptischen Hafen. Vermutlich wurde auf einer solchen Fahrt ein genialer Phöniker durch die ägyptische Hieroglyphenschrift zur Erfindung der phönikischen Schrift angeregt.

Eine ähnliche Ansicht vertritt auch D. DIRINGER, der einen – wenn auch geringen – babylonischen Einfluß bei einigen nordsemitisch-phönikischen Buchstaben annimmt. Bereits um die Jahrhundertwende glaubte dies H. ZIMMERN in Verbindung mit den assyrischen Buchstabennamen nachweisen zu können.

Dazu der folgende Vergleich:

Nordsemitische Buchstaben	*Keilschriftzeichen*
mēm (Wasser)	mû
nūn (Fisch)	nûnu
pē (Mund)	pû
šin (Zahn)	šinnu
ʾāleph (Rind)	alpu

Die äußeren Formen des ersten nordsemitischen Konsonantenalphabets weisen auf Grund eines genauen Vergleichs der nordsemitisch-phönikischen Buchstaben mit den Schriftzeichen anderer Systeme (Abb. 122, 123, 124, 127) darauf hin, daß der Erfinder bei der Auswahl seiner Zeichen umsichtig und eklektisch verfahren ist. Vor allem scheint er die Formen der kretischen Schrift bevorzugt zu haben (Abb. 124), ohne dabei ihren Silbencharakter zu berücksichtigen. Die nordsemitisch-phönikischen, die kretischen und sonstigen Schriftzeichen ähneln sich nur im Äußeren, das Wesen des ersten Konsonantenalphabets wird dadurch nicht berührt.

Eine äußere Ähnlichkeit der Formen läßt sich auch feststellen für einige nordsemitisch-phönikische Buchstaben und die Zeichen aus der Mittel- und Jungsteinzeit. Doch kann von einer Schrift weder im Azilien noch in der anschließenden Mittelsteinzeit, noch in der frühen Jungsteinzeit (Alvão) die Rede sein. Die buchstabenähnlichen Zeichen der Altsteinzeit, auch die von Mas d'Azil (Mittelsteinzeit) und Alvão (frühe Jungsteinzeit), müssen als magisch-religiöse Symbole, vor allem im Dienst des Ahnen- oder Totenkultes, angesehen werden. Auch gelangte ein beträchtlicher Teil solcher buchstabenähnlichen Zeichen, deren Bedeutung sich mehrmals änderte, im Lauf der Zeit zu fernen Völkern und bildete zur Zeit der Schriftentstehungen (Bilderschriften) und Schrifterfindungen (phonetisierte Schriften) ein gemeinsames Kulturgut, vor allem für den Nahen Orient. Diese Ansicht wird durch die Tatsache erhärtet, daß sich einige Buchstaben des ersten Konsonantenalphabets in ihren äußeren Formen bis zu Alvão und Mas d'Azil zurückverfolgen lassen (Abb. 130). Einige Schriftzeichen des nordsemitisch-phönikischen Alphabets können weder auf andere voralphabetische Schriften noch auf frühere magisch-religiöse Symbole zurückgeführt werden. In diesen wenigen Fällen muß es sich auch äußerlich um eine Schöpfung des Schrifterfinders handeln. Dem großen nordsemitisch-phönikischen Genie, das den bedeutendsten Schritt in der Schriftgeschichte der Menschheit zu machen vermochte, kann ohne Zweifel auch die Erfindung von äußeren Formen zugetraut werden.

Die große Leistung des ersten Konsonantenalphabets bestand aber bei weitem nicht in der Schaffung äußerer Buchstabenformen, sondern vor allem in der Erfindung eines Buchstabensystems von nur 22 Zeichen, und zwar 22 Konsonanten. D. Diringer sagt: ›Einige Völker (das antike Zypern, Japan u. a.) entwickelten ein Silbensystem. Nur die syrisch-palästinischen Semiten brachten ein Genie hervor, das die alphabetische Schrift schuf, in der alle früheren und gegenwärtigen Alphabete ihren Ursprung haben.‹

3. DIE NORDSEMITISCHEN SCHRIFTEN

Von den Völkern der Semiten haben die ostsemitischen Akkader (Babylonier und Assyrer) als erste in der Schriftgeschichte eine große Rolle gespielt. Sie hatten, insbesondere im 2. vorchristlichen Jahrtausend, von den nichtsemitischen Sumerern, die Keilschrift angenommen und sie ihrer Sprache angepaßt. Die Ägypter, deren Schriftsystem zur Erfindung des ersten Konsonantenalphabets anregte, gehören zwar zum Teil auch den Semiten an, doch ist ihre Abzweigung vom semitischen Stamm schon in einer allzu weit im Dunkel der Vorgeschichte zurückliegenden Zeit vor sich gegangen. Zudem trägt der hamitisch-nordafrikanische Einschlag dazu bei, daß sie nicht als Semiten im engeren Sinn des Wortes wie die Ost-, Nord- und Südsemiten angesehen werden können.

Zu den Nordsemiten (eigentlich Nordwestsemiten) zählen die Völkergruppen, die folgende Sprachen sprechen: a) das Kanaanäische, mit den Untergruppen des Hebräischen, Moabitischen, Phönikischen, Amoräischen und der – seit 1930 durch die sogenannte ›ugaritische Schrift‹ bekannt gewordenen – Sprache von Ras Šamra; b) das Aramäische. Die meisten Gelehrten – darunter M. Lidzbarski und H. Jensen – unterscheiden drei Hauptgruppen der miteinander engverwandten nordsemitischen Sprachen und Schriften, und zwar nach der zeitlichen Reihenfolge: die phönikische, die kanaanäische und die aramäische Sprache und Schrift. Wir folgen dieser Gruppierung. Es sei jedoch schon hier erwähnt, daß die spätere sogenannte hebräische Quadratschrift (s. Abschnitt 7 dieses Kapitels) wie auch die arabische Schrift nicht der Gruppe der althebräischen, d. h. kanaanäischen Schrift angehört, sondern vielmehr dem aramäischen Schriftenkreis.

Als Südsemiten sind die Völkergruppen im alten Südarabien, am Indischen Ozean und am Roten Meer sowie die späteren Abzweigungen nach dem nördlichen Sinai, nach Transjordanien und sogar nach Syrien anzusehen (nach der biblischen Überlieferung sind es die Völker von Scheba und Hazarmaveth usw., vgl. 1. Mose 10, 7 und 10, 26). Ihre Schriften – wahrscheinlich nach dem Vorbild der Sinai-Schrift entstanden oder erfunden – sind einmal um einige Jahrhunderte jünger als das nordsemitisch-phönikische Konsonantenalphabet, zum anderen liegen sie außerhalb des Stammbaumes des lateinischen Schriftsystems. Aus diesem Grund werden die südsemitischen Alphabete bei der Verfolgung des großen vor- und frühgeschichtlichen sowie späteren Werdeganges der heutigen lateinischen Schrift außer acht gelassen.

In allen nord- bzw. nordwestsemitischen Schriften werden – das ist ihr Hauptcharakteristikum – nur Konsonanten bezeichnet. Die Namen der nordsemitischen Konsonanten sind aus der Abb. 132 zu ersehen. Der Grund für die Vokallosigkeit liegt in der Struktur der semitischen Sprachen. In ihnen wird der Wortstamm oder die Wortwurzel durch Konsonanten getragen, und die Vokale dienen nur zur Bezeichnung der grammatischen Fälle oder sonstigen Einzelheiten, vor allem der Aussprache. Verschiedene semitische Dialekte haben zwar verschiedene Vokale gebraucht und gebrauchen sie immer noch, die Konsonanten aber waren und sind in allen Dialekten gleich.

Viel später als die früheste nordsemitisch-phönikische Schrifterfindung sind die Halbkonsonanten für Vokalbezeichnung – ähnlich wie in der ägyptischen Schrift – verwendet worden: das aleph für *ā*, das jōdh(*j*) für *i*, das *hē* für *ē*, das ᶜajin ebenfalls für *ē* und das wāw für *w*, *ū* und *ō*; nur war ihre Anwendung nie folgerichtig. Später sind dann gewisse Zeichen, meistens Punkte (wie in der hebräischen Quadratschrift), für die Vokalangabe eingeführt worden. Aber auch dieses System konnte nie eine Ausschließlichkeit erreichen; die hebräische Quadratschrift und die arabische Schrift haben bis heute das alte Konsonantensystem beibehalten: ein Zeichen dafür, daß das Fehlen der Vokale weder damals noch heute unbedingt als ein Mangel empfunden wurde. Ja, die Vokallosigkeit der semitischen Schrift hatte nach D. Diringer auf längere Sicht

Laut-wert	Lateinische Umschrift	Griechische Umschrift	Hebräisch	Bedeutung	Laut-wert	Lateinische Umschrift	Griechische Umschrift	Hebräisch	Bedeutung
ʾ	āleph	ʾαλεφ, ʾαλφ	אלף	Rind	l	lāmedh	λαμεδ, λαβεδ, λαβδ	למד	Ochsenstachel ?
b	bēth	βηθ	בית	Haus	m	mēm	μημ	מם	Wasser
g	gīmel	γιμελ, γιμλ	גימל	Kamel ?	n	nūn	νουν	נון	Fisch
d	dāleth	δαλεθ, δελεθ, δελθ	דלת	Türflügel	s	sāmekh	σαμεχ, σαμχ	סמך	Stütze ? Baum ? Zweig ?
h	hē	ἡ	הא, הי	?	ʿ	ʿājin	αἶν	עין	Auge
w	wāw	οὖαυ	וו	Haken, Nagel	p	pē	πη, φη	פה	Mund
z	zajin	ζαιν, ζαι	זין	Waffe	ṣ	ṣādhē	σαδη, τιαδη	צדי	Fischerhaken ? Treppe ?
ḥ	ḥēth	ἡθ	חית	Zaun ?	q	qōph	κωφ	קוף	Hinterkopf ? Affe? Helm?
ṭ	ṭēth	θητ	טית	Ballen ? Schlauch ?	r	rēš	ρηϛ, ρηχϛ	ריש	Kopf (Seitenansicht)
j	jōdh	ἰῶδ ἰῶθ	יוד	Hand, Profil	š, ś	šīn, śīn	σεν, χσεν	שין	Zahn
k	kaph	καφ	כף	Handfläche, gekrümmt	t	tāw	θαυ	תו	Kreuz? Zeichen (im allgemeinen Sinn)

132 Namen der nordsemitischen Konsonanten in nordsemitisch-hebräischer Sprache (die phönikischen Namen sind nicht erhalten), lateinisch, griechisch und hebräisch geschrieben, und ihre vermutlichen Bedeutungen.

mehr Vorteile als Nachteile. Auf jeden Fall konnte dadurch das Alphabet so viele Jahrhunderte fast unverändert bleiben. Es darf aber nicht außer acht gelassen werden, daß die Vokallosigkeit nur den semitischen Sprachen allein entspricht und nicht den übrigen Sprachen.

Wegen der Vokallosigkeit wie auch noch aus manchen anderen Gründen haben einige Gelehrte (F. Praetorius, H. Pedersen, A. Schmitt, I. J. Gelb usw.) angenommen, daß alle semitischen Schriftzeichen – und nicht nur die ostsemitischen – eigentlich Silben und nicht Buchstaben oder Konsonanten darstellen. Vielmehr scheint aber die semitische Schrift überhaupt eine Mischung von zwei Schriftprinzipien, einer Silben- und einer Buchstaben- oder Konsonantenschrift, zu sein. Die Zeichen der semitischen Schrift haben auch als konsonantische Silbenauslaute den Wert eines reinen Einzelkonsonanten, wie die folgenden Wörter beweisen (die auslautenden Einzelkonsonanten ohne jede silbische Beschaffenheit sind zum klaren Verständnis unterstrichen): qāṭaltë, qāṭalnū; solche Beispiele lassen sich endlos aufzählen: kātabtë, kātabti, kātabnū. Diese Ansicht wird hauptsächlich von H. Jensen vertreten.

In Einzelfragen bestehen in der Wissenschaft verschiedene Auffassungen. So bestreitet I. J. Gelb, daß bei der Vokalangabe in der semitischen Schrift später unter griechischem Einfluß das Zeichen šëwa (aus dem Wort *šawʾ* = ›nichts‹ entstanden) für auslautende Konsonanten geschaffen wurde. Dagegen läßt sich einwenden, daß es sich bei der šëwa-Schreibung für konsonantisch schließende Silben (siehe oben die unterstrichenen Buchstaben) ›um eine ganz späte Grammatikererfindung handelt‹ (H. Jensen).

Beim Ansetzen von Punkten und Strichelchen als Vokalbezeichnung für Konsonanten mit je einem Vokal war es folgerichtig, auch die vokallosen Konsonanten (s. die unterstrichenen Mitlaute) mit solchen Zeichen zu versehen. Es bestand ›also eine Art Systemzwang‹ (H. JENSEN). Hinzuzufügen ist noch, daß die semitischen Schriften – hätten sie reinen Silbencharakter – unvermeidlich wesentlich mehr als 22 Schriftzeichen haben müßten.

Ein weiteres Charakteristikum der nordsemitischen Schriften wie der semitischen überhaupt ist ihre Linksläufigkeit. In ihr sieht der Schweizer Schriftpsychologe M. PULVER eine Tendenz, ›zum Ich und Ursprung zurückzukehren‹ – als Gegensatz zur abendländischen Extraversionsbestrebung, die in der Rechtsläufigkeit der Schrift zum Ausdruck kommt.

4. DAS PHÖNIKISCHE KONSONANTENALPHABET UND SEINE ENTWICKLUNG

Die Namen der phönikischen Konsonanten sind uns nicht erhalten; wir können höchstens die Namen der nordsemitischen Schriftzeichen im allgemeinen und lediglich in hebräischer Sprache aus sehr späten rabbinischen Überlieferungen feststellen (Abb. 132), doch herrschen in mehreren Fällen noch Unsicherheiten.

Nach einer Theorie aus dem Jahre 1904 (TH. NÖLDEKE) sind ›die ältest erreichbaren Formen der semitischen Buchstabenbenennungen‹ wie folgt: ʾalf, bēt, gaml (geml), delt, hē, wau, zai (zain?), ḥēt, ṭēt, jōd, kaf, lamd, mēm, nūn, semk (samk), ʿain, pē (pā?), ṣādē, qōf, rōš (rēš), šīn, tau.

Die drei frühesten Denkmäler des phönikischen Konsonantenalphabets wurden von M. DUNAND zu Byblos in Phönikien gefunden und – zusammen mit den bereits in Kapitel III behandelten Inschriften der ›Schrift von Byblos‹ – im Jahre 1945 veröffentlicht. Das älteste Schriftdenkmal ist – nach Dunand – das sogenannte ʿAbdo-Fragment aus dem 17. oder 16. Jahrhundert v. Chr. (Abb. 133). Das zweite ist die Šapaṭbaʿal-Inschrift aus dem – wieder nach Dunands Datierung – 16. oder 15. Jahrhundert v. Chr. (Abb. 134). Das drittälteste Schriftdenkmal ist der sogenannte Azrubal-Spachtel aus dem 14. Jh. v. Chr. – Dunand datierte ihn später aus archäologischen Gründen, allerdings nicht überzeugend, in das 11. Jh. v. Chr. – (Abb. 135).

Das nächste phönikische Schriftdenkmal wurde ebenfalls in Byblos im Jahre 1923 von dem Franzosen P. MONLET gefunden und als die Aḥiram-Inschrift bezeichnet (Abb. 136, 137); sie stammt vom Ende des 13. Jahrhunderts v. Chr. (Dunand und nach ihm später auch Donner und Röllig sowie Gelb, Friedrich usw. verlegten sie in die Zeit um 1000 v. Chr.) Alle diese frühesten bekannten Schriftdenkmäler des ›altphönikischen Alphabets‹ (die ʿAbdo-, Šapaṭbaʿal-, Azrubal- und Aḥiram-Inschrift) haben kurze senkrechte Striche als Worttrenner. Die Schriftzeichen der verschiedenen Denkmäler weichen, trotz der großen, trennenden Zeiträume, nur ganz unwesentlich voneinander ab. Daraus läßt sich folgern, daß das phönikische Konsonantenalphabet schon in den frühesten Zeiten – vermutlich schon von seiner Erfindung an – ein starkes Beharrungsvermögen hatte.

Von den anderen, kleineren Schriftdenkmälern des phönikischen Konsonantenalphabets aus dem 12. Jahrhundert v. Chr. seien erwähnt: die Bauinschrift von Jeḥimilk (König von Gebāl; ihre Buchstabenformen s. Abb. 142, Spalte 6); einige Buchstaben auf einer bronzenen Pfeilspitze von Ruweiseh oder Roueisseh im Libanon, etwa aus dem 11. Jahrhundert v. Chr., und die kurzen Inschriften von den Königen ʿAzarbaʿal, Abībaʿal, Elībaʿal aus dem 10. vorchristlichen Jahrhundert. Das früheste phönikische Schriftdenkmal, das außerhalb Phönikiens – nämlich bei Dībān (östlich vom Toten Meer in Palästina) – 1868 gefunden wurde, ist die sogenannte Stele des Meša (König von Moab). Sie läßt sich in das Jahr 842 v. Chr. datieren (vgl. Bibel: 2. Könige 3, 4 und 3, 27). Die Inschrift umfaßt 34 Zeilen (Abb. 138) und enthält schon einige kursive Formen, die erstmals auf diesem Denkmal der phönikischen Schrift auftreten. ›Bereits in der Schrift des Mešasteines – stellt M. LIDZBARSKI fest – läßt sich eine Neigung zum Kursiven nicht verkennen. Diese zeigt sich besonders in der Tendenz der mit einem nach unten gehenden Striche abschließenden Buchstaben, an ihren Enden der nach links strebenden Hand zu folgen... Sonst aber weisen die Zeichen noch eine gewisse Reinheit und Individualität auf: kein Buchstabe, der einem anderen gliche und mit ihm verwechselt werden könnte.‹

Der Mešastein ist die älteste phönikische Inschrift, auf der es nicht nur Worttrenner – je einen Punkt –, sondern auch Satztrenner in Form eines senkrechten Striches gibt; diese Interpunktionszeichen weisen auf ihren Ursprung in Kreta, Kypern oder Griechenland hin. Die erste Zeile, von rechts nach links verlaufend, enthält sieben Worte mit insgesamt 22 Buchstaben. Das letzte Wort mit zwei Buchstaben hat deshalb keine Worttrennung, weil die Zeile mitten in einem Wort unterbrochen wird. Das erste Wort der zweiten Zeile enthält vier Buchstaben, dann folgt der Satztrenner (|). Der Leser kann sich hier ein wenig in der Schrift des frühesten Konsonantenalphabets üben, was ihm noch erleichtert wird, wenn er zusätzlich zur Abb. 138 die Spalten 1 und 7 der Abb. 142 beachtet. Der Name Mēšaʿ wird phönikisch nur mit den beiden Konsonanten *m š* und einem Halbkonsonanten ajin am Schluß, von rechts nach links, geschrieben: 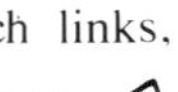. Das Wort ›Moab‹ schreibt man 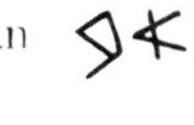 und ›König‹ (= melek) 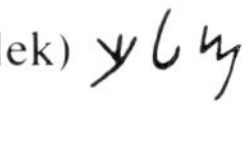.

133 Das ʿAbdo-Fragment (17.-16. Jahrhundert v. Chr.?).

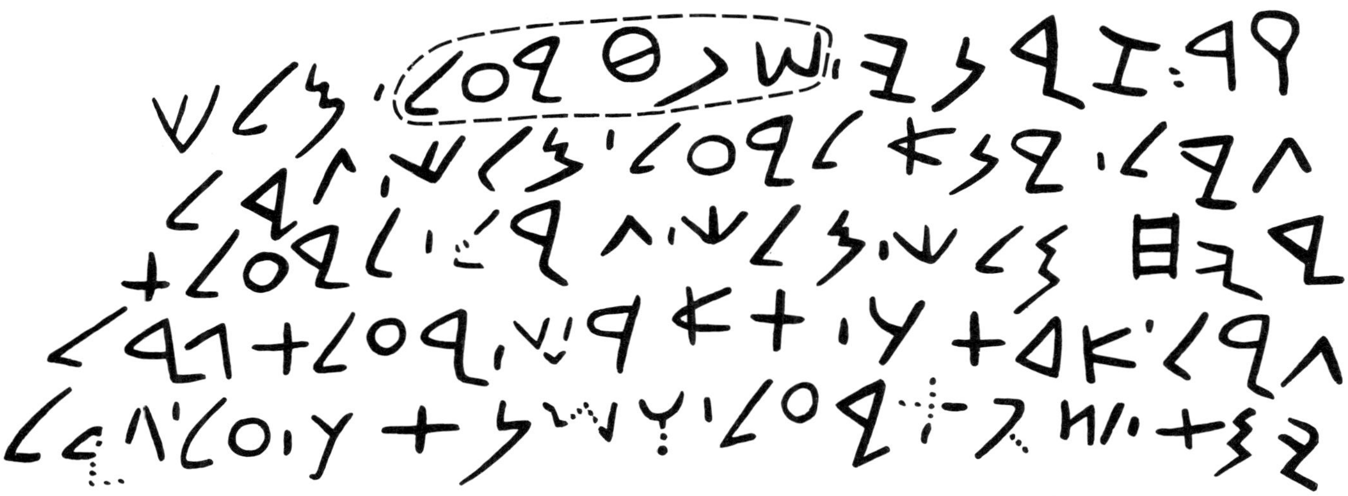

134 Die Šapaṭbaʿal-Inschrift (16.–15. Jahrhundert v. Chr.?).

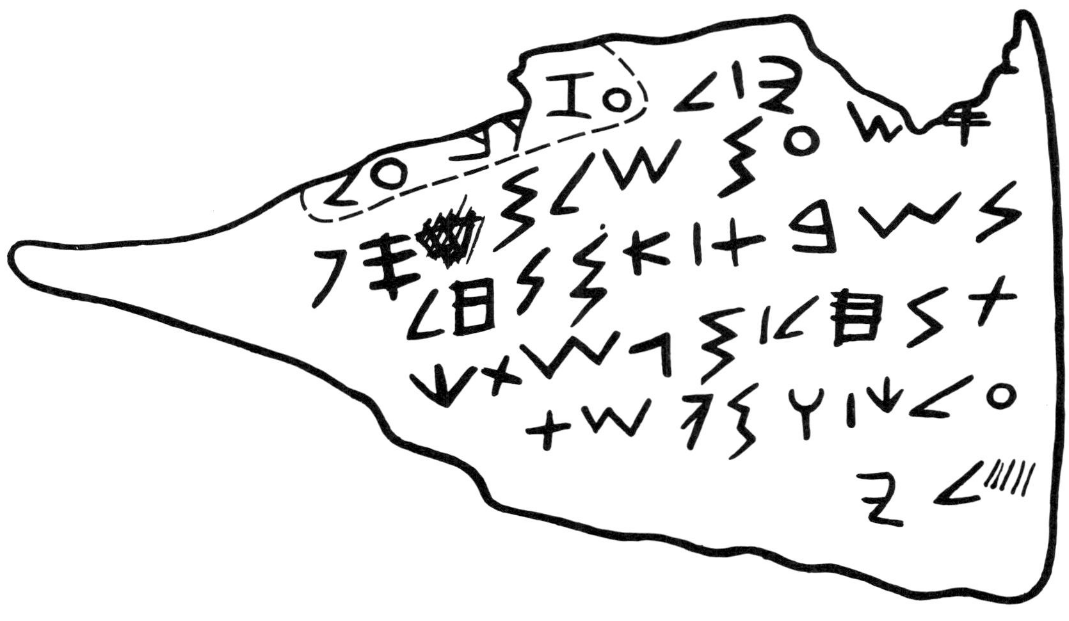

135 Der Azrubal-Spachtel (14., vielleicht 11. Jahrhundert v. Chr.).

133–135 Die ältesten bekannten Schriftdenkmäler der Menschheit mit Buchstaben bzw. Konsonanten: frühphönikische Inschriften aus Byblos. Die gestrichelten Linien umschließen die drei Eigennamen (phönikisch von rechts nach links geschrieben):

a) ʿ b d ʾ (d. h. ʿAbdo), b) š p ṭ b ʿ l (d. h. Šapaṭbaʿal) c) ʿ z r b ʿ l (d. h. Azrubal oder Azdrubal)

Diese Schriftzeichen sehen unbeholfen und unebenmäßig aus, doch stellen sie eine schon sehr hohe Entwicklungsstufe der Schreibkunst mit Konsonanten und Worttrennung (ein senkrechter Strich) dar.

136 Kalksteinsarkophag des Königs Aḥiram oder Aḥīrōm von Gebāl (oder Gubla?) mit altphönikischer Inschrift. Ende 13. Jh. (oder um 1000) v. Chr.

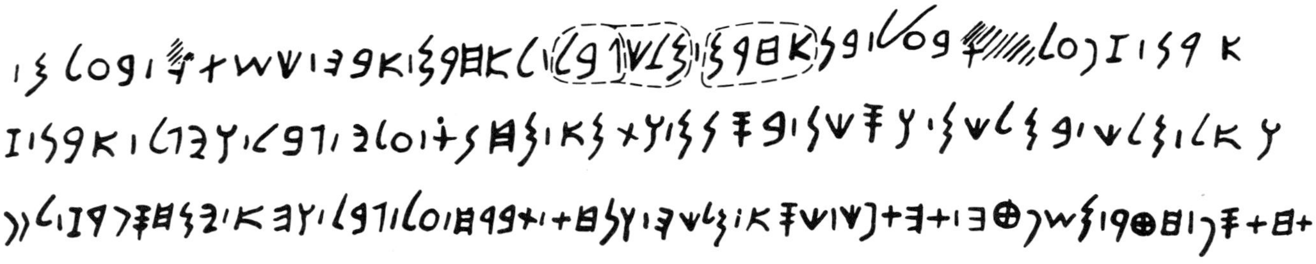

137 Umzeichnung der altphönikischen Inschrift am Kalksteinsarkophag des Königs Aḥiram oder Aḥīrōm von Gebāl oder Gubla? (Abb. 136), Ende des 13. Jh. (oder um 1000) v. Chr. Die Umschrift der ersten Zeile, von rechts nach links verlaufend:

ʾ-r-n zp-ʿ-l t(?)-b-ʿ-l b-n ʾ-ḥ-r-m m-l-k g-b-l l-ʾ-ḥ-r-m ʾ-b-h k š-t-h b-ʿ-l-m

Die Übersetzung: ›Diesen Sarkophag machte Eth (?)baʿal, Sohn des Aḥiram oder Aḥīrōm, des Königs von Gebāl (Gubla), für Aḥiram, seinem Vater als seine Ruhestätte in Ewigkeit.‹ Altphönikische Schreibweise (13.Jh.v.Chr.?) für den Namen Aḥiram (Aḥīrōm) aleph+ḥ+r+m= das Wort ›König‹ melek=m+l+k= Stadtname ›Gebāl‹ oder ›Gubla‹ g+b+l=

Die äußeren Formen des ersten Konsonantenalphabets deuten schon die späteren griechischen bzw. lateinischen Buchstaben an.

Als früher Übergang von der altphönikischen zur ›mittelphönikischen‹ Schrift gilt die kurze Inschrift von zwei Zeilen, die an einem Koloß des Felsentempels zu Abū Simbel (Südägypten) im Jahre 1845 gefunden wurde (Abb. 140). Die Inschrift stammt aller Wahrscheinlichkeit nach von einem phönikischen Söldner des ägyptischen Königs Psammetich I. (664–610) oder Psammetich II. (594–588).

Die nächstältesten phönikischen Schriftdenkmäler stammen aus einer viel späteren Zeit, aus dem 5. bis 3. Jahrhundert v. Chr. Sie wurden in Phönikien gefunden. Diese Epoche des phönikischen Alphabets wird ›mittelphönikisch‹ bezeichnet. (Für die Formen der mittelphönikischen Buchstaben s. Abb. 142, Spalte 8.)

In der phönikischen Kolonie Karthago (Nordafrika, in der Nähe des heutigen Tunis) hat das erste Konsonantenalphabet seine zwei letzten Phasen entwickelt: a) die sogenannte ›karthagische‹ oder ›punische‹ Form (Abb. 139), von 300 v. Chr. bis zur Zerstörung Karthagos durch die Römer, 146 v. Chr.; b) die ›neupunische‹ Form (Abb. 141), von 146 v. Chr. bis etwa zum 3. Jahrhundert n. Chr.

Die punische und neupunische Schrift zeichnen sich durch Kursivformen, Buchstabenverbindungen und übermäßige Verlängerung der Ober- und Unterlängen aus, weshalb L. Klages von der phönikischen Schrift verallgemeinernd behauptet, sie habe ein ›äußerst schlechtes Formniveau‹.

Die punische bzw. neupunische Schrift hat die erste phönikische um 4 bis 5 Jahrhunderte überlebt. Zur Zeit des Augustinus (354–430 n. Chr.), der in Karthago die Rhetorik studierte, war das Punische noch eine lebendige Sprache, obwohl damals schon nur lateinisch geschrieben wurde.

Die sogenannte ›Entwicklung‹ des phönikischen Konsonantenalphabets vollzog sich in einem Zeitraum von 18 bis 19 Jahrhunderten (Abb. 142), sie war ›rein äußerlich‹; die Zahl und der phonetische Wert der Buchstaben – bis auf die gelegentliche Vokalbezeichnung in der neupunischen Schrift unter lateinischem Einfluß – wie auch die linksläufige Schreibrichtung sind sich stets gleichgeblieben.

138 Stele des Meša, des Königs des alten Moabiterlandes (842 v. Chr.). Althebräische (moabitische) Sprache und altphönikische Schrift, linksläufig. Umschrift (rechtsläufig) des ersten Satzes, aus 7 Worten und 26 Buchstaben bestehend

1. ʾ-n-k. m-š-ʿ. b-n. k-m-š-m-l-k. m-l-k. m-ʾ-b. h-d- 2. j-b-n-j

Die Übersetzung aus der moabitischen Sprache, die mit der althebräischen ›fast identisch‹ ist: ›Ich bin Meša, Sohn des Kĕmōšmelek, König von Moab aus D-jbnj‹ (d. h. aus Diban oder Dibon). Das zweite Wort von rechts nach links oben ist der Name ›Meša‹, phönikisch geschrieben:

139 *Inschrift in der karthagischen oder punischen Form der phönikischen Schrift. Aus Gozo, Malta (3.–2. Jh. v. Chr.). Die Worte sind hier schon durch Zwischenräume getrennt – unter dem Einfluß der zeitgenössischen lateinischen Schrift.*
140 *Phönikische Inschrift als eine frühe Übergangsform von der altphönikischen Schrift zur mittelphönikischen, eingeritzt auf einem Koloß des Felsentempels zu Abū Simbel, Südägypten (aus dem 7. oder 6. Jahrhundert v. Chr.).*

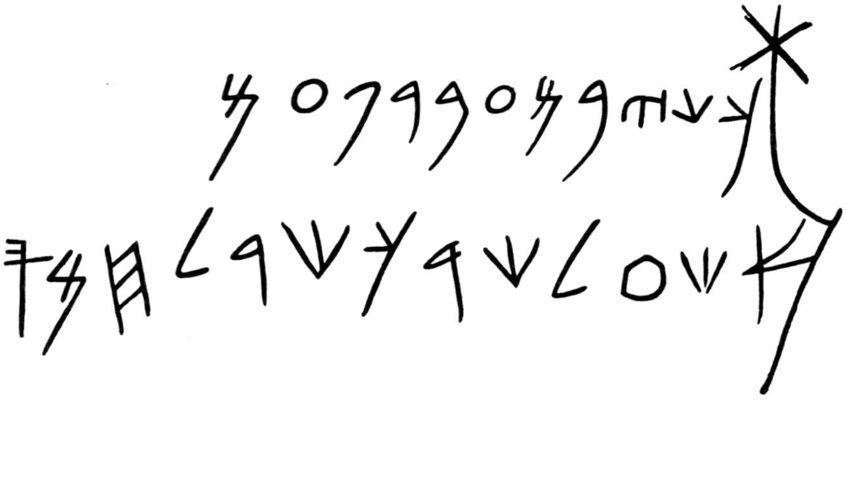

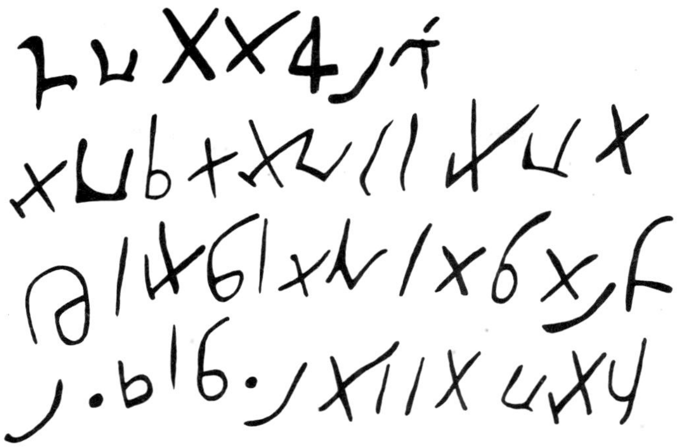

141 Neupunische Inschrift aus Gelma, Algerien (3. Jh. n. Chr.)

142 Entwicklung des phönikischen Alphabets. (Die ersten vier Spalten nach M. Dunand, die übrigen sechs nach H. Jensen.)

143 ›Bauernkalender‹ in kanaanäischer oder althebräischer Schrift auf Kalkstein, aus dem Jahr 900 v. Chr.; 1908 gefunden in Gezer, in der Nähe des neutestamentlichen Ortes Emmaus. Das älteste Denkmal der kanaanäisch-althebräischen Schrift, deren Buchstaben schon manche Abweichung von den altphönikischen Formen aufweisen.

5. DIE KANAANÄISCHE ODER ALTHEBRÄISCHE SCHRIFT

Ein anderer Zweig der nordsemitischen Schriften ist die kanaanäische oder althebräische Schrift. Ihr ältestes Zeugnis, der sogenannte ›Bauernkalender von Gezer‹ (Abb. 143), stammt von 900 v. Chr., aus einer Zeit, in der es aller Wahrscheinlichkeit nach schon ein vollständiges griechisches (archaisches) Alphabet mit Vokalzeichen gegeben hat. Die schriftgeschichtliche Bedeutung der kanaanäischen Schrift lag weit hinter der des wesentlich früheren und im gesamten Mittelmeergebiet verbreiteten Konsonantenalphabets der Phöniker.

Das wichtigste und umfangreichste Denkmal der kanaanäischen Schrift, die Siloah-Inschrift (Abb. 144, 145), entstand

144 Die Siloah-Inschrift mit kanaanäisch-althebräischen Buchstaben, 1880 an einer Wand des Siloah-Kanals bei Jerusalem entdeckt, auf dessen Bau sie sich bezieht. Vermutlich um 700 v. Chr., zur Zeit des Propheten Jesaja und des Königs Hiskia (Jesaja 22, 11 und 2. Könige 20, 20). Mit solchen Buchstaben schrieb Jesaja sein prophetisches Buch (Jesaja 8, 1). Übersetzung: ›... durchstochen wurde, und dies war der Hergang der Durchstechung (nämlich des Hügels): als noch (nicht schlug) das Eisen (= Beil) einer gegen den anderen, und als noch drei Ellen (nach waren), da hörte man die Stimme eines, der dem anderen zurief, denn es war eine Spalte (? z-d-h) im Felsen von Süden her; und am Tage des Durchstichs schlugen die Steinhauer einander entgegen Eisen auf Eisen (= Beil auf Beil), da flossen die Wasser vom Ausgang in den Teich 1200 Ellen weit, und 100 Ellen war die Höhe des Felsens über dem Kopf der Steinhauer.‹

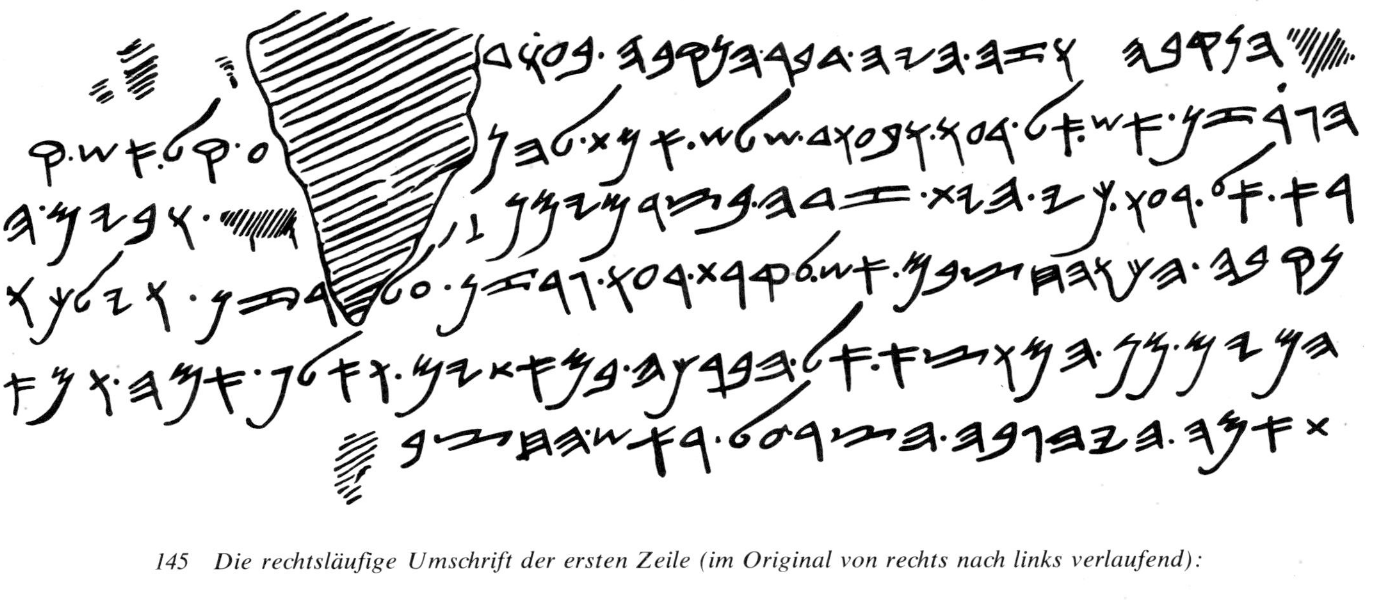

145 Die rechtsläufige Umschrift der ersten Zeile (im Original von rechts nach links verlaufend):

... h-n-q-b-h. w-z-h. h-j-h. d-b-r. h-n-q-b-h. b-ʿ-w-d ...

146 Münze des Simon Makkabäus (140–139 v. Chr.) mit archaisierend kanaanäisch-althebräischen Buchstaben in einer Zeit, in der die Juden schon eine andere Schrift (aus der aramäischen entwickelt) hatten.
Die Umschrift in lateinischen Buchstaben und in hebräischer Quadratschrift (in moderner Schreibweise) mit der Übersetzung:

a) Vorderseite

š (nt) b	*š q l*	*j ś r ᵓ l*
J (ahr) 2	*Münze*	*Israels*

In hebräischer Quadratschrift:

ש(נת)ב שקל ישראל

b) Rückseite

j r w š l j m	*h q d w š h*
Jerusalem	*das heilige*

In hebräischer Quadratschrift:

ירושלים הקדושה

um 700 v. Chr., zur Zeit des Propheten Jesaja, ›. . . des Usias, Jothams, des Ahas und Hiskia, der Könige Juda's‹ (Jes. 1, 1). Wegen der religionsgeschichtlichen wie kulturhistorischen Bedeutung der kanaanäisch-althebräischen Schrift bedarf die Siloah-Inschrift einer eingehenderen Betrachtung.

Die äußere Abweichung der kanaanäischen Buchstabenformen von den altphönikischen läßt – wie M. Lidzbarski festgestellt hat – darauf schließen, daß die althebräischen Schriftzeichen allmählich ›auffallend in die Breite gegangen‹ sind, während die phönikische Schrift ›immer schlanker und eleganter wurde. . . Nimmt sich die phönikische Schrift wie eine kaufmännische aus, so ist die hebräische eine winklige Gelehrtenschrift. Daß diese Nuancen nicht nur eine individuelle Eigentümlichkeit dessen waren, der die Vorlage der Siloah-Inschrift schrieb oder am Felsen vorzeichnete, kann man aus mehreren Siegelsteinen ersehen, deren Legenden denselben Charakter tragen.‹ Auch läßt sich nur aus dieser Form der Schrift die Entwicklung erklären, die das hebräische Alphabet in der Folge durchgemacht hat.

Eine Eigentümlichkeit der hebräischen Kulturgeschichte ist die allmähliche, aber radikale Verdrängung der althebräischen Sprache und Schrift durch die aramäische, vom 6. Jahrhundert v. Chr. an, d. h. während und nach der Babylonischen Gefangenschaft. Zur Zeit der nationalen Aufstände der fünf Makkabäer-Brüder mit ihrem Vater, dem Priester Mattathias im 2. Jahrhundert v. Chr., und während der Judenerhebungen gegen die Römer, im 1. und 2. Jahrhundert n. Chr., erschienen die althebräischen Buchstaben nochmals, allerdings fast nur auf Münzen. Ein Beispiel dafür ist die Münzinschrift aus der Makkabäerzeit auf Abb. 146. Rund drei Jahrhunderte lang tauchte somit die althebräische Schrift auf Münzen auf, um auf diese Weise das Volk an das alte Hebräertum zu erinnern.

Die Phase der Münzprägung brachte der kanaanäisch-althebräischen Schrift keine wesentliche Entwicklung mehr; nur die Abweichung von den Formen der Siloah-Inschrift fällt noch auf: Das Individuelle dieser Inschrift erscheint auf den Münzen in monumentaler Form. Nach der richtigen Feststellung des hervorragenden Forschers Lidzbarski hat hier das althebräische Alphabet schon ›beinahe den Charakter der griechischen Steinschrift‹ erreicht.

Außer den gelegentlichen Münzen tauchten in der Römerzeit althebräische Formen nur noch in der Schreibweise des Namens ›Jahweh‹ (=*jhwh*) auf (s. Abschnitt 7 dieses Kapitels). Es könnte fast als eine Ironie der Geschichte betrachtet werden, daß die althebräische Schrift gerade von den – bei

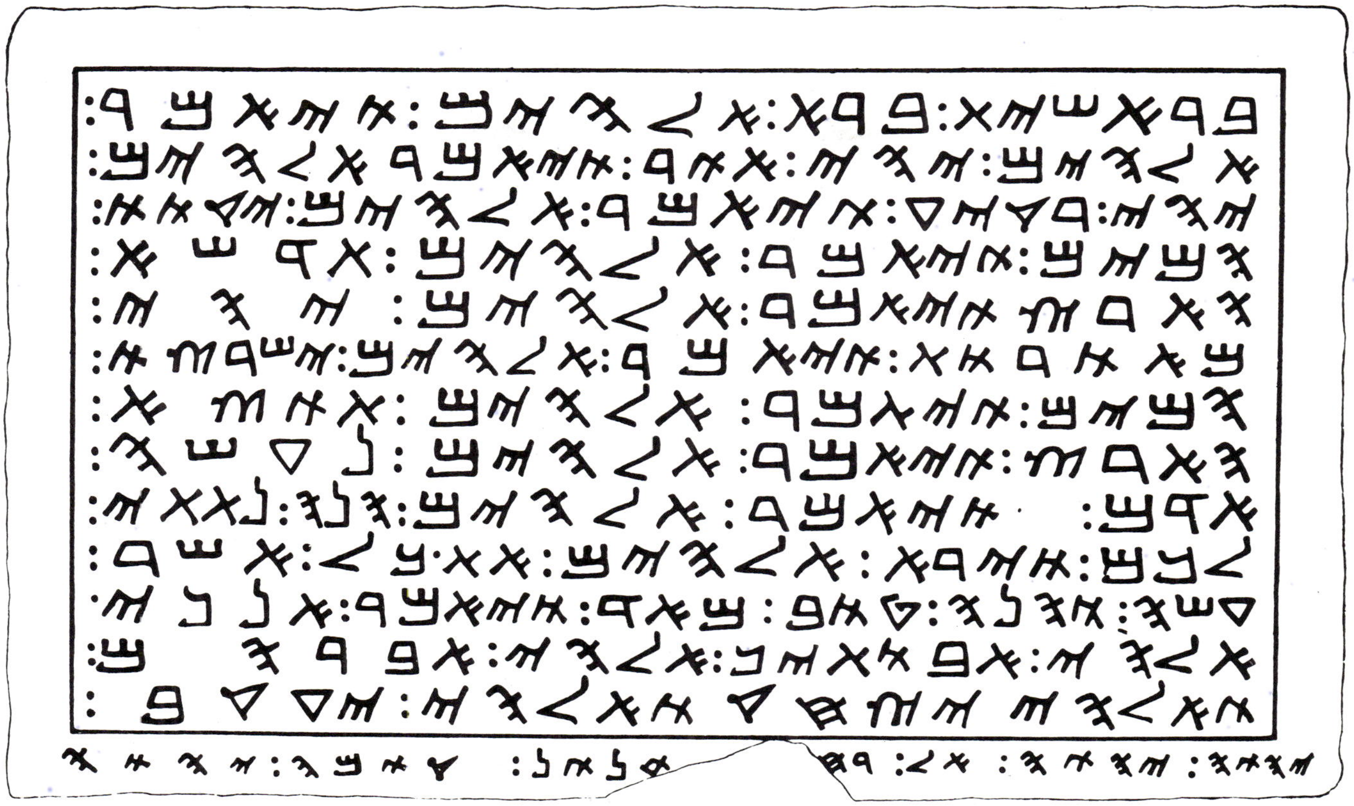

147 Samaritanische Inschrift, aus der althebräischen Schrift entwickelt, wahrscheinlich aus der Zeit vor der Zerstörung der samaritanischen Kultstätte auf dem Berg Garizim (bei Sichem, heute Nâbulus) durch den fanatischen ›Christen-Kaiser‹ Justinian (529 n. Chr.; der auch die fast 900jährige Akademie Platons in Athen schließen ließ). Die Inschrift wurde 1844 entdeckt.

den Hebräern so verhaßten und verachteten – Samaritern übernommen wurde und durch sie erhalten blieb. Und sie blieb es auch dann noch, als die Juden schon längst eine andere Schrift – die hebräische Quadratschrift – aus der aramäischen entwickelt hatten.

Schon seit der assyrischen Gefangenschaft der Juden (ab 722 v. Chr.), noch mehr aber während der Babylonischen Gefangenschaft (598/586–538 v. Chr.) hatten sich die Samariter – ein Mischvolk aus mesopotamischen und anderen Kolonisten – in Samaria, dem Land zwischen dem nördlichen Galiläa und dem südlichen Judäa, angesiedelt und sich im Lauf der Zeit mit den dort verbliebenen Juden vermischt. Obwohl sie die Religion der einheimischen Bevölkerung und damit auch die althebräische Schrift der Fünf Bücher Moses angenommen hatten, wurde ihnen von den aus der Gefangenschaft zurückgekehrten Juden der Zutritt zu deren neuerbautem Tempel in Jerusalem verwehrt. Es ist dies der erste Rassenstreit, der in der Geschichte der Menschheit bekannt geworden ist. (Vgl. Esra 10, 10–44.) Der Haß gegen die ›unreinen‹, rassisch gemischten Samariter war auch zur Zeit Christi noch nicht überwunden, wovon das Neue Testament zeugt: ›Da kommt ein Weib aus Samaria – heißt es im Johannes-Evangelium –, Wasser zu schöpfen. Jesus spricht zu ihr: Gib mir zu trinken! Spricht nun das samaritische Weib zu ihm: Wie bittest du, von mir zu trinken, so du ein Jude bist und ich ein samaritisch Weib? (Denn die Juden haben keine Gemeinschaft mit den Samaritern.)‹ Joh. 4: 7, 9.

Nun ist aber die samaritanische Schrift nicht nur die übernommene althebräische Schrift selbst, sondern deren Weiterentwicklung. Und wenn schon die althebräische Schriftform im Vergleich zur altphönikischen ›in die Breite gegangen‹ war (vgl. Abb. 144 mit Abb. 137, 138), so haben die Samariter diese Tendenz zur Breite noch mehr übertrieben und die bogigen Formen der kanaanäischen Schrift durch allerlei Winkel ersetzt; dadurch entstand eine etwas gekünstelte Zierschrift (Abb. 147). Lidzbarski hat es so formuliert: ›Das samaritanische Alphabet hat auf diese Weise ein viereckiges Aussehen erhalten, womit auch die althebräische Schrift in eine Art Quadratschrift mündete‹.

Später haben die Samariter die arabische Sprache angenommen, aber ihre alte Schrift – wenigstens in der Liturgie – bis heute beibehalten. In der Gegenwart gibt es nur noch einige hundert Mitglieder der jüdisch-samaritanischen Sekte in Nâbulus, einem Ort in Palästina, der früher Sichem hieß und in dessen Nähe der Berg Garizim mit der alten samaritanischen Kultstätte liegt.

148 Weihinschrift des Aramäerkönigs Panammu auf der für den Gott Hadad errichteten Statue (links). Die z. T. verstümmelte sogenannte Hadad-Inschrift von 34 Zeilen ist in aramäischer Sprache und – immer noch – in altphönikischer Schrift geschrieben; sie stammt aus der ersten Hälfte des 8. Jh. v. Chr. und wurde 1890 in Gerǧin in Nordsyrien gefunden.

149 Detail aus der linksläufigen Weihinschrift Abb. 148. Umschrift und Übersetzung des Anfangs ʾnk pnmw br qrl mlk jʾdj ›Ich (bin) Panammu, Sohn des Qaral, König von Jaʾdij‹. Das vorletzte Wort der 1. Zeile lautet: lhdd (𐤋𐤄𐤃𐤃) ›für Hadad‹.

6. DIE ABZWEIGUNG DES ARAMÄISCHEN KONSONANTENALPHABETS AUS DEM PHÖNIKISCHEN

Die Herkunft der Aramäer ist unklar, doch wird angenommen, daß dieses Nomadenvolk in mehreren Wellen aus dem nordöstlichen Arabien nach Syrien und Mesopotamien eingewandert ist. Die letzte Einwanderung erfolgte im 12. und 11. Jahrhundert v. Chr.

Auch die Bibel erwähnt den Namen ›Aram‹ (1. Moses 10, 22–23); obwohl die Aramäer von den Hebräern für ›Heiden‹ gehalten und – auf griechisch – meist ›Syrier‹ genannt wurden. Sie gründeten kleine Stadtstaaten, von denen der wichtigste, Damaskus, auch im Neuen Testament öfters vorkommt.

Anfangs bedienten sich die Aramäer der altphönikischen Schrift. Die frühesten aramäischen Schriftdenkmäler – z. B. das Schriftdenkmal des Königs ›Kilamuwa‹ (Abb. 150) – zeigen noch deutlich das altphönikische Konsonantenalphabet. Die Sprache ist hier zwar altaramäisch, die Schrift aber noch altphönikisch. Der Name ›Kilamuwa‹ steht oben in der ersten Reihe vom 4. bis 7. Buchstaben (linksläufig): *klmw* = 𐤊𐤋𐤌𐤅; es sind die phönikischen Formen mit etwas individuellem Einschlag, beispielsweise die nach links gehöhlten Grundstriche beim k und m (𐤊 𐤌).

Aus demselben Ort in Nordsyrien – und ungefähr aus der ersten Hälfte des 8. Jahrhunderts v. Chr. – stammt das nächste sprachlich aramäische Schriftdenkmal, die Weihinschrift des Aramäerkönigs ›Panammu‹ auf der Statue, die er für den

150 Schriftdenkmal des Königs Kilamuwa von Jaʾdij aus dem 9. oder 8. Jh. v. Chr., in altaramäischer Sprache, aber noch in nordsemitisch-altphönikischer Schrift. 1902 in Gerǧin (Nordsyrien) gefunden. Die ersten zwei Worte (von rechts nach links):

ʾnk · klmw (𐤀𐤍𐤊 · 𐤊𐤋𐤌𐤅) ›Ich (bin) Kilamuwa‹.

In den beiden frühesten Schriftdenkmälern der aramäischen Sprache in altphönikischer Schrift (Abb. 148–150) steht am Anfang das Wort ›Ich‹ (bin) noch in der alten Form mit k (ʾn k) und nicht mit h (ʾn h) wie in späteren Inschriften.

151 Stark verstümmelte Steinurkunde über die Einführung des Kultes an dem Gott Ṣalm in Teima (Nordarabien), 1884 dort gefunden. Die ›Inschrift von Teima‹ stammt aus dem 5.–4. Jh. v. Chr. Die aramäischen Schriftzüge sind hier schon voll entwickelt (s. S. 128). In dieser verwischten Handschrift kann der Leser wenigstens die beiden Namen ›Teima‹ und ›Ṣalm‹ entdecken: Das 1. Wort in der mit Pfeil angegebenen Reihe (von rechts nach links) heißt: tjmʾ (𐡕𐡉𐡌𐡀) d. h. Teima. Das 1. Wort der folgenden Zeile (von rechts nach links) lautet: ṣlm (das ṣ verwischt) (𐡑𐡋𐡌) d. h. Ṣalm.

Gott ›Hadad‹ errichtet hatte, daher die Bezeichnung ›Hadad-Inschrift‹. Die Schrift aber ist auch hier noch altphönikisch (Abb. 148, 149).

Erst die – jedoch stark verstümmelte – Steinurkunde über die Einführung des Kultes am Gott ›Ṣalm‹ in Teima (Nordarabien) aus dem 5. bis 4. Jahrhundert v. Chr. weist die Besonderheiten der aramäischen Schrift in größerem Maße auf (Abb. 151): Die Buchstaben (b, d, r, ʿajin usw.) sind oben meistens geöffnet, statt ○ (ajin) steht die aramäische Form ∪ oder – mit einer Tendenz zum Winkel – V; statt Δ (r) wird 4 oder Ч geschrieben usw.

Diese obere Öffnung dürfte schriftpsychologisch als geistige Empfangsbereitschaft, Aufgeschlossenheit und Anpassungsfähigkeit der Aramäer gedeutet werden. Das sind Eigenschaften, die es verständlich machen, warum die Schrift der Aramäer in diesen Jahrhunderten schon fast ganz Vorderasien erobert hatte.

Am ausgeprägtesten sind die typisch aramäischen Schriftmerkmale: die oben geöffneten Buchstaben und die (Abb. 152) Vorliebe für Winkelbildungen in der sog. ›Jagdinschrift‹ aus derselben Zeit zu sehen. Auch diese Jagdinschrift beginnt wie fast jede aramäische Memorialschrift mit: ›Ich (bin)‹, darauf folgt der Name, hier *Wnšwnš* ›Sohn des‹ – hier *ʾpwšj* = ; am Schluß bemerkt der Schreiber, daß er gelegentlich einer Jagd am dortigen Ort gefrühstückt hat. Diese kurze Felsinschrift verdient deshalb größere Aufmerksamkeit in der Schriftgeschichte, weil hier erstmals das Worttrennen durch den Wortabstand (Spatium) auftaucht.

Überdies hat sich noch im 5. Jahrhundert v. Chr. eine aramäische Buchschrift oder Kursive herausgebildet, die auf Papyri und Scherben in Ägypten (Elephantine und Assuan) geschrieben wurde und bereits einige Buchstabenverbindungen aufweist (Abb. 153). Den gesamten Entwicklungsgang der aramäischen Schrift aus der phönikischen zeigt die Tabelle der Abb. 154.

Als die Aramäer 732 v. Chr. unter die Herrschaft der Assyrer gezwungen wurden, begann die aramäische Sprache und Schrift fast den ganzen Nahen Orient zu erobern – ähnlich wie nach der politischen Angliederung Griechenlands an das Römische Reich griechisches Gedankengut sich erst richtig der Römer bemächtigte. Vom 7. Jahrhundert v. Chr. an war Aramäisch als Sprache und Schrift der Diplomatie vom Nahen Orient bis nach Persien in Gebrauch.

Allmählich gerieten auch die Hebräer unter den Einfluß der Aramäer, besonders während der Babylonischen Gefangenschaft. Sie haben zwar seit dem 6. Jahrhundert v. Chr. ihre eigene hebräische Quadratschrift aus der aramäischen Schrift entwickelt, doch behielten sie das Aramäische als Umgangs-

152 Die ›Jagdinschrift‹ aus dem 5.–4. Jh. v. Chr. Am augenfälligsten sind die aramäischen Züge (die Öffnung der Buchstaben nach oben und die Neigung zum Winkel). Die Felsinschrift wurde 1892 in Kilikien, d. h. außerhalb der Heimat der Aramäer gefunden. Erstmals werden hier die Wörter durch Zwischenräume getrennt. Die Umschrift der 1. Zeile und des 1. Wortes der 2. Zeile:

(1) ʾnh wšwnš br (2) ʾpwšj ›Ich bin Wšwns, Sohn des ʾpwšj ...‹

Hier ist das Wort ›Ich‹ (bin) (ʾnh) schon mit h am Schluß und nicht mehr mit k geschrieben (vgl. Abb. 148–150).

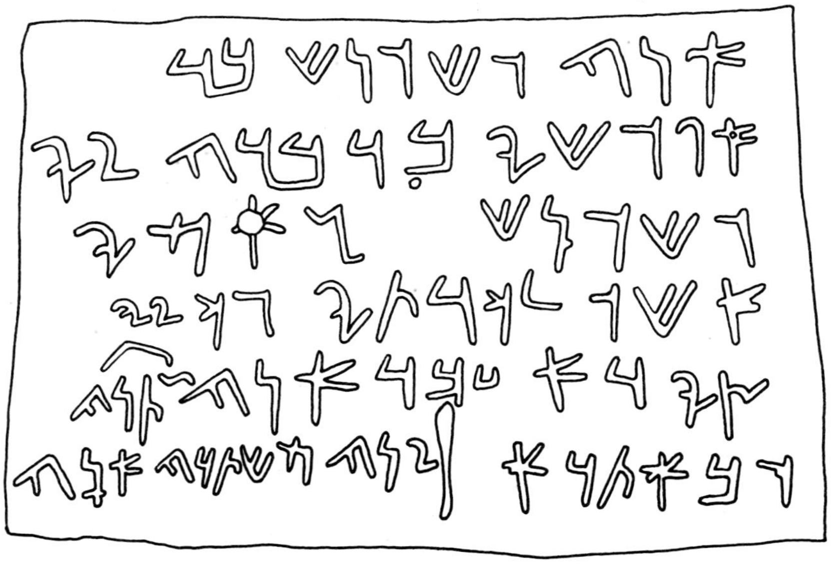

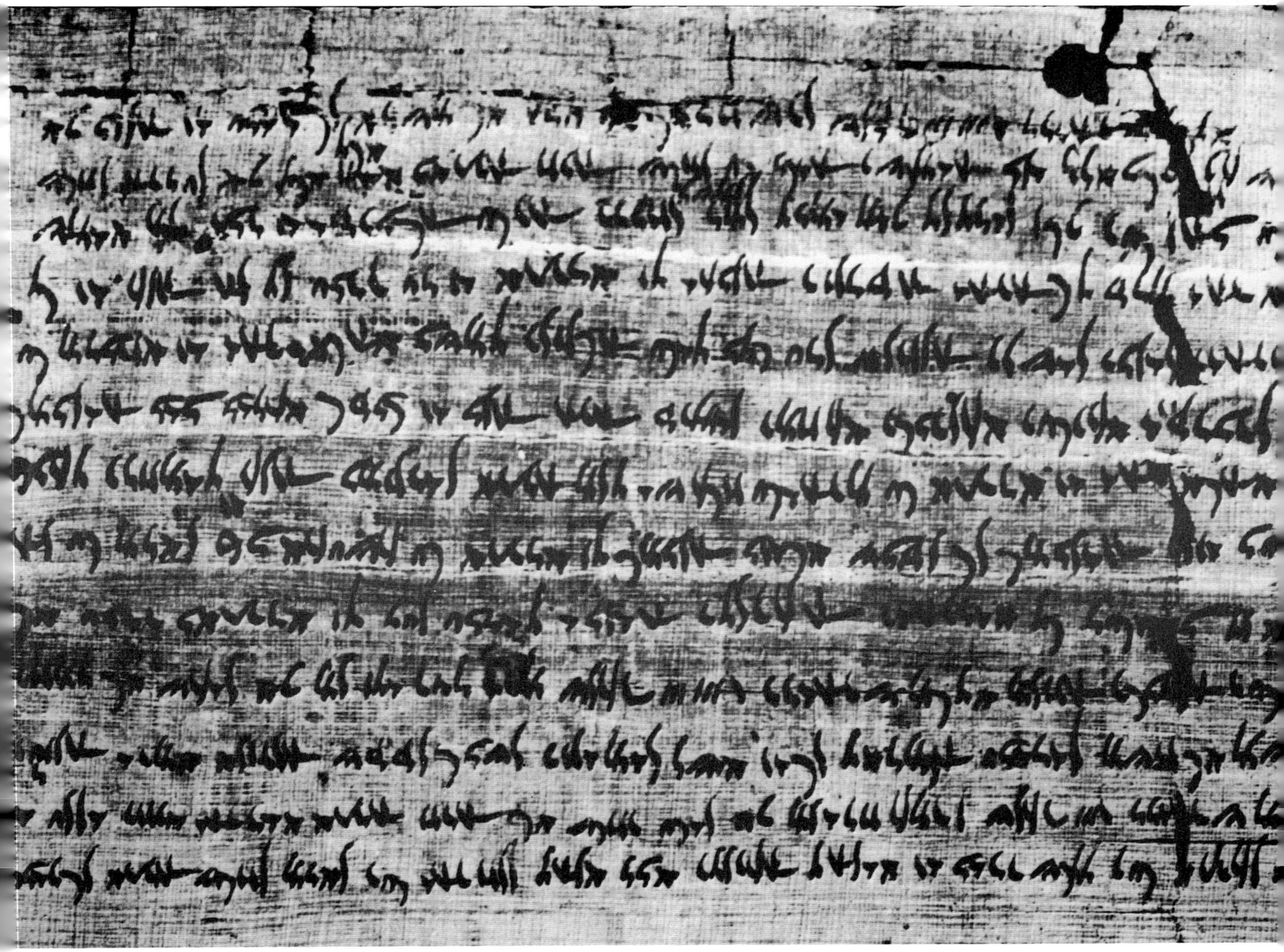

153 Papyrus in aramäischer Sprache und Schrift aus Elephantine (5. Jh. v. Chr.). Die Tendenz nach kursiven Formen hat schon manche Buchstabenverbindungen (Ligatur) geschaffen. Zahlreiche aramäische Papyri aus derselben Zeit wurden im oberägyptischen Assuan und auf der nahe gelegenen Insel Elephantine gefunden.

sprache bei. Aramäisch war damit auch die Sprache von Jesus, und in dieser ›Volkssprache‹ rief er am Kreuz die Worte: ›Eli, Eli, lĕma sabachthani?‹ (›Mein Gott, mein Gott, warum hast du mich verlassen?‹ Matthäus 27, 46 und Psalm 22, 2). Aramäisch haben auch seine ersten Jünger gesprochen, und die früheste ›christliche‹ Schrift, die Sammlung der Sprüche (griechisch ›Logia‹) Jesu durch Matthäus, war in dieser Sprache abgefaßt worden. Später war daraus das gleichnamige Evangelium geworden – allerdings erst nach der Entstehung des ältesten Evangeliums durch Markus. Die Sprache der Aramäer blieb über 1000 Jahre hindurch trotz des Verlustes der politischen Unabhängigkeit, vom 8. Jahrhundert v. Chr. bis zum Anfang der islamischen Ausdehnung im 7. Jahrhundert n. Chr., das internationale Verständigungsmittel in Vorderasien. Dann wurde sie vom Arabischen verdrängt. Daher ist es verständlich, daß auch die Schrift der Aramäer eine hervorragende Rolle in der Schriftgeschichte spielt.

Das ausgehende 3. Jahrhundert v. Chr. scheint die Blütezeit der aramäischen Schrift gewesen zu sein. Von da an bedingten politische und kulturelle Spaltungen auf dem ausgedehnten semitischen Sprachgebiet zahlreiche verschiedene Ausläufer der aramäischen Schrift; die bedeutendsten sind allerdings die bereits früher abgezweigte hebräische Quadratschrift und die wesentlich später entstandene nabatäisch-arabische Schrift.

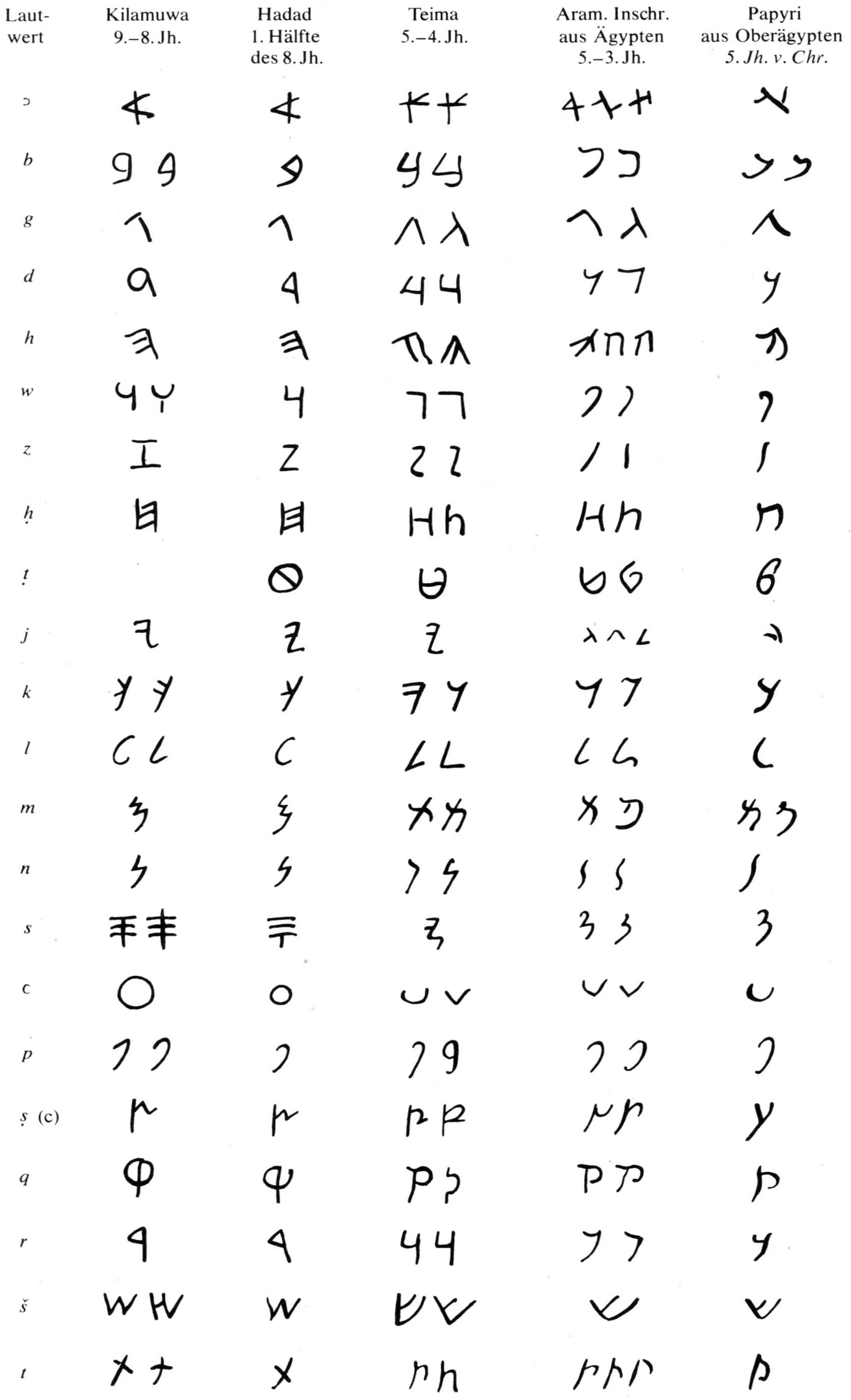

154 Entwicklung der aramäischen Schrift aus der altphönikischen.

7. DIE BEDEUTENDSTEN SEMITISCHEN AUSLÄUFER DES ARAMÄISCHEN KONSONANTENALPHABETS

a) Die hebräische Quadratschrift

In der Schriftgeschichte der Hebräer hat kein anderes Ereignis eine so große Rolle gespielt wie die Babylonische Gefangenschaft. In der Zeit zwischen 598 und 586 v. Chr. siedelte der babylonische König Nebukadnezar das Volk von Juda nach Babylonien um und hielt es dort unter Zwang zurück. Auch unter seinen Nachfolgern änderte sich am Schicksal der Hebräer nichts. Im Jahre 538 v. Chr. besiegte der persische König Kyros die Babylonier und ermöglichte den Hebräern – die nun schon einer anderen Generation angehörten – die Heimkehr. Die aramäische Schrift und Sprache machte zu dieser Zeit im ganzen Nahen Orient, insbesondere in Mesopotamien, große Eroberungen. Es ist anzunehmen, daß die nachfolgenden Generationen der Hebräer die dem Hebräischen nahe verwandte aramäische Sprache und Schrift in Babylonien erlernten. Die Beherrschung dieser internationalen Sprache war für sie in der Fremde zweifellos von großem Nutzen. Die heimkehrenden Hebräer brachten jedenfalls die Kenntnis der aramäischen Sprache und Schrift in das Land ihrer Vorfahren mit und behielten sie auch dort bei. In der Zeit nach der Babylonischen Gefangenschaft, im Jahre 458 v. Chr., weist der Staatsmann und Priester Esra das geprüfte Volk auf die Gesetze Moses hin, in deren Einhaltung er die sichere Zukunft sah. Der Einfluß der aramäischen Sprache und Schrift wurde auch von Esra anerkannt. 445 v. Ch. übernahm Nehemia die Regierung und sorgte für den Wiederaufbau der Stadtmauern von Jerusalem. Auch seine Reformen im Jahre 433 änderten nichts an Sprache und Schrift. Das Aramäische wurde durch alle Phasen der hebräischen Kulturgeschichte beibehalten. Doch haben die Hebräer die aramäische Schrift nicht nur übernommen: Ihre althebräische Schrift wirkte weiter, so daß sich schließlich im 5. bis 4. Jahrhundert aus der aramäischen Schrift die sogenannte hebräische Quadratschrift entwickeln konnte; sie ist heute noch die Schrift der Literatur und des Kultes.

Eine Inschrift aus der ersten Zeit der hebräischen Quadratschrift ist nicht überliefert. Auch das früheste bekannte Denkmal, die Grabinschrift von ᶜArāq el-Emīr aus Transjordanien, nördlich vom Toten Meer, besteht nur aus fünf Buchstaben, *twbjh,* und ist als Eigenname ›Tobijah‹ zu lesen (Abb. 155). Diese kurze Inschrift stammt aus dem Ende des 6. oder dem Anfang des 5. Jahrhunderts v. Chr.

Vier Jahrhunderte trennen das nächstälteste Denkmal der hebräischen Quadratschrift, die Inschrift eines Grenzsteins von Gezer (Abb. 156) aus der ersten Hälfte des 1. vorchristlichen Jahrhunderts, von der Grabinschrift aus ᶜArāq el-Emīr. Aber auch dieses zweitälteste Denkmal der hebräischen Quadratschrift enthält nur sechs Buchstaben. Die Grenzinschriften waren ja immer kurz, sie markierten die Grenze, die – nach dem Gesetz Moses – am Sabbath kein Jude überschreiten durfte. Wie sich die Quadratschrift dieser ersten vier Jahrhunderte entwickelte, vermögen wir aus Mangel an Schriftdenkmälern nicht zu sagen. Wir können nur die zwei letzten Spalten der Abb. 154 – die aramäische Schriftform zur vermutlichen Zeit der Erfindung der Quadratschrift – mit den Buchstaben des Grenzsteins von Gezer vergleichen.

Großes Aufsehen erregte 1947 die Auffindung des ersten Denkmals der hebräischen Quadratschrift mit einem ausgiebigen Text (Abb. 157). Erst jetzt erhielt der Vergleich der quadratschriftlichen Formen mit denen der aramäischen Schrift (Abb. 154) eine ausreichende Basis. Da die quadratische Gestaltung wenigstens als Tendenz bereits in der aramäischen Schrift vorhanden war und zu einer Zeit, als noch kein Holz als Schreibmaterial verwendet wurde, so können wir keinen solch äußeren Grund für die Entwicklungsform der hebräischen Quadratschrift annehmen wie I. J. Gelb. Die Gründe liegen offensichtlich viel tiefer, und sie lassen sich

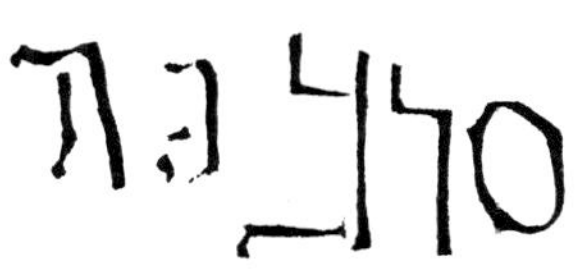

155 Das älteste Denkmal der anfänglichen hebräischen Quadratschrift: die Inschrift von ᶜArāq el-Emīr aus dem 6. oder 5. Jh. v. Chr. Sie besteht nur aus fünf Buchstaben. Nach Lidzbarski lautet sie:
ᶜrbjh (ערביה), d. h. ᶜArbijah.
Die richtige, Littmannsche Lesung ist:
twbjh (תוביה), d. h. Tobijah.

156 Der Grenzstein von Gezer (zwischen Jerusalem und Jaffa), 1908 gefunden, mit Inschrift in hebräischer Quadratform aus der 1. Hälfte des 1. Jh. v. Chr. Umschrift und Übersetzung der sechs Buchstaben:
tḥmgzr
(תחם גזר)
= ›Grenze von Gezer‹.

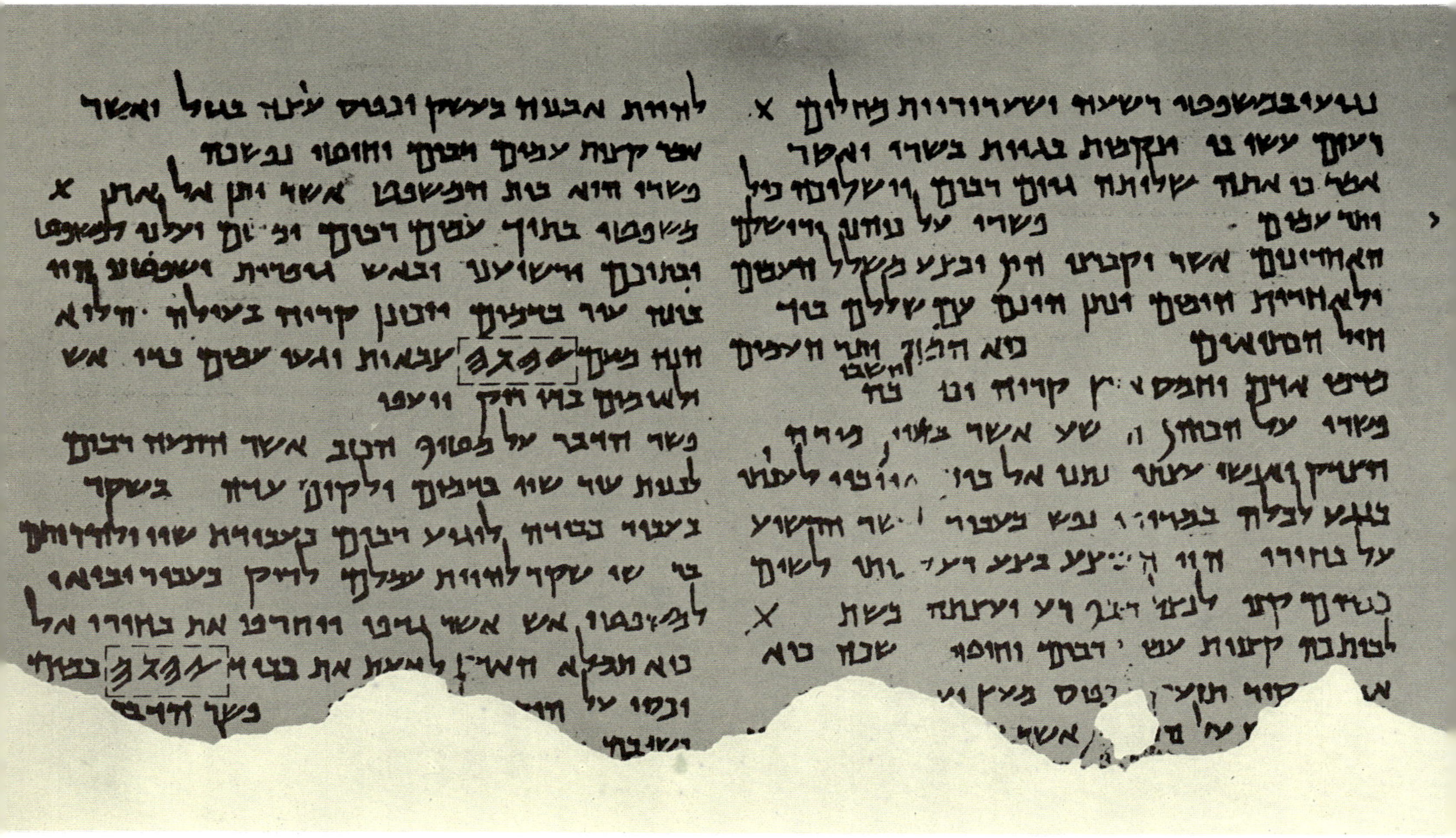

157 Zwei Kolumnen der Habakuk-Rolle in hebräischer Quadratschrift aus der Zeit Christi oder kurz davor. Mit solchen Buchstaben hat auch Jesus geschrieben (vgl. Johannes 8, 8). Die gestrichelten Linien in der 7. und 14. Reihe der linken Kolumne umschließen den Gottesnamen Jahweh in kanaanäisch-althebräischen Buchstaben. Dieser älteste Bibeltext wurde mit anderen ledernen Rollen – vorwiegend Bibeltexte – im Jahre 1947 in einer Gebirgshöhle nordwestlich des Toten Meeres – 12 km südlich von Jericho – durch zwei Beduinen entdeckt, die dort ihre Ziegen durchtrieben. Einer der beiden Beduinen kletterte einer Ziege nach und erblickte eine Öffnung im Felsen. Er rief den anderen herbei, und sie gelangten in eine Höhle, in der sich einige Tonkrüge mit ledernen Rollen befanden, die wohl seit dem 1. Jh. n. Chr. bis zu ihrer Entdeckung unberührt geblieben waren.

nur schriftpsychologisch richtig klären, wenn man dazu auch die geistige Situation der Zeit berücksichtigt. Durch den Priester Esra trat eine rein dogmatische, an die Vergangenheit stark gebundene Kulturepoche in der Geschichte der Hebräer ein, die kein liberales Verständnis für fremde Geisteshaltungen und demzufolge für das moralische Gebot der Nächstenliebe zu nichtjüdischen Menschen erlaubte. Ob dieser dogmatische Formalismus und Fanatismus, von dem Reste noch zur Zeit Christi und im Neuen Testament reichlich zu finden sind (Matthäus 23), richtig war oder nicht, sei dahingestellt; allein, daß die hebräische Quadratschrift in dieser geistigen Atmosphäre zustande kam, ist nicht zu bestreiten. Die völlige Absperrung der quadratischen Buchstaben nach oben – bis auf drei oder vier Ausnahmen – kann, schriftpsychologisch, für diese Zeit als Mangel an geistiger Empfangsbereitschaft und Aufgeschlossenheit oder als Fehlen einer Kontaktmöglichkeit zu Nichthebräern gedeutet werden. Die Buchstaben der hebräischen Quadratschrift (Abb. 157) und die moderne hebräische Druckschrift (Abb. 160, Spalte 5) sind – mit Ausnahme von ʾaleph, ṭ, ʿajin, ṣ und š bzw. ś nach oben vollkommen abgesperrt und nur nach unten und, zum Teil, nach links offen. Im Gegensatz zur hebräischen Quadratschrift liegt die Besonderheit der aramäischen Schrift – wie wir sahen – gerade in der Öffnung der Buchstaben nach oben. Das erklärt einmal die kulturhistorische Tatsache, daß die aramäische Schrift fast den ganzen Nahen Orient eroberte und jahrhundertelang beherrschte, zum anderen aber auch, daß die hebräische Quadratschrift seit ihrem Bestehen bis heute keinem fremden Volk jemals auch nur die geringste Anregung gegeben hat, sie zu übernehmen, sondern in völliger Isoliertheit verharrte.

Bei dem bedeutsamen Fund am Toten Meer (Abb. 157) handelt es sich um ein frühes Entwicklungsstadium der hebräischen Quadratschrift. Formen des vorlagemäßigen aramäischen Konsonantenalphabets – insbesondere die Buchstaben *g, h, w, ṭ* und *m* – sind zum Teil noch erhalten; und trotz der seit Jahrhunderten üblichen Verwendung von Holz als Schreibmaterial hat sich die quadratische Form noch nicht allgemein durchgesetzt.

Große Mühe bereitet die Lesbarkeit einer Konsonantenschrift überhaupt und die der hebräischen Quadratschrift im besonderen. Um Ungenauigkeiten zu beseitigen, benützte man schon frühzeitig die Halbkonsonanten als Vokalzeichen. Das *h* (ה) wurde als ō benutzt, das *j* (י) für ī oder ē, das *w* (ו) für ū, das ʾaleph (א) und ʿajin (ע) für ā bzw. ō. Diese minimalen Vorkehrungen zur Beseitigung der Zwei- und Mehrdeutigkeit reichten so lange aus, wie die alte Sprache noch gesprochen wurde. Da durch die tragische Heimatlosigkeit und Verstreutheit der Hebräer die ursprüngliche Sprache aber vielerorts in Vergessenheit geriet, bereitete die Konsonantenschrift dem Leser erhebliche Schwierigkeiten. Allmählich mußte es also zur Einführung der Vokalangabe in Form von Punkten und Strichelchen ober-, unter- und innerhalb der Konsonanten kommen, wobei an der Konsonantenform nicht das geringste geändert wurde. Die Entwicklungsperiode des Vokalsystems erstreckte sich über mehrere Jahrhunderte; ihr Beginn liegt zwischen dem 5. und 8. Jahrhundert n. Chr. Es gab mehrere Vokalsysteme, u. a. das syrische, palästinische, babylonische und das tiberische. Anfangs wurden die Punkte und Strichelchen als Vokalzeichen oberhalb, später meist unterhalb der Konsonanten angebracht. Vokalzeichen oberhalb, unterhalb und – in manchen Fällen – auch innerhalb der Konsonanten, tauchen in einem alten Bibeltext (Codex Petropolitanus in Leningrad) aus dem Jahre 916/917 n. Chr. (Abb. 159) auf. Für moderne Bibelausgaben wird die sogenannte tiberische Vokalangabe gebraucht (so benannt nach der Stadt Tiberias am See Genezareth in Galiläa, Nordpalästina). Drei verschiedene Vokalsysteme, unter ihnen das tiberische, zeigt Abb. 158 in Verbindung mit dem Konsonanten d

Im Lauf der Jahrhunderte zeichnete sich die hebräische Quadratschrift durch ein zähes Festhalten an den alten Formen der 22 Konsonanten, ihrer Reihenfolge und ihrem Lautwert aus. Nur die geographisch verschiedenen Kursivarten weisen lokale Unterschiede auf (Abb. 160).

b) Die nabatäisch-arabische Schrift

Von den semitischen Schriften hat die arabische Schrift in der Gegenwart die größte Verbreitung erreicht; sie steht heute an zweiter Stelle hinter dem lateinischen Alphabet. Auch außerhalb des arabischen Sprachbereichs hat das arabische

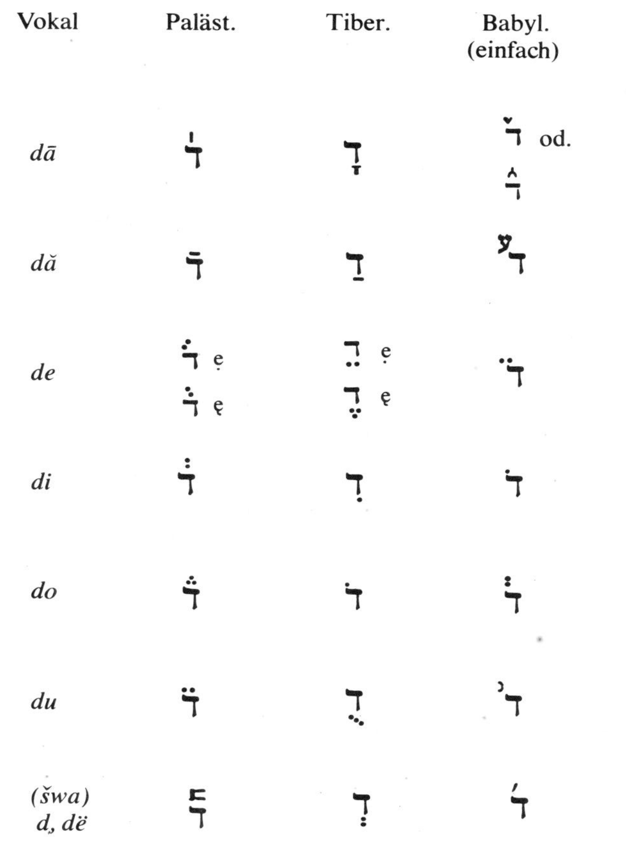

158 Vokalzeichen-Systeme in der späteren hebräischen Quadratschrift in Verbindung mit dem Konsonanten d (ד). Für moderne Bibelausgaben gebraucht man das tiberische System.

159 Bibelstelle (Jes. 1, 1–4) mit Vokalangabe (Punktation) vom Jahre 916/917 n. Chr. aus dem Codex Petropolitanus. 1839 auf der Krim gefunden, jetzt in Leningrad.

160 Entwicklung der hebräischen Quadratschrift mit Varianten der modernen Schreibschrift.

Konsonantenalphabet große Eroberungen in Europa, Asien und Afrika zu verzeichnen, z. B. in der persischen, türkischen, tatarischen, slawonischen, spanischen, hindustanischen, afghanischen und malaiischen Sprache sowie in zahlreichen anderen Sprachen der sogenannten ›jungen Völker‹ Afrikas. Die Ursache dieser ungewöhnlichen Verbreitung ist vor allem in dem zwar intensiv missionierenden, aber trotzdem weltoffenen Charakter des islamischen Geistes zu suchen, der schriftpsychologisch in der Öffnung der Buchstaben nach oben, mitunter sogar auch nach rechts und links, ähnlich wie einst in der aramäischen Schrift, zum Ausdruck kommt. ›Das Alphabet folgt der Religion‹ – dieser Ausspruch ist auf den Islam besonders zutreffend, der die arabische Schrift wesentlich beeinflußt hat.

Die Herausbildung der arabischen Schrift aus der aramäischen erfolgte vom 2. Jahrhundert v. Chr. an allmählich auf

161 Nabatäische Grabinschrift von Hiğr (Nordarabien) aus dem Jahre 1 v. Chr. Aus dieser Schrift, die noch manchen aramäischen Charakter aufweist, sind später alle arabischen Schriften entstanden.

Münzen und Inschriften der arabischen Nomadenstämme in Nordarabien, Transjordanien und im Sinaigebiet. Diese Volksgruppen wurden damals von den Römern ›Nabataei‹ (griechisch ναβατᾶιοι), ›Nabatäer‹ genannt, daher auch die Bezeichnung ›nabatäische‹ Schrift, die sich von hier aus über ganz Nordarabien verbreitete und später die ›arabische‹ Schrift des Islam geworden ist. Abb. 161 stellt eine nabatäische Grabinschrift von Hiğr (Nordarabien) aus dem Jahre 1 v. Chr. dar. Sie weist noch einige Merkmale der aramäischen Schrift auf, doch meldet sich bereits die Tendenz zu den Buchstabenverbindungen an, welche die spätere arabische Schrift hauptsächlich kennzeichnen und als Ausdruck einer stark assoziativen Einstellung angesehen werden können.

Aus der nabatäischen Schrift haben sich die beiden Grundtypen der arabischen Schrift parallel entwickelt: die kufische Schrift (so bezeichnet nach der Stadt Kufi, die als arabisches Kulturzentrum in Mesopotamien bekannt war) und die Neṣḥi-Schrift (›Manuskript-Schrift‹).

Nur wenige Denkmäler beider Typen aus vorislamischer Zeit wurden gefunden; sie entstammen alle dem letzten Jahrhundert vor dem Islam, das heißt dem 6. Jahrhundert n. Chr. Der kufische Typ der arabischen Schrift ist geometrisch. Mit

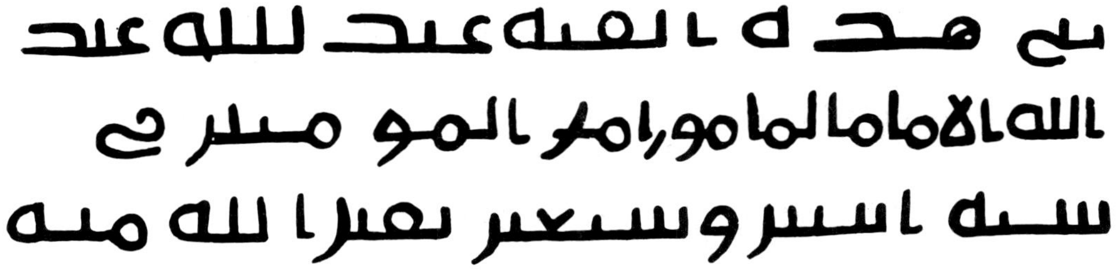

162 Arabische Inschrift kufischer Art aus der Moschee ›Felsendom‹ in Jerusalem (691–692 n.Chr.). Die zahlreichen Öffnungen der Buchstaben nach oben (und z.T. auch nach rechts) sowie die vielen Ligaturen sind schriftpsychologisch Zeichen der geistigen Anpassungsfähigkeit des Islam zur Zeit der Entstehung dieser Schriftmerkmale.

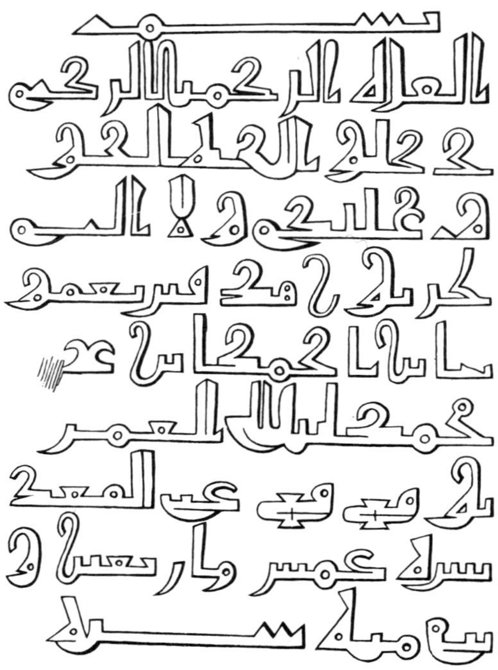

163 Arabische Grabinschrift als Monumentalschrift kufischer Art aus dem Jahre 1067.

164 Das arabische Konsonantenalphabet in der Neṣḫi-Schrift mit den Namen, Formen und Zahlenwerten der Schriftzeichen.

165 Seite aus einer der ältesten Koranhandschriften in kufischer Buchschrift (aus dem 9. Jh.).

166 Zwei Koranseiten im sogenannten Thuluth-Stil der Neṣḫi-Schrift aus dem 14. Jh.

Name	mit folgendem Zeichen verbunden	beiderseitig verbunden	mit vorhergeh. Zeichen verbunden	isoliert	Lautwert	Zahlwert
ʾelif			ـا	ا	ʾ	1
bā	بـ	ـبـ	ـب	ب	b	2
tā	تـ	ـتـ	ـت	ت	t	400
ṯā	ثـ	ـثـ	ـث	ث	ṯ	500
ǧīm	جـ	ـجـ	ـج	ج	ǧ	3
ḥā	حـ	ـحـ	ـح	ح	ḥ	8
ḫā	خـ	ـخـ	ـخ	خ	ḫ	600
dāl			ـد	د	d	4
ḏāl			ـذ	ذ	ḏ	700
rā			ـر	ر	r	200
zā			ـز	ز	z	7
sīn	سـ	ـسـ	ـس	س	s	60
šīn	شـ	ـشـ	ـش	ش	š	300
ṣād	صـ	ـصـ	ـص	ص	ṣ	90
ḍād	ضـ	ـضـ	ـض	ض	ḍ	800

Name	mit folgendem Zeichen verbunden	beiderseitig verbunden	mit vorhergeh. Zeichen verbunden	isoliert	Lautwert	Zahlwert
ṭā	طـ	ـطـ	ـط	ط	ṭ	9
ẓā	ظـ	ـظـ	ـظ	ظ	ẓ	900
ʿain	عـ	ـعـ	ـع	ع	ʿ	70
ġain	غـ	ـغـ	ـغ	غ	ġ	1000
fā	فـ	ـفـ	ـف	ف	f	80
ḳāf	قـ	ـقـ	ـق	ق	ḳ (q)	100
kāf	كـ	ـكـ	ـك	ك	k	20
lām	لـ	ـلـ	ـل	ل	l	30
mīm	مـ	ـمـ	ـم	م	m	40
nūn	نـ	ـنـ	ـن	ن	n	50
hā	هـ	ـهـ	ـه	ه	h	5
wāw			ـو	و	w	6
jā	يـ	ـيـ	ـى	ى	j	10
lām-elif			ـلا	لا	lā	

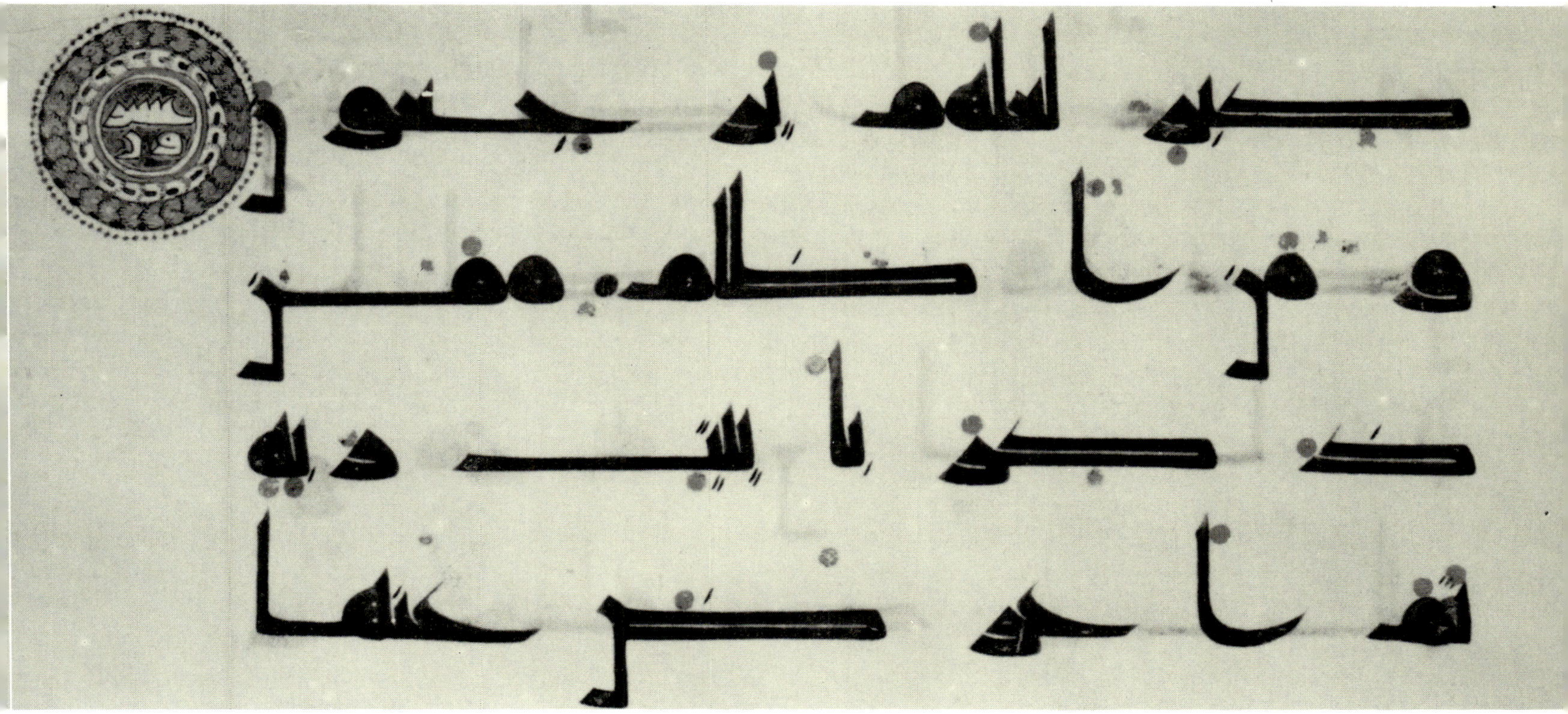

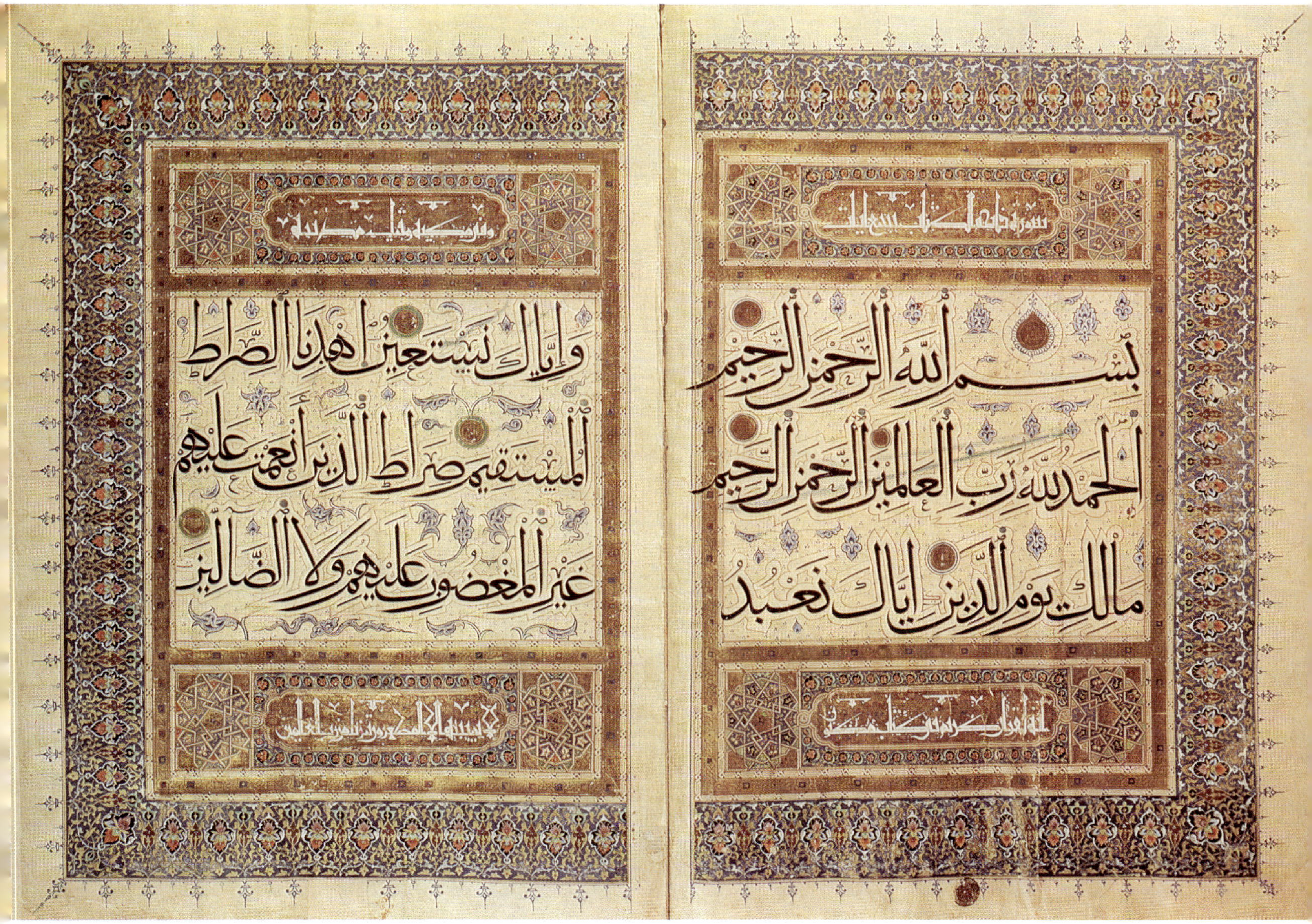

بسم الله الرحمن الرحيم
الحمد لله رب العالمين الرحمن الرحيم
مالك يوم الدين إياك نعبد
وإياك نستعين اهدنا الصراط
المستقيم صراط الذين أنعمت عليهم
غير المغضوب عليهم ولا الضالين

168 Neṣḫi-Inschrift im persischen Nestaᶜliq-Stil mit Miniatur aus dem 14. Jh.

◁ 167 Persische Neṣḫi-Inschrift im türkischen Taᶜliq-Stil mit Miniatur aus dem frühen 15. Jh.

vielen Winkeln und zahlreichen Öffnungen nach oben gebildet, stellte er ursprünglich eine Monumentalschrift dar (Abb. 162, 163). Eine der ältesten Koranhandschriften aus dem 9. Jahrhundert (Abb. 165) zeugt jedoch davon, daß die kufische Schrift gelegentlich auch für Bücher verwendet wurde.

Die Neṣḫi-Schrift hingegen wurde von Anfang an für Bücher und als Schreibschrift benützt. Diese Schrifttype zeigt im Gegensatz zur kufischen zahlreiche abgerundete und bogige Formen und noch mehr Buchstabenverbindungen; auch kommt in ihr das Ästhetische, das Dekorative und das Harmonische klarer zum Ausdruck. Die Vielfältigkeit der islamischen Welt – völkerkundlich, sprachlich und weltanschaulich – drückt sich auch in den verschiedenen Schriftarten mit ihren unterschiedlichen Stilformen aus. Schon im Mittelalter wurde für ornamentale Zwecke der sogenannte Thuluth-Stil der Neṣḫi-Schrift angewandt; Abb. 166 zeigt zwei Koranseiten in diesem Stil und in arabischer Sprache aus dem 14. Jahrhundert.

Einen weiteren Stil der Neṣḫi-Schrift, den sogenannten Nestaᶜliq-Stil der Perser, widerspiegelt die Abb. 168 mit Miniatur aus dem 14. Jahrhundert. Für den gleichen Stil in türkischer Manier (Taᶜliq-Stil) aus dem frühen 15. Jahrhundert gibt Abb. 167 ein Beispiel.

Das arabische Konsonantenalphabet beider Schrifttypen besteht nicht aus 22 Buchstaben wie all die bis jetzt behandelten nordsemitischen Konsonantenschriften, sondern aus 29 Schriftzeichen, die sich von den übrigen nordsemitischen Schriften auch noch dadurch unterscheiden, daß sie vor- oder nachverbunden oder aber isoliert sind. Außerdem stellen sie wie die übrigen semitischen Buchstaben gleichzeitig Zahlenwerte dar. Die sogenannten ›arabischen Ziffern‹ sind eigentlich eine indische Erfindung; sie stammen aus der Berührung der Muselmanen in Persien mit der indischen Mathematik. Die Namen der arabischen Buchstaben lauten ähnlich wie die nordsemitischen, da beide Sprachen nahe verwandt sind. Das arabische Konsonantenalphabet in der Neṣḫi-Schrift geht aus Abb. 164 hervor.

a) Die nordwestindische Kharoṣṭhi-Schrift

Das aramäische Konsonantenalphabet fand auch unter nichtsemitischen Völkern Verbreitung. Einer der Prototypen für zahlreiche indische Alphabete ist die sogenannte Kharoṣṭhi-Schrift. Ihre Abstammung aus der aramäischen Schrift im 5. Jahrhundert v. Chr. gilt, zumal wegen ihrer Linksläufigkeit und noch mehr wegen der nicht nur äußerlichen, sondern auch phonetischen Ähnlichkeit mit vielen aramäischen Schriftzeichen in Nordwestindien (Abb. 169) als sicher. Die Kharoṣṭhi-Schrift war jahrhundertelang in Gebrauch. Die 35 Varianten der Edikte des altindischen Königs Asoka im 3. Jahrhundert v. Chr. wurden zum Teil in dieser Schriftform geschrieben, da die Kharoṣṭhi-Schrift zur Zeit Asokas noch in ausgedehnten Gebieten Nordwestindiens das verbreitetste Alphabet war.

b) Der Ursprung des bedeutendsten altindischen Konsonantenalphabets, der sogenannten Brāhmī-Schrift

Die Herkunft des bedeutendsten altindischen Konsonantenalphabets, der sogenannten Brāhmī-Schrift (Abb. 170), ist bis heute umstritten. Sprachforscher aus aller Welt haben sich mit diesem Problem befaßt. Für einen aramäischen Ursprung plädieren die einen, für nordsemitisch-phönikischen oder südsemitischen die anderen; wieder andere Wissenschaftler halten eine einheimische Herkunft für wahrscheinlicher. Ohne Zweifel kann das aramäische Alphabet jedoch als Vorbild für die Entstehung der Brāhmī-Schrift gedient haben. Wie das schwierige Problem des Ursprungs sich auch immer lösen wird, fest steht, daß die Brāhmī-Schrift schon im 6. Jahrhundert v. Chr., zu Zeiten Buddhas, existierte und daß alle späteren indischen Alphabete aus ihr hervorgegangen sind.

169 Text aus einer indischen Kharoṣṭhi-Inschrift (3. Jh. v. Chr.). Ihre Verwandtschaft mit der aramäischen Schrift, aus der sie entstand, ist augenfällig. Die Zeilen verlaufen – wie in der aramäischen Schrift – von rechts nach links.

c) Die mitteliranischen Pehlevi-Schriften:
das arsakidische, das sassanidische und das Awesta-Pehlevi

Unter den außerhalb Indiens lebenden nichtsemitischen Völkern hat die aramäische Schrift vor allem den Persern zur Schrifterfindung verholfen. Abgesehen von der altpersischen Keilschrift, die eine Mischung von Silbenschrift und Buchstabenbezeichnung ähnlich der ›Schrift von Byblos‹ darstellt (nur aus viel späterer Zeit, dem 6. Jahrhundert v. Chr. stammend), ist das sogenannte Pehlevi-Alphabet (Pehlevi = ›parthisch‹ = mitteliranisch) die älteste persische Schrift. Das Fehlen von Vokalen und die Linksläufigkeit der Pehlevi-Schrift sprechen allein schon für ihre Abstammung aus dem aramäischen Konsonantenalphabet. Aller Wahrscheinlichkeit nach vollzog sich die Herausbildung der Schrift in der Zeit zwischen dem 3. und 2. Jahrhundert v. Chr., nach der Abzweigung der nordwestindischen Kharoṣṭhi-Schrift, die das Pehlevi-System beeinflußt hat. Die schwachen Konsonanten wurden in der Pehlevi-Schrift wie auch in der aramäischen als eine anfänglich-primitive Vokalbezeichnung benutzt. ʾaleph für ā, waw für ō und ū und jōdh für ē und ī.
Es gibt mehrere Varianten des Pehlevi-Schriftsystems. Das nordwestliche oder arsakidische Pehlevi der sogenannten Arsakiden-Dynastie (256 v. Chr. – 226 n. Chr.) ist die früheste Form des Pehlevi, sie hat sich meist auf Münzen erhalten und blieb auch noch zur Zeit der Sassaniden-Dynastie in Gebrauch. Während der sassanidischen Periode (226–642 n. Chr.) taucht im südwestlichen Iran eine zweite Variante des Pehlevi auf, die sassanidische Schrift, deren spätere Form als das kursive ›Buch-Pehlevi‹ mit zahlreichen Buchstabenverbindungen bezeichnet wird.

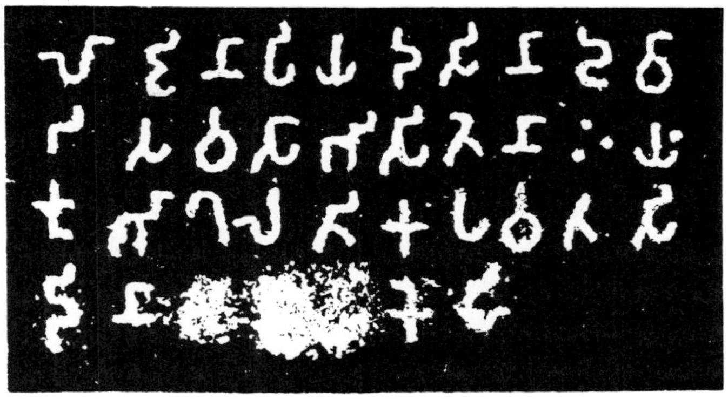

170 Rechtsläufige Asoka-Inschrift nach Brāhmī-Charakter. Der altindische König Asoka regierte 274–237 v. Chr.

Am Anfang der sassanidischen Zeit (im 3. Jahrhundert n. Chr.) entstanden die heiligen Bücher der Zarathustra-Gläubigen, die im ›Awesta‹ (mitteliranisch ›avistak‹ = Grundtext) zusammengefaßt sind. Das Awesta – eine Textprobe gibt Abb. 171 – vertritt wieder eine neue, stark kursive Form, eine Variante der mitteliranischen Schrift mit 50 Schriftzeichen. Diese Schrift entstand teils unter dem Einfluß des arsakidischen und sassanidischen Pehlevi, teils unter dem des griechischen Alphabets. Die Umschrift dieses Textes läßt erkennen, daß in der Awesta-Schrift schon allerlei Vokale angegeben sind, was gerade auf den Einfluß des griechischen Alphabets zurückzuführen ist.
Das Awesta-Pehlevi geht über den Rahmen des reinen Konsonantenalphabets hinaus und führt bereits in den Bereich des vollständigen Alphabets.

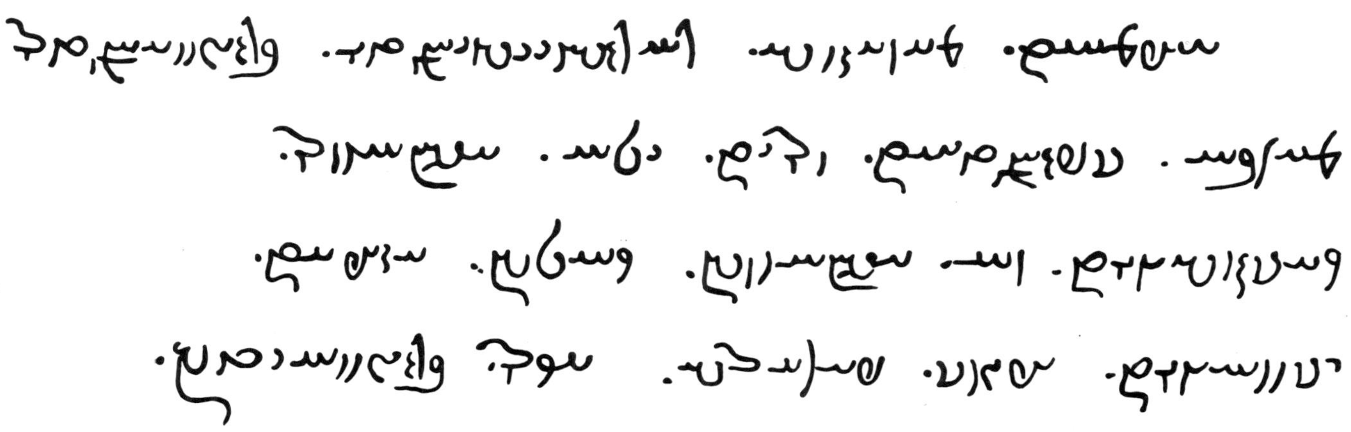

171 Textprobe aus dem Awesta, dem heiligen Buch der Zarathustra-Gläubigen (Yasua 47, Strophe 4), in der linksläufigen Awesta-Pehlevi-Schrift. Die Umschrift: ahmāṭ manyə̄ nš̌ rarəšyeintī drəgvantō mazdā spəntāṭ nōiṭ iϑā ašāunō kasəuščīṭ nā ašāunē kāϑē aŋhaṭ isvāčīṭ hās paraoš akō drəgvāitē.
Die Übersetzung: ›Von diesem heiligen Geiste, o Mazda, fallen die Lügner ab, nicht so die Wahrhaften. Ein Wenigbesitzender soll dem Rechtgläubigen gegenüber freundlich sein, ein Vielbesitzender dem Glaubensfeindlichen gegenüber böse sein!‹
Aus der Umschrift ist ersichtlich, daß die Awesta-Pehlevi-Schrift neben den Konsonanten auch schon zahlreiche Vokalangaben enthält. Dies zeigt den Einfluß des griechischen, des ersten vollständigen Alphabets der Schriftgeschichte.

Epistolare beati Hieronymi

V

DAS VOLLSTÄNDIGE ALPHABET

1. DIE HERKUNFT UND DIE FRÜHESTEN ENTWICKLUNGSPHASEN DES GRIECHISCHEN ALPHABETS

Es ist gewiß keine Übertreibung, wenn wir die Griechen wegen ihrer hervorragenden kulturellen Leistungen für ein Wunder der Geschichte halten. Sie kamen im 2. Jahrtausend v. Chr. von Norden (Mitteleuropa?) her in drei großen Invasionen in das griechische Festland. Die erste Einwanderung hellenischer Volksstämme erfolgte durch die Ionier; diese Volksgruppe zeichnete sich während der ganzen Kulturgeschichte Griechenlands durch ihre besondere Neigung zum Rationalen aus. In ihren Kreisen entwickelte sich später im ionischen Küstengebiet Kleinasiens die Philosophie. Die ersten drei Philosophen, THALES, ANAXIMANDROS und ANAXIMENES, – alle aus Milet – sowie einer der bedeutendsten griechischen Denker vor Sokrates, HERAKLIT von Ephesos, und andere waren Ionier. Es ist daher mit Sicherheit anzunehmen, daß sich dieses nüchterne und kluge Volk der Ionier nach seiner Einwanderung in Griechenland die damals blühende nichtgriechische kretisch-minoische Kultur mit natürlicher Aufgeschlossenheit zu eigen gemacht hat.

Als zweite hellenische Invasion drangen – wieder von Norden kommend – die Achäer in das griechische Festland ein und übernahmen die Herrschaft. Nach den hethitischen Tontafeln haben die Achäer schon im 14. Jahrhundert v. Chr. ein großes Reich besessen. Unter kretisch-minoischem Einfluß gelangte in dieser Periode die sogenannte mykenische Kultur im griechischen Festland zu hoher Entfaltung.

Mit der dritten Invasion um 1200 v. Chr. kamen – ebenfalls aus dem Norden – die Dorer und andere barbarische Nordwestgriechen. Sie haben die auch durch andere Ereignisse zum Niedergang bestimmte kretisch-minoische bzw. mykenische Kultur rasch vernichtet.

Die Geschichte Griechenlands ist in der Zeit von 1200 bis um 700 v. Chr. in Dunkel gehüllt. Nur die Homerischen Epen vermögen – allerdings durch den Schleier der Sagen – einiges Licht in diese Zeit zu werfen. Es ist das Ende der Bronzezeit und der Beginn der Eisenzeit in Griechenland. Gerade in dieser ›dunklen‹ Periode kamen die aus der phönikischen Schrift entlehnten und der griechischen Sprache angepaßten frühgriechischen Alphabete zustande, die ersten vollständigen Alphabete in der ganzen Schriftgeschichte. In der griechischen Überlieferung schrieb man die Erfindung der Schrift mythischen Persönlichkeiten wie EPICHARMOS, LINOS, MUSAIOS, ORPHEUS, PROMETHEUS zu. HERODOT berichtet über die phönikische Herkunft der griechischen Buchstaben. Ein Phöniker namens KADMOS – der Name ist weder semitisch noch griechisch – soll den Griechen die Schrift vermittelt haben. Er nennt sie ›Kadméia grámmata‹ (= *καδμήια γράμματα*, V, 59), das heißt ›kadmeische Buchstaben‹, oder einfach ›Phoinikéia grámmata‹ (*φοινικήια γράμματα*, V, 58) = ›phönikische Buchstaben‹.

Gegenüber der irrigen Behauptung, nach der das griechische Alphabet Erbe einer alten indogermanischen bzw. ›nordischen‹ Erfindung sei, seien hier nur einige ausschlaggebende Beweise für die Entstehung aus der nordsemitisch-phönikischen Schrift erwähnt:

a) Die äußeren Formen fast aller frühgriechischen Buchstaben sind den altphönikischen sehr ähnlich oder gleich (Abb. 176).

b) Die Reihenfolge der 23 griechischen Buchstaben, die auf einer Vase aus Böotien gefunden wurden, und die ionischen Zahlenalphabete entsprechen der ursprünglichen nordsemitischen Reihenfolge, die im 119. Psalm des Alten Testaments

172 Der hl. Hieronymus, der größte Bibelübersetzer der römisch-katholischen Kirche (Holzschnitt von Dürer, 1492), mit drei aufgeschlagenen Bibeln (hebräisch, griechisch und lateinisch), die alle den ersten Satz des Alten Testaments zeigen: ›Am Anfang schuf Gott Himmel und Erde …‹

173 Griechische Felsinschrift aus Thera (7. Jh. v. Chr.) in Buchstaben eines der ›archaischen Alphabete‹. Die kurze Inschrift ist furchenwendig (gr. bustrophedon) geschrieben, d. h. die erste und vierte Zeile linksläufig, die zweite und dritte rechtsläufig. Der Text besteht aus fünf Namen und lautet in moderner Schreibweise für Altgriechisch:
Ϙρεξάνορ, Ἀρκhαγέτας, Προκλῆς, Κλεαγόρας, Περαιεύς

erhalten ist. Im Originaltext des Psalms haben je acht Verse immer den gleichen Anfangsbuchstaben nach alphabetischer Ordnung.

c) Die Namen der griechischen Buchstaben – bis auf einige heimische Zusatzbuchstaben – weisen unmißverständlich auf den semitischen Ursprung hin.

Die nordsemitischen und die griechischen Buchstabennamen haben folgenden Wortlaut: 1. Aleph = Alpha, 2. Bēth = Bēta, 3. Gimel = Gamma (bei den Ioniern ›Gemma‹ – γέμμα –), 4. Daleth = Delta, 5. Hē = εἶ (der Name ›Epsilon‹ – ἒ ψιλόν – für *e* entstand erst nach der graphischen Differenzierung des e-Lautes durch das Zeichen B), 6. Waw = ϝαῦ, 7. Zajin = im griechischen Alphabet nicht erhalten (›Zéta‹ entstand erst später nach dem Vorbild von ἦτα und ϑῆτα), 8. Ḥeth = Héta – ἧτα – oder Éta – ἦτα –, 9. Ṭeth = Théta, 10. Jodh = Iota, 11. Kaph = Kappa, 12. Lamedh = Lambda oder Labda – λάβδα –, 13. Mem = My (nach dem Vorbild des folgenden Buchstabennamens ›Ny‹), 14. Nun = Ny, 15. Sāmekh = Simcha – σίγμα – oder σῖγμα –, 16. Ajin = im griechischen Alphabet nicht erhalten, 17. Pê = Pī – Πῖ – (um die Mitte des 4. Jahrhunderts v. Chr. noch ›Pei‹ – Πεῖ –), 18. Ṣādhē = nicht erhalten, 19. Qoph = Qoppa – ϙόππα –, 20. Reš = Rho, 21. Šin (Schin) = S(ch)an, 22. Taw = Tau.

Das auslautende ›a‹ (α) von etwa 12 griechischen Buchstaben stammt, der überzeugenden Argumentation von TH. NÖLDEKE zufolge, die später auch von E. SCHWYZER vertreten wurde, aus der Abneigung der Griechen gegen den konsonantischen Wortauslaut – mit Ausnahme von *n*, *r* und *s*.

Zwei weitere Beweise für die Herkunft der griechischen Schrift aus dem altphönikischen Konsonantenalphabet sind die linksläufige Richtung der ältesten griechischen Schriftdenkmäler (Abb. 173–175) und der griechische Name der phönikischen Hafenstadt ›Byblos‹ (früher Gebāl, heute Dschebail): hé byblos (ἡ βύβλος) = ›das Buch‹.

Vor der Einführung der Buchstabenschrift in phönikischer Art gab es in Griechenland bereits kretisch-minoische und kyprische Silbenschriften, die aber teils durch die Invasion der Dorer und andere Ereignisse, teils durch das Buchstabenalphabet verdrängt wurden.

Die besten Beweise jedoch für die altphönikische Abstammung des griechischen Alphabets sind die frühesten griechischen Schriftdenkmäler selbst: durch sie bekommen wir auch Klarheit über die Frage, wann ungefähr die Übernahme der Buchstabenschrift durch die Griechen vor sich ging. In diesem Zusammenhang ist daran zu erinnern, daß die Entlehnung des griechischen Alphabets aus dem altphönikischen Konsonantenalphabet infolge der Vielfalt und der Ausdehnung der griechischen Wohngebiete an verschiedenen Orten und zu verschiedenen Zeiten erfolgt ist. Hieraus erklärt sich auch das Entstehen und die mehrere Jahrhunderte währende Existenz zahlreicher griechischer Sonderalphabete in der frühen Zeit. Im 19. Jahrhundert hat A. KIRCHHOFF drei Gruppen der frühgriechischen Schriften unterschieden. Seine Aufteilung ist heute noch anerkannt.

In die erste Gruppe werden die sogenannten archaischen Alphabete der dorischen Inseln (Thera, Melos und Kreta) mit den frühesten griechischen Buchstabenschriften eingereiht. Man betrachtet diese Gruppe auch als eine Abart der sogenannten östlichen Alphabete. Eines der ältesten uns erhaltenen griechischen Schriftdenkmäler, die Felsinschrift von

174, 175 Die älteste griechische Inschrift – von rechts nach links verlaufend – auf der Dipylon-Kanne aus Athen (1. Hälfte 8. Jh. v. Chr.) in einem der ›östlichen Alphabete‹ der Abart a. Der Name ›Dipylon‹ (= ›Doppeltor‹) kommt vom Haupt- oder Festtor der Stadt Athen, in dessen Nähe die große Tonvase in einer antiken Begräbnisstätte gefunden wurde. Die Umschrift in moderner Schreibweise für Altgriechisch und die Übersetzung lauten: ὃς νῦν ὀρχεστôν πάντον ἀταλότατα παίζει, το(ῦ)το δεκᾶν μιν
›Wer nun von all den Tänzern am anmutigsten tanzt, der soll dies erhalten.‹

*176 Vergleichende Tabelle der drei frühgriechischen Schriften-Gruppen mit dem altphönikischen und dem klassisch-griechischen Alphabet. (*Die in Klammern gesetzten Buchstaben kommen im klassischen Alphabet nicht mehr vor.)*

Thera aus dem 7. Jahrhundert v. Chr., gehört dieser Gruppe an (Abb. 173). Die Formen dieses archaischen Alphabets sind den phönikischen noch fast gleich. Die Inschrift von Thera – vier kurze Zeilen bzw. fünf Namen – ist ›furchenwendig‹ (griechisch bustrophedon – *βυστρόφεδον*) geschrieben, d. h. die erste Zeile linksläufig, die zweite rechtsläufig, die dritte wieder rechtsläufig und die vierte Zeile linksläufig. Die Inschrift enthält noch keine Worttrennung. Ein Vergleich der archaischen Buchstaben mit denen früherer Alphabete sowie mit der klassisch griechischen Schrift und dem altphönikischen Konsonantenalphabet ist aus der Tabelle der Abb. 176 ersichtlich.

Der zweiten Gruppe gehören die östlichen Alphabete an, die ihrerseits wieder Abarten bilden: a) die frühesten Schriftdenkmäler von Attika (Athen, Salamis usw.) und Ägina; b) die Alphabete der ionischen Westküste Kleinasiens – milesische oder ionische Schrift samt den Alphabeten der ionischen Kolonien in Magna Graecia (Süditalien und Sizilien) – sowie die Schriften des nordöstlichen Peloponnes (Argos, Korinth, Megara usw.) und der östlichen ägäischen Inseln. Das älteste Schriftdenkmal östlichen Typs, und zwar nach Abart a, ist die früheste uns erhaltene griechische Inschrift überhaupt: die kurze linksläufige Inschrift auf der Dipylon-Kanne aus Athen (1. Hälfte d. 8. Jahrhunderts v. Chr.) mit dem noch liegenden phönikischen aleph ≮ (Abb. 174, 175).

Als Beispiel für das östliche Alphabet nach Abart b zeigen wir eine der Aufzeichnungen ionisch-griechischer Söldner an den Kolossalstatuen des Tempels in Abū Simbel (Oberägypten) aus dem 6. Jahrhundert v. Chr. (Abb. 177). Besondere Eigentümlichkeiten dieser Inschrift sind das Schriftzeichen Qoppa ϙ (q), das – noch im selben Jahrhundert – aus dem milesischen Alphabet verschwindet, und die Rechtsläufigkeit der Schrift.

Aus einem späteren Stadium des östlichen Alphabets, Abart a, stammt die klare und schöne Inschrift des Salamisdekrets aus Athen, 6. Jahrhundert v. Chr. (Abb. 178).

Zur dritten Gruppe gehören die westlichen Alphabete, das heißt die Schriftarten von Lakonien, Böotien, Phokis, Thessalien, Arkadien, ferner die von Euböa und den nichtionischen Kolonien in Magna Graecia (Süditalien und Sizilien). Auf Abbildung 179, der rechtsläufigen Inschrift des Damonon aus dem 5. Jahrhundert v. Chr., ist die Schriftart eines westlichen – lakonischen – Alphabets dargestellt. Die Besonderheiten dieser westlichen Alphabete zeigt ebenfalls die Tabelle auf Abb. 176. Wir wissen nicht genau, ob das griechische Alphabet Ergebnis einer einmaligen oder das von mehrfachen, sich öfters wiederholenden Erfindungen ist. Es ist höchstens anzunehmen, daß die Übernahme und die Veränderung des altphönikischen Alphabets an mehreren Stellen des sehr ausgedehnten Griechenlands und zu verschiedenen Zeiten erfolgte. Die Abweichungen der einzelnen griechischen Alphabete lassen vermuten, daß diese unabhängig voneinander entstanden sind.

Die allgemeine Ansicht ist, daß die ›erste‹ Übernahme und Umgestaltung des altphönikischen Konsonantenalphabets durch die Griechen wesentlich früher, vor der Entstehungszeit der frühesten uns erhaltenen griechischen Inschriften, vor sich ging, etwa nach der Beendigung der Dorer-Invasion, das heißt im 11. Jahrhundert v. Chr. oder nicht viel später. H. JENSEN richtet sich in dieser wichtigen Frage nach W. LARFELD: ›Andererseits ist . . . die Übernahme der phönikischen Schrift in Griechenland jünger als die Festsetzung der Dorer im Peloponnes, auf Kreta und den benachbarten Inseln, da die einzelnen dorischen Lokalalphabete . . . ganz verschiedene Buchstabenformen aufweisen. Sie ist hingegen älter als die seit etwa 1000 v. Chr. . . . erfolgte Besitzergreifung von der

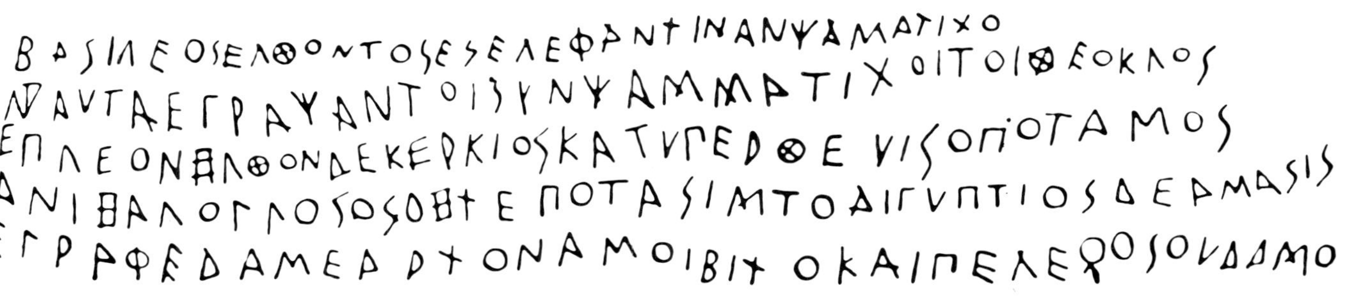

177 Rechtsläufige griechische Aufzeichnung von zwei ionischen Söldnern auf einer Kolossalstatue des Tempels in Abū Simbel. Umschrift der ersten Zeile in moderner Schreibweise und die Übersetzung des ganzen Textes lauten:

βασιλεος ελθοντος ες Ελεφαντιναν Ψαματιχο

›Als König Psammetich nach Elephantine kam, schrieben die Leute des Psammetich, des Sohnes des Theoklos, dieses. Sie segelten und gelangten bis oberhalb Kerkis, soweit der Fluß es gestattete. Die Fremden führte Potasimto, die Ägypter Amasis. Der Schreiber dieses war Archon, Sohn des Amoibichos, und Peleqos, Sohn des Eudamos.‹

178 Das Salamisdekret aus Athen in der späteren Form des östlichen Alphabets, Abart a (6. Jh. v. Chr.).

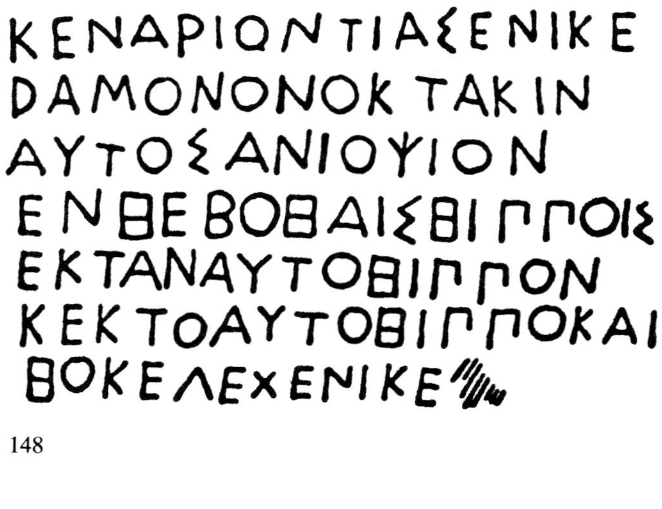

179 Aus der Inschrift des Damonon nach dem westlichen (lakonischen) Alphabet (Mitte 5. Jh. v. Chr.). Umschrift und Übersetzung der ersten und zweiten Zeile ohne Worttrennung:

1. Κε̄ν ᾿Αριοντίας ἐνίκε̄
2. Δαμο̄́νο̄ν ὀκτάκιν

1. ›... und bei (dem Rennen) der Ariontia siegte
2. Damonon achtmal.‹

Westküste Kleinasiens durch die Griechen, da die griechischen Ansiedler bereits ihr Alphabet aus dem Mutterlande in ihre neue Heimat mit hinübernahmen... *So muß die Aneignung des phönikischen Alphabets durch die Bewohner des östlichen hellenischen Festlandes und des Archipels ... ungefähr im 11. vorchristlichen Jahrhundert stattgefunden haben.‹* Seit 500 v. Chr. ist die Schreibrichtung in allen Teilen Griechenlands rechtsläufig. Aber erst im Laufe des 4. Jahrhunderts v. Chr. hören die verschiedenen Sonderalphabete allmählich auf, um dem gemeingriechischen oder klassischen Alphabet Platz zu machen.

Etwa vom 3. Jahrhundert v. Chr. an besteht der zusammenfassende Name aller griechischen Buchstaben aus den ersten zwei Buchstaben: ›Alpha und Béta‹ (*ἄλφα καὶ βῆτα*) oder zusammengezogen: ›Ho Alphabétos‹ (*ὁ ἀλφάβητος*) in männlicher Form, oder ›To Alphabéton‹ (*τὸ ἀλφάβητον*) in der sächlichen Form. Daraus ist das lateinische ›alphabetum‹ im 3. Jahrhundert n. Chr. entstanden, woraus sich später unser Wort ›Alphabet‹ ableitete. Erstmals wurde das Wort ›Alphabetum‹ von dem ersten lateinisch und nicht griechisch schreibenden christlichen Schriftsteller größeren Formats, TERTULLIAN (gestorben um 230 n. Chr.), angewendet.

2. DIE HERVORRAGENDE LEISTUNG DES GRIECHISCHEN SCHRIFTSYSTEMS

Ein Vergleich der Lautwerte griechischer Buchstaben mit denen altphönikischer Konsonanten (Abb. 176) läßt klar erkennen, daß 11 Schriftzeichen in beiden Systemen lautlich vollkommen gleich sind, und zwar: b, g, d, z, k, l, m, n, p, r und t; diese wurden von den Griechen aus dem altphönikischen Konsonantenalphabet ohne Änderung übernommen. Der Grund für die unveränderte Entlehnung dieser 11 Konsonanten kann nur darin liegen, daß es sich hier um gleiche Lautwerte in beiden Sprachen handelt.

In allen übrigen Fällen mußten die Griechen von der phönikischen Vorlage mehr oder weniger abweichen; und gerade durch diese Abweichungen wurde der bedeutendste und zugleich letzte Schritt auf dem Weg zur Erfindung des ersten vollständigen Alphabets vollzogen. Hier begegnen wir einer schriftgeschichtlichen Regel: ›Das Alphabet folgt der Sprache‹. Weder der Beschreibstoff noch die Religion, noch der Handel haben zur Gestaltung und Entwicklung der phonetisierten Schrift so viel beigetragen wie die jeweilige Sprache selbst. Das ist im Falle des griechischen Alphabets am augenscheinlichsten.

Den Unterschied der Lautwerte der nordsemitisch-altphönikischen und der griechischen Sprache suchten die ersten griechischen Schrifterfinder durch dreierlei Maßnahmen zu überwinden: a) durch Veränderung der Bedeutungen einiger altphönikischer Schriftzeichen; b) durch Zusatzbuchstaben für die in der semitischen Sprache fehlenden griechischen Konsonanten und c) durch eine vollständige Bezeichnung aller Vokale, deren es im Griechischen besonders viele gibt.

a) Veränderungen haben die Griechen in etwa vier Fällen vorgenommen: Aus dem altphönikischen *ṭeth* als Schriftzeichen für das semitische harte *t* entstand das griechische *th* (*ϑ*). Den altphönikischen Konsonanten *ṣādhē* haben die Griechen nicht nach seinem Lautwert, sondern nur als Zeichen für den Zahlenwert 900 übernommen. Der Buchstabe *qoph*, das semitische betonte *k*, wurde zwar mit dem griechischen Namen *qoppa* (Ϙ) in den meisten früheren Alphabeten beibehalten, ist aber später, vom 6. Jahrhundert v. Chr. an, allmählich verschwunden; im klassischen Alphabet hat er nur noch den Zahlenwert 90 (Abb. 176).

Ein ganz besonderer Fall ist schließlich der des altphönikischen *sāmekh* (oder samk), Schriftzeichen für das semitische *s*, das den Anstoß zu zwei griechischen Buchstaben gegeben hat: als *sigma* (*σ* oder am Wortschluß *ς*), das entweder nach der aramäischen Form ›*simcha*‹ oder durch Anlehnung an das griechische Wort ›*sigmos*‹ (*σιγμός*) = ›Zischen‹ entstanden ist, weist dieses Schriftzeichen im griechischen Alphabet eine ähnliche Form auf wie das semitische *šin*, nur mit einem anderen Lautwert, nämlich dem des scharfen *s* und nicht des *š* (sch) wie im altphönikischen Konsonantenalphabet. Als ›*ksi*‹ (Ξ) hat der griechische Buchstabe eine ähnliche äußere Form und den gleichen Zahlenwert wie das semitische *sāmekh*, bedeutet aber in manchen östlichen und allen westlichen Alphabeten und im klassischen Alphabet den typisch griechischen Laut ›*ks*‹, den es in den semitischen Sprachen nicht gibt (Abb. 176).

b) Zusatzbuchstaben wurden für die griechischen Konsonanten erfunden, die in der semitischen Sprache nicht vorkommen. Als einzige Ausnahme gilt hier das soeben erwähnte ›*ksi*‹, dessen äußeres Schriftzeichen sich aus dem altphönikischen Konsonanten *sāmekh* (samk, semk) – allerdings nicht in den archaisch-griechischen Alphabeten – entwickelt hat.

Der früheste Zusatzbuchstabe war ›*phi*‹ (Φ), der im Alphabet zunächst dem ›*ksi*‹ folgte, später dem ›*Üpsilon*‹.

Der nächste Zusatzbuchstabe ist das ›*khi*‹ (X), gesetzt nach dem ›*phi*‹. Im archaischen Alphabet wurde es für den Ausdruck des x-Lautes (ks) gebraucht (Abb. 176).

Der dritte und letzte Zusatzbuchstabe ist das ›*psi*‹ (Ұ). Im westlichen Alphabet wurde durch ›*psi*‹ der Laut ›*kh*‹ geschrieben und nicht ›*ps*‹ (Abb. 176). In den frühen östlichen und westlichen Inschriften bzw. Alphabeten sind bereits alle drei Zusatzbuchstaben vorhanden.

c) Die Vokalbezeichnung wird im allgemeinen als die ursprünglichste und bedeutendste Leistung der griechischen Schrift angesehen. Ein Ansatz hierfür findet sich zwar bereits in der nordsemitischen Schrift des 9. vorchristlichen Jahrhunderts, z. B. in der Meša-Inschrift, aber nicht früher. Nimmt man – wie W. LARFELD und H. JENSEN überzeugend argumentieren – eine frühere Zeit, nämlich das 11. Jahrhundert v. Chr., für die Übernahme und Veränderung des altphönikischen Konsonantenalphabets durch die Griechen an, so sind die Griechen als die Erfinder der alphabetischen Vokalbezeichnung anzusehen. Wir besitzen zwar kein Schriftdenkmal aus der Zeit der Schriftübernahme und -veränderung durch die Griechen, das früheste erhaltene stammt aus der 1. Hälfte des 8. Jahrhunderts v. Chr. (Abb. 174, 175). Es ist aber anzunehmen, daß das ursprüngliche, ›erste‹ griechische Alphabet im Grund nichts anderes gewesen ist als die Schrift von Thera (Abb. 173) oder die auf der Dipylon-Kanne aus Athen (Abb. 174, 175).

Man darf nicht vergessen, daß vor der alphabetischen Schrift in Griechenland verschiedene Silbenschriften (die kretisch-minoische und die kyprische) in Gebrauch waren. Wenn wir von einer Erfindung des ersten griechischen Alphabets im 11. Jahrhundert absehen, so müssen wir dem silbenschriftlichen Vorbild und nicht einer semitischen Schrift für die Vokalangabe im griechischen Alphabet den Vorrang geben. Nach H. JENSEN könnte es auch sein, daß phönikische Zeichen, die Halbkonsonanten, für die die griechische Sprache keine entsprechenden Laute hatte, als Vokalbezeichnung ›möglicherweise nach dem Vorbild der kyprischen Schrift, die ja besondere Zeichen für die aus einem Vokal bestehenden Silben besitzt‹, verwendet wurden. Schließen wir uns aber der Meinung von LARFELD, JENSEN u. a. an, daß die Entlehnung des ersten griechischen Alphabets in das 11. vorchristliche Jahrhundert zu datieren ist, so entfällt die semitische Herkunft der Vokalbezeichnung im griechischen Schriftsystem schon von selbst, da die Anfänge einer Vokalandeutung in der semitischen Konsonantenschrift sich erst im 9. Jahrhundert v. Chr. finden lassen.

Es ist eine Tatsache, daß die Halbkonsonanten des altphönikischen Konsonantenalphabets, die es als Laute in der griechischen Sprache nicht gibt, von Anfang an in allen Varianten der frühgriechischen Alphabete als Vokalbezeichnung gebraucht wurden, und zwar ʿaleph (≮) für a, *hē* (ᕒ) für e, *jōdh* (ᒣ) für i und ʿajin (O) für o.

Das waren zweifellos die frühesten Vokalzeichen im ersten ›vollständigen‹ Alphabet der Menschheit!

Erst in späterer Zeit kamen in der griechischen Schrift noch andere Vokalzeichen hinzu, die vollkommen abhängig von den verschiedenen Dialekten der griechischen Sprache waren. Neben dem kurzen e (›*e psilon*‹ = ›kahles‹ [nicht behauchtes] e, d. h. ›*epsilon*‹ – ἒ ψιλόν –) entstand das lange ē (›ēta‹ – ἦτα –, anfangs nur für Griechen, bei denen das h noch nicht verstummt war, als ›hēta‹, erst später ›ēta‹). Ebenso bildete sich allmählich neben dem kurzen o (›omikron‹ = ›kleines o‹, ὂ μικρόν auch das lange ō (›ōmega‹ = ›großes ō‹ – ὦ μέγα) heraus. Dieses lange ō (ω) ist der letzte Buchstabe des griechischen Alphabets geworden.

Schließlich seien noch die beiden griechischen Buchstaben erwähnt, die aus dem altphönikischen Halbkonsonanten *waw* entstanden sind. Das *w* (griechisch ›Digamma‹ genannt), ursprünglich ein ähnlicher Laut wie das englische w, d. h. ein konsonantisches u, ist aus dem ionischen Alphabet im Laufe der Zeit völlig verschwunden und nur noch als Zeichen für die Zahl 6 erhalten geblieben. Der andere aus dem altphönikischen *waw* stammende Buchstabe heißt in der griechischen Schrift ›üpsilon‹ (das heißt ›kahles‹ [unbehauchtes] ü – ὒ ψιλόν –, ursprünglich aber ›upsilon‹, das heißt ›u‹) und wird im klassischen Alphabet als das Zeichen für den Laut ü und für die Zahl 400 verwendet.

Erst jetzt können wir die hervorragende Leistung des griechischen Schriftsystems in ihrer ganzen Größe erkennen. Sie besteht in der Einführung von Zeichen für die kleinsten Einheiten der Sprache, nämlich für die Laute, und zwar sowohl für alle Konsonanten als auch für alle Vokale. Damit ist das vollständige Alphabet geschaffen worden, der letzte bedeutende Schritt in der ganzen Schriftgeschichte. In der Folge wird sich das vollständige Alphabet nur noch an die verschiedenen Sprachen anpassen. ›Dem griechischen Genius verdanken wir‹, so schreibt W. LARFELD, ›die konsequente Weiterbildung der bei den Semiten noch nicht zu ihrer Vollendung gelangten Buchstabenschrift.‹

Die Einführung dieser – gegenüber den früheren Schreibweisen – leichteren und genaueren Buchstabenschrift hat in sehr hohem Maße zur raschen Entwicklung der griechischen Wissenschaft, Philosophie und Literatur beigetragen.

180 Griechische Monumental- oder Lapidarschrift aus dem 2. Jahrhundert n. Chr. Athen.

ΔΕΤΗΝΔΙΩΒΕΛΙΑΙ
ΣΕΙΝΙΕΝΤΗΑΓΟΡΑΠΙΠΡΑΣΚΩΣΙΝ ΩΣΜΕΙ
ΕΙΣΑΓΩΠΑΟΦΕΛΟΣΕΙΣΜΕΓΑΤΙΑΠΑΝΤΗΣΕΗ
ΚΑΙΤΟΥΣΠΑΛΙΝΚΑΠΗΛΕΥΟΝΤΑΣΠΕΠΑΥΣ
ΒΟΥΛΟΜΑΙΗΕΝΔΕΙΞΙΝΑΥΤΩΝΓΕΙΝΕΣΘΑΙ
ΡΕΙΟΥΠΑΓΟΥΒΟΥΛΗΣΤΟΝΔΕΕΙΣΑΓΕΙΝΕΙΣΤΟ
ΤΕΙΜΑΝΟΤΙΧΡΗΠΑΘΕΙΝΗΑΠΟΤΕΙΣΑΙΠΙΠΡΑΣΚ
ΚΟΜΙΖΟΝΤΕΣΗΟΙΠΡΩΤΟΙΠΑΡΑΥΤΩΝΩΝΟΥ
ΝΗΤΑΣΓΕΙΝΟΜΕΝΟΥΣΤΩΝΑΥΤΩΝΩΝΙΩΝΜΕ
ΤΑΣΤΕΙΜΑΣ ΤΑΥΤΗΝΤΗΝΕΠΙΣΤΟΛΗΝΣΤΗΛΗ
ΣΤΗΣΑΤΕΠΡΟΤΟΥΔΕΙΓΜΑΤΟΣ
ΕΠΙΜΕΛΗΤΕΥΟΝΤΟΣΤΗΣΠΟΛΕΩΣΤΙΟΥΛΙΟΥΗΡΩΛΙΑ

Im Jahre 403 v. Chr. beantragte der Athener Redner und Politiker Archinos in einer Denkschrift anläßlich der Gesetzesrevision seitens des Archonten Eukleides eine Schriftreform bzw. die Einführung des ionischen Alphabets für den amtlichen Gebrauch und den Schulunterricht. Gleichzeitig plädierte er für die Notwendigkeit der Doppelbuchstaben ksi (ξ) und psi (ψ); da dzéta (ζ) schon allgemein Verwendung fand. Der Antrag wurde angenommen. Das einheitliche Alphabet mit 24 Buchstaben wurde in Athen offiziell eingeführt. Die Buchstaben dieses attischen (ursprünglich ionischen) Alphabets sind folgende:

Α Β Γ Δ Ε Ζ Η Θ Ι Κ Λ Μ Ν Ξ Ο Π Ρ Σ Τ Υ Φ Χ Ψ Ω

Die offizielle Einführung des ionischen Alphabets in Athen förderte die Entwicklung der griechischen Schrift zu einem gemeingriechischen oder klassischen Alphabet. Gegen Mitte des 4. Jahrhunderts v. Chr. verschwanden damit die Lokalalphabete, überall in der griechischen Welt setzte sich das ionisch-attische Alphabet mit den 24 Buchstaben durch. Kalligraphische Tendenzen und Vereinfachungen bewirkten aber, daß auch nach der Schriftreform in Athen das griechische Alphabet nie ganz einheitlich geworden ist. LARFELD spricht sogar von einem ›wirren Durcheinander von Altem und Neuem, welches die griechischen Inschriften in den vier letzten Jahrhunderten vor und den vier ersten nach dem Beginn unserer Zeitrechnung bieten‹.

Die regelmäßigen und geometrischen Formen der Buchstaben widerspiegeln den ästhetischen Sinn, die Ausgeglichenheit und das Harmonieempfinden der Griechen. Dagegen hatte die phönikische Schrift – wie KLAGES bemerkte – ein ›schlechtes Formniveau‹. Nach der Übernahme der phönikischen Schriftzeichen entstanden folgende Formen: A statt ↘, Γ statt ↾, E statt ⋌, F statt ⊧, ⊏ und Σ statt ⋞, L statt ↘, Π statt Γ (die beiden letzten – Π und Γ – waren noch im 2. Jahrhundert v. Chr. gleichzeitig in Gebrauch). Vor allem wurden die übermäßigen Längenunterschiede der phönikischen Buchstaben ausgeglichen: M statt ⁄ʍ, Λ statt ⁄\, K statt Ⱪ usw. Allmählich haben die griechischen Schriftzeichen eine quadratische Form erhalten. Außerdem hat das Streben nach Klarheit und Einfachheit die komplizierten phönikischen Buchstaben vereinfacht: H statt ⊟, Ξ statt ⌶, I statt ⊰, Z statt I, X statt +, ⊙ statt ⊕.

Im ionischen Alphabet wurde das ursprüngliche h-Zeichen in ein langes ē verwandelt, das auch in die attische und damit in die klassische Schrift eingegangen ist. Für den Hauchlaut der Anfangsvokale ›h‹ (›spiritus asper‹) haben die Ionier in Hērāklēa (Lukanien), einer ihrer Kolonien, das Zeichen ⊢ (aus H) eingeführt, das später allgemein gebraucht wurde. In der ersten Zeit wurde dieses Zeichen in der Form ⊢ (später L) vor den behauchten Anfangsvokal gesetzt. Daraus hat sich, allerdings erst im Mittelalter, das auch heute noch gebräuchliche Zeichen ᶜ entwickelt, das schon über den Anfangsvokal gesetzt wird. Die Hauchlosigkeit der Anfangsvokale (›spiritus lenis‹) wird durch ein ähnliches, nur in der Gegenrichtung geschriebenes Zeichen ⊣ (später ⅃) bzw. ᵓ ausgedrückt. Die meisten Vereinfachungen und ästhetischen Änderungen der griechischen Schrift haben sich bereits in der Zeit zwischen der Mitte des 6. Jahrhunderts und der Mitte des 5. Jahrhunderts vollzogen.

Für die spätere Entwicklung des griechischen Alphabets sind gelegentliche archaisierende Tendenzen, ein Streben nach quadratischen Formen und vom Ende des 3. Jahrhunderts v. Chr. an allerlei Zierstriche, vor allem aber das zunehmende Eindringen kursiver Elemente, insbesondere in der römischen Kaiserzeit, charakteristisch. Der griechische Individualismus, der sich oft politisch bemerkbar machte, herrschte auch in der Vielfalt der Schrift nach der Entstehung des klassischen Alphabets vor.

Der Beschreibstoff bestand in Griechenland in früher Zeit aus Stein, Marmor, Metall und Ton. Wachstafeln wurden für Briefe, Geschäftszwecke und Schulen benützt. Seit dem 4. Jahrhundert v. Chr. verwendete man Papyrus für Bücher (Rollen) und vom 3. Jahrhundert n. Chr. an sogar Pergament; das Papier kam aber erst im 12. Jahrhundert n. Chr. und auch dann nur in Byzanz in Gebrauch. Papyrus und Pergament verdrängten den Stein als Beschreibstoff für offizielle Zwecke, weil nach der Auflösung der Stadtstaaten durch die Weltreiche seit Alexander dem Großen Steininschriften zur Veröffentlichung von wichtigen Mitteilungen – wegen ihrer schlechten Eignung zum Transport – nicht mehr verwendet werden konnten.

Erst in der Zeit nach EUKLID (3. Jahrhundert v. Chr.) traten in der griechischen Schrift häufiger Abkürzungen auf, besonders während der römischen Kaiserzeit; vorher waren sie selten. Die Einführung der Kurzschrift in Griechenland (Mitte des 2. Jahrhunderts n. Chr.), in Kleinasien (Ionien) und im hellenisierten Teil Ägyptens hat zum Gebrauch von Abkürzungen wesentlich beigetragen. In den Anfängen griechischer Literatur des Christentums wird z. B. Christus, abgekürzt, wie folgt geschrieben: XC (Anfangs- und Endbuchstabe; C ist Σ, d. h. S) oder aber mit noch einem Buchstaben: XPC (wobei P das griechische R ist). Die Abkürzungen gehen oft bis zur Unleserlichkeit (AΘ̀H statt ΑΘΗΝΑΙΟΣ, d. h. ATHENAIOS, Κ̀ statt καὶ = ›und‹ etc.). In der christlichen Zeit werden auch oft Monogramme verwendet, z. B. schreibt man auf christlichen Schriftdenkmälern nicht selten Christus in dieser Form: ⳩ oder ☧, d. h. ein Khi und ein P (R).

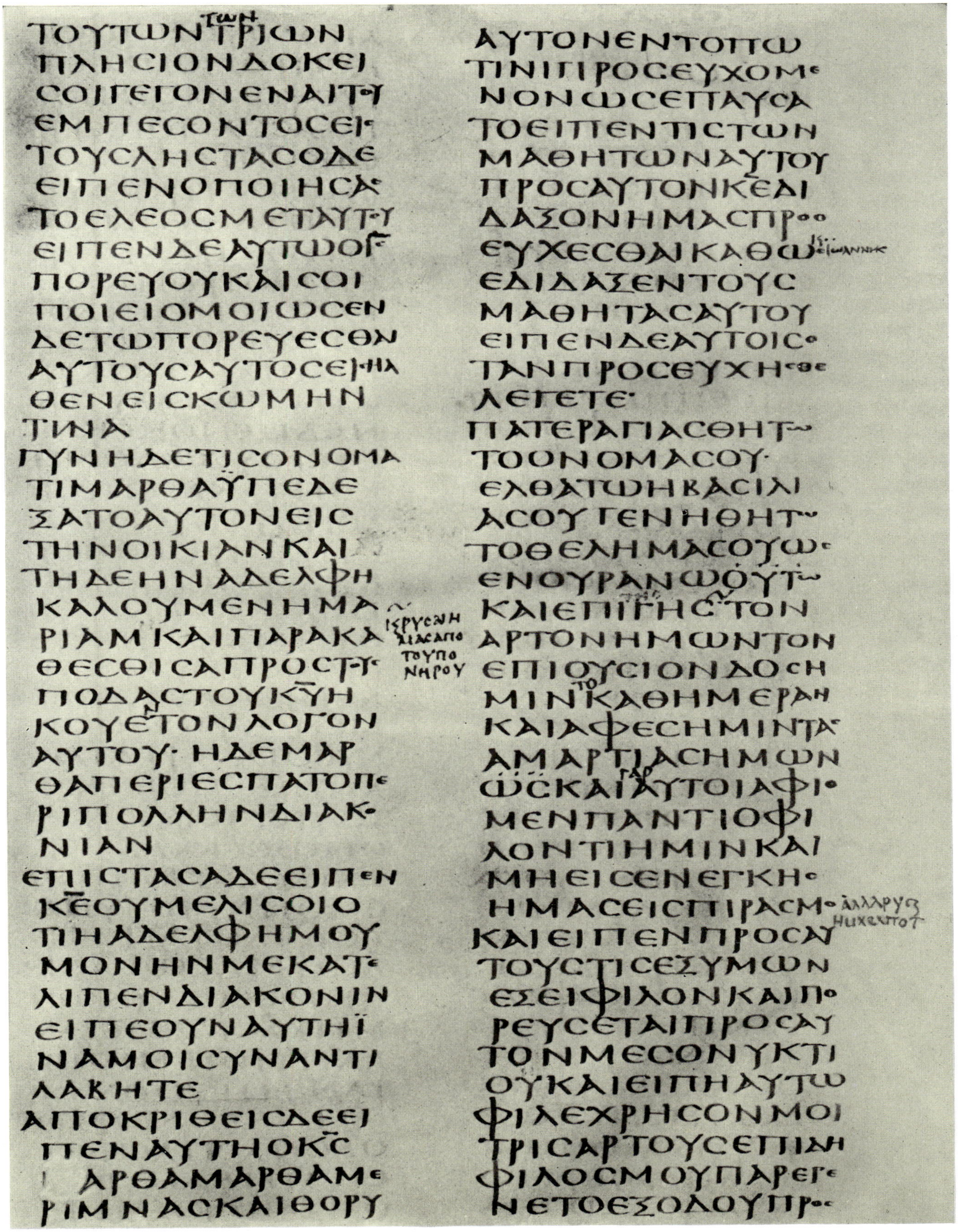

181 *Codex Sinaiticus. Beispiel für die griechische Unzialschrift ohne Zwischenräume und Lesezeichen. Dieser Codex enthält eine der ältesten großen Handschriften des Neuen Testamentes (4. Jh. n. Chr.). Der hier abgebildete Text ist Lukas 10, 36–11, 6. Der heutige Bibeltext weicht an manchen Stellen ab (vgl. Abb. 182). Der Codex wurde 1844 auf dem Sinai gefunden.*

Luk. 11:2 a–c, d fehlt im Cod. Sin.	εἶπεν δὲ αὐτοῖς· ὅ-	
	ταν προσεύχησθε,	
	λέγετε·	
	Πάτερ, ἁγιασθήτω	
	τὸ ὄνομα σου·	
	ἐλθάτω ἡ (βασιλεί-) (βασιλι-	im Cod. Sin.)
	α σου·	
	[γενηθήτω	[Matth. 6: 10 b.
	τὸ θέλημα σου, ὡς	
	ἐν οὐρανῷ]	
	(οὕτω)	nur im Cod. Sin.
Luk. 11:3.	[καὶ ἐπὶ γῆς·] τὸν	Matth. 6: 10 c.]
	ἄρτον ἡμῶν τὸν	
	ἐπιούσιον (δὸς) ἡ-	wie Matth. 6: 11; bei Luk. 11: 3. δίδου
	μῖν (τὸ) καθ᾽ἡμέραν·	(τὸ) fehlt in Cod. Sin.
Luk. 11:4.	καὶ ἄφες ἡμῖν τὰς	
	ἁμαρτίας ἡμῶν.	
	[ὡς] καὶ (γὰρ) αὐτοὶ ἀφίο-	[Matth. 6: 12 a] (γὰρ) fehlt im Cod. Sin.
	μεν παντὶ (ὀφεί-)	(ὀφι- im Cod. Sin.)
	λοντι ἡμῖν· καὶ	
	μὴ εἰσενέγκῃς	
	ἡμᾶς εἰς (πειρασμόν). (πιρασμο-	im Cod. Sin.)

ΕΙΠΕΝΔΕΑΥΤΟΙΣΟ
ΤΑΝΠΡΟΣΕΥΧΗΣΘΕ
ΛΕΓΕΤΕ
ΠΑΤΕΡΑΓΙΑΣΘΗΤΩ
ΤΟΟΝΟΜΑΣΟΥ
ΕΛΘΑΤΩΗΒΑΣΙΛΙ
ΑΣΟΥΓΕΝΗΘΗΤΩ
ΤΟΘΕΛΗΜΑΣΟΥΩΣ
ΕΝΟΥΡΑΝΩΟΥΤΩ
ΚΑΙΕΠΙΓΗΣΤΟΝ
ΑΡΤΟΝΗΜΩΝΤΟΝ
ΕΠΙΟΥΣΙΟΝΔΟΣΗ
ΜΙΝΚΑΘΗΜΕΡΑΝ
ΚΑΙΑΦΕΣΗΜΙΝΤΑΣ
ΑΜΑΡΤΙΑΣΗΜΩΝ
ΩΣΚΑΙΑΥΤΟΙΑΦΙΟ
ΜΕΝΠΑΝΤΙΟΦΙ
ΛΟΝΤΙΗΜΙΝΚΑΙ
ΜΗΕΙΣΕΝΕΓΚΗΣ
ΗΜΑΣΕΙΣΠΙΡΑΣΜΟ

182 Umschrift von 20 Zeilen der rechten Kolumne (von der 11. Zeile an) des Textes aus dem Codex Sinaiticus (Abb. 181) in modernen Großbuchstaben für Altgriechisch, aber in der Schreibweise der einstigen Unziale, und die Umschrift der gleichen 20 Zeilen in moderner Schreibweise des Neuen Testamentes mit Angabe der Abweichungen vom heutigen Bibeltext.

Die griechische Monumentalschrift bewahrt meistens – auch in späterer Zeit – die harmonischen Formen des klassischen Alphabets; eine schöne Probe dessen aus dem 3. Jahrhundert n. Chr. (Abb. 180).

Seit Anfang des 3. Jahrhunderts n. Chr. erscheint in der griechischen Schriftgeschichte ein neuer Stil: die Unzialschrift (lat. ›uncia‹ = 1 Zoll und daher ›litterae unciales‹ = ›zollhohe Buchstaben‹, angeblich später durch Hieronymus so benannt). Das ist die Majuskelschrift der Bücher: bogig, breit, leichtfließend, da ohne Schleifen, wenn auch ohne Verbindungen. Die ältesten Textüberlieferungen des ganzen Neuen Testamentes (4. Jahrhundert n. Chr.) sind in der Unzialschrift geschrieben. Eine Schriftprobe aus dem zweikolumnigen berühmten Codex Sinaiticus zeigt Abb. 181. Der Text ist ohne Zwischenräume und Lesezeichen geschrieben.

Charakteristisch für die griechische Unzialschrift sind Formen wie ϵ statt Ε, Ϲ statt Σ, **Δ** statt Δ, ω statt Ω usw. Eine Worttrennung gibt es hier nicht, dafür aber eine Satztrennung (ein Punkt oben ·). Umschrift und Übersetzung von 20 Zeilen aus der Textprobe des Codex Sinaiticus in modernen Majuskeln für Altgriechisch sowie in Minuskelschrift des griechischen Neuen Testamentes sind auf Abb. 182 zu finden.

Die byzantinische Zeit (vom 4. Jahrhundert n. Chr. an) ist eine besondere Epoche voller Unruhe und Unausgeglichenheit in der Geschichte des griechischen Alphabets, was sich auch im Schriftbild widerspiegelt: große Unregelmäßigkeiten, Längenunterschiede sowie andere Auflösungen der einst so harmonisch-klassischen Formen. Längenunterschiede zeigten sich schon in der hellenistischen Zeit (seit Alexander). Jetzt, in der byzantinischen Zeit, gehen sie ins Extreme über, und es bilden sich viele Schnörkel (Abb. 183). Das Harmoniegefühl der klassischen Periode ist vorbei.

183 Byzantinisch-griechische Minuskeln (Kleinbuchstaben) mit Initialen der Unzialschrift. Miniatur aus dem 9. Jh.

Seit dem Beginn der Kaiserzeit ist der lateinische Einfluß auf das griechische Alphabet immer größer geworden. Schon die griechische Unziale zeigt in hohem Maße diesen Einfluß. Und vom 9. Jahrhundert n. Chr. an gewinnt aus diesem Grunde die griechische Minuskelschrift mehr und mehr an Boden (Abb. 183). Der Sieg des lateinischen Alphabets über das griechische war jedoch nicht leicht.

Die griechische Minuskelschrift des 10. Jahrhunderts (Abb. 184) weist bereits zahlreiche Verbindungen sowie schmale Schleifen in den Ober- und Unterlängen auf. Manche Linksläufigkeiten der griechischen Minuskelschrift sind schriftpsychologisch bzw. raumsymbolisch betrachtet Merkmale einer Bindung an die Vergangenheit. Die Worttrennung durch Zwischenräume in der griechischen Minuskelschrift (Abb. 184) ist wieder dem Einfluß des lateinischen Alphabets bzw. der karolingischen Minuskel zuzuschreiben.

Die drei Akzentzeichen (´ ` ~) wurden zwar wahrscheinlich gegen Mitte des 3. Jh. v. Chr. in Byzanz erfunden, vermutlich um den Ausländern die richtige Aussprache zu erleichtern, kamen aber erst seit dem 9. Jahrhundert n. Chr. in Gebrauch.

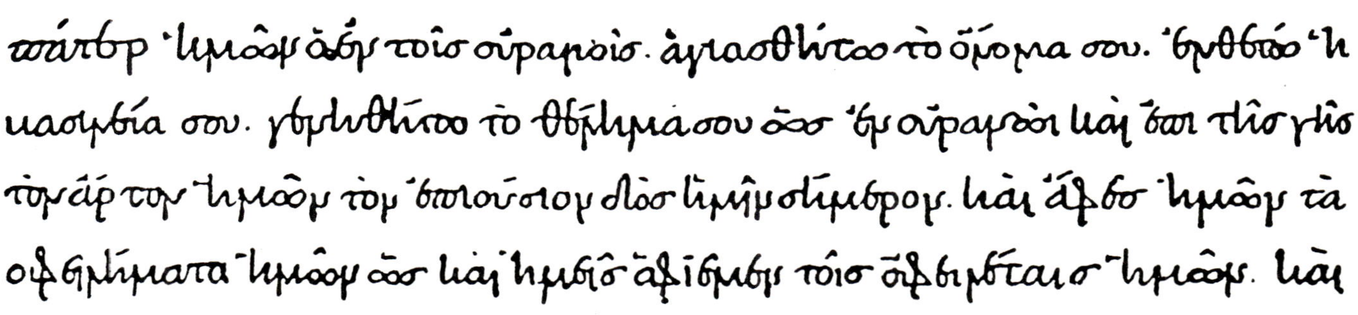

184 Griechische Minuskel des 10. Jh., mit Worttrennung durch Zwischenräume und mit zahlreichen Buchstabenverbindungen.

Als letzte Buchstabenform entstand das Schluß-s (ς) der Minuskelschrift erst im 12. Jahrhundert n. Chr., und zwar auch unter lateinischem Einfluß.
Das Ringen zwischen den beiden vollständigen Alphabeten, dem griechischen und dem lateinischen, hat Jahrhunderte gedauert. Noch Papst GREGOR DER GROSSE (im ausgehenden 6. Jahrhundert) betete das Apostolische Glaubensbekenntnis und das Vaterunser in griechischer Sprache! Es gibt aus dem 12. Jahrhundert noch Urkunden, die in lateinischer Sprache, aber mit griechischen Buchstaben geschrieben sind. Jedoch mußte das griechische Alphabet seine Vormachtstellung zugunsten der lateinischen noch vor der Eroberung Griechenlands durch die Türken aufgeben. Durch die Islamisierung der Balkanhalbinsel (seit dem 15. Jahrhundert) kommt das altgriechische Alphabet allmählich zum Erlöschen.
Die moderne Type für Altgriechisch (Majuskel und Minuskel) geht auf den Antwerpener Drucker WETSTEIN im 17. Jahrhundert zurück. Die neugriechische Schreibschrift ist nach der Befreiung Griechenlands von der Türkenherrschaft (1830) aus der Minuskelschrift unter dem Einfluß der lateinischen Kursivschrift entstanden. Beispiele für die moderne Majuskel-, Minuskel- und Kursivschrift zeigt die Abb. 182.

4. DAS GRIECHISCHE BUCHWESEN

Das vollständige Alphabet der Griechen erleichterte das Schreiben von Büchern. Deshalb gelangte das Buchwesen innerhalb der griechischen Kultur zu einer sehr großen Entfaltung und Blüte. Breitere Kreise des griechischen Volkes waren schon in früherer Zeit des Schreibens und Lesens kundig. Die Gesetze SOLONS wurden im Jahre 594 v. Chr. auf hölzerne Säulen geschrieben und der Öffentlichkeit zugänglich gemacht. Dies beweist, daß bereits im frühen 6. Jahrhundert v. Chr. zahlreiche Athener lesen konnten.
Die Überlieferung, daß es in der frühen Zeit des PEISISTRATOS und POLYKRATES (6. Jahrhundert v. Chr.) schon öffentliche Büchereien gegeben hätte, ist umstritten. Man weiß aus PLATONS ›Apologie des Sokrates‹, daß es bereits um die Wende des 5. zum 4. Jahrhundert einen entwickelten Buchhandel in Athen und wohl auch in anderen griechischen Städten gegeben hat. Der athenische Lustspieldichter ARISTOPHANES spottete zur selben Zeit über eine ›Lesewut‹, die die Athener erfaßt hatte, bei denen sogar ein ›Wursthändler‹ lesen konnte. Wahrscheinlich verfügte PLATONS Akademie in Athen in der ersten Hälfte des 4. Jahrhunderts v. Chr. bereits über eine – wenn auch kleinere – Bibliothek. Und von ARISTOTELES, dem größten Schüler (und Kritiker) Platons und Lehrer Alexanders des Großen, ist bekannt, daß er eine Büchersammlung besessen hat.
Durch die Einführung der Papyrusrollen für Bücher entwickelte sich das griechische Buchwesen rasch (Abb. 185). Papyrusrollen mußten besonders sorgfältig und fachgerecht behandelt werden. Die größte Bibliothek des Altertums war die Bibliothek von Alexandria. Sie wurde im 3. Jahrhundert v. Chr. von PTOLEMÄUS PHILADELPHOS gegründet und verfügte über 500000–700000 Papyrusrollen. Die Angestellten der Bibliothek hatten bereits eine fachgemäße Ausbildung erhalten. Schon zur Gründungszeit war diese Bibliothek in der Spezialisierung der verschiedenen Wissensbereiche einer modernen Universität ähnlich – ein Zentrum der Gelehrtenbildung. In Alexandria lehrte der berühmte Mathematiker EUKLID, dessen Hauptwerk ›Elemente‹ sogar noch SPINOZA und NEWTON im 17. Jahrhundert beeinflußte. Und der Geograph ERATOSTHENES, der den Radius der Erde annähernd genau zu berechnen vermochte, hatte eine Zeitlang die Leitung der Bibliothek inne. Hier studierten auch APOLLONIUS, ARCHIMEDES und der Astronom ARISTARCH von Samos, der bereits im 3. Jahrhundert v. Chr. die Lehre verkündete, daß die Erde sich um ihre eigene Achse dreht und alle Planeten um die Sonne kreisen.
Mit den Eroberungen ALEXANDERS DES GROSSEN breitete sich griechischer Einfluß und griechische Lebensart aus. ›Griechische Kultur strömte breit nach Asien ein‹, schreibt BERTRAND RUSSELL. ›Griechisch wurde die Sprache der Gebildeten überall, und sie entwickelte sich rasch zur Weltsprache des Handels, so wie die englische in unseren Jahrzehnten. Um 200 v. Chr. konnte man von den Toren des Herakles (Gibraltar) bis zum Ganges griechisch sprechen.‹ Auch die starke jüdische Gemeinde in Alexandria wurde nach kurzer Zeit hellenisiert. Der jüdische Philosoph PHILO von Alexandria, der Apostel PAULUS, der jüdische Historiker FLAVIUS JOSEPHUS und die ersten Kirchenväter schrieben in griechischer Sprache.
Zweimal ist die große Bibliothek von Alexandria ein Opfer der Flammen geworden: das erste Mal im Jahre 47 v. Chr., als JULIUS CÄSAR die Stadt einnahm, das zweite Mal im Jahre 270. Eine kleinere Bibliothek – etwa 42800 Rollen – von Alexandria ist 391 n. Chr. dem religiösen Fanatismus zum Opfer gefallen.
In Pergamon an der ionischen Küste Kleinasiens stand seit dem 2. Jahrhundert v. Chr. eine größere griechische Bibliothek der Öffentlichkeit zur Verfügung. Nach dieser Stadt ist auch der aus Tierhaut gewonnene Beschreibstoff, Pergament,

185 Teil einer griechischen Papyrusrolle aus Ägypten (zwischen 4. und 2. Jh. v. Chr.). Der Text befaßt sich mit Astronomie. Dieses Bild zeigt, wie wenig dauerhaft der Beschreibstoff Papyrus war.

genannt. Mit seinem Aufkommen im 3. Jahrhundert n. Chr. erfuhr das griechisch-hellenistische Buchwesen erneut einen großen Aufschwung. Die frühesten uns erhaltenen Texte des Neuen Testamentes reichen bis ins 4. Jahrhundert n. Chr. zurück; da sie auf Pergament geschrieben wurden, haben sie die Zeiten überdauert (Abb. 181). Papier wurde für Bücher in griechischer Sprache erst in der spätbyzantinischen Zeit (12. Jahrhundert) verwendet.

Die Akademie PLATONS in Athen hatte bis zu ihrer Schließung durch Kaiser JUSTINIAN im Jahre 529 n. Chr. fast 900 Jahre lang den wissenschaftlichen Forschungen und Untersuchungen und besonders der griechischen Kultur wertvolle Dienste geleistet. In Byzanz bzw. Konstantinopel gelangte die griechische Sprache und Schrift sowie das griechische Buchwesen – nicht zuletzt durch die noch von Kaiser KONSTANTIN gegründete Bibliothek – während der islamischen Ära, besonders vom 8. bis zum 11. Jahrhundert, zu einer späten Blüte. Nach der Eroberung Konstantinopels im Jahre 1453 durch die Türken schwindet aber der vorherrschende Einfluß der griechischen Sprache und Schrift endgültig.

5. DIE FRÜHESTEN BEDEUTENDEREN ABZWEIGUNGEN DER GRIECHISCHEN SCHRIFT

a) Das etruskische Alphabet und andere altitalische und alpine Schriften

Zu Beginn des ersten vorchristlichen Jahrtausends waren die Etrusker das mächtigste Volk in Italien. Der Name ›Etrusker‹ stammt aus dem römischen Wort ›Etrusci‹ (auch ›Tusci‹); die Griechen haben die Etrusker ›Tyrrhenoi‹ (auch ›Tyrsenoi‹) genannt und ihre Herkunft aus Lydien in Kleinasien betont (HERODOT I, 94).

Die meisten etruskischen Inschriften – insgesamt etwa 9000 – sind kurze Grabinschriften, die nur den Namen des Verstorbenen, sein Lebensalter und seine Stellung angeben. Die wenigen Schriftdenkmäler mit einem längeren Text – 28 bis 300 Worte – befinden sich in verschiedenen europäischen Museen, u. a. in Agram, Berlin, Florenz, Rom. Das älteste etruskische Schriftdenkmal ist die ›Schreibtafel von Marsiliana‹: eine richtige Schultafel aus dem ausgehenden 8. Jahrhundert oder um 700 v. Chr. Sie wurde 1915 aufgefunden. Am Rand befindet sich das etruskische Alphabet, das aus 22 phönikischen und 4 zusätzlichen griechischen, also aus 26 Buchstaben besteht (Abb. 187). Die Schrift läuft noch von rechts nach links. Noch mancher andere Alphabet-Fund – aus Formello, Cerveteri u. a. – ist aus dieser Zeit auf uns gekommen; diese Alphabete wurden von V. v. GARDTHAUSEN als prototyrrhenisch, frühetruskisch, bezeichnet. Wir kommen darauf bei der Behandlung des Ursprungs des lateinischen Alphabets im 7. Abschnitt dieses Kapitels zurück.

Eigentümlichkeiten des etruskischen Alphabets sind:

a) das Fehlen von *o* und *x*

b) die Bezeichnung von *o* und *u* durch *v*

c) die Verwendung der griechischen Zeichen *th, ph* und *kh* für *t, p* und *k* (⊕ = t, ɸ oder Φ = p, ↓ = k) und das Fehlen der Zeichen für *b, d* und *g* im spätetruskischen Alphabet bzw. die Bezeichnung dieser Laute mit *p, t* und *k*.

d) die ursprüngliche Übernahme von allen vier *K*-Lauten (Ɔ oder 〉 = *k* und *g*, ᛃ = *k*, ϙ oder φ = *q* und Ψ oder ↓ = *kh*). Von diesen hat sich nur das ᛃ = k erhalten.

e) die Entstehung des Zeichens 8 oder 8 bzw. 8 für den etruskischen Laut *f* seit dem 6. Jahrhundert v. Chr. aus der griechischen Form 日 durch Weglassung des Basisstriches und des rechten Abstriches F⅃ (Abb. 211, Spalten 4–6).

f) die Linksläufigkeit der Schrift

Der genaue Ursprung des etruskischen Alphabets ist umstritten, und auch die etruskische Sprache bedeutet den Forschern noch immer ein großes Rätsel. Die griechische Abstammung der etruskischen Schrift wird zwar im allgemeinen angenommen; über die nähere Quelle gibt es aber abweichende Ansichten. DIRINGER, CARPENTER u. a. verfechten die Entlehnung aus mehreren griechischen Alphabeten, JENSEN, HAMMARSTRÖM u. a. hingegen den Ursprung aus einem der westgriechischen Alphabete in der Mitte des griechischen Festlandes. Das Aufkommen der etruskischen Schrift ist demnach noch in die Zeit vor der Einwanderung

186 Etruskische Sarkophaginschrift aus dem 3. Jh. v. Chr. Die Schriftrichtung ist noch linksläufig.

der Etrusker nach Italien, am Anfang des ersten Jahrtausends v. Chr., spätestens aber ins 8. Jahrhundert v. Chr. zu datieren, solange die Etrusker noch auf der Insel Lemnos, ihrer ägäischen Heimat, lebten. Zumindest läßt die Linksläufigkeit der etruskischen Schrift auf eine frühe Entlehnungszeit schließen, in der die griechische Schrift selbst noch linksläufig war.
Die Linksläufigkeit haben die Etrusker bis zur letzten Phase ihrer Geschichte beibehalten. Die Sarkophaginschrift aus dem 3. Jahrhundert v. Chr. auf Abb. 186 ist noch linksläufig. Erst im letzten vorchristlichen Jahrhundert änderte sich die Schriftrichtung unter dem Einfluß des lateinischen Alphabets

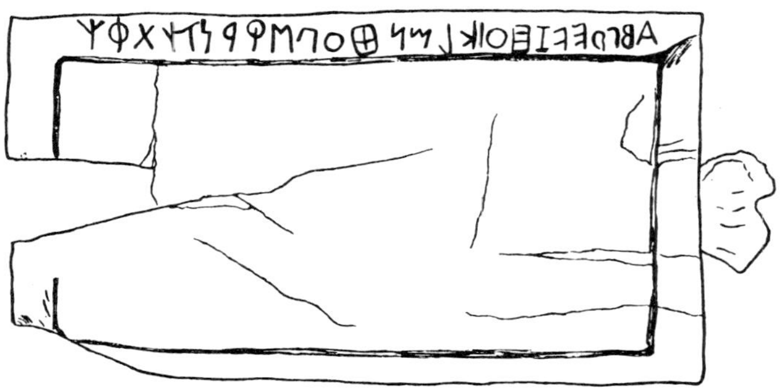

187 Schreibtafel von Marsiliana mit dem vermutlich ältesten etruskischen Alphabet (22 phönikische Schriftzeichen und 4 griechische Zusatzbuchstaben), linksläufig (um 700 v. Chr.).

von links nach rechts; zu diesem Zeitpunkt nahte aber schon das Ende der etruskischen Schrift. Nachdem das Land Etruria seine politische Unabhängigkeit an die Römer verloren hatte, verschwand allmählich auch die eigene Schrift und Sprache. Die letzten etruskischen Inschriften stammen aus dem Beginn unserer Zeitrechnung; am Anfang der römischen Kaiserzeit wurde die etruskische Schrift nur noch als Dialekt betrachtet und erlosch schließlich.
Das etruskische Alphabet haben einige altitalienische Volksgruppen in Mittel- und Süditalien übernommen; so entstanden das *umbrische* (Abb. 188) und das *oskische* (Abb. 189) Alphabet mit gewissen Abweichungen von der etruskischen Vorlage. Da diese beiden Entlehnungen das frühe aus dem 6. Jahrhundert v. Chr. stammende etruskische Zeichen 8 für den Laut f enthalten, ist die Zeit der Übernahme auf das 6. oder 5. Jahrhundert v. Chr. zu datieren.
Varianten des etruskischen Alphabets haben sich im Alpengebiet Norditaliens herausgebildet; es sind dies die *alpinen Schriften*, die jeweils nach dem Fundort, z. B. Bozen, Lugano, Sondrio, bezeichnet werden. Ihre Entlehnung aus dem spätetruskischen Alphabet mit jeweiligen Abweichungen kann auf die letzten vorchristlichen Jahrhunderte festgelegt werden, denn in den alpinen Schriften fehlen die Zeichen für die Laute *b, d, g* wie in der spätetruskischen Schrift und werden – entsprechend dem spätetruskischen Alphabet – mit den Zeichen für *p, t* und *k* ausgedrückt.

188 Linksläufige umbrische Ritualinschrift – eine Abart des etruskischen Alphabets – aus dem 3. Jh. v. Chr.

189 Linksläufige oskische Weihinschrift, ein anderer Ausläufer der etruskischen Schrift (2. Jh. v. Chr.).

Die germanische Runenschrift – Abzweigung aus einer nordetruskischen, alpinen Schrift

Schriftgeschichtlich ist das Runenalphabet belanglos, da es zur Zeit seiner Entstehung schon hochentwickelte und weit verbreitete vollständige Alphabete – wie das griechische, lateinische, etruskische – gab.
Nach dem Bericht des Tacitus in seiner geographisch-ethnographischen Schrift ›Germania‹ waren die Runen ursprünglich als magisch-religiöse Losstäbchen und Orakelzeichen in Gebrauch. Unterstützt wird dieser Bericht des Tacitus durch folgende Feststellung: Es fehlen längere, zusammenhängende Runeninschriften aus vorchristlicher Zeit, und nach der Etymologie bedeutet das gotische Wort *rūna* ›das Geheimnis‹ (ähnlich wie das altsächsische *rūna* ›heimliches Flüstern‹ und das mittelhochdeutsche *rune* ›Geheimnis‹ oder ›Geflüster‹).
Das deutsche Wort ›Buchstabe‹ erinnert an die ursprüngliche Schreibtechnik der Runenschrift: Die Runenbuchstaben wurden auf Holzstäbchen eingeritzt. Diese Schnitztechnik bedingte auch die äußere Form der Runen: eckig-winklig und meist senkrecht; bogige und horizontale Buchstaben hätten sich auf dem rundlichen Buchenstab nur schwerlich kerben lassen.

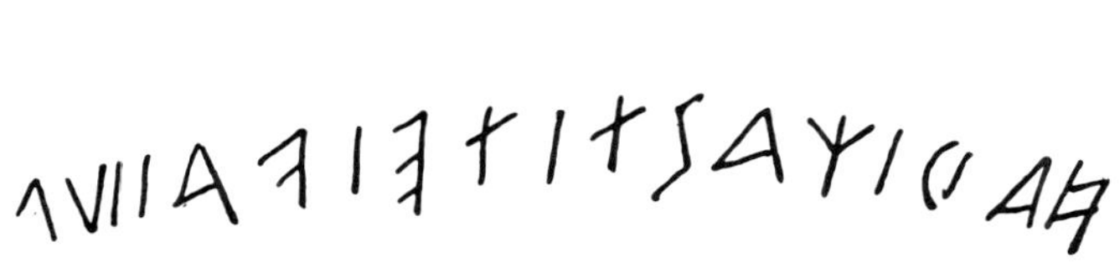

190 Altgermanische Inschrift auf einem bronzenen Helm aus Negau (Steiermark) mit alpinen (nordetruskischen) Buchstaben aus dem 2. Jh. v. Chr. Sie deuten die Herkunft der späteren Runenschrift aus einem alpinen Alphabet an. Der Helm wurde 1812 entdeckt. Die Umschrift und die vermutlich richtige Übersetzung des kurzen linksläufigen Textes lauten: harigasti teiwai ›dem Gotte Harigast‹ (Wodan).

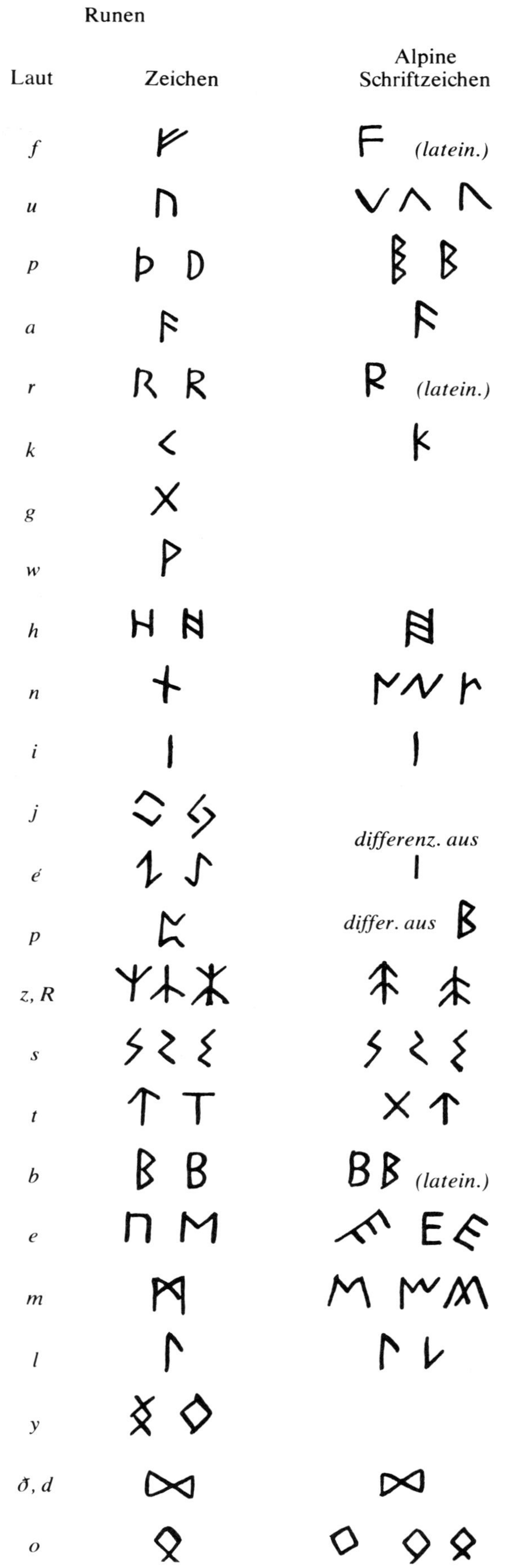

191 Vergleichende Tabelle der Runen mit den alpinen (= nordetruskischen) Schriftzeichen.

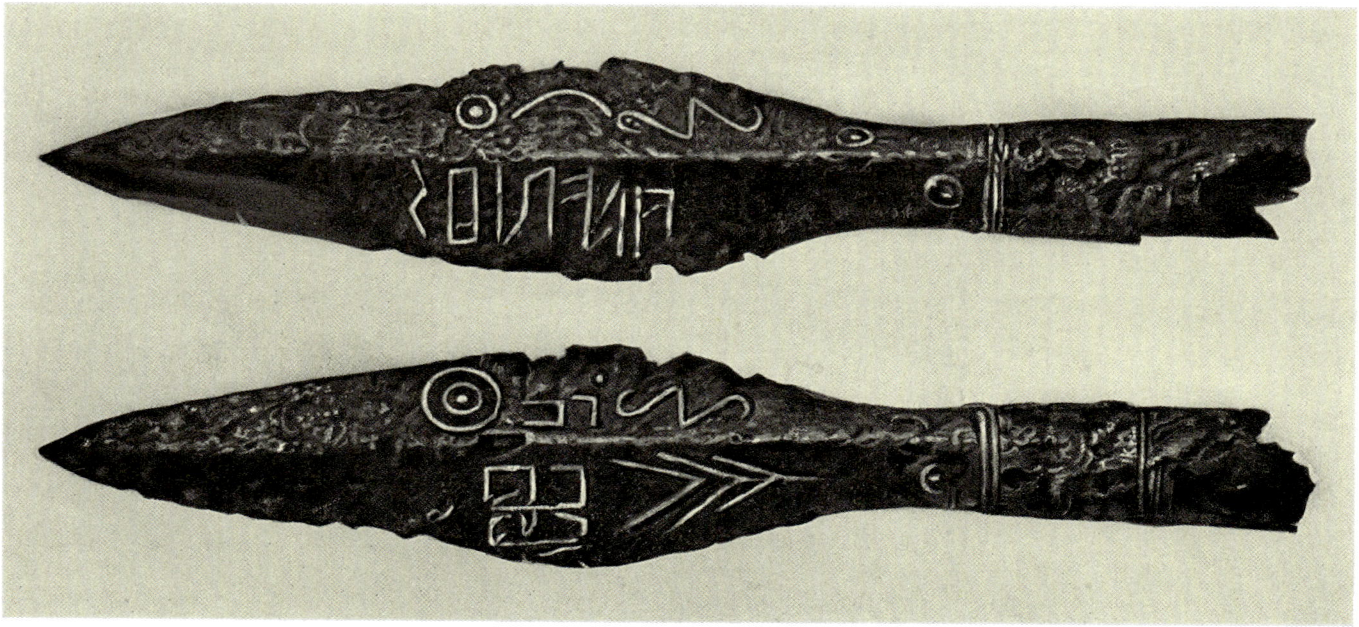

Der Ursprung der Runen ist umstritten. Die Annahme, daß es ›Ur-Runen‹ als Buchstaben in vorgeschichtlicher Zeit gegeben habe, muß als absurd abgelehnt werden; höchstens kann man runische Zeichen für magisch-religiöse Zwecke bei den Germanen der Vorzeit annehmen. Runen als richtige Schriftzeichen stammen aus einer viel späteren Zeit, frühestens aus dem 2 Jahrhundert v. Chr.

Es gibt auch eine Auffassung – die griechische Hypothese –, daß die Runen unmittelbar aus dem griechischen Alphabet entlehnt seien, im 6. Jahrhundert v. Chr., als die Goten in Südrußland lebten. Diese Hypothese scheitert aber am Fehlen runischer Schriftdenkmäler aus den vorchristlichen Jahrhunderten und an dem erwähnten Bericht des TACITUS', nach dem die Germanen runische Zeichen als Zauber- und Wahrsagemittel benützt haben.

Die lateinische Hypothese versucht, die Runen aus der lateinischen Kapitalschrift des ausgehenden 2. Jahrhunderts n. Chr. – nach einer anderen Variation des 1. Jahrhunderts n. Chr. – abzuleiten.

Der Schwede O. v. FRIESEN vereinigt beide Hypothesen: Die Runen stammen aus griechischer und aus lateinischer Quelle und sind eine Erfindung der Goten am Schwarzen Meer. Die linksläufige Richtung der frühesten runischen Schriftdenkmäler spricht jedoch gegen diese Annahme, da in jener späten Zeit sowohl die griechische als auch die lateinische Schrift rechtsläufig war.

Nach einer anderen, wohl begründeten Hypothese, die der Schwede C. J. S. MARSTRANDER und der Finne M. HAMMARSTRÖM vertreten, entsprang das Runenalphabet aus einer nordetruskischen oder alpinen Schrift unter gallischem Einfluß, und zwar zu Beginn unserer Zeitrechnung, frühestens jedoch im 2. Jahrhundert v. Chr. Die meisten Gelehrten schließen sich dieser Hypothese an. Sie wird durch ein kurzes Schriftdenkmal aus dem 2. Jahrhundert v. Chr. bestätigt: eine Inschrift in altgermanischer Sprache, aber mit nordetruskischen (= alpinen) Buchstaben auf einem Helm aus Bronze (Abb. 190). Allein dieser Fund beweist schon die Entlehnung und Weiterbildung der Runenschrift aus dem nordetruskisch-alpinen Alphabet. Die Runenformen zeigen eine auffallende Ähnlichkeit mit den alpinen Buchstaben (Abb. 191).

Runenfunde gibt es erst aus verhältnismäßig später Zeit. Eines der frühesten runischen Schriftdenkmäler enthält die Lanzenspitze von Kowel (Abb. 192) aus der Zeit um 230 n. Chr. Aus dem 4. Jahrhundert n. Chr. stammt eine Steininschrift aus Uppland (Schweden) im altgermanischen Runenalphabet (Abb. 193). Das alt- oder gemeingermanische Runenalphabet besteht ursprünglich aus 24 Schriftzeichen,

192 Gotische Runenschrift der Lanzenspitze von Kowel, um 230 n. Chr. Die linksläufige Inschrift lautet: tilarids und wird mit ›Angreifer‹ oder ›Anreiter‹ übersetzt.

193 Linksläufige Steininschrift aus Uppland (Schweden) nach dem altgermanischen Runenalphabet (4. Jh. n. Chr.). Die Umschrift lautet:
Frawaradaz ana hahai slaginaz
Die Übersetzungen weichen voneinander ab:
›Fr. auf dem Hengst (wurde) erschlagen‹ oder
›Fr. auf Hagi ist erschlagen‹ oder aber
›Fr., der Mutige ...‹.

194 Das altgermanische (gemeingermanische) und das nordische (jüngere) Runenalphabet.

das gekürzte ›nordische Runenalphabet‹ (seit dem 10. Jahrhundert) nur aus 16 Buchstaben (Abb. 194). In nordischen Runen ist der Codex Runicus vom Ende des 13. Jahrhunderts geschrieben (Abb. 196). In England hat sich aus der altgermanischen Runenschrift ein angelsächsisches Runenalphabet mit 33 Buchstaben – nach der Regel ›Das Alphabet folgt der Sprache‹ – entwickelt. Die äußeren Formen dieses Alphabets weisen aber keine grundsätzliche Abweichung von der gemeingermanischen Runenschrift auf.

Den Höhepunkt hat das Runenalphabet jedoch erst im 10. und 11. Jahrhundert im Norden erreicht. In Schweden blieb es sogar noch länger in Gebrauch. Allmählich wurde dann die Runenschrift auch im Norden wie überall durch das weitaus überlegenere lateinische Alphabet verdrängt.

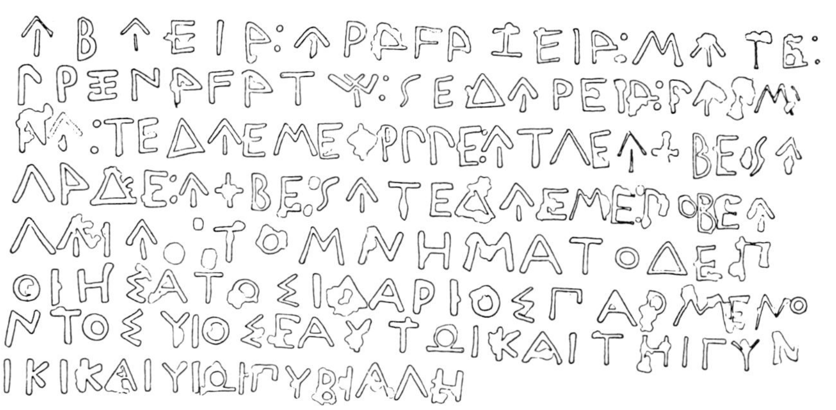

195 Lykische und griechische Grabinschrift aus Lykien (an der Südwestküste Altkleinasiens; Abb. 129); 5.–4. Jh. v. Chr. Die Umschrift lautet: 1. ebeija: erawazija: me ti: 2. prñnawatẽ: siderija: parm[ẽn] – 3. [ah]: tideimi[h] rppi: etli ebbi se 4. ladi: ebbi: se tideimi: pubie – 5. leje: Τὸ μνῆμα τόδ' ἐπ- *6.* οιήσατο Σιδάριος Παρμένο- *7.* ντος υἱὸς ἑαυτῶι καὶ τῆι γυν[α] *- 8.* ικὶ καὶ υἱῶι Πυβιάληι

Übersetzung des griechischen Textes: ›Dieses Denkmal machte Sidarios, des Parmenon Sohn, für sich und die Gattin und den Sohn Pybiales.‹

Übersetzung des lykischen Textes: ›Dieses Denkmal, nun wer (e's) erbaute, (ist) Siderija, des Parmena Sohn, für das eigene Selbst und die eigene Gattin und den Sohn Pubiele.‹

b) Die Entstehung einiger kleinasiatischer Schriften aus dem griechischen Alphabet

Die nahezu 25 altphrygischen Inschriften aus dem 7. bis 6. Jahrhundert v. Chr. sind eine Variante des westgriechischen Alphabets. Die Abweichungen von der griechischen Vorlage beschränken sich auf einige Buchstaben (z, p, s usw.). Zu welchem Schrift- oder Sprachstamm die altphrygische Sprache gehört, ist bis heute noch nicht endgültig geklärt.

Eine andere kleinasiatische Abzweigung des griechischen Alphabets ist die lykische Schrift. Von ihr gibt es etwa 150 meist kurze Schriftdenkmäler (Münz- und Grabinschriften) aus dem 5. bis 4. Jahrhundert v. Chr. (Abb. 195). Vermutlich haben die Lyker die Schrift von den Dorern im 6. Jahrhundert v. Chr. übernommen, nach JENSENS Auffassung von der Insel Rhodos, einer damals dorischen Kolonie. Die indogermanische Zugehörigkeit und die Verwandtschaft der lykischen Sprache mit dem Hethitischen wurde 1928 von zwei Hethitologen, dem Italiener P. MERIGGI und dem Dänen H. PEDERSEN, nachgewiesen.

Mehr Problematisches steckt jedoch – im Gegensatz zur lykischen – in der lydischen Schrift und Sprache, von der rund 50 kurze Inschriften (meist Grabinschriften) vorliegen. Zwei lydisch-griechische Bilinguen (Abb. 197) und eine längere lydisch-aramäische Bilingue haben zwar die Entzifferung der lydischen Schrift und die Erschließung der Sprache erleichtert; doch bestehen immer noch Unklarheiten: MERIGGI und FRIEDRICH vertreten die Zugehörigkeit des Lydischen zum indogermanischen Sprachstamm, JENSEN hält hingegen die Frage für ungeklärt.

Ein weiterer kleinasiatischer Ausläufer des griechischen Alphabets ist die armenische Schrift.

196 Schriftprobe aus dem Codex Runicus nach dem nordischen (jüngeren) Runenalphabet (Ende 13. Jh.). Der Text enthält das Schonische Provinzialgesetz.

197 Zwei lydisch-griechische Bilinguen (4. Jh. v. Chr.). Lydien lag nordwestlich von Lykien (Abb. 129). Die lydische Schrift unterscheidet sich von der lykischen (Abb. 195) – beide entstammen dem griechischen Alphabet – schon durch ihre Linksläufigkeit. Die Umschrift der ersten Bilingue lautet lydisch: nannás bakivalis artimuλ griechisch: Νάννας Διονυσικλέος Ἀρτέμιδι *deutsch: ›Nannas, (Sohn) des Dionysikles, (weiht diese Statue) der Artemis.‹ Die Umschrift der zweiten Bilingue lautet lydisch: 1 esv taśẽv asvil 2. bartaraś atit griechisch: 3.* Παρταρας *4.* Ἀθηναίηι *deutsch: ›Partaras (weiht diese Säule) der Athene.‹*

Zahlen-wert	Laut-wert	Name	Koptisch	Griech. Unziale
1	*a*	*alfa*	Ⲁ	Α
2	*b, v*	*vēda*	Ⲃ	Β
3	*g*	*gamma*	Ⲅ	Γ
4	*d*	*dalda*	Ⲇ	Δ
5	*ē*	*ēje*	Ⲉ	Ε
6	–	*sou*	Ⲋ	Ϛ
7	*z*	*zāda*	Ⲍ	Ζ
8	*ē*	*hāda*	Ⲏ	Η
9	*t-h*	*tutte*	Ⲑ	Θ
10	*j, i*	*jōda*	Ⲓ	Ι
20	*k*	*kabba*	Ⲕ	Κ
30	*l*	*lōla*	Ⲗ	Λ
40	*m*	*mēj*	Ⲙ	Μ
50	*n*	*ni*	Ⲛ	Ν
60	*ks*	*eksi*	Ⲝ	Ξ
70	*ŏ*	*ou*	Ⲟ	Ο
80	*p*	*bej*	Ⲡ	Π
100	*r*	*rou*	Ⲣ	Ρ
200	*s*	*samma*	Ⲥ	Ϲ
300	*t*	*daū*	Ⲧ	Τ
400	*i*	*he*	Ⲩ	Υ
500	*p-h*	*fīj*	Ⲫ	Φ
600	*k-h*	*kij*	Ⲭ	Χ
700	*ps*	*ebsi*	Ⲯ	Ψ
800	*ō*	*ō*	Ⲱ	Ω
900	–	–	[illegible]	

198 Die aus der griechischen Unziale entliehenen koptischen Buchstaben mit ihren Zahlenwerten.

c) Die koptische Schrift

Die einzige Abzweigung des griechischen Alphabets in Afrika ist die koptische Schrift. Der Name ›koptisch‹ führt durch das arabische Wort ›qopt‹ – nach der richtigen Aussprache eigentlich ›qipt‹ – auf das griechische ›gyptios‹ (γύπτιος), eine abgekürzte Form von ›aigyptios‹ (αἰγύπτιος), ›Ägypter‹ oder ›ägyptisch‹, zurück.

Die Hellenisierung kam mit Alexander dem Großen auch nach Ägypten, wo er die größte Stadt des Altertums, Alexandria, gründete. Infolge dieser geistigen Strömung, die eines der bedeutendsten Ereignisse der abendländischen Kulturgeschichte darstellt, wurde allmählich das schwerfällige ägyptische, hieroglyphische und demotische Schriftsystem durch die weit überlegenere alphabetische Schrift der Griechen verdrängt.

Das in der ägyptischen Sprache verwendete griechische Alphabet brachte die koptische Schrift hervor. Diese diente vor allem dem ungebildeten Volk, das die damalige ›Weltsprache‹, die griechische, nicht beherrschte. Seit der zweiten Hälfte des 3. Jahrhunderts gibt es eine koptische Literatur, vorwiegend religiöser Art (Übersetzungen biblischer Bücher, apokrypher Evangelien, gnostischer Schriften und von Heiligenleben).

Nach der Christianisierung Ägyptens im 5. Jahrhundert n. Chr. wurde die Bezeichnung ›koptisch‹ auf die monophysitische Kirche Ägyptens und Abessiniens übertragen. Die ägyptische Christenheit war einer Ketzerei – dem sogenannten Monophysitismus (griechisch *monos* ›eins‹ und *physis* ›Natur‹) – verfallen, nach welchem Jesus nur *eine* göttliche Natur hatte und nicht zwei – eine göttliche und eine menschliche – (so lautete die rechtgläubige Auffassung nach dem Konzil von Chalzedon 451 n. Chr.). Durch die koptische (monophysitische) Kirche blieb die koptische Schrift, wenigstens in der Liturgie, bis heute erhalten. Andererseits hat jedoch diese Ketzerei zur Isolierung der ägyptisch-abessinischen Christenheit beigetragen, und vom 7. Jahrhundert

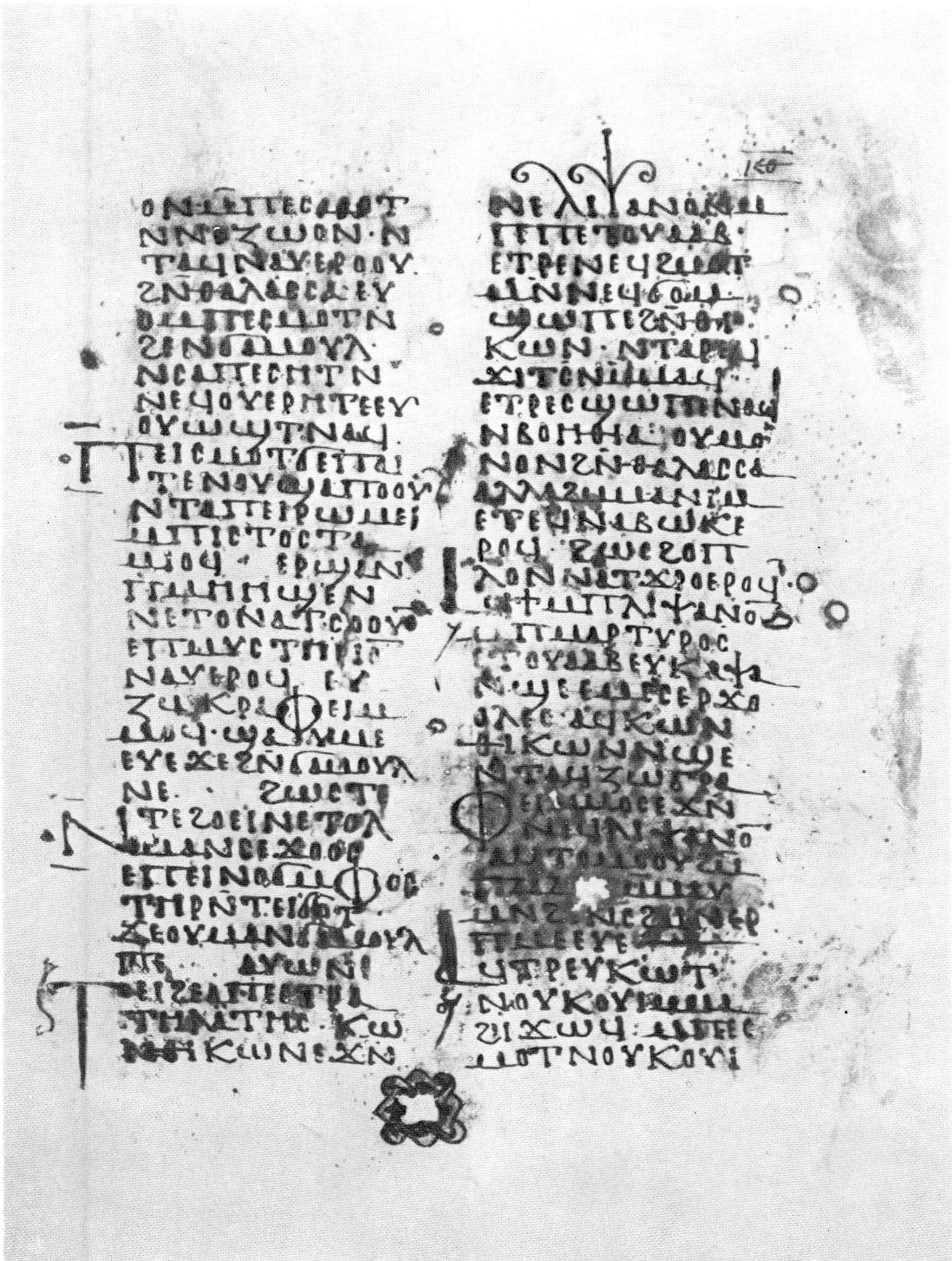

199 *Schriftprobe aus einer koptischen Handschrift (›Encomium of St. Menas‹ aus dem Jahr 892/93 n. Chr.). Die Formen der griechischen Unziale sind zwar erhalten geblieben (vgl. Abb. 181), aber auch der Einfluß der zeitgenössischen byzantinisch-griechischen Schrift mit ihren Schnörkeln und Interpunktionszeichen (Abb. 183) ist augenfällig.*

200 Die koptische Schrift des 12.–13. Jahrhunderts (Miniatur aus dem Codex Copte 13) ist schon frei vom Einfluß der unausgeglichenen und unruhigen byzantinischen Schrift. Die klaren, weiten, harmonischen Buchstaben mit druckbetonten Grundstrichen widerspiegeln die Ausstrahlung der lateinischen Schrift, der karolingischen Minuskel.

an vermochte der Islam das ägyptische Christentum mehr und mehr nach Oberägypten und Abessinien zu verdrängen. Das koptische Alphabet besteht aus 25 Buchstaben der griechischen Unziale (Abb. 198, im Vergleich mit der griechischen Unziale Abb. 181) sowie 7 Zusatzbuchstaben aus der demotischen Schrift (Abb. 201), um die ägyptischen Sprachlaute ausdrücken zu können, die es im Griechischen nicht gibt. Eine Handschrift vom Ende des 9. Jahrhunderts n. Chr. (Abb. 199) läßt die koptische Schrift als Abart des griechischen Alphabets erkennen, und zwar der griechischen Unzialschrift, wie sie die Textstelle aus dem Codex Sinaiticus zeigt (Abb. 181).

Zahlenwert	Lautwert	Name	Koptisch	Demotisch	Hieroglyphen
–	*š*	*šāj*	ϣ		
90	*f*	*fāj*	ϥ		
–	*ḫ*	*ḫāj*	ϧ		
–	*h*	*hōri*	ϩ		
–	*ğ*	*ğanğa*	ϫ		
–	*(g, č) š*	*šīma*	ϭ		
–	*ti*	*dīj*	ϯ		

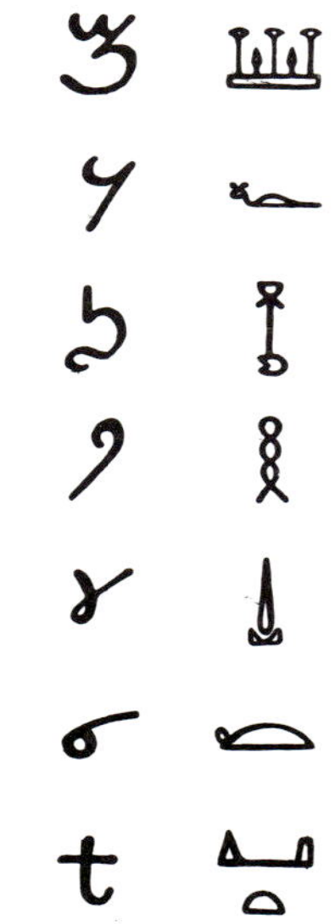

201 Die sieben Zusatzzeichen des koptischen Alphabets, die aus der ägyptischen demotischen Schrift übernommen wurden.

a) Die westgotische Schrift

Im 4., 5. und 6. Jahrhundert n. Chr. hatten die Westgoten oder Visigoten weitgehend die Geschichte Europas bestimmt. Sie waren die ersten Germanen, die das Christentum angenommen hatten. Der westgotische Bischof WULFILA oder ULFILAS (310?–383), Sohn einer christlichen, kleinasiatischen Sklavin und eines freien Goten, beherrschte die griechische Sprache. Er bekehrte einen erheblichen Teil der Westgoten, die damals im Gebiet des heutigen Bulgarien lebten, zum arianischen Christentum, nach welchem Jesus nicht gottesgleich, sondern nur gottesähnlich war. WULFILA hat die Bibel bzw. Teile davon ins Gotische übersetzt. Für seine Bibelübersetzung erfand er eine neue Schrift: Diese wurde durch die Bibel zur ersten germanischen Schriftsprache.

Das westgotische Alphabet, wie es uns im prachtvollen Codex Argenteus aus dem 6. Jahrhundert n. Chr. wie auch in anderen Codices vorliegt, enthält 25 Lautzeichen und 2 Zeichen für die Zahlenwerte 90 und 900. 19 von diesen 27 Schriftzeichen stammen aus dem zeitgenössischen griechischen Alphabet der Unzialschrift, 6 Buchstaben (q, h, j, r, s, f) aus dem Lateinischen und 2 Zeichen (für u und o) aus dem Runenalphabet. Aus der griechischen Unzialschrift entliehen ist ferner das Zeichen für die Trennung der Sätze und Satzteile – ein Punkt an der oberen Stelle der Mittelzone –; Worttrennung gibt es auch in der westgotischen Schrift noch nicht. Abb. 202/203 zeigen zwei Seiten des auf purpurnem Hintergrund mit silbernen und goldenen Buchstaben geschriebenen Codex Argenteus (lat. argenteus = silbern), der wahrscheinlich in Italien entstanden ist, später nach Deutschland und während des 30jährigen Krieges nach Schweden kam. Heute befindet sich der Codex in der Universitätsbibliothek in Uppsala.

Das westgotische Alphabet hat mit der späteren sogenannten ›gotischen‹ Schrift nichts zu tun; es hat merkwürdigerweise auf die nachfolgende germanisch-deutsche Kultur keinen Einfluß ausgeübt.

b) Die slawischen Schriften

Die bedeutendsten Ausläufer des griechischen Alphabets sind die slawischen Schriften. Ihre ältesten Schriftdenkmäler sind in altbulgarischer Sprache geschrieben. Diese wurde in der zweiten Hälfte des 9. Jahrhunderts durch die beiden christlichen Missionare griechischer Abstammung, KYRILLOS (ursprünglich Konstantinos) und seinen Bruder METHODIOS, aus Thessalonike nach Mähren gebracht und dort für kirchliche Zwecke verbreitet. Es gibt zwei verschiedene altkirchenslawische Alphabete: die glagolitische (altkirchenslawisch *glagól* = Wort) und die kyrillische Schrift. Die slawische Tradition schreibt KYRILLOS eine der beiden Schriften zu, ohne zu erklären, welche; der Ausdruck ›kyrillische Schrift‹ stammt erst aus späterer Zeit, er kann daher nicht als ausschlaggebend für die Bezeichnung betrachtet werden. H. JENSEN vertritt die Ansicht, daß Kyrillos die glagolitische Schrift (die Glagoliza) erfunden hat, da die ›kyrillische‹ Schrift wegen ihrer großen Ähnlichkeit mit der griechischen kaum als eine neue Schrift angesehen werden

202/203 Zwei Seiten aus dem ältesten germanischen Sprachdenkmal, dem Codex Argenteus (6. Jh. n. Chr.). Der Text ist mit Gold- und Silbertinte auf gepurpurtem Pergament geschrieben; der Name ›Silberner Codex‹ geht auf den silbernen Einband zurück. Das westgotische Alphabet ist von der griechischen Unziale stark beeinflußt. Das gotische Vaterunser beginnt beim zweiten Wort der letzten Zeile auf der linken Seite und endet mit der 12. Zeile auf der rechten Seite.

Umschrift und Übersetzung des gotischen Vaterunser:

Atta[1] *unsar thu in himinam, weihnai namo thein, qimai*
Vater unser du in Himmeln, geweiht sei Name dein, komme

thiudinassus theins, wairthai wilja theins, swe in himina
Herrschaft dein, werde Wille dein, wie im Himmel

jah ana airthai, hlaif unsarana thana sinteinan
auch auf Erden, Laib unser dies währende

gif uns himma daga, jah aflet uns thatei skulans
gibt uns diesen Tag, und erlaß uns, daß Schuldige

sijaima, swaswe jah weis afletam thaim skulam
wir seien, so wie auch wir erlassen diesen Schuldigen

unsaraim, jah ni briggais uns in fraistubnjai, ak
unseren, auch nicht bringe uns in Versuchung, sondern

lausei uns af thamma ubilin, unte theina ist thiudangardi,
löse uns von diesem Übel, denn dein ist Königshaus

jah mahts jah wulthus in aiwins, amen.
und Macht und Herrlichkeit in Ewigkeit. Amen.

[1] *Aus diesem gotischen Wort ›Atta‹ (= Vater) stammt der Name des Hunnenkönigs ›Attila‹ mit der Bedeutung ›Väterchen‹.*

𐌾𐌰𐌷𐌸𐌰𐌽𐌱𐌹𐌳𐌾𐌰𐌹𐌸𐌽𐌹𐍃𐌹𐌾𐌰𐌹𐌸
𐍃𐍅𐌴𐌸𐌰𐌹𐌻𐌹𐌿𐍄𐌰𐌽𐍃· 𐌿𐌽𐍄𐌴𐍆𐍂𐌹𐌾𐍉𐌽𐌳
𐌹𐌽𐌲𐌰𐌵𐌿𐌼𐌸𐌹𐌼𐌾𐌰𐌷𐍅𐌰𐌹𐌷𐍃𐍄𐌰𐌼𐍀𐌻𐌰𐍀
𐌾𐍉𐍃𐍄𐌰𐌽𐌳𐌰𐌽𐌳𐌰𐌽𐍃𐌱𐌹𐌳𐌾𐌰𐌽𐌴𐌹𐌲𐌰𐌿𐌼
𐌾𐌰𐌹𐌽𐌳𐌰𐌿𐌼𐌰𐌽𐌽𐌰𐌼· 𐌰𐌼𐌴𐌽𐌵𐌹𐌸𐌰𐌹𐌶
𐍅𐌹𐍃𐌸𐌰𐍄𐌴𐌹𐌷𐌰𐌱𐌰𐌽𐌳𐌼𐌹𐌶𐌳𐍉𐌽𐍃𐌴𐌹𐌽𐌰·
𐌹𐌸𐌸𐌿𐌸𐌰𐌽𐌱𐌹𐌳𐌾𐌰𐌹𐍃𐌲𐌰𐌲𐌲𐌹𐌽𐌷𐌴𐌸𐌾𐍉̄
𐌸𐌴𐌹𐌽𐌰· 𐌾𐌰𐌷𐌲𐌰𐌻𐌿𐌺𐌰𐌽𐌳𐍃𐌷𐌰𐌿𐍂𐌳𐌰𐌹
𐌸𐌴𐌹𐌽𐌰𐌹· 𐌱𐌹𐌳𐌴𐌹𐌰𐍄𐍄𐌹𐌽𐌸𐌴𐌹𐌽𐌰̄
𐌼𐌰𐌸𐌰𐌼𐌼𐌰𐌹𐌽𐍆𐌿𐌻𐌷𐍃𐌽𐌾𐌰 𐌾𐌰𐌷𐌰𐍄
𐍄𐌰𐌸𐌴𐌹𐌽𐍃𐍃𐌰𐌴𐌹𐍃𐌰𐌹𐍈𐌹𐌸𐌹𐌽𐍆𐌿𐌻𐌷𐍃𐌽̄
𐌾𐌰𐌿𐍃𐌲𐌹𐌱𐌹𐌸𐌸𐌿𐍃𐌹𐌽𐌱𐌰𐌹𐍂𐌷𐍄𐌴𐌹𐌽:
ΜΓ 𐌱𐌹𐌳𐌾𐌰𐌽𐌳𐌰𐌽𐍃𐌸𐌰𐌽𐌽𐌹𐍆𐌹𐌻𐌿𐍅𐌰𐌿𐍂𐌳
𐌾𐌰𐌹𐌸𐍃𐍅𐌰𐍃𐍅𐌴𐌸𐌰𐌹𐌸𐌹𐌿𐌳𐍉· 𐌸𐌿𐌲𐌺𐌴𐌹𐌸
𐌹𐌼𐌰𐌿𐌺𐌴𐌹𐌹𐌽𐍆𐌹𐌻𐌿𐍅𐌰𐌿𐍂𐌳𐌴𐌹𐌽𐍃𐌴𐌹
𐌽𐌰𐌹𐌰𐌽𐌳𐌷𐌰𐌿𐍃𐌾𐌰𐌹𐌽𐌳𐌰𐌿𐌽𐌹𐌲𐌰𐌻𐌴𐌹𐌺𐍉𐌸
𐌽𐌿𐌸𐌰𐌹𐌼· 𐍅𐌰𐌹𐍄𐌰𐌿𐌺𐌰𐍄𐍄𐌰𐌹𐌶𐍅𐌰𐍂
𐌸𐌹𐌶𐌴𐌹𐌾𐌿𐍃𐌸𐌰𐌿𐍂𐌱𐌿𐌸𐍆𐌰𐌿𐍂𐌸𐌹𐌶𐌴𐌹
𐌾𐌿𐍃𐌱𐌹𐌳𐌾𐌰𐌹𐌸𐌹𐌽𐌰· 𐍃𐍅𐌰𐌽𐌿𐌱𐌹𐌳𐌾𐌰𐌹𐌸
𐌾𐌿𐍃: 𐌰𐍄𐍄𐌰𐌿𐌽𐍃𐌰𐍂𐌸𐌿𐌹𐌽𐌷𐌹𐌼𐌹𐌽𐌰̄

weihnainamoþein· qimaiþiudi
nassusþeins· wairþaiwilja
þeins· sweinhiminajahana
airþai· hlaifunsaranaþanasin
teinangifunshimmadaga· jah
afletunsþateiskulanssijai
ma· swaswejahweisafletamþai
skulamunsaraim· jahnibrig
gaisunsinfraistubnjai· aklau
seiunsafþammaubilin· unte
þeinaistþiudangardi· jahmahts
jahwulþusinaiwins· amen·
untejabaiafletiþmannam
missadedinsize· afletiþjah
izwisattaizwarsaufarhimina
iþjabainiafletiþmannammis
sadedinsize· niþauattaiz
warafletiþmissadedinsizwa
ros: aþþanbiþefastaiþniwair
þaiþswaswesaiþliutansgaurai·

І бысть сѫштю емоу на мѣстѣ етерѣ молѧштоу сѧ,
і ѣко прѣста, рече етеръ отъ оученикъ его къ немоу· го-
споди, наоучи ны молити сѧ, ѣкоже іоанъ наоучи оуче-
никы своѩ. 2. рече же імъ· егда молите сѧ, глаголите·
отьче нашь, іже еси на небесехъ, да свѧтитъ сѧ імѧ
твое, да придетъ цѣсарьствие твое, да бѫдетъ волѣ
твоѣ ѣко на небесе і на земи· 3. хлѣбъ нашь надьневъны
даі намъ на вьсѣкъ д'нь· 4. і остави намъ грѣхы нашѧ,
ібо і сами оставлѣемъ вьсѣкомоу длъжьникоу нашемоу· і
не въведи насъ въ іскоушенье, нъ ізбави ны отъ непри-
ѣзни. 5. і рече къ нимъ· къто отъ васъ іматъ дроугъ,

204 Die älteste slawische Schrift: das glagolitische Alphabet mit bogigen und weitgezogenen Buchstaben (bulgarische Glagoliza) aus dem Codex Zographensis (10. Jh.), Lukas 11, 2–4: Das Vaterunser.

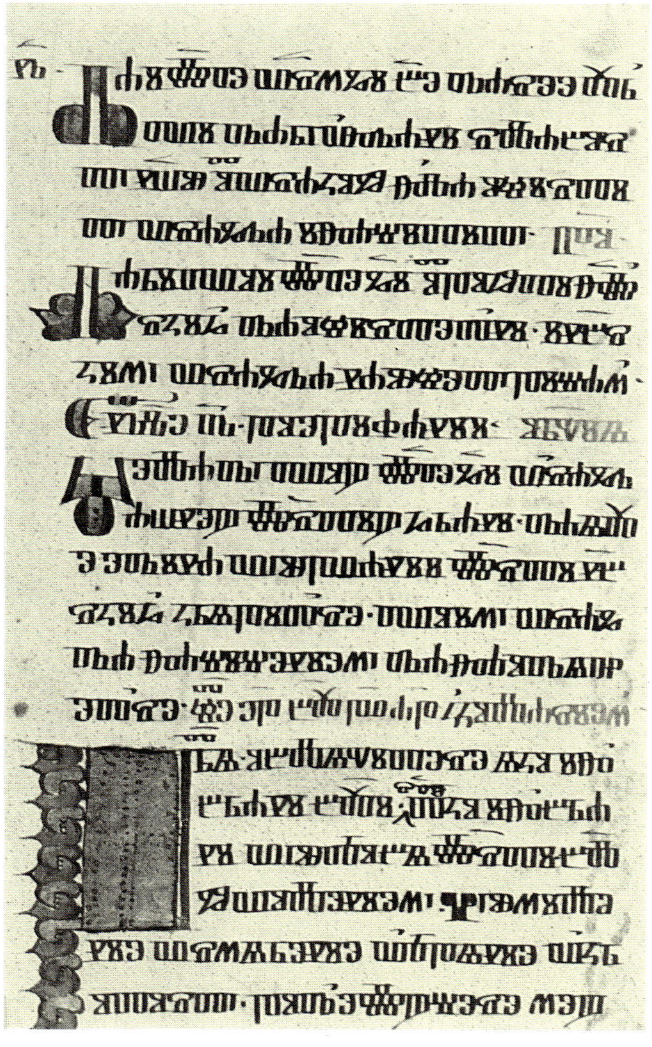

könne. Die Erfindung des kyrillischen Alphabets, das jünger ist als die Glagoliza, wird von JENSEN, einer Tradition folgend, KLIMENT VON OCHRIDA, einem Schüler des Kyrillos, zugeschrieben.

Das glagolitische Alphabet besteht aus 40 Schriftzeichen, die nach F. MIKLOSICH, J. TAYLOR usw. größtenteils wahrscheinlich aus der griechischen Minuskelschrift des 9. Jahrhunderts stammen. Im Gegensatz zu den zahlreichen Ligaturen der griechischen Minuskelschrift zu dieser Zeit, ist das Glagolitische ohne jede Buchstabenverbindung, dafür aber reich an phantastischen geometrischen Formen (Abb. 204). Es gibt aber auch Ansichten (E. GEORGIEV), daß das glagolitische Alphabet doch eine reine Erfindung des KYRIL-

205 Schriftprobe der winkeligen und engen kroatischen Glagoliza aus dem Codex Knez Nowak, 1368.

206 Das kyrillische Alphabet mit 43 Schriftzeichen, von denen 25 aus der griechischen Unzialschrift des 9.–10. Jh. und 5 aus der Glagoliza entliehen wurden; die übrigen sind durch Ligaturen entstanden oder unbekannten Ursprungs.

207 Das russische Alphabet in seiner modernen Druck- und Schreibform, wie sie durch Elias Kopiewitsch (Ende des 17. Jh.) aus der kyrillischen Schrift (Abb. 206) vereinfacht wurde; mit geringfügigen Veränderungen aus dem Jahr 1917.

Kyrill. Schrift	Lautwert	Herkunft
а	*a*	*griech.*
б	*b*	*differ. aus B*
в	*v*	*griech.*
г	*g*	*griech.*
д	*d*	*griech.*
є	*e*	*griech.*
ж	*ž*	*glagol.*
з	*dz*	*?*
и	*z*	*griech.*
і	*i*	*griech.*
к	*i*	*griech.*
л	*k*	*griech.*
м	*l*	*griech.*
н	*m*	*griech.*
о	*n*	*griech.*
п	*o*	*griech.*
р	*p*	*griech.*
с	*r*	*griech.*
ѕ	*s*	*griech.*
т	*t*	*griech.*
оу	*u*	*griech.*
ф	*f*	*griech.*
х	*ḫ*	*griech.*
ѡ	*o*	*griech.*
ц	*c [= ts]*	*aramäisch ?*
ч	*č [= tš]*	*glagol.*
ш	*š*	*glagol.*
щ	*št*	*glagol.*
ъ	*ъ [ŭ]*	*?*
ы	*y*	
ь	*ь [ĭ]*	*?*
ѣ	*ě, jě*	*?*
ꙗ	*ja*	
ю	*ju*	
ѥ	*je*	
ѧ	*ę (nas.)*	*glagol.*
ѫ	*ǫ (nas.)*	*?*
ѩ	*ję (nas.)*	
ѭ	*jǫ (nas.)*	
ѯ	*[ks]*	*griech.*
ѱ	*[ps]*	*griech.*
ѳ	*[đ]*	*griech.*
ѵ	*[ü]*	*griech.*

Kyrill. Schrift	Russ. Druckschrift	Lautwert	Russ. Schreibschrift	Name
а	А а	*a*	А а	*a*
б	Б б	*b*	Б б	*bjě*
в	В в	*v*	В в	*vjě*
г	Г г	*g*	Г г	*gjě*
д	Д д	*d*	Д д д	*djě*
є	Е е	*e, je*	Е е	*jě*
ж	Ж ж	*ž*	Ж ж ж	*žě*
з	З з	*z*	З з з	*zjě*
и	И и	*i*	И и	*i*
і	І і	*i*	І і	*i*
к	К к	*k*	К к к	*ka*
л	Л л	*l*	Л л	*el*
м	М м	*m*	М м	*em*
н	Н н	*n*	Н н	*en*
о	О о	*o*	О о	*o*
п	П п	*p*	П п	*pjě*
р	Р р	*r*	Р р	*er*
с	С с	*s*	С с	*es*
т	Т т	*t*	Т т т	*tjě*
ц	У у	*u*	У у	*u*
ф	Ф ф	*f*	Ф ф	*ef*
оу	Х х	*ḫ*	Х х	*ḫa*
х	Ц ц	*ts*	Ц ц	*tsě*
ч	Ч ч	*tš*	Ч ч	*tšě*
ш	Ш ш	*š*	Ш ш	*ša*
ъ	Щ щ	*štš*	Щ щ	*štša*
щ	ъ	*hartes Zeichen (stumm)*	ъ	*tvjordy znak*
ы	ы	*y*	ы	*jery*
ь	ь	*weiches Zeichen (Mouillierung)*	ь	*mjaḫky znak*
ѣ	Ѣ ѣ	*e, je*	Ѣ ѣ	*jatj*
	Э э	*ę*	Э э	*ę*
ю	Ю ю	*ju*	Ю ю	*ju*
ꙗ	Я я	*ja*	Я я	*ja*
ѳ	Ѳ ѳ	*f*	Ѳ ѳ	*fita*
ѵ	Ѵ ѵ	*i*	Ѵ ѵ	*ižitsa*

Наша публика похожа на провинціала, который подслушавъ разговоръ двухъ дипломатовъ, принадлежащихъ къ враждебнымъ дворамъ, остался-бы увѣренъ, что каждый изъ нихъ обманываетъ свое правительство въ пользу взаимной, нѣжнѣйшей дружбы. Эта

208 Russische Druckschrift.

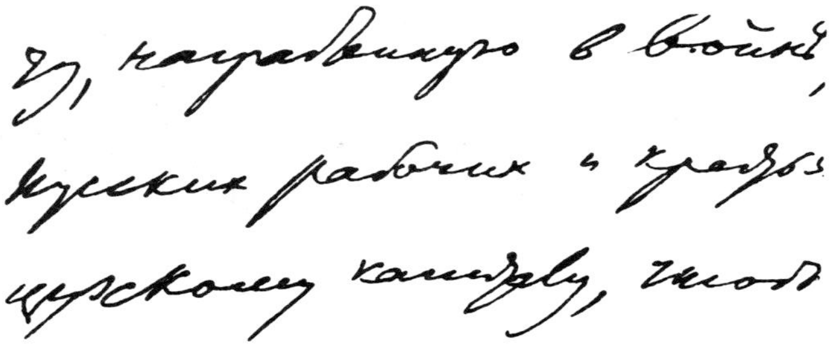

209 Ein Beispiel der modernen russischen Schreibschrift: die Handschrift von Wladimir Iljitsch Lenin.

LOS sei, ohne jede Beziehung zur griechischen Minuskelschrift. Allerdings ist die Herkunftsfrage trotz mancher neuer Versuche zur Klärung (F. GRIVEC u. a.) bis heute noch nicht zufriedenstellend beantwortet.

Die glagolitische Schrift hat zwei Stilarten: die ältere, bogig-kreisförmige und weitgezogene ›bulgarische‹ (Abb. 204) und die jüngere, eckig-gerade und enge ›kroatische‹ (Abb. 205). Die erste Abart war vom 9. bis zum Ende des 12. Jahrhunderts in Gebrauch; die zweite hat sich erst im 11. Jahrhundert entwickelt und konnte sich gegen die lateinische Schrift – vor allem in Dalmatien – bis zum 16. Jahrhundert, in manchen Diözesen der kroatischen und montenegrinischen römisch-katholischen Kirche (Agram, Görz usw.) als Kampfmittel gegen die griechisch-orthodoxe Landeskirche sogar bis zur jüngsten Zeit behaupten.

Das kyrillische Alphabet oder die Kyrillika enthält 43 Schriftzeichen (Abb. 206). Davon sind 25 griechische Unzialbuchstaben des 9. Jahrhunderts, die vier letzten (ks, ps, p, u) besitzen im Altkirchenslawischen jedoch nur Zahlenwerte. Fünf sind wahrscheinlich aus der Glagoliza entlehnt: die Laute ž, č (= tš), š, št, ę (nas.). Der Buchstabe Б ist aus В differenziert. Fünf weitere Zeichen sind silbenzeichenähnliche Ligaturen für typisch slawische Laute (ja, je, ju, jǫ, ję, die beiden letzteren sind Nasale, ein Schriftzeichen ist aus Ъ und | zusammengesetzt (Ъ|) für den Laut y), fünf sind ungeklärten Ursprungs: dz, Ъ (ŭ), Ь (ĭ), ě oder jě und ǫ (nas.). Schließlich scheint das Schriftzeichen Ч für den Laut c oder ts sowohl äußerlich als auch bezüglich des Lautwertes mittelbar oder unmittelbar dem weit zurückliegenden aramäischen Konsonantenalphabet entliehen zu sein, in welchem es als ṣādē vorkommt: eine schriftgeschichtliche Besonderheit oder wenigstens eine Eventualität, die bis jetzt noch nicht berücksichtigt worden ist.

Außerdem gibt es in der kyrillischen Schrift ›diakritische‹ (unterscheidende) Zeichen wie ⌒ über den Buchstaben l, n, r als Zeichen der Erweichung oder umgekehrt ◡ über dem Zeichen K (= i) als Zeichen der Geltung für j.

Das kyrillische Alphabet weist im Laufe der Zeit verschiedene (bogige oder eckige) Stilarten auf. Im 15. Jahrhundert ist die kyrillische Kursive (Schrägschrift) mit schnörkeligen Schleifen und mit einem großen Verbundenheitsgrad entstanden. Zar PETER DER GROSSE führte im Jahre 1708 die sogenannte bürgerliche Schrift – eine von Elias Kopiewitsch am Ende des 17. Jahrhunderts durchgeführte Vereinfachung der kyrillischen Schrift – in Rußland ein.

Das ist das moderne russische Alphabet (Abb. 207). In späterer Zeit – besonders in den Jahren 1917/18 – wurden an diesem Alphabet nur noch kleinere Änderungen, meist orthographische Vereinfachungen, vorgenommen. Die letzte Vervollkommnung der russischen Orthographie, allerdings ohne irgendeine Reform des Alphabets selbst, ist noch nicht abgeschlossen. Die Schriften der Ukrainer, Bulgaren und Serben weichen nur geringfügig vom russischen Alphabet ab. Die Polen, Tschechen, Slowaken, Wenden und Kroaten schreiben mit lateinischen Buchstaben – zusätzlich mit diakritischen Zeichen für die slawischen Laute.

Einige Schriftproben der neueren russischen Schreibschrift und der heutigen russischen Druckschrift zeigen die Abb. 207–209. Die meisten Zeichen der russischen Schreibschrift sind in ihrer äußeren Form, im Bewegungsrhythmus, den lateinischen sehr ähnlich, und doch bedeuten sie etwas vollkommen anderes, mit Ausnahme der Vokale. So sieht zum Beispiel das russische t in der Schreibschrift dem lateinischen m ähnlich, das russische b dem lateinischen d, das russische n der lateinischen Majuskel H.

7. DIE ENTSTEHUNG DES LATEINISCHEN ALPHABETS AUS DEM ETRUSKISCHEN UND SEINE FRÜHE ENTWICKLUNG BIS ZUR KAPITALKURSIVE

Auch bei den Römern waren verschiedene Mythen über den Ursprung ihrer Schrift lebendig. Nach einer Mythe soll der Gott Merkur, nach einer anderen Euander, der Sohn des Merkur-Hermes und der Muse Carmenta, das lateinische Alphabet erfunden haben.

Bis in die neueste Zeit herrschte die wissenschaftliche Meinung, das lateinische Alphabet sei unmittelbar dem griechischen entlehnt. Zur Stärkung dieser These wurde angeführt, daß das griechische Alphabet in der griechischen Kolonie Cumae, dem heutigen Neapel, in der Campania in Gebrauch war (TH. MOMMSEN, V. V. GARDTHAUSEN u. a.). I. J. GELB vertritt auch heute noch diese Ansicht.

Diese Annahme wurde nach dem Ersten Weltkrieg von dem finnischen Gelehrten M. HAMMARSTRÖM erschüttert durch die überzeugende Theorie von der Entlehnung aus dem etruskischen bzw. frühetruskischen (prototyrrhenischen) Alphabet als dem Bindeglied zwischen der griechischen und lateinischen Schrift. Eine ähnliche Ansicht war schon von einigen Wissenschaftlern im 19. Jahrhundert geäußert worden. HAMMARSTRÖMS Standpunkt fand Anerkennung, und zwar aus folgenden Gründen:

a) Der dritte griechische Buchstabe g (<, (oder >,)) wird sowohl in der etruskischen als auch in der lateinischen Schrift als k, in der letzteren manchmal auch als g gebraucht (Abb. 211).

b) Der sechste griechische Buchstabe ᚨ oder ᒪ (Digamma) hat weder im etruskischen noch im frühlateinischen Alphabet (Abb. 210, 211) den ursprünglichen Wert eines konsonantischen u bzw. eines dem englischen w ähnlichen Lautes, sondern unmißverständlich den Lautwert f. Für den Laut w (oder v), der dem Etruskischen fehlt, nicht aber dem Lateinischen, hätten die Römer bestimmt den griechischen Buchstaben ᚨ (Digamma) beibehalten, wenn sie ihre Schrift unmittelbar aus dem griechischen Alphabet entlehnt hätten. Da es aber diesen Laut (w oder v) im Etruskischen nicht gibt, so ist daraus zu schließen, daß die Römer die Existenz des griechischen bzw. frühgriechischen Konsonanten w oder u (Digamma) nicht gekannt und einen anderen griechischen Buchstaben, nämlich v (upsilon) sowohl für ihren Konsonanten v als auch für ihren Vokal u gewählt haben. Der frühgriechische Buchstabe ›Digamma‹ hätte dem lateinischen Doppelanspruch auf v (Konsonant) und u (Vokal) völlig entsprochen. Daß die Römer aber das ›Digamma‹ nicht übernommen haben, ist ein Beweis dafür, daß sie sich bei ihrer Schriftübernahme von keiner griechischen bzw. frühgriechischen, sondern von einer etruskischen bzw. frühetruskischen (prototyrrhenischen) Vorlage leiten ließen.

c) Die Namen der meisten lateinischen Buchstaben sind – Ergebnis eines lautierenden Buchstabierens – nicht durch das griechische, sondern durch das etruskische Alphabet beeinflußt.

d) Der griechische Buchstabe q (Ϙόππα) wurde in das lateinische Alphabet nicht nach der griechischen Form qo, sondern nach dem etruskischen Vorbild qu übernommen, in der etruskischen Sprache gibt es kein o. Wäre das lateinische Alphabet unmittelbar aus dem Griechischen entlehnt worden, so hätten die Römer gewiß die ursprüngliche (griechische) Form qo beibehalten, denn das Latein besaß schon den Vokal o.

e) Nur die Buchstaben, die dem etruskischen Alphabet fehlen, wie b, d, o, x – nicht aber dem frühetruskischen = prototyrrhenischen (Abb. 211), wurden durch die Römer entweder einem griechischen Alphabet, vielleicht in der griechischen Kolonie in Süditalien, oder – falls die lateinische Schrift in einer früheren Zeit entstanden ist – dem Frühetruskischen oder Prototyrrhenischen entlehnt.

210 Die älteste lateinische Inschrift auf der Manios-Spange aus Praeneste (7. Jh. v. Chr.) mit Spuren des frühetruskischen Alphabets, linksläufig. Der Text lautet:
MANIOS MED FHE FHAKED NVMASIOI
= ›Manios me fecit Numerio‹.

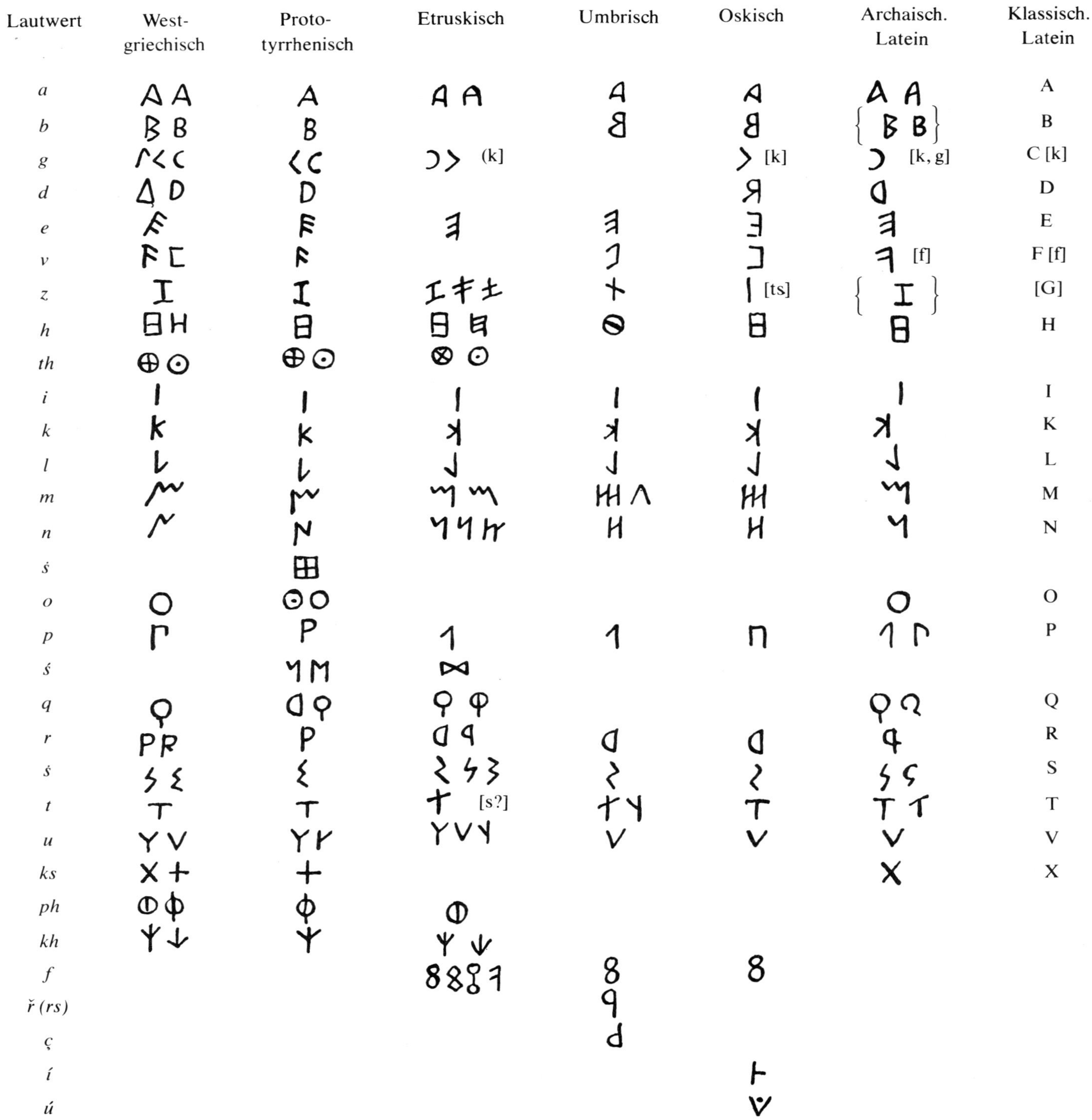

211 Entwicklung des lateinischen Alphabets aus dem frühetruskischen (= prototyrrhenischen) und dem westgriechischen.

Für diesen Fall spricht die Tatsache, daß die älteste uns erhaltene lateinische Inschrift, die sogenannte Manios-Spange (Abb. 210) aus dem 7. Jahrhundert v. Chr., mit ihren 26 Buchstaben auch b, d und o enthält, die alle drei dem etruskischen Alphabet fehlen; das b ist im umbrischen und oskischen Alphabet vorhanden, das d nur im oskischen, das o fehlt beiden; alle drei Buchstaben sowie das x kommen aber im frühetruskischen (= prototyrrhenischen) Alphabet vor (das x in dieser Form +, Abb. 211). Dieser Umstand allein beweist, daß das lateinische Alphabet einer frühen Stufe des Etruskischen entlehnt wurde, das heißt um 700 oder spätestens im 7. Jahrhundert v. Chr.

Im Gegensatz zur griechischen und zum Teil auch zur etruskischen Schrift hat das lateinische Alphabet zwar eine hervorragende Konstanz bewiesen, dennoch weist es bereits in den frühesten Jahrhunderten einige kleinere Veränderun-

212 Inschrift des ›Schwarzen Forumsteins‹ (›Lapis niger‹) aus Rom. Die älteste lateinische Steininschrift (um 600 v. Chr. oder etwas später), furchenwendig geschrieben. Der stark verwitterte Stein wurde 1899 auf dem Forum Romanum gefunden.

gen auf. Der dritte griechische Buchstabe ‹ , (oder › ,) wurde anfangs für beide lateinische Laute c und g verwendet. Auch das griechisch-etruskische Schriftzeichen ꓘ oder K wurde von den Römern übernommen (siehe die Manios-Spange, Abb. 210), ferner das Zeichen ϙ oder später q (Q). Das sind schon drei Schriftzeichen, c, k, q, für einen einzigen Laut im Latein; anfangs haben die Römer diese drei Buchstaben für den Laut k verwendet. So ist zum Beispiel in der ältesten erhaltenen römischen Steininschrift, auf dem sogenannten Schwarzen Forumstein (›Lapis niger‹, Abb. 212), aus der Zeit um 600 v. Chr. oder nicht viel später, der Buchstabe k oder ꓘ (furchenwendig geschrieben) ebenso auf der Manios-Spange noch zu sehen.

In den ältesten lateinischen Inschriften galt als Regel: Vor den Vokalen a und o und vor Konsonanten steht k, vor den sogenannten palatalen Vokalen e und i der Buchstabe c, beide mit dem Lautwert k. Das Zeichen ϙ, später q, hatte vor dem Vokal u den gleichen Lautwert k. Diese Regel ist allerdings nicht konsequent eingehalten worden, was manche Unklarheit entstehen ließ. Der Doppelwert des Zeichens c für k und g brachte weitere Schwierigkeiten. Um diese zu beseitigen, wurde im Jahre 230 v. Chr. – angeblich auf den Vorschlag von Spurius Carvilius Ruga – durch Hinzufügen eines Striches zu C der Buchstabe G geschaffen. Das C wurde dadurch als Buchstabe für den Laut k festgelegt und hat dann allmählich das K verdrängt, so daß dieses später nur noch in ganz wenigen lateinischen Wörtern wie ›Kalendae‹, ›Kaeso‹ u. a. erhalten geblieben ist.

Das V stand lange sowohl für v als auch für u, was freilich manche Unklarheit mit sich brachte. Für den Doppelkonsonanten ks, den es im etruskischen Alphabet nicht gibt, wohl aber im frühetruskischen, wurde das Schriftzeichen x aus der griechischen Schrift, allerdings nicht in der frühesten Zeit, übernommen und ans Ende des lateinischen Alphabets gesetzt. Die Zeichen für die drei im Griechischen behauchten, im Etruskischen nicht behauchten Konsonanten, nämlich ⊗ für th (etruskisch t), ϕ für ph (etruskisch p) und Ψ oder ↓ für kh (etruskisch k), fanden die Römer für das lateinische Alphabet völlig überflüssig und haben die Zeichen nicht als Buchstaben aufgenommen. Später, etwa seit dem 3. Jahrhundert v. Chr., als die Beziehungen zu den Griechen lebhafter geworden waren, schrieben die Römer bei griechischen Eigennamen solche behauchte Konsonanten mit zwei Buchstaben: th, ph, kh.

Von den drei etruskischen Schriftzeichen für den Laut s behielten die Römer nur den ursprünglich dem griechischen sigma entsprechenden etruskischen Buchstaben ⟨ oder ⟩, in der vereinfachten Form ⟆ oder später ϛ (S), bei (Abb. 211). Für griechische Wörter wurden zwei Buchstaben, nämlich Y und Z mit dem Lautwert y (ü) und z (ein stimmhaftes, weiches s), die es im etruskischen Alphabet nicht gab, der griechischen Schrift entliehen. Gleichzeitig wurde – angeblich im Jahre 312 v. Chr. – auf den Vorschlag von Appius Claudius Caecus – der etruskische Buchstabe I (ursprünglich mit dem griechischen Lautwert dz) ausgeschieden. Die beiden Schriftzeichen Y, Z folgten im lateinischen Alphabet auf den bisher letzten Buchstaben X.

Das Zeichen für h, das im etruskischen und im oskischen Alphabet nur geschlossen ⊟ (im umbrischen ⊘) vorkommt, wurde später im lateinischen Alphabet unten und oben offen H geschrieben; aber auf der Manios-Spange (Abb. 210) und auf dem Schwarzen Forumstein (Abb. 212) steht es noch in der etruskischen, geschlossenen Form.

Manche Buchstaben des lateinischen Alphabets haben sich im Laufe der Zeit in der Form verändert, doch ist ihr Sinn immer gleichgeblieben.

Von den 26 Schriftzeichen des frühetruskischen Alphabets hatten die Römer nur 20 übernommen, das x sowie später das

213 Rechtsläufige Weihinschrift für die Juno Lucina in Norba (4. Jh. v. Chr.).

214 Sarkophag des Cornelius Lucius Scipio Barbatus mit Ansätzen zur späteren Kapitalschrift (298 v. Chr.).

y und das z stammen unmittelbar aus der griechischen Schrift. Bezüglich der Schriftrichtung gibt es lateinische Inschriften aus dem 4. Jahrhundert v. Chr. (z. B. der beim Quirinal in Rom entdeckte und aus drei Vasen bestehende Topf mit der sog. Duenos-Inschrift und das im Fuciner-See gefundene Bronzetäfelchen), die zum Teil immer noch linksläufig bzw. furchenwendig geschrieben sind. Eines der frühesten rechtsläufigen Schriftdenkmäler des lateinischen Alphabets ist die klare und schöne Weihinschrift für die Juno Lucina in Norba, ebenfalls aus dem 4. Jahrhundert v. Chr. (Abb. 213).
Zeitlich nahe diesem Schriftdenkmal steht die Sarkophaginschrift des Cornelius Lucius Scipio Barbatus aus dem Jahre 298 v. Chr. (Abb. 214), die bereits rechtsläufig geschrieben ist. In dieser Sarkophaginschrift findet sich der erste Ansatz zur Monumental- oder Kapitalschrift (capitalis = Majuskel oder Großbuchstabe) der Kaiserzeit mit ihren harmonischen und ausgeglichenen Zügen. Andererseits weist die Sarkophaginschrift des Cornelius L. Scipio noch einige archaische Formen bei den Buchstaben *P, L, M* und *N* (Abb. 214) auf. Auch ihre sich schlängelnde Zeilenrichtung sowie die wechselnde Buchstabengröße erinnert stark an die frühen lateinischen Inschriften des 6. bis 4. Jahrhunderts v. Chr. Die Worte sind aber wie in der späteren Kapitalschrift schon durch einen Punkt in der Mitte der i-Höhe getrennt.
Erst vom 2. vorchristlichen Jahrhundert an haben allmählich die 21 bzw. 23 lateinischen Buchstaben – für griechische Wörter kommen noch die Schriftzeichen y und z hinzu – ihre klassische Form erreicht. Zu ihrer Gestaltung hat sowohl der griechische Sinn für das Schöne als auch das römische Streben

215 Marmorstein mit einer Kapitalinschrift zu Ehren des Kaisers Augustus auf der Agora zu Ephesos, errichtet von seinem Schwiegersohn Agrippa und seiner Tochter Julia (aus der Zeit Christi).

nach Klarheit und nach praktischer Einfachheit beigetragen. In der augusteischen Zeit gelangt dieser Schriftstil in Rom zur Vollkommenheit; er wird als die klassische lateinische Kapitalschrift bezeichnet, wie diese auf dem Marmorstein des Kaisers Augustus auf der Agora zu Ephesos bis heute zu bewundern ist (Abb. 215). Die Buchstaben *C* und *G* sind klar unterschieden sowie die Buchstaben *S, X* und *Z;* und V ist sowohl für *V* als auch für *U* verwendet.

Die Kapital- oder Monumentalschrift wird auch als Lapidarschrift nach dem wichtigsten Beschreibstoff (lapis = Stein) und ›Quadrata‹ nach der rechtwinkligen Form ihrer Buchstaben genannt. Die Kapitale ist eine harmonische Vereinigung winkeliger Formen mit bogigen und geraden Linien mit runden Zügen, d. h., sie zeugt ebenso von einer Strenge der Moral als auch von einer Milde der Lebensfreude: Wille und Gefühl sowie Geist und Körper stehen hier in einem vollkommenen Gleichgewicht. Diese schriftpsychologische oder graphologische Deutung wird uns völlig verständlich, wenn wir in Betracht ziehen, daß die Blütezeit der römischen Kapitale unter Augustus, Tiberius, Trajan, Hadrian und Marc Aurel, d. h. unter den größten Kaisern, etwa von der 2. Hälfte des ersten vorchristlichen Jahrhunderts bis zur 2. Hälfte des 2. Jahrhunderts nach Chr., anhielt. Diese Jahrhunderte waren auch die Blütezeit des römischen Staatslebens, das eben in der klassischen Kapitale einen hervorragenden Ausdruck gefunden hat.

Von dieser Kapitale als Quadrata entwickelte sich schon im ersten Jahrhundert nach Chr. die sogenannte Rustika (rusticus = ländlich, bäuerlich), eine etwas zierliche, weniger imposante Variante der Kapitalschrift, nicht so breit und

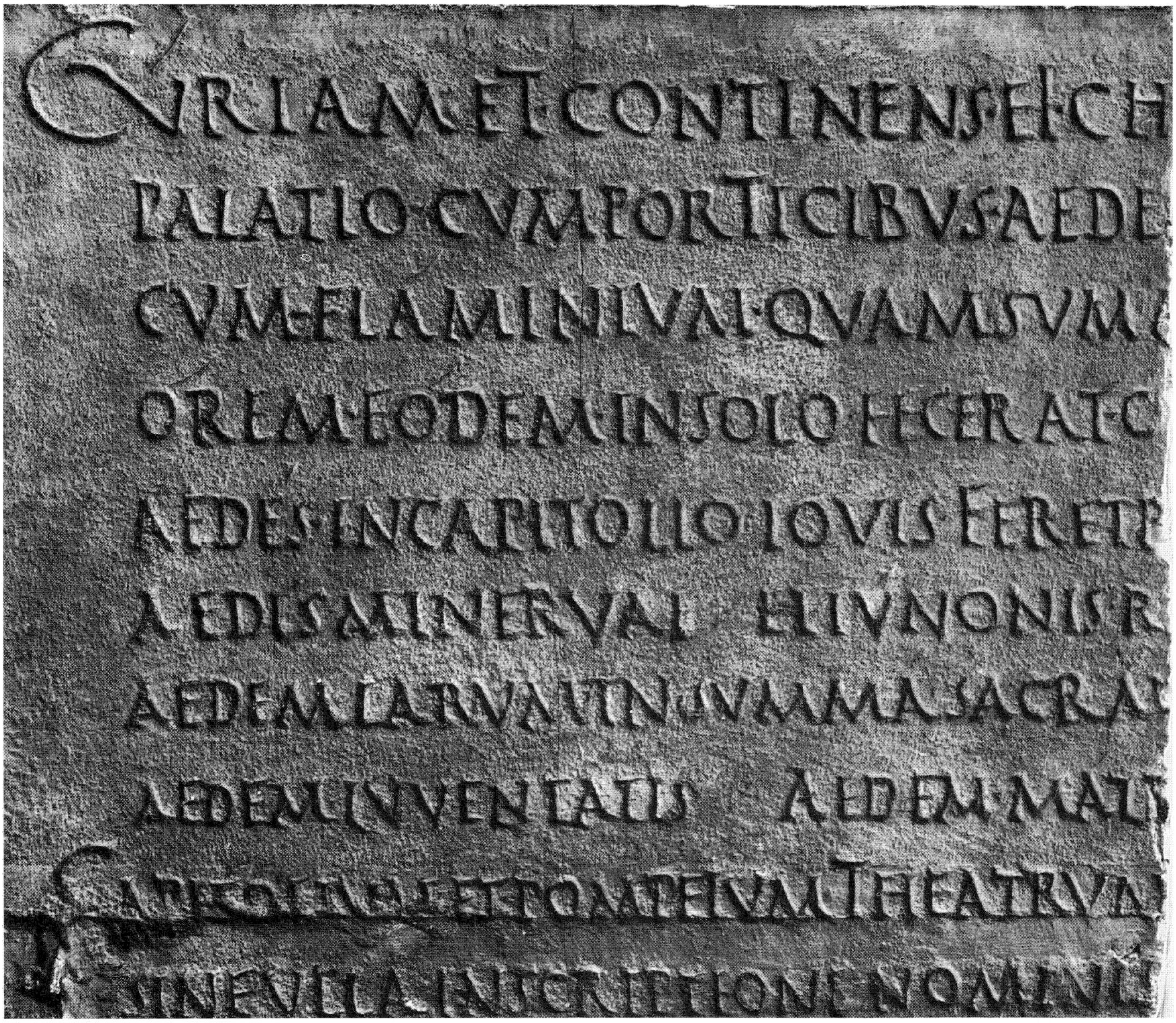

216 Die Rustika als Lapidar- oder Monumentalschrift. Ausschnitt aus dem ›Monumentum Ancyranum‹ (1. Jh. n. Chr.).

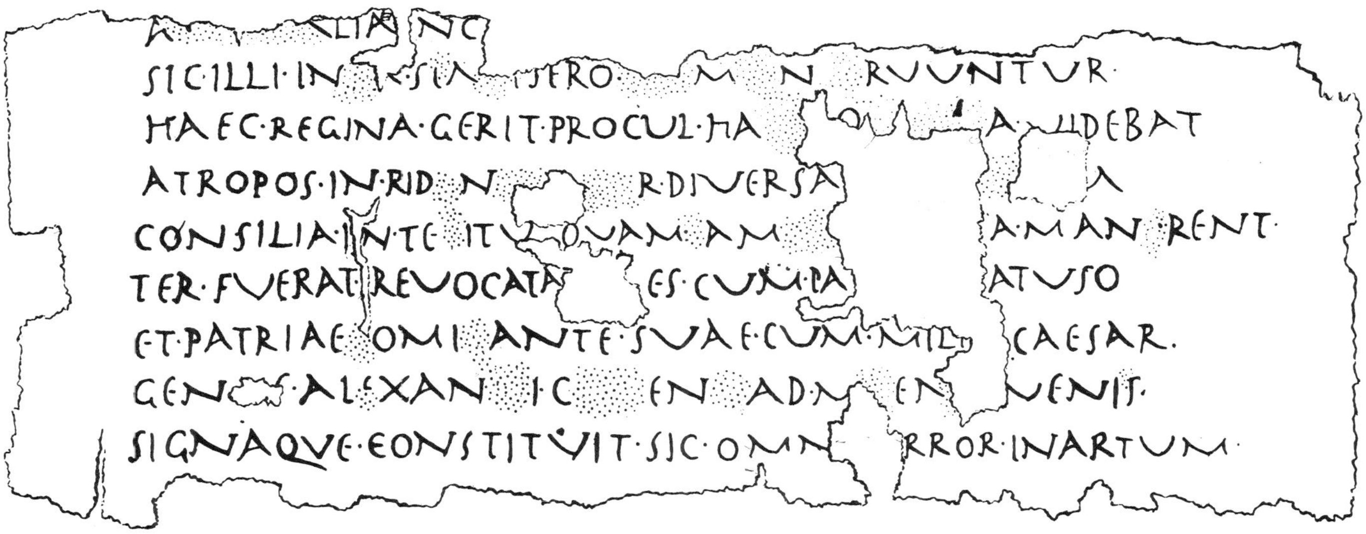

217 Schriftprobe der Rustika als Kursiv- oder Buchschrift. Papyrus aus Pompeji, ›Carmen de bello Actiaco‹ (4.–5. Jh. n. Chr.).

winkelig streng wie die Quadrata, sondern schmal und bogig mit scharfen senkrechten Strichen und oft mit welligen, dicken Querstrichen, als ob es sich hier um eine sogenannte Seitenschrift handeln würde – eine Schreibweise mit flach nach rechts gehaltenem Griffel (Abb. 216, 217). Sie erweckt den Eindruck des Gekünstelten vor allem durch diese unnatürliche Verlagerung des Druckes: oft mit Grundstrichen ohne Druck und mit Aufstrichen oder ›Haarstrichen‹ mit Druck, das heißt voll Widerspruch. Durch die kurvigbogige Form erhält die Rustika jedoch eine größere Flüssigkeit als die Lapidarschrift oder Quadrata. ›Deutlich gibt diese Schrift der ersten Jahrhunderte n. Chr. den geistigen Zwiespalt wieder‹ – stellt der Schrifthistoriker und Graphologe A. PETRAU richtig fest. ›Die dünnen Steilstriche scheinen von einer Zeit zu sprechen, die den nötigen Ausgleich zwischen oben und unten noch nicht gefunden hat, ihn aber dringend sucht; sie wirkt gegenüber den schweren dicken Horizontal- und Schrägstrichen seltsam widerspruchsvoll, ein Gleichnis einer neuen Welt, die von oben her sich schwer über die Menschen legt, in ihnen aber noch nicht im Bereich erdhaften Daseins Fuß gefaßt hat.‹
Obwohl die Rustika bereits im 1. Jahrhundert n. Chr. aufkommt, erlangt sie jedoch erst später eine größere Verwendung, und zwar auch als Buchschrift auf Papyrus (Abb. 217) – wozu sie sich mehr als die Quadrata eignet –, auch als Monumentalschrift auf Stein oder Metall (Abb. 216).

Wie die Rustika ist auch die ›Kapitalkursive‹ von der Quadrata, der Kapitalschrift, ausgegangen. Sie entstand schon im ersten Jahrhundert nach Chr., und zwar aus dem Bedürfnis des alltäglichen Gebrauchs. In dem wirtschaftlich und kulturell stark entwickelten römischen Reich der Kaiserzeit war eine Schrift, die schnell geschrieben werden konnte, nötig. Da es keine anderen Buchstaben als die Majuskeln oder Großbuchstaben der Kapitalschrift gab, wurden sie auch für die täglichen, meist geschäftlichen Zwecke verwendet. Dieser lockere und flüchtige Gebrauch hat die Kapitalschrift wesentlich, oft bis zur Unkenntlichkeit verändert. Die erste Folge des flüchtigen und schnellen Schreibens war das Verschwinden der Winkel, wie sie die Quadrata und zum Teil auch die Rustika aufweisen. In der Kapitalkursive oder Schreibschrift mit den Majuskeln herrschen die bogigen Formen vor (Abb. 218). Lange Schleifen entstehen in der oberen und in der unteren Zone. Daraus bildet sich allmählich die kursive Dreizonenschrift. Diese großen Längenunterschiede entsprechen zwar dem Bedürfnis nach Eile nicht, sie sind aber eine unvermeidliche Folge der flüchtiger gewordenen Schreibbewegungen, die in der Kapitalkursive in allen Richtungen freie Bahn haben und sich oft fast auszutoben scheinen – auf Kosten des Formenrhythmus und der Leserlichkeit.
Aber zu einer Veränderung der Großbuchstabenstruktur hat die Kapitalkursive anfänglich jedoch nicht geführt, sondern

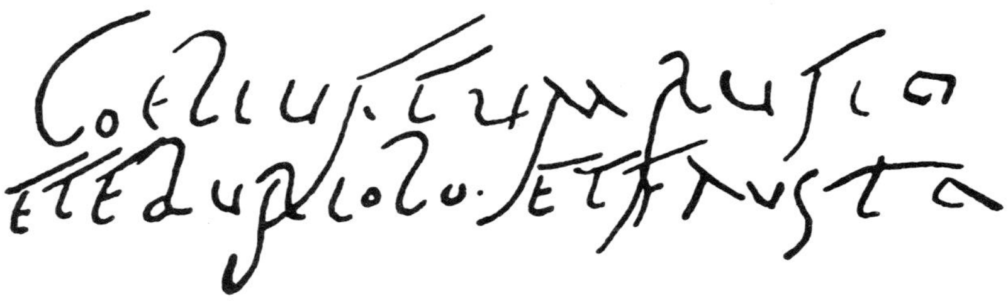

218 Kapitalkursive (Graffito aus Pompeji, 79 n. Chr.). Der mit großer Eile geschriebene Text lautet wie folgt: Coelius · cum Rufio et Eburiolo · et Fausto

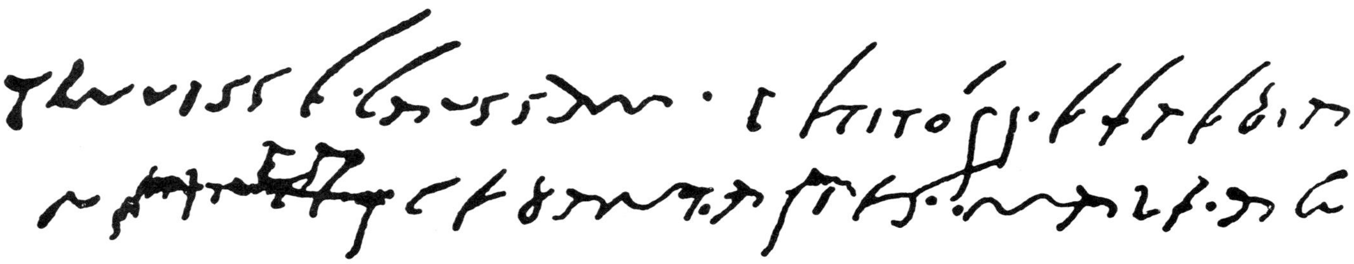

219 Eine weitere Schriftprobe der Kapitalkursive (aus dem Papyrus Claudius, 51–54 n. Chr.), ähnlich hastig geschrieben: tenuisse · caussam · petitori · expedia[t] ne procedant [korrigiert aus intercedant] artes · male · ag[entibus]

erst viel später, im 7. und 8. Jahrhundert, als manche Majuskelzüge allmählich vernachlässigt und schließlich gänzlich weggelassen, andere Striche oder Schleifen hingegen verlängert wurden. So kam schließlich die Kleinbuchstabenkursive oder die Minuskelkursive zustande.
In der frühen Zeit – im 1. Jahrhundert n. Chr. – war die Kapitalkursive eine flüssigere Variante der Kapitalschrift. Auch der als Buchschrift verwendete Ausläufer der Rustika stellt eine Art Majuskelkursive dar (Abb. 217), doch weist weder diese Majuskelkursive noch die Kapitalkursive eine größere Anzahl Ligaturen oder Buchstabenverbindungen auf. Schriftpsychologisch oder graphologisch ausgedrückt ist der sogenannte ›Verbundenheitsgrad‹ der Kapitalkursive noch gering. Da aber diese Schrift sozusagen einen privaten Charakter hatte, konnte bei ihr mehr individuelle Freiheit Raum finden als bei der Quadrata oder Monumentalschrift. Daher kamen bald zahlreiche Varianten der Kapitalkursive als Schreibschrift zustande. Und wenn auch der Verbundenheitsgrad weiterhin klein geblieben ist, so verlängerten sich doch die Schleifen immer mehr (Abb. 218, 219).

8. DIE WEITERENTWICKLUNG

a) Von der Unziale bis zu den nationalen und lokalen Schriften

Die Unziale (uncia = 1 Zoll, d. h. zollhoher Buchstabe) entstand wahrscheinlich schon im 2. Jahrhundert n. Chr., teils aus der ziemlich bogigen Rustika, teils aus dem Zeitgeist des ›Rundbogenstils‹ oder ›Rundungsprinzips‹ der römischen Baukunst unter manchem orientalischen Einfluß.
Die frühesten erhaltenen Schriftdenkmäler der Unziale stammen aus dem Anfang des 3. Jahrhunderts n. Chr. und – erstaunlicherweise – aus Nordafrika, wo das Christentum früher als in West- und Mitteleuropa Fuß gefaßt hat. Die Unziale ist vor allem die typische Buchschrift des sich mehr und mehr ausbreitenden Christentums, besonders vom 4. bis zum 9. Jahrhundert. Zugleich zeigt sich in dieser Schrift der allmähliche Verfall des römischen Staates (Abb. 220). Die große Ähnlichkeit der lateinischen Unziale mit der griechischen (Abb. 181, 220) läßt auf einen Einfluß der lateinischen Unziale auf die griechische schließen.
Das Weglassen der Worttrennung, welche die Kapitalschrift aufweist, sowie einige andere Züge deuten eine archaisierende Tendenz der Unziale an. Diese archaisierende Tendenz kann mit dem Zeitgeist in Zusammenhang gebracht werden, und zwar zweifach: politisch als ein Gerichtetsein auf das Augusteische ›goldene Zeitalter‹ und religiös-christlich als eine Nostalgie nach dem ›verlorenen Paradies‹ und nach der Zeit des auf der Erde weilenden Erlösers und seiner ersten Jünger. Die Grundstriche der Unziale sind betonter, und die bogigen Züge sind noch ausgeprägter als in der Rustika. Diese Merkmale zeugen von einer großen Festigkeit der Schrift, die – im Gegensatz zur erwähnten archaisierenden Tendenz – das sichere Gefühl des zukünftigen Sieges sowohl des einzelnen Christen als auch des Christentums überhaupt ausdrücken dürfte. Die Unziale hat sich während der Zeit der Völkerwanderung, in der die Kenntnis von Schreiben und Lesen sehr abnimmt, behauptet. Das Schreiben, und zwar mit der Unziale, wird schließlich zum Privileg einer dünnen Schicht: der Berufsschreiber und eines Teils des Klerus.
Wie die Rustika zur Unziale, so führte die Kaptalkursive zur Herausbildung der Halbunziale (Abb. 221). Diese stellt eine Übergangsform dar, eine Mischung von Formen der Kapitalschrift, der Unziale und der Kapitalkursive. Der Einfluß der Unziale und der Kapitalkursive mit ihrem Dreizonensystem – Ober-, Kurz- und Unterlängen – ist augenfällig (Abb. 218 bis 221). Als Entstehungsort der Halbunziale wird Nordafrika oder Ägypten angenommen, Gebiete, in denen um diese Zeit das Christentum schon stark verbreitet war. Sie tauchte schon im 5. Jahrhundert auf, erreicht jedoch erst im 7. und 8. Jahrhundert ihre Blütezeit.
In der Halbunziale dürften vor allem die nach oben extrem verlängerten und keulenförmig verdickten Längen die Merkmale zwar einer intensiven, aber unausgeglichenen, unbefriedigten und einseitigen Geistigkeit der Schreiber sein: Diese Schrift wurde von den christlichen Autoren und Schreibern des 7. und 8. Jahrhunderts bevorzugt, die in einem ununterbrochenen Kampf gegen die irdische Welt standen. Der Schreibfluß führt in der Halbunziale zu manchen Buchstabenverbindungen. Neben dem Dreizonensystem erinnert der Gebrauch von Majuskeln – wenn auch im Fluß der Kursivschrift immer weniger angewandt – noch an die Kapitalschrift und die Unziale.
Die Eile des Schreibens vereinfacht allmählich die Buchstaben durch Weglassen mancher Züge. So wird aus einem großen B schließlich ein kleines b, aus einem großen H entsteht die Form eines kleinen h. Andererseits werden einzelne Züge in der Kursivschrift verlängert, und so kommen diese Formen zustande: kleines d aus großem D, kleines q aus großem Q usw. Dabei hat neben der Tendenz zur Eile auch das Schreibmaterial, Papyrus und Pergament mit ›Feder‹ (lat. penna), eine beträchtliche Rolle gespielt. Durch den alltäglichen Gebrauch und das günstige Schreibmaterial führte der Weg seit dem 7. Jh. von der Kapitalkursive und der Halbunziale (ebenfalls als Kursivschrift) zu Herausbildung der Minuskelkursive als Schreibschrift mit Kleinbuchstaben (Abb. 222).

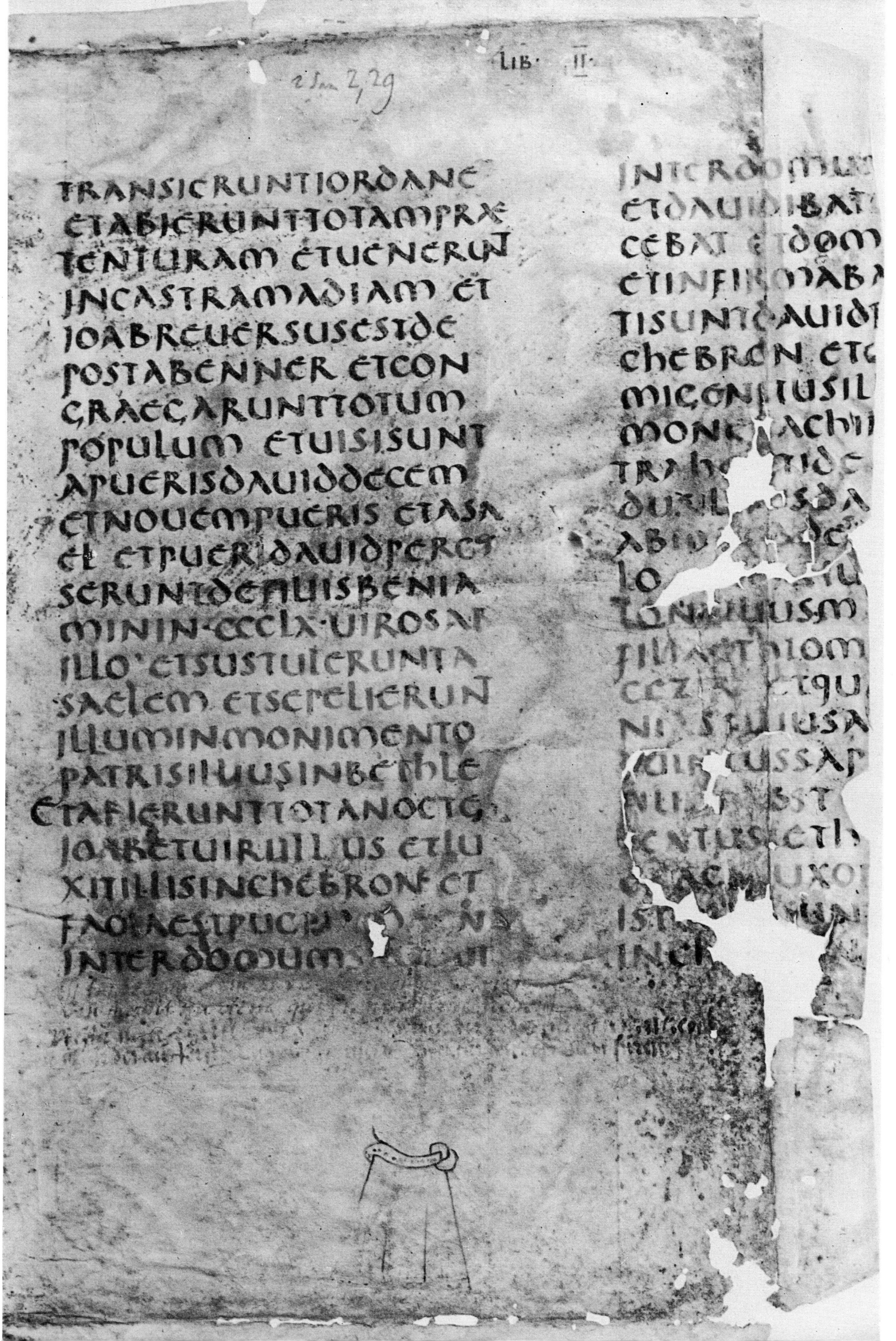

2 Sam 2,29

TRANSIERUNTIORDANE
ETABIERUNTTOTAMPRAE
TENTURAM ETUENERUNT
INCASTRAMADIAM ET
IOABREUERSUSESTDE
POSTABENNER ETCON
GRAEGARUNTTOTUM
POPULUM ETUISISUNT
APUERISDAUIDDECEM
ETNOUEMPUERIS ETASA
EL ETPUERIDAUIDPERCUS
SERUNTDEFILIISBENIA
MININ·CCCLX·UIROSAB
ILLO·ETSUSTULERUNTA
SAELEM ETSEPELIERUN
ILLUMINMONIMENTO
PATRISILLIUSINBETHLE
ETABIERUNTTOTANOCTE
IOABETUIRIILLIUS ETLU
XITILLISINCHEBRON ET
FACTAESTPUGN[illegible]
INTERDOMUM[illegible]

INTERDOMUM[illegible]
ETDAUIDIBAT[illegible]
CEBAT ETDOM[illegible]
ETINFIRMABA[illegible]
TISUNTDAUID[illegible]
CHEBRON ETG[illegible]
MICONFILIUSIL[illegible]
MONEACHIN[illegible]
[illegible]

220 *Beispiel für die Unziale, die wie die Kapitalschrift keine Ligaturen, aber – im Gegensatz zur Kapitale – auch keine Worttrennung hat. Aus den Quedlinburger Italafragmenten (4. Jh. n. Chr.).*

221 *Eine Schriftprobe der Halbunziale. Aus den Concilia monora Galliae (7.–8. Jh. n. Chr.).*

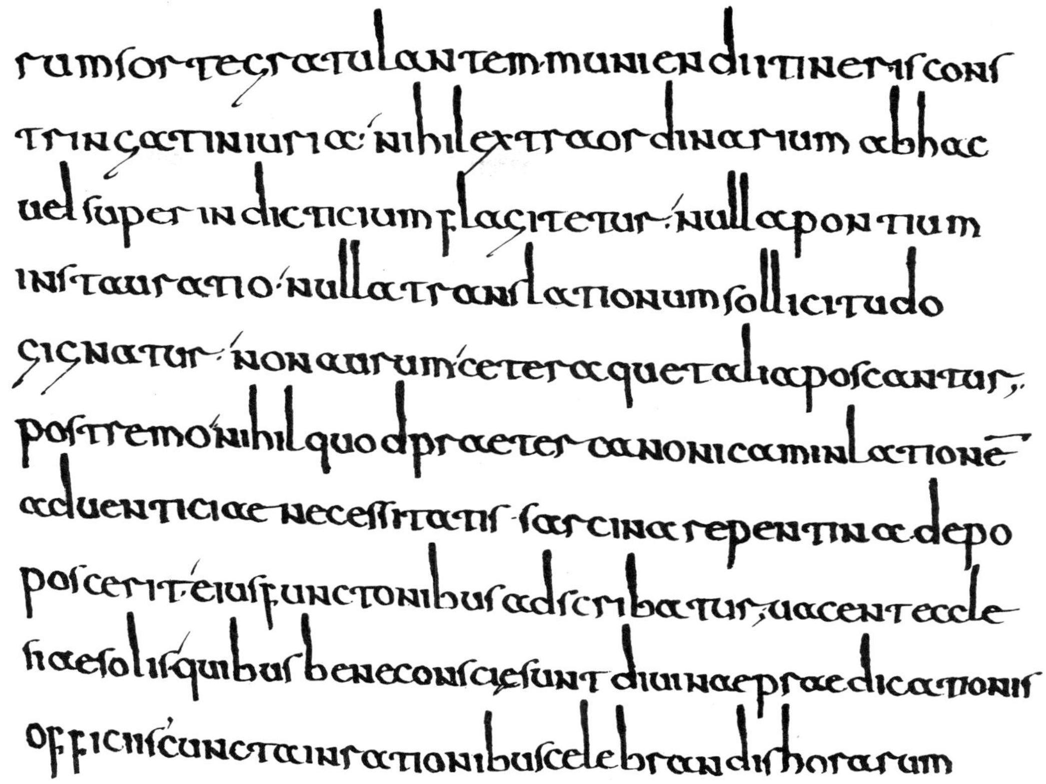

Mit dem Zerfall der Einheit des Römischen Reiches gewinnen die Länder in seinen Grenzgebieten allmählich eine größere Selbständigkeit. Dieser Vorgang beeinflußt auch die Entwicklung der Schrift. Es entstehen aus der immer noch vorherrschenden Schriftart, der Unziale, ›nationale‹ und lokale Schriften mit ihren abweichenden Besonderheiten.
Die merowingische Schrift – im Frankenreich verbreitet – (Abb. 223) zeigt eine gewisse Disharmonie: Enge, Unregelmäßigkeit und Unklarheit auf der einen Seite, Überbetonung der Ober- und Unterlängen und oft unrealistisch-phantastische (irrationale?) Verzierungen mit nicht selten spitzen und häufigen Einrollungen auf der anderen. Alles das läßt sich als Zeichen für Unausgeglichenheit und Unzufriedenheit der Menschen der Merowingerzeit deuten. Hinzu kommen noch die vermehrte Linksläufigkeit und die schwankende Linienführung als – in Verbindung mit dem ganzen äußerst unklaren Schriftbild – negative Merkmale einer inneren Spannung, einer bewußten Unsicherheit und Unruhe.
Der Name ›merowingische Schrift‹ faßt verschiedene Abarten mit ähnlichen Zügen zusammen. Bereits aus dem Ende des 6. Jahrhunderts sind Schriftdenkmäler in merowingischem Stil überliefert. Ihren Höhepunkt erreicht diese Schriftart aber erst im 8. Jahrhundert. Eine Probe aus dieser Zeit gibt Abb. 223. Im frühen 9. Jahrhundert wird jedoch die merowingische Schrift durch die unvergleichlich überlegene karolingische Minuskel verdrängt.
Eine weitaus bedeutendere nationale Schrift als die merowingische Schrift hat sich im 6. Jahrhundert in Irland heraus-

222 *Handschrift in Minuskelkursive aus dem Papyrus Marini XC, Ravenna (7. Jh. n. Chr.). Die Umschrift lautet: Petrus vir $\bar{C}$ (= clarissimus, d. h. Abkürzung) com. unhic chartule sex unciarum principalium [subs]tantiae muvilem et inmuvilem*

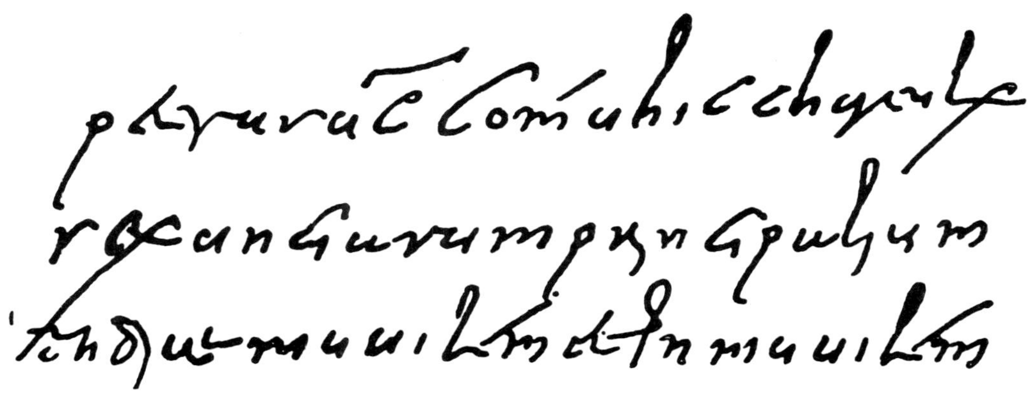

Auffallend sind manche Worttrennung durch Zwischenräume und die Längenunterschiede.

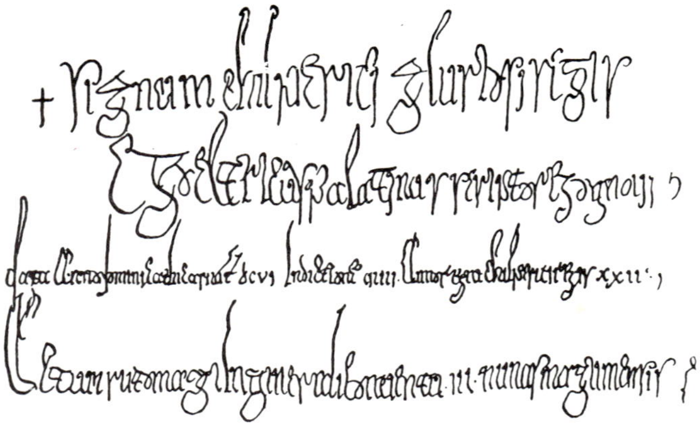

223 Beispiel der Merowingischen Schrift des 8. Jh.

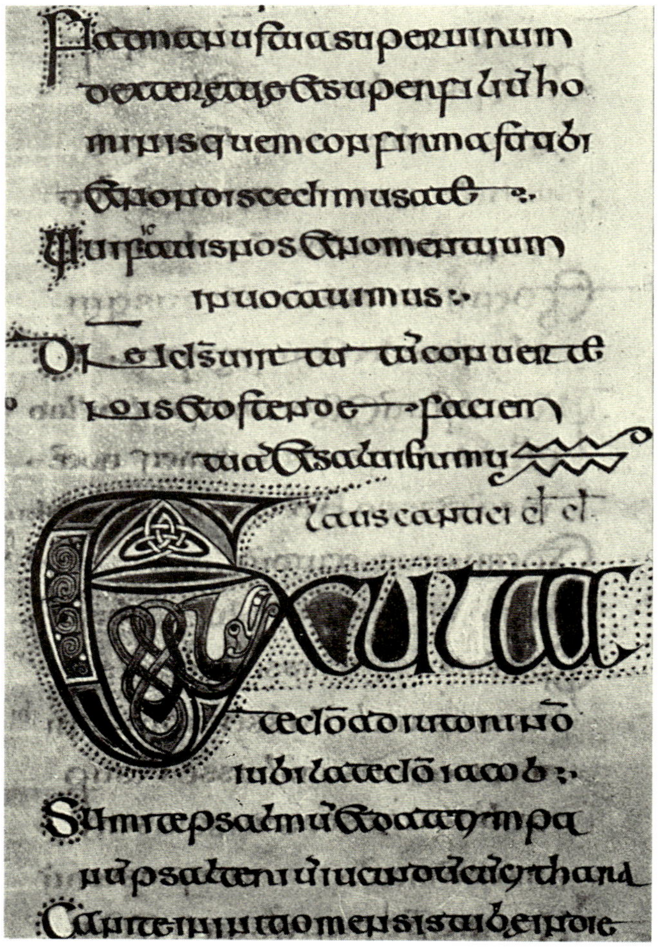

224 Irische Minuskelschrift mit zahlreichen Ligaturen und zeichnerischen Formen. Das Schriftbild zeigt eine ästhetische Harmonie. Aus dem Salabergapsalter (8. Jh.).

225 Kunstvolle irische Zierschrift mit drei nebeneinanderstehenden, kompliziert geschmückten Initialen (INP), in lateinischer Sprache (Joh. 1, 1). Book of Lindisfarne, um 720. British Museum, London.

gebildet. Mit dem Christentum ist auch die anfängliche Halbunziale aus dem südlichen Gallien – einem Gebiet, das um diese Zeit noch rege Beziehungen zum Osten und zur griechischen Sprache und Schrift pflegte – nach Irland gekommen. Hier liegen die Wurzeln für den Einfluß des zeitgenössischen griechischen Alphabets auf die durch einige Mönche Irlands aus der Halbunziale entwickelte irische Schrift (Abb. 224, 225).

Im Gegensatz zur merowingischen Schrift herrschen im irischen Schriftstil Maß, Klarheit, Worttrennung durch Wortabstand (die es sonst auch in der merowingischen Schrift gibt) und Ausgewogenheit vor, wenn es auch an Winkeln und an Enge der Buchstabenverknüpfung, d. h. an willensbestimmten inneren Stoßkräften und an Fanatismus des Glaubens nicht fehlt. Die ausgeglichenen Längenunterschiede mit mancher Betonung der Unterlängen weisen neben der Festigkeit und Selbstsicherheit vor allem auf den Sinn für ›Tatsachen‹ hin. Im Lauf der Zeit, etwa im 11. und 12. Jahrhundert, sind die spitzen und schmalen Buchstaben der irischen Schrift bogig und breit geworden: ein Zeichen zunehmender Lebensgewandtheit und zwanglos-natürlichen Durchsetzungsdranges. Aber schon vor diesen Änderungen hatte die flüssige irische Schrift in England und auf dem Kontinent beträchtlichen Einfluß auf andere Schriften erlangt. Irische Mönche, die sich mit großem Eifer an der Christianisierung und an den Klostergründungen in verschiedenen Ländern Europas beteiligten, sorgten für eine weite Verbreitung ihrer Schrift. Die irische Schrift begann, mit dem lateinischen Alphabet traditioneller Prägung zu konkurrieren, oft nicht ohne Erfolg.

Von schriftgeschichtlicher Bedeutung für das lateinische Alphabet überhaupt ist die erstmalige Unterscheidung zwischen den Zeichen *u* und *v* in der irischen Schrift. Erst später wurde diese auch in das lateinische Alphabet im engeren Sinne übernommen und bis heute beibehalten, wodurch sich die Anzahl der lateinischen Buchstaben von 23 auf 24 erhöht hat. Die irische Schrift blieb – was zweifellos bis zu einem gewissen Grad im irischen Charakter selbst begründet liegt – seit den Änderungen im 11. und 12. Jahrhundert bis heute fast unverändert. Sie ist eine Minuskelschrift mit zahlreichen Buchstabenverbindungen und vielen Abkürzungen; ein ganzes System von Abkürzungen übte im Mittelalter seinen Einfluß auf die verschiedensten Schriftarten in England und auf dem Kontinent aus.

Wieder eine andere nationale Schrift, die angelsächsische, hat sich im 7. und 8. Jahrhundert aus der römischen Unziale und aus dem irischen Alphabet herausgebildet (Abb. 226). Zu den Merkmalen der angelsächsischen Schrift zählen ein p-ähnliches Zeichen für den englischen Buchstaben *wen* (w) zur Unterscheidung des Konsonanten *u* (ju) sowie – seit dem 9. Jahrhundert – zwei aus dem englischen Runenalphabet entlehnte Zusatzzeichen für die Laute eines *th* und *dh*, die auch auf dem Kontinent gelegentlich anzutreffen sind, beispielsweise in dem mit der karolingischen Minuskel geschriebenen *Hilde-*

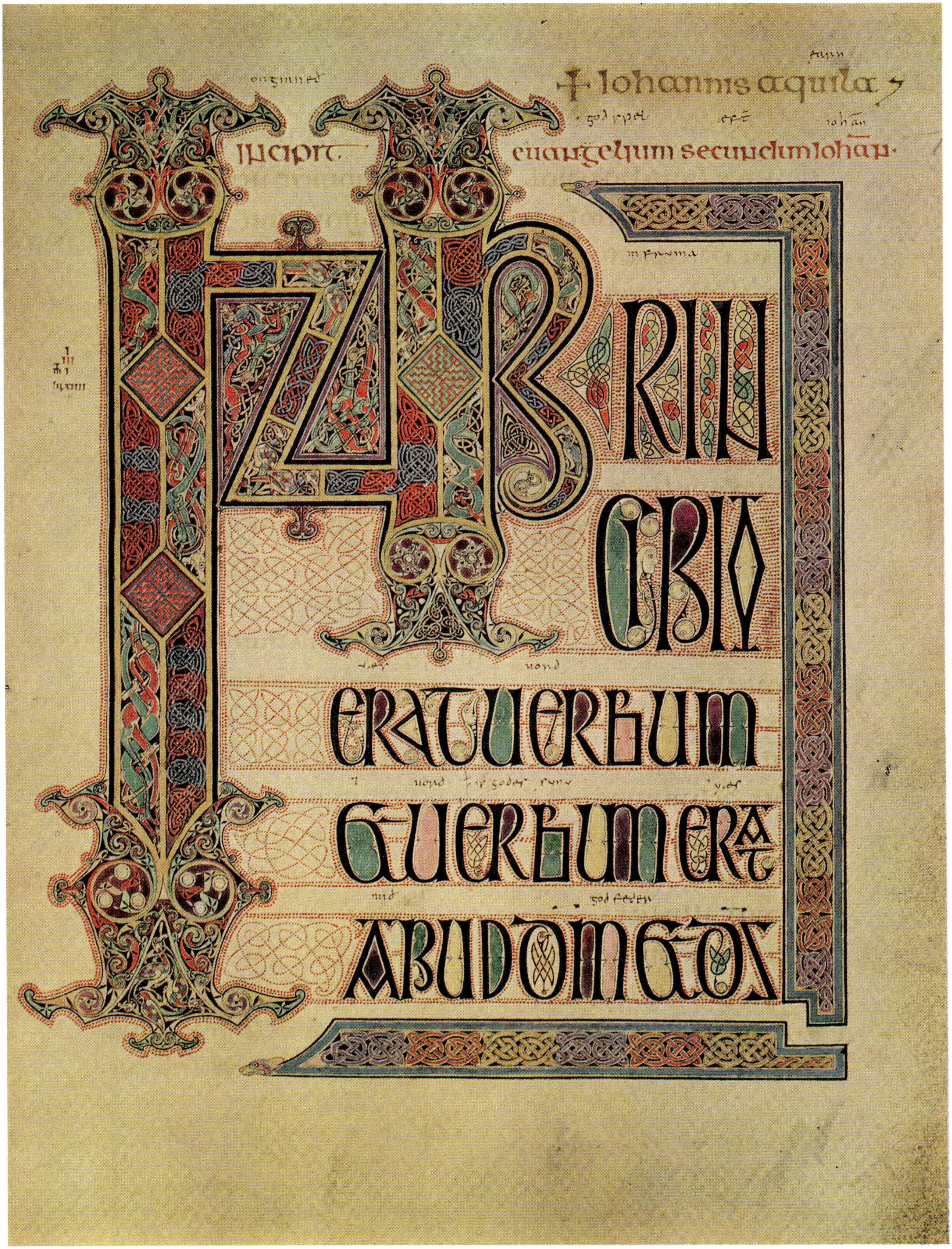
+ Iohannis aquila
INCIPIT euangelium secundum Iohannem
INPRINCIPIO
ERAT UERBUM
ET UERBUM ERAT
ABUD DM ET DS

Epta ad Thessalonicen II

Paulus
et siluanus et
timotheus: ecclesiae
thessalonicensium. in dō pa
tre nostro et dño ihū xpō. gra
tia uobis et pax a dō patre nos
tro et dño ihū xpō. gratias agere
debemus dō semper pro uobis
fratres. ita ut dignum est. quo
niam supercrescit fides uestra. et ha
bundat caritas uniuscuiuis
que omnium uestrum in inui
cem. ita ut et nos ipsi in uobis glo
riemur in ecclesiis dī pro pa
tientia uestra et fide. in omni
bus persecutionibus uestris et
tribulationibus quas sustine
tis in exemplum iusti iudicii dī ut
digni habeamini in regno dī. pro
quo et patimini, si tamen iustum est 11
apud dm retribuere tribulatio
nem his qui uos tribulant. et uobis

qui tribulamini requiem
nobiscum. in reuelatione dñi
ihū de caelo cum angelis uirtutis
eius in flamma ignis. dantis uin
dictam his qui non nouerunt dm
et qui non oboediunt euangelio
dñi nri ihū xpi; qui poenas dabunt
in interitu aeternas a facie dñi
et a gloria uirtutis eius. cum uene
rit glorificari in sanctis suis et ad
mirabilis fieri in omnibus qui cre
diderunt. Quia creditum est
testimonium nostrum super uos in
die illo; in quo etiam oramus
semper pro uobis. Ut dignetur uos
uocatione sua ds nr et impleat omne
uoluntatem bonitatis et opus fidei
in uirtute. Ut clarificetur no
men dñi nri ihū xpi in uobis et uos in illo
secundum gratiam dī nri et dñi ihū xpi

Rogamus autem uos fratres:
per aduentum dñi nri ihū xpi et nostrae
congregationis in ipsum. Ut non cito

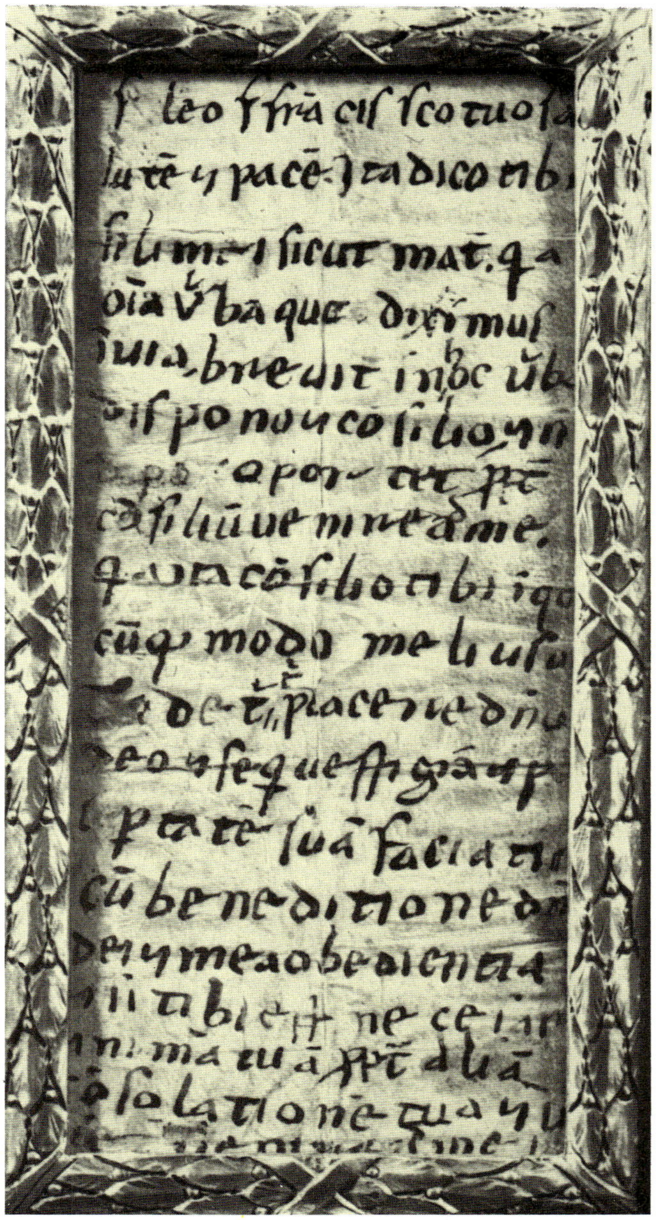

227 *Eigenhändiger Brief des hl. Franz von Assisi an Bruder Leo in spätbeneventanischer Schrift mit einem starken Einschlag der karolingischen Minuskel (1224?). Die Beneventana wurde nach Benevento benannt, wo sich eine Schreibschule der Benediktiner befand.*

brandslied (Abb. 228). Auch die angelsächsische Schrift enthält zahlreiche Buchstabenverbindungen, die zu ihrer Flüssigkeit wesentlich beigetragen haben. Trotzdem vermochte sich diese zierliche und scharfe Schrift nach den normannischen Eroberungen nicht einmal mehr in der Heimat weiter zu behaupten. Im Lateinischen wurde sie nur bis zur Mitte des 10. Jahrhunderts, im Englischen bis zum frühen 12. Jahrhundert benützt; danach mußte sie der karolingischen Minuskel weichen.

Der Gruppe nationaler und lokaler Schriften gehört auch die Schrift der päpstlichen Kurie an, der sogenannte kuriale Stil mit kalligraphischen Formen und mit einigen neuen Buchstabenbezeichnungen: ω statt a, γ statt t, o statt e, ꝛ statt q, usw. Auch das schon behandelte westgotische Alphabet aus dem 4. Jahrhundert und die norditalienische ›langobardische‹ Schrift gehören in diese Gruppe.

Alle nationalen oder lokalen Schriften – zu ihnen gehörte auch die Beneventana – wurden früher oder später durch die bedeutendste Kleinbuchstabenschrift des Mittelalters, die karolingische Minuskel, verdrängt.

Die beneventanische Schrift oder die Beneventana – jahrhundertelang hatte sie im Mittelalter eine große Rolle gespielt (Abb. 227) – war der Schriftstil der Benediktiner auf dem Monte Cassino. Sie wurde nach dem Ort Benevento benannt, wo sich auch eine Schreibschule der Benediktiner befand. Diese halbkursive Minuskelschrift ist in Süditalien und Dalmatien aus der römischen Kursive entstanden und hat sich bald auch außerhalb Italiens verbreitet. Die Beneventana besitzt harmonisch-bogige Formen, mitunter auch weniger schöne kreis- oder halbkreisförmige Verzierungen in der oberen Zone und – als ein Merkmal der Innerlichkeit – einige linksläufige Verlängerungen der Endzüge in der Unterzone. Durch die Druckbetonung der Grundstriche enthält die beneventanische Schrift eine klare und ästhetische Schattierung. Als Anfangsbuchstaben der Sätze werden Majuskeln in der Kapitale und in der Unziale verwendet. Die Beneventana ist eine klare, gut gegliederte Schrift. Sie verrät eine beschaulich-ästhetische Lebenseinstellung. Als schon alle lokalen und nationalen Alphabete durch die karolingische Minuskel verdrängt worden waren, hielt sich die Beneventana in Italien noch bis zum 13. Jahrhundert.

Abb. 227 zeigt die spätbeneventanische und den Einfluß der karolingischen Minuskel verratende Handschrift des hl. Franz von Assisi aus der Zeit um 1224(?), etwa zwei Jahre vor seinem Tod. Die Schriftprobe weist alle Merkmale einer äußerst großen Unregelmäßigkeit auf: Stark variierende Kurzbuchstabenhöhe, Lageschwankungen, wechselnde Weite oder Enge zwischen den Buchstaben sowie bald breite, bald schmale Buchstabenformen und eine sich schlängelnde Linienführung. In Verbindung mit dem überdurchschnittlichen Wesensgehalt der Schriftprobe eines im Schreiben offensichtlich Ungewandten sind diese Unregelmäßigkeiten Zeichen einer außergewöhnlichen Gefühlsstärke und einer enormen Sensibilität. Die Druckverlagerung deutet – in Verbindung mit dem gesamten Schriftbild – ein ins Mystische verdrängtes Gefühlsleben an, und manche ästhetische Züge bekunden einen empfänglichen Sinn für das Schöne. Die auffallenden Schwellzüge, insbesondere die oft keulenförmig

226 *Die angelsächsische Schrift, die sich auch auf dem Kontinent rasch verbreitet hat. Aus ›Pauli epistolae‹, im frühen 9. Jh. angeblich von Bischof Ludger in Werden (Ruhr) geschrieben.*

hiltibraht obana ab heuane · dat du neo dana halt mit sus
sippan man dinc ni gileitos · want her do ar arme wuntane
bouga · cheisuringu gitan · so imo se der chuning gap
huneo truhtin · dat ih dir it nu bi huldi gibu · · hadubraht
gimalta hiltibrantes sunu · mit geru scal man geba infa
han ort widar orte · du bist dir alter hun ummet spaher
spenis mih mit dinem wortun · wili mih dinu speru wer
pan · pist also gialtet man so du ewin inwit fortos ·
dat sagetun mi seolidante westar ubar wentilseo · dat
man wic furnam · tot ist hiltibrant heribrantes suno ·
hiltibraht gimahalta heriantes suno · wela gisihu ih
in dinem hrustim dat du habes heme herron goten
dat du noh bi desemo riche · reccheo ni wurti · wela
ganu waltant got quad hiltibrant wewurt skihit ·
ih wallota sumaro enti wintro sehstic ur lante · dar
man mih eo scerita in folc sceotantero so man mir at
burc enigeru · banun ni gifasta · nu scal mih suasat
chind · suertu hauwan breton mit sinu billiu eddo
ih imo ti banin werdan · doh maht du nu aodlihho
ibu dir din ellen taoc · in sus heremo man hrusti gi
winnan rauba birahanen · ibu du dar enic reht ha
bes · der si doh nu argosto quad hiltibrant ostar liuto
der dir nu wiges warne nu dih es so wel lustit · gudea
gimeinun niuse de motti · werdar sih dero hiutu hreo lo
hrumen muotti · erdo desero brunnono bedero uual
tan · do lettun se ærist asckim scritan scarpen scurim
dat in dem sciltim stont · do stoptun to samane staim
bort chludun · heuwun harmlicco huitte scilti ·
unti im iro lintun luttilo wurtun giwigan miti wabnu

gedruckten Unterlängen wie auch die Verschmierungen, verbunden mit anderen Merkmalen, lassen auf schwere Krankheiten des Heiligen in seinen letzten Lebensjahren schließen. Die vermehrte Linksläufigkeit der Züge, besonders in der Unterzone – in Verbindung mit dem Gesamtschriftbild –, ist die Manifestation einer besonders stark ausgeprägten und beschaulichen Innerlichkeit. Die bogigen Formen rühren zwar von der beneventanischen Vorlage und vom Einfluß der karolingischen Minuskel her, sind hier aber noch darüber hinausgehend betont, was auf das weiche Herz des Franziskus für alle Leidtragenden deutet. Von ›Grundsätzen›, ›Lehren‹ und ›Theorien‹ ist bei dem Schreiber dieser teigigen Schriftprobe keine Spur zu finden. Es ist die Handschrift eines schlichten Christen voll Freude über Tiere, Pflanzen und Menschen, über die Sonne und den unbegreiflichen Sternenhimmel; die Handschrift eines außerordentlich liebevollen Menschen, der schon zu Lebzeiten die ganze Christenheit mehr erobert hat als der mächtigste Papst der Kirchengeschichte – sein Zeitgenosse Innozenz III. –, und der auch späterhin Christen und Nichtchristen, Religiöse und Nichtreligiöse ergriffen hat.

b) Von der karolingischen Minuskel über die humanistische Antiqua zum modernen Alphabet

In der griechischen und in der lateinischen Schrift wurde seit dem 9. Jahrhundert die Unziale durch verschiedene Minuskelschriften abgelöst. Die bedeutendste der lateinischen Kleinbuchstabenschriften während des ganzen Mittelalters ist die karolingische Minuskel.

Über die Anfänge dieser hervorragenden Schrift und über ihren Erfinder weiß man nichts. Mit Sicherheit steht nur fest, daß die karolingische Minuskel im fränkischen Gebiet der Karolingerzeit erscheint und daß sie deutlich Einflüsse der Halbunziale und der irischen Schrift zeigt. Die ältesten Schriftdenkmäler in deutscher Sprache, wie das Hildebrandslied (Abb. 228) und das Wessobrunner Gebet, sind in karolingischer Minuskelschrift geschrieben. Die Initialen wurden entweder der Kapitale entnommen, wie S, A und C, oder der Unziale wie M N E usw. (Abb. 229, 230).

Die karolingische Minuskel zeichnet sich durch eine Ausgeglichenheit in Form und Weite der Buchstaben und durch die Ausgewogenheit der Längenunterschiede aus. Sie bevorzugte bogige Schriftzüge und mäßige Verbindungen, vernünftige Vereinfachungen und dem Druck der Hand folgende Grundstriche. Diese Schriftmerkmale lassen eine hervorragende Klarheit und maßvolle Harmonie, ästhetische und geistige Überlegenheit zum Ausdruck kommen.

So ist es zu verstehen, daß die karolingische Minuskel binnen einiger Jahrhunderte das ganze Abendland, einschließlich England, eroberte und die nationalen und lokalen Alphabete – bis auf die irische Schrift – verdrängte.

Das 11. Jahrhundert brachte einige wesentliche Änderungen an dem lateinischen Alphabet der 24 Buchstaben. Außer der Unterscheidung zwischen dem Konsonanten *v* und dem Vokal *u* wurde auch das *w* vom *v* und der Konsonant *j* vom Vokal *i* unterschieden. Diese 3 Zusatzbuchstaben – *u, w* und *j* – werden vereinzelt schon im 11. Jahrhundert gebraucht. Die Zahl der lateinischen Buchstaben hat sich nunmehr auf 26 erhöht, und damit ist die wesentliche Entwicklung der Lautwerte im lateinischen Alphabet abgeschlossen. Danach gibt es nur noch sprachlich bedingte Änderungen, die durch seine weite Verbreitung auf allen Kontinenten bedingt ist.

Das Papier zum Schreiben benutzte man in Europa seit dem 11. Jahrhundert; hergestellt wurde es in Europa (Spanien und Italien) aber erst seit dem 12. und 13. Jahrhundert, in Deutschland erst im frühen 14. Jahrhundert. Die Erfindung des Papiers soll den Chinesen entweder im 2. vorchristlichen oder im 2. Jahrhundet n. Chr. geglückt sein. Die Araber verwendeten es bereits seit dem 8. Jahrhundert. Dieses begabte Volk wies bereits im frühen Mittelalter große naturwissenschaftliche Leistungen auf und hat durch Bewahrung und Vermittlung der alten griechischen Hochkultur an die christlichen Völker Hervorragendes geleistet. Die arabische Wissenschaft trug wesentlich zum Aufblühen der Geisteskultur im Hochmittelalter bei. Platon und Aristoteles, in der Hauptsache durch die arabische Philosophie übermittelt, wurden von den bedeutendsten Philosophen und Theologen des Christentums dieser Zeit nicht nur anerkannt, sondern als Autoritäten angesehen.

Diese erstaunliche kulturelle Entwicklungsperiode des Abendlandes ist auch eine hohe Zeit für die karolingische Minuskel, in der sich der Zeitgeist der Klarheit und der Zuversicht augenfällig widerspiegelt. Ihren letzten und größten Sieg über die Beneventana erlangte die karolingische Minuskel – wie schon erwähnt – im 13. Jahrhundert. Danach wurde sie, wenn auch nur vorübergehend – abgelöst.

228 Eine Seite aus dem ältesten Schriftdenkmal der deutschen Literatur, dem Hildebrandslied (9. Jh.), in karolingischer Minuskel. Die Klarheit dieser Schriftart ist auch in der Schriftprobe augenfällig, obzwar der impulsive Schreiber ungleichmäßig geschrieben hat (schwankende Schriftlage, schlechte Druckverteilung usw.).

229, 230 Beispiel für eine sorgfältig und regelmäßig geschriebene karolingische Minuskel in lateinischer Sprache (9. Jh.) mit Initialen aus der Kapitale und der Unziale und mit Miniaturen. Links: ›Güte und Treue begegnen einander, Gerechtigkeit und Friede küssen sich‹ (Psalm 85, 11). Rechts: ›Christus unter dem Schutz Gottes‹ (Psalm 91).

in te

Ds tu conuersus uiuificabis nos : & plebs tua l&abit[ur]
Ostende nobis dñe misericordiam tuam
& salutare tuum da nobis
Audiam quid loquatur in me dñs ds
qm̄ loquetur pacem in plebem suã. Et sup scõs suos
& in eos qui conuertuntur ad cor
Uerumtamen ꝓpe timentes eum salutare ipsius
ut inhabitet gloria in terra nostra
Misericordia & ueritas obuiauerunt sibi
iustitia & pax osculatę sunt
Ueritas de terra orta est
& iustitia de caelo prospexit

Etenim dñs dabit benignitatem & terra nostra dabit
fructum suum

XC LAUS CANTICI IPSI DAVID

Qui habitat in adiutorio altissimi
in protectione di caeli : commorabitur ;
Dicet dno susceptor meus es tu
& refugium meum ds meus sperabo in eu ;
Qm ipse liberavit me de laqueo
uenantium ∴ & a uerbo aspero   rabis ;
In scapulis suis obumbrabit tibi & sub pennis eius spe
Scuto circumdabit te ueritas eius
Non timebis a timore nocturno

A sagitta uolante in die a negotio perambulante
in tenebris ∴ ab incursu & demonio meridiano ;
Cadent a latere tuo mille ∴ & decem milia
a dextris tuis ad te autem non adpropinquabit
Uerumtamen oculis tuis considerabis
& retributionem peccatorum uidebis ;
Qm tu es dne spes mea ∴ altissimum posuisti refugiu
tuum ;

Iamys þe seruaunt of god & of oure lord iesu crist: to þe twelue kynredis þat ben in scatiga brood helþe.

My breþeren gesse ȝee or deem al ioyȝe: whanne ȝee schulen falle in to dyuerse temptaciouns or tribulaciouns wytinge þat þe þreuynge of ȝoure feiþ: worchiþ paciens. Soþely paciens haþ perfite werk: þat ȝee be perfit & hool. in no þinge faylinge. Forsoþe ȝif eny of ȝou nedeþ wisdam: axe he of god. þe whiche ȝeueþ to alle men largely & vpbreideþ not: & it schal be ȝouen to him. Soþely axe he in feiþ: no þinge doutinge. forsoþe he þat doutiþ: is lijk to a wawe of þe se þe whiche of wynd is moued & born aboute. Therfore gesse not þe ilk man þat he schal take ony þing of þe lord. A man double of wit: is vnstable in alle his waies. Forsoþe a meke broþer glorie in his enhaunsinge. soþely a riche man in his mekenesse: for as þe flour of haye or grasse he schal passe. Soþely þe sunne is sprungen vp wiþ brennynge or heet: and driede þe haye. And þe flour of it fell doun and þe fairnesse of his cheer perischide: so and a riche man welewiþ in his waies. Blessid is þe man þat suffriþ temptacioun. For when he schal be proued he schal receyue þe crown of lijf. þe whiche god aȝein bihiȝte to men louynge him. No man whan he is temptid saye: for he is temptid of god. Soþely god is vntemptere of yuel þingis forsoþe he temptiþ no man. Soþely eche man is temptid of his coueitinge drawen fro resoun: & snarid or disceyued. þan coueitynge whanne it haþ conceyuede: bringeþ forþ synne. Soþely synne whanne it is fulfillid gendreþ deþ. And so my most derworþ breþeren: wil ȝee erre. Eche best þing ȝouen & alle perfit ȝift is fro aboue comynge doun of þe fadir of liȝtis: anentis whome is not ouchaunging. neþer schadewynge of whilnesse or tyme. forsoþe wilfully he gendride vs wiþ þe word of treuþe: þat we be sum begynnynge of þe creature of him. Wite ȝee my breþeren most loued. Be eche man swift for to heere: for to speke. And slowe to wraþe. soþely þe wraþe of man: worchiþ not þe riȝtwisnesse of god. For whiche þinge ȝe casten aweie alle vnclennesse and plente of malice: in mildnes or hummelynesse receyue ȝee þe word inset or ioyned: þat may saue ȝour soulis. Forsoþe be ȝee doeris of þe word. and not heeris oonly: disceyuynge ȝour self for ȝif eny man is heerer of þe word & not doer: þis schal be comparisounde or licnede to a man beholdinge þe cheer of his birþe in a myrour. Soþely he biheelde him self & wente: & anoon he forȝate what maner he was. Forsoþe he þat schal perfitly byholde in þe lawe of perfit fredam and schal dwelle in it not made a forȝetful heerer: but a doer of werk: þis schal be blessid in his dede. forsoþe ȝif eny man gesse him self for to be religious not refreynynge his tunge bot disceyuynge his herte: þe religioun of him is veyn. This is a clene religioun & vnwemmed. Anentis god & þe fadir: for to visite pupillis þat is fadirlesse or moderlesse or boþe: & wydues in

Bereits seit dem 12. Jahrhundert war ein völlig neuer Stil und Geist im Aufbruch, die Gotik. Sie meldete sich zuerst in der Baukunst; im Strom dieser neuen Richtung änderte sich aber auch die Schrift. Die Buchstaben wurden gebrochen, später sogar doppelt gebrochen. Die neue gotische Schrift gewann mehr und mehr an Boden, auf ihrer Grundlage entstand eine ganze Reihe von Schriftarten. Diese Entwicklung ist ein besonders bemerkenswertes Kapitel der abendländischen Schriftgeschichte; doch bilden diese Schriften nur Nebenzweige unseres Schriftbaumes und können deshalb hier nicht behandelt werden.

Aus der wiederbelebten karolingischen Minuskel wächst im 14. Jahrhundert die Gotico-Antiqua oder Petrarca-Schrift heraus, die den Hauptstamm bildet. Sie erinnert an die bogige Beneventana mit allerlei Oberzeichen, noch mehr aber an die klare und einfache karolingische Minuskel (Abb. 233/234). Sie enthält auch manche gotische Formen wie ꝺ ꝛ sowie die Interpunktionszeichen und die Abkürzungen; trotzdem stellte sie zu Petrarcas Zeit eine Revolution gegen die Vorherrschaft der kirchlich geheiligten und allenthalben sogar auch von den Vorreformatoren gebrauchten gotischen Textur (Abb. 231) dar und diente als ein wichtiges Kampfmittel für die Wiederbelebung des antiken Lebensgefühls. In dieser Schrift zeigen sich die ersten Anfänge der Renaissance bzw. des Humanismus auf dem Gebiet der Schriftgeschichte. Da der größte Vorkämpfer dieser geistigen Bewegung der Dichter PETRARCA war, wird der neue Schriftstil ›Petrarca-Schrift‹ genannt.

Die Handschrift PETRARCAS (Abb. 233/234) ist klar, sauber, leserlich und annähernd harmonisch; die übertrieben großen Längenunterschiede der sogenannten Bastarda – einer sehr verbreiteten Schriftart zu Petrarcas Lebzeiten mit vielen Varianten (die Florentiner Bastarda, Abb. 232) – und die Enge der Textur (Abb. 231) sind hier ausgeglichen und aufgelockert. Neben den oft verklecksten Initialen erwecken manchmal auch die teigig dicken Minuskeln einen zum Teil unharmonischen Eindruck: Die fieberhafte Hitze der echten lyrischen Leidenschaft vermochte ja doch nicht in der ›goldenen Mitte‹ zu bleiben. Die wechselnde Druckverlagerung – in Verbindung mit anderen Schriftmerkmalen – zeigt das anspruchsvolle, aber doch unbefriedigte und heftige Geltungsbedürfnis eines ›Welterneuerers‹, der Petrarca als Mensch und Dichter eigentlich war.

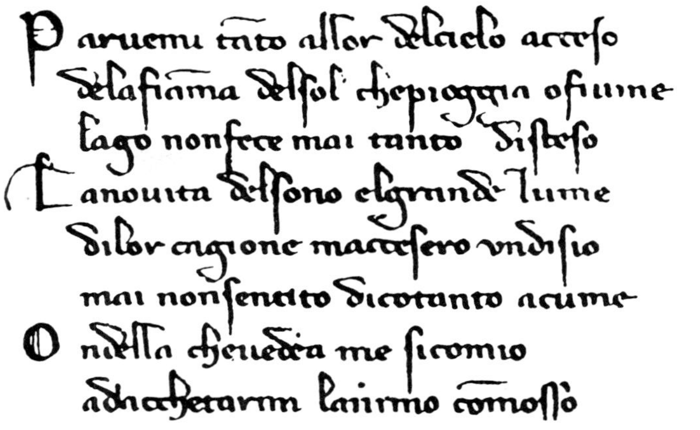

232 Die Florentiner Bastarda (aus der ›Divina Commedia‹ von Dante, Codex Trivulzianus, 1337) mit zu großen Längenunterschieden und mit allerlei Schnörkeln.

Bevor wir die Entwicklung des lateinischen Alphabets weiterverfolgen, wollen wir die kulturelle Lage Europas dieser Zeit vom Gesichtspunkt der Schreibkunst aus betrachten. Die Kenntnis des Lesens und Schreibens in der ersten Hälfte des Mittelalters (vom 6. bis 11. Jahrhundert) war – wie erwähnt – vor allem infolge der Völkerwanderung erheblich zurückgegangen; nur eine dünne Schicht von Gelehrten, hauptsächlich Geistliche und Berufsschreiber, in der Mehrzahl Mönche, konnten schreiben. Selbst Karl der Große war des Schreibens unkundig. Auch bedeutende Dichter, wie Wolfram von Eschenbach, beherrschten die Schreibkunst nicht. Im 13. Jahrhundert ändern sich die kulturellen Verhältnisse: Universitäten werden gegründet, und der internationale Handel trägt zum Aufkommen eines reichen Bürgertums bei. Wenn bisher fast nur Mönche und Berufsschreiber der fürstlichen Kanzleien schreiben konnten, so werden jetzt die Bürger, vor allem die Kaufleute, gezwungen, sich die Schreibkunst anzueignen, um ihre immer mehr verzweigten Handelsgeschäfte schriftlich tätigen zu können. Im 14. Jahrhundert wird die Zahl der städtischen bürgerlichen, d. h. nichtkirchlichen Schulen größer. Im selben Jahrhundert entstehen sogar Privatschulen für den Unterricht im Lesen und Schreiben (Abb. 235). Durch den Humanismus des 15. und 16. Jahrhunderts und durch die Reformation – die Reformatoren waren

231 Gotische Textur. Im 14. Jh. wurde der Text der Messen in dieser Schriftart geschrieben. Daher der Name. Die Gotik zeigt sich in der doppelten Brechung und in der Enge der Buchstaben, was die Lesbarkeit erschwert. Dennoch war dieser Schriftstil in seiner Blütezeit vorherrschend. Die Schriftprobe stellt eine Seite aus der englischen Bibelübersetzung von John Wiklif (14. Jh.) dar.

233/234 Handschrift Petrarcas in der Gotico-Antiqua oder Petrarca-Schrift. Sie ist die Vorläuferin der humanistischen Antiqua und zeigt – neben dem Einfluß der bogigen Beneventana und den Spuren der gotischen Textur – die Wiederbelebung der karolingischen Minuskel. In dieser Schrift macht sich schon die Renaissance bemerkbar. (Aus: Francisco Petrarca ›De sui ipsius et multorum ignorantia‹, 14. Jh.)

clypeo uti solet stoica ad excusandas insanias deorum tur-
be. quasi diuersis uocabulis non nisi rem unicam designari uelit
et intelligi. ut sit scilicet exempli gratia deus unus idemque in terra
ceres dicatur. neptunus in pelago. In ethere iupiter. in igne
uulcanus. tamen hec excusatio et uanitatis adumbratio quam sit fri-
uola quis non uidet. Illa quoque diuersoria ac fictionum subter-
fugia que uidentes philosophi que de ioue dicerentur ideo non con-
uenire duos ioues unum naturalem alterum fabulo-
sum ut lactantius ait. seu potius tres ioues ut ait cicero
numerauit hi qui theologi nominantur. deorum inquit theologi non
unius dei. quantas uires habeat et quanti extimanda
sit. pater nec nimis .... a proposito decerne apud ipsum
lactantium firmianum qui querit inueniet institutio-
num suarum libro primo. Nam illos piget in attigisse
qui et soles quinque. totidemque mercurios. totidem dyonisios.
totidemque mineruas. Quattuor uero uulcanos. quattuor
apollines. quattuor ueneres. Tres esculapios. tres
cupidines. tres dyanas, dicunt. Quis has non sto-
machetur ineptias. quis has ferat ambages. omnia non
errorum modo sed sic inanium somniorum plena undique

qui ut reliqua sileam apud scriptores gentium permanentiam licet se
deorum discordiasque et bella sacriorumque diuersitatem uiderit
deus ei uerus qui non unus esse non potest neque se maior
neque se minor alicubi. cum semper et ubique idem ipse
sit. neque aliquando secum discors esse potest aut fuisse. neque
nec oue nec thauro sed uno semper laudis ac iustitie
et contribulati spiritus ac lacrimarum sacrificio delectatur.
unus ille in celo et in terra. una illi ubique substantia. unum
nomen.

sex hercules ut cicero ait. at ut
uarro. tres et
quadraginta
neque illos pudet eam
dicere. quos nos pudeat
audire. nec dicentibus
credere. Regio ei

Nā te reliqs ut libr. At q̄ circulatio. qs hic lud. q̄ná hc fabelle. qnqȝ soles fa
tere. cū ab eo q' solus luceat solē dici uelīt. 7 cū plures n̄ fuisse qm̄ uq' sȝ ocu
loꝝ uitio fortassis aut aīoꝝ cōsternatoꝝ uisos ee nōnūq̄ int̄ pdigia nu

meratū sit. ꝑ pace
ueterū sic dictum
cicerōnis aū alios
nec scribendi lec

sf
ꝫe referta. ut miseriar intendi atqȝ indigner no
bile illo eloquī ī his positū 7 cōsumptū curis. fuisse ce
seo. n̄ legēdi censerē qbȝ cōscribendis ille uir tant
incubuit. n̄ ut lecte 7 cognite deoꝝ nuge uere di
uinitatis 7 uni dei amorē. 7 cōtēpt' supstitōis ext
ne. nr̄e religionis reuētiā legētiū aīs excitaret.
Nullo ē̄i clari modo unaqq̄ȝ res q̄ cōtrario admota
cognoscit. nil mag̃ amabilē lucē facit q̄ odiū te
nebraꝝ. Quae si de cicerone meo dixi quem in
ultis miroꝛ. qd de aliys me dicturū speras. Scrip
serūt mlti multa subtiliter. qdā etiā grauit'. dulciter.
eloqnter. s; in his q̄s; uenenū ī melle miscuerūt q̄dam
falsa. piculosa. ridiculā. de qbȝ nūc age lōgū nimis 7 in
ꝑtinēs; neqȝ ē̄i in oībȝ ea tn̄ excusatio fuit. q̄ fuit in
cicerone. n̄ sic oēs alliciūt. qbȝ etsi materia alta sit. nō
ē eloquiū par dulcedo. sept cant' iāȝ ꝑ uarietate cantuū
nē delectabilis nē molest' fuit. 7 cādē musicā lōge ua
riā uox ostendit. Nec tn̄ res egeat exēplo. pithagoraȝ
sūmi uirū īgenij fuisse qs nō nouit. cui est tn̄ nota il
la METEMPSICOSIS. quā in caput n̄ dicā phi. sȝ lo

Metempsi
cosis

235 Schreibunterricht für die Söhne der Kaufleute im 14. Jahrhundert.

daran interessiert, daß möglichst viele Leute die Bibel lesen können –, hat die Zahl der Schreibkundigen im ganzen Abendland in großem Maße zugenommen. Die Bildung ist damals sozusagen zum ›Zeitgeist‹ geworden.

Die Humanisten haben – besonders in Italien – eine neue Schriftart entwickelt: die humanistische Antiqua. Diese ist wahrscheinlich in den sechziger Jahren des 15. Jahrhunderts in Rom aus einer Mischung von karolingischer Minuskel und Petrarca-Schrift sowie einigen Elementen einer gemäßigten Abart der gotischen Schrift, der abgerundeten Rotunda (Abb. 236), entstanden. Allerdings wurden in der humanistischen Antiqua (Abb. 237) die meisten Verzierungen der Großbuchstaben und die zahlreichen Abkürzungen der Petrarca-Schrift und ihre ungleiche Druckverlagerung beseitigt. Klarheit und Harmonie bilden das Hauptziel der humanistischen Antiqua. Es verwundert nicht, wenn diese hervorragende Schrift schon nach einem Jahrzehnt – etwa in den siebziger Jahren des 15. Jahrhunderts – durch den Franzosen NICOLAUS JENSON in Venedig zur höchsten Vollkommenheit gelangte. In dieser Stadt war auch der berühmte Drucker ALDUS MANUTIUS um die Wende zum 16. Jahrhundert tätig, der aus den Zügen des JENSON die schrägliegende Antiquakursive geschaffen und im Jahre 1501 eingeführt hat (Abb. 239). Durch die Herausgabe von Werken antiker Autoren – in der humanistischen Antiqua und der Antiquakursive gedruckt – verhalf der ›Fürst des europäischen Humanismus‹, DESIDERIUS ERASMUS VON ROTTERDAM, diesem Schriftstil im 16. Jahrhundert zu einer großen Verbreitung. Es herrschten in dieser schriftgeschichtlichen Übergangszeit auch manche andere, oft schöne Schriftarten vor, zum Beispiel die gotischen, doch der Stammbaum unseres heutigen lateinischen Alphabets wuchs im 16. und 17. Jahrhundert durch den Hauptzweig der humanistischen Antiqua und Antiquakursive weiter empor.

236 Die aufgelockerte und manchmal abgerundete Rotunda. (Aus: Chronica Hungarorum mit der Miniatur ›Attila, König der Hunnen‹, 1358.) Die Buchstaben sind breiter und klarer als die der Textur, was zur besseren Lesbarkeit dieser Form der gemäßigten gotischen Schrift beiträgt.

p mare adriaticum licencia ab a
tila impetrata sunt ipi atyle ten
nuentes dimissis armentis tran
sierunt . vlachis qui ipor coloni
extiterit ac pastores remanentes
sponte in pannonia. Per atyla
expugnat ciuitate Aquilegiam

egressus de pannonia p carinthia
stiriam et dalmacia ptransiens
apud urbem salonam et spale
tum mari adriatico se coniunxit
ambasqz urbes fecit cu terra ma
Ab illo uero loco egressus prete
circa mare Traguriam . sardona

umqz
rex aty
la qnqz
annis
sicambre
repau
sasset :
sui exi
tus de
fectum
uidelicet terrae ptis que dudum
remanserat Cathalaunis resar
cire parauit . Curiaqz celebra
ta
Sibiniciam . Iadram . Nonam .
Scenniam . parenciam , polam .
Caputstriam Tergestinam ciuita
tes . et alia multa oppida in mon
tibus distantes peruenit tandem
Aquilegiam . Cuius quippe mag
nitudine conspecta ab homini
q se confusum reputans . si dicta
urbem inexpugnabile reliquisset
pro eo maxime : quia plures re
belles longobardi de panonia
fugisse in ipsam ferebantur . Cas
trum procinctos a cunctis repentis

cohortes equitibus subsidio: comprobat
hominis consilium fortuna: & cum unum
omnes peterent in ipso fluminis uado de
phensus Induciomarus interficitur. cap
utque eius refertur in castra. Redeuntes
equites quos possunt insectantur atque oc
cidunt. Hac re cognita omnes eburonum
& neruiorum que conuenerant copie di
scedunt: pauloque habuit post id factum cesar
quietiorem galliam.

Lib. VI.

145. MULTIS de causis Cesar maio
rem gallie motum expectans
p. M. Sillanum. C. Antistium
Reginum. T. Sestium legatos
delectum habere instituit. Simul ab. GN.
Pompeio pro consule petit quoniam ipse
ad urbem cum imperio rei publice causa
remaneret quos ex cisalpina gallia consu
lis sacramento rogauisset ad signa conue
nire & ad se proficisci iuberet. Magni inter
esse & iam in reliquum tempus ad opinio
nem gallie existimans tantas uideri italie
facultates ut si quid esset in bello detrime
nti acceptum. non modo id breui tempore
resarciri sed & iam maioribus augeri copiis

Mr. WILLIAM
SHAKESPEARES
COMEDIES,
HISTORIES, &
TRAGEDIES.
Publiſhed according to the True Originall Copies.

LONDON
Printed by Iſaac Iaggard, and Ed. Blount. 1623.

238 Majuskeln und Minuskeln der späteren humanistischen Antiqua auf dem Titelblatt der ersten autorisierten Gesamtausgabe (›Folio-Ausgabe‹) der Theaterstücke Shakespeares. Schon der ›Hamlet‹ ist 1603 in der humanistischen Antiqua gedruckt worden.

◁ 237 Beispiel für die aus der karolingischen Minuskel entwickelte frühe humanistische Antiqua oder die Renaissance-Minuskel. (Eine Seite aus Gajus Julius Cäsar ›De bello gallico‹. Italienische Humanistenhandschrift, 2. Hälfte des 15. Jahrhunderts.)

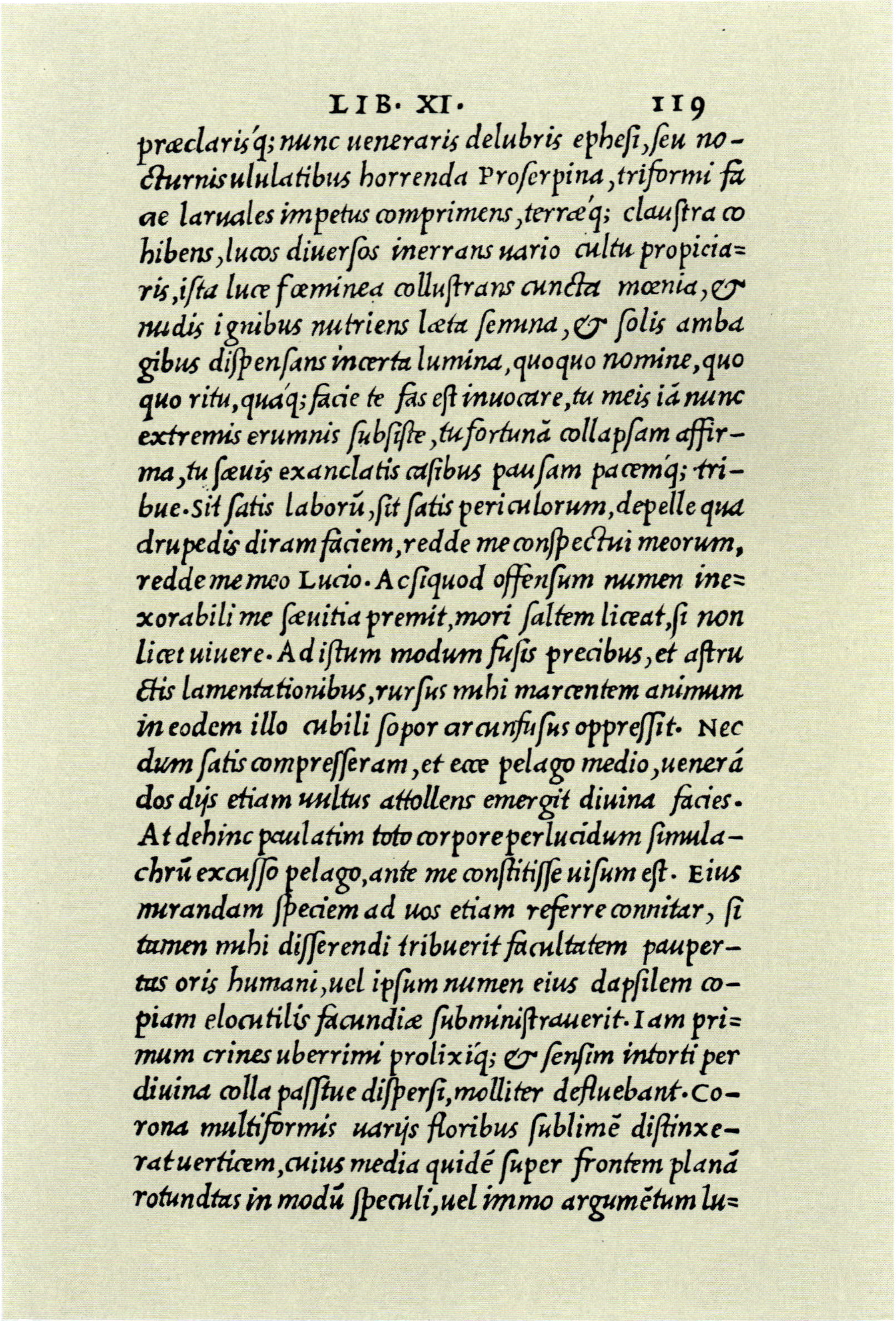

LIB. XI. 119

præclarisq́; nunc uenerarīs delubris epheſi, ſeu no-
cturnis ululatibus horrenda Proſerpina, triformi fa
cie laruales impetus comprimens, terræq́; clauſtra co
hibens, lucos diuerſos inerrans uario cultu propicia=
ris, iſta luce fœminea colluſtrans cuncta mœnia, &
udis ignibus nutriens læta ſemina, & ſolis amba
gibus diſpenſans incerta lumina, quoquo nomine, quo
quo ritu, quaq́; facie te fas eſt inuocare, tu meis iã nunc
extremis erumnis ſubſiſte, tu fortunã collapſam affir-
ma, tu ſæuis exanclatis caſibus pauſam pacemq́; tri-
bue. Sit ſatis laborũ, ſit ſatis periculorum, depelle qua
drupedis diram faciem, redde me conſpectui meorum,
redde me meo Lucio. Ac ſiquod offenſum numen ine=
xorabili me ſæuitia premit, mori ſaltem liceat, ſi non
licet uiuere. Ad iſtum modum fuſis precibus, et aſtru
ctis lamentationibus, rurſus mihi marcentem animum
in eodem illo cubili ſopor circunfuſus oppreſſit. Nec
dum ſatis compreſſeram, et ecce pelago medio, uenerã
dos dijs etiam uultus attollens emergit diuina facies.
At dehinc paulatim toto corpore perlucidum ſimula-
chrũ excuſſo pelago, ante me conſtitiſſe uiſum eſt. Eius
mirandam ſpeciem ad uos etiam referre connitar, ſi
tamen mihi diſſerendi tribuerit facultatem pauper-
tas oris humani, uel ipſum numen eius dapſilem co-
piam elocutilis facundiæ ſubminiſtrauerit. Iam pri=
mum crines uberrimi prolixiq́; & ſenſim intorti per
diuina colla paſſiue diſperſi, molliter defluebant. Co-
rona multiformis uarijs floribus ſublimẽ diſtinxe-
rat uerticem, cuius media quidẽ ſuper frontem planã
rotunditas in modũ ſpeculi, uel immo argumẽtum lu=

239 Schriftprobe der schrägen Antiquakursive. (Aus: Apuleius ›De asino aureo‹, Aldus Manutius, 1521). Diese Type hat der venetianische Drucker Aldus Manutius gegen Ende des 15. oder zu Anfang des 16. Jh. aus den klaren und harmonischen Schriftformen der humanistischen Antiqua des aus Frankreich stammenden, ebenfalls in Venedig lebenden Nicolaus Jenson geschaffen. Zuerst war die schräge Antiquakursive eine Druckschrift; erst viel später entstand aus ihr allmählich der Vorfahre der heutigen lateinischen Schreibschrift. Die Typen Jensons und Manutius' galten den Druckern Italiens, Deutschlands und Frankreichs als Vorbild.

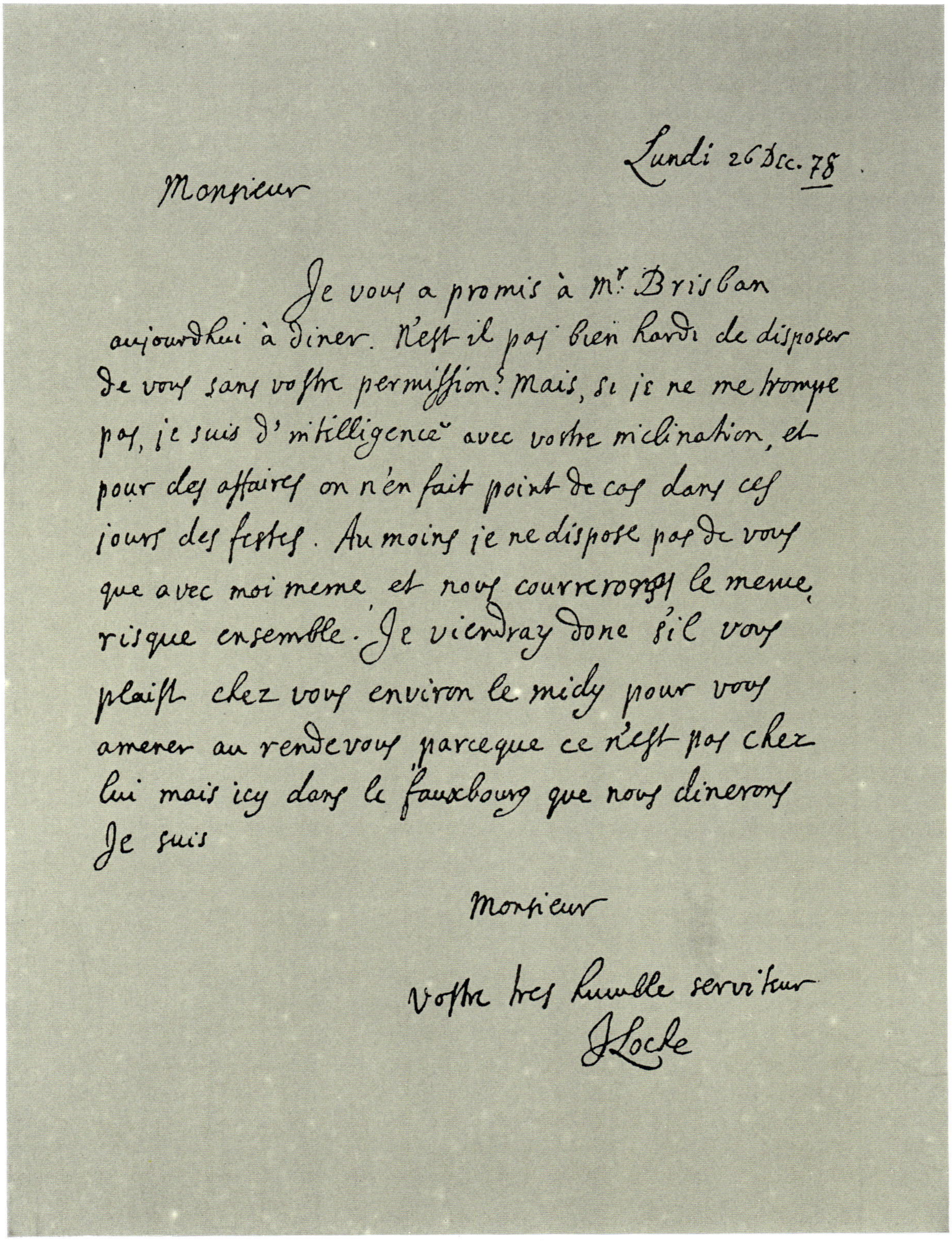

Lundi 26 Dec. 78

Monsieur

Je vous a promis à Mr. Brisban
aujourdhui à diner. N'est il pas bien hardi de disposer
de vous sans vostre permission? Mais, si je ne me trompe
pas, je suis d'intelligence avec vostre inclination, et
pour des affaires on n'en fait point de cas dans ces
jours des festes. Au moins je ne dispose pas de vous
que avec moi meme et nous courrerons le meme
risque ensemble. Je viendray donc s'il vous
plaist chez vous environ le midy pour vous
amener au rendevous parceque ce n'est pas chez
lui mais icy dans le fauxbourg que nous dinerons
Je suis

Monsieur

vostre tres humble serviteur
J Locke

240 Handschrift von John Locke, eine flüssigere Form der Antiquakursive mit zahlreichen Buchstabenverbindungen; eigentlich schon die moderne lateinische Schreibschrift. Die Druckschrift als Vorlage ist noch deutlich zu erkennen. Es ist kein Zufall, daß der Verkünder der Toleranz und der Begründer des Liberalismus, der englische Philosoph John Locke, gerade die Schriftform bevorzugte und – vermutlich unbewußt – weiterentwickelte, in der der führende Humanist Erasmus in der 1. H. des 16. Jh. die bedeutendsten Bücher des Altertums veröffentlicht hatte. Intellekt und Gesinnung der beiden Denker sind nahe verwandt. Beiden gemeinsam ist auch die geistige Verwurzelung in der Antike und in den Geboten des Evangeliums.

Die ersten Eroberungen auf dem europäischen Kontinent hat die humanistische Antiqua bereits in der ersten Hälfte des 16. Jahrhunderts in Italien, Spanien, Portugal und in Holland und – in der zweiten Hälfte desselben Jahrhunderts – auch in Frankreich gemacht. Bis dahin war die gotische Textur vorherrschend.

In England wurde diese Schriftart schon im Jahre 1509 – wenn auch anfänglich nur für Lateintexte – eingeführt. Texte in englischer Sprache werden aber in der Mehrheit erst im frühen 17. Jahrhundert in humanistischer Antiqua gedruckt, wie die Werke Shakespeares, so eine Ausgabe des ›Hamlet‹ im Jahre 1603, und vor allem die erste Gesamtausgabe der Theaterstücke, auch ›Folio-Ausgabe‹ genannt, sieben Jahre nach dem Tod des Dichters, 1623 (Titelblatt dieser berühmten Folio-Ausgabe mit Shakespeares Porträt auf Abb. 238). Jedoch konnten sich die gotischen Buchstaben – ›black letters‹ – vornehmlich in juristischen Werken bis ins 18. Jahrhundert hinein behaupten.

In Holland verhalf der wohl größte Sohn des Landes, Erasmus, schon in den zwanziger Jahren des 16. Jahrhunderts der humanistischen Antiqua bzw. Antiquakursive – wenigstens für Lateintexte – zum Sieg. Im 17. Jahrhundert, während der Begründer der neuzeitlichen Philosophie, der Franzose Descartes, und – etwas später – der größte abendländische Philosoph des Jahrhunderts, Spinoza, in diesem Land der Freiheit lebten und in humanistischer Antiqua schrieben, wurde diese Schriftart in ganz Holland alleinherrschend.

In Deutschland verbreitete sich die humanistische Antiqua erst im 17. Jahrhundert. Zu einer größeren Verwendung gelangte sie hier jedoch – wie auch in Skandinavien und Dänemark – erst zur Zeit der Aufklärung, das heißt für diese Länder in der zweiten Hälfte des 18. Jahrhunderts. In Deutschland herrschte ein Jahrhundert lang ein Streit zwischen der Antiqua und der gotischen Schrift. Dieser Streit ist seit dem Zweiten Weltkrieg entschieden: Die lateinische Schrift, die Antiqua, hat sich fast überall in Deutschland durchgesetzt. In Skandinavien blieb die gotische Schrift bis ins 20.Jahrhundert hinein die Schrift der lutherischen Kirche.

Als Rückschlag für den Humanismus kam jedoch schon im 16. Jahrhundert der Geist der Intoleranz sowohl von seiten der Protestanten als auch von seiten der Katholiken zum Ausbruch. Der Scheiterhaufen des arianischen Michael Servet im Jahre 1553 im Genf des Calvin wie auch der des pantheistischen Giordano Bruno im Jahre 1600 in Rom demonstriert genügend den Zeitgeist einer weltanschaulichen Unduldsamkeit und einer moralischen Absurdität. Es ist also nicht verwunderlich, daß im frühen 17. Jahrhundert das Elend der Bekenntniskriege zwischen ›Christen‹ und ›Christen‹ mit all ihrem Greuel über Europa hereinbrach. Wäre in diesem Tiefstand der abendländischen Kulturgeschichte eine weltweite Bewegung im Geiste der Humanisten nicht wiedergekommen, so hätten die Grausamkeiten zu Schanden der christlichen Nächstenliebe, wie diese im Evangelium als Hauptgebot für die Christen aller Zeiten durch Jesus von Nazareth gewaltig und verpflichtend bestimmt wird, weiter angehalten.

Daß tatsächlich tiefe Beziehungen zwischen dem Initiator der Aufklärung und des Liberalismus, John Locke, in der zweiten Hälfte des 17. Jahrhunderts und dem Humanismus des 16. Jahrhunderts bestanden haben, zeigt mit überzeugender Kraft seine Handschrift (Abb. 240). Diese Schreibschrift – zufällig in französischer Sprache – ist eigentlich die flüssiger gemachte und an Verbindungen reichere Antiquakursive des Aldus Manutius (Abb. 239) und des Erasmus'. Die Handschrift Lockes zeugt von Überlegenheit und Harmonie des Geistes, der Gesinnung, der Moralität. Locke starb im Jahre 1704; sein Geist hat bereits zu seinen Lebzeiten, jedoch noch mehr nach seinem Tod die besten Köpfe Europas erobert, und seine Schrift wurde Vorbild.

So ist die humanistische Antiquakursive zur modernen lateinischen Schreibschrift geworden. Als ein frühes Beispiel dafür kann die Handschrift eines hervorragenden Dichters aus der zweiten Hälfte des 18. und dem ersten Drittel des 19.Jahrhunderts angesehen werden (Abb. 241). Sie zeichnet sich durch große und bereicherte Schreibbewegungen aus: – in Verbindung mit dem Ablauf- und Formenrhythmus und dem hervorragenden Wesensgehalt – ein Zeichen der schöpferischen Phantasie und Einbildungskraft. Die leidenschaftliche Rechtsschrägheit, verbunden mit dem Gesamtschriftbild, verrät außerordentliches Begeisterungsvermögen und gewaltige seelische Intensität. Die äußerst stark ausgeprägte Linksläufigkeit der Ober- und der Unterlängen weist auf unterschiedliche Anlagen und Fähigkeiten hin: Die linksläufigen Züge in der Oberzone bekunden u.a. lebhafte lyrische Reflexionen, und die noch mehr nach links geführten, offenen Unterlängen zeugen von einer großen instinktiven Aufnahmebereitschaft sowie von einem intuitiven Schauvermögen mit einer in die Tiefe dringenden Innerlichkeit. Es ist die Handschrift von Johann Wolfgang von Goethe. Abgesehen von einigen belanglosen Zügen, die im damaligen Zeitgeist begründet liegen, zeigt die Schrift Goethes bereits die moderne lateinische Schreibschrift, die heute in der ganzen Welt am meisten verwendet wird.

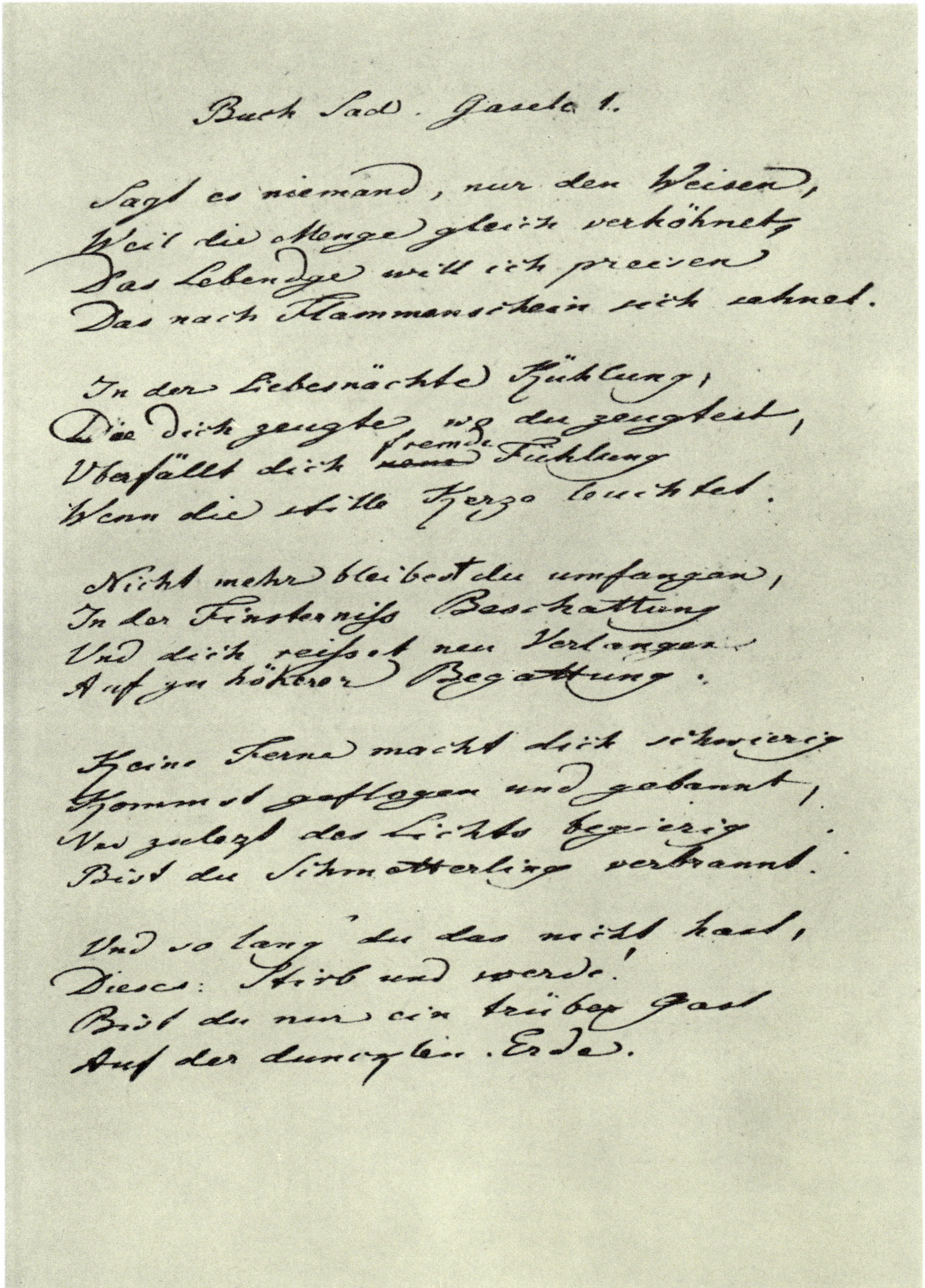
Buch Sad. Gasele 1.

Sagt es niemand, nur den Weisen,
Weil die Menge gleich verhöhnet,
Das Lebendge will ich preisen
Das nach Flammenschein sich sehnet.

In der Liebesnächte Kühlung,
Die dich zeugte, wo du zeugtest,
Überfällt dich ~~neue~~ fremde Fühlung
Wenn die stille Kerze leuchtet.

Nicht mehr bleibest du umfangen,
In der Finsterniss Beschattung
Und dich reisset neu Verlangen
Auf zu höherer Begattung.

Keine Ferne macht dich schwierig
Kommst geflogen und gebannt,
Und zuletzt des Lichts begierig
Bist du Schmetterling verbrannt.

Und so lang du das nicht hast,
Dieses: Stirb und werde!
Bist du nur ein trüber Gast
Auf der dunklen Erde.

241 Die Handschrift Goethes als Beispiel für die vollentwickelte moderne lateinische Schreibschrift. Der Unterschied der beiden Handschriften Goethes und Lockes beruht vorwiegend auf der Wesensverschiedenheit von Dichter und Philosoph. Die auffallende Linksläufigkeit der Ober- und Unterlängen als Merkmal der schöpferischen Anlagen und Fähigkeiten sind aber in beiden Handschriften stark ausgeprägt, bei Goethe indes beherrschen sie das ganze Schriftbild.

9. DIE VERBREITUNG DES LATEINISCHEN ALPHABETS IN DER GEGENWART

In mehr als 60 Ländern der Erde – auf allen Kontinenten – wird heute das lateinische Alphabet verwendet. In Europa zählen die slawischen Gebiete der Kyrillika und der Glagoliza sowie Griechenland mit seiner neugriechischen Schrift nicht zu der großen Völkerfamilie des lateinischen Alphabets. In England, Frankreich, Deutschland, Österreich, der Schweiz (hier ist zum Teil noch die gotische Variante des lateinischen Alphabets, die Fraktur, verbreitet), in Italien, Spanien, Portugal, Holland, Belgien, Schweden, Norwegen, Dänemark, Finnland, Polen, in der Tschechoslowakei, in Ungarn, Rumänien, in den Sowjetrepubliken Estland, Lettland und Litauen sowie in Kroatien (abgesehen vom kirchlichen Gebrauch der Glagoliza) herrscht das lateinische Alphabet. Im serbischen Teil Jugoslawiens sind Inschriften und Straßenbezeichnungen kyrillisch und lateinisch geschrieben. Auch in der Türkei wurde die lateinische Schrift durch die Reformen des MUSTAFA KEMAL im Jahr 1928 gesetzlich eingeführt. Da die türkische Sprache vokalreich ist, konnte sie mit der arabischen Konsonantenschrift wenig anfangen. Sogar der Koran wurde mit lateinischen Buchstaben gedruckt. In Persien wurde ebenfalls schon vor dem Zweiten Weltkrieg die Einführung des lateinischen Alphabets versucht, was eine Zweischriftigkeit in der Gegenwart zur Folge hatte. Auf Malta schreiben die katholischen Araber lateinisch.

Der ganze amerikanische Kontinent gehört zum Bereich des lateinischen Alphabets. Seit der Mitte dieses Jahrhunderts benützen auch die Eskimo die lateinische Schrift. Auf Madagaskar wird heute die einheimische Sprache mit dem lateinischen Alphabet geschrieben. In Australien, Neuseeland und auf der Inselwelt des Stillen Ozeans verwendet man offiziell das lateinische Alphabet, auf den Philippinen schon seit dem 16. Jahrhundert.

Diese großen Eroberungen des lateinischen Alphabets in einer Zeit, in der das Latein als lebendige Sprache längst erloschen ist, sind nur deshalb möglich, weil das lateinische Schriftsystem bei der Schreibung die kleinsten Einheiten der Sprache, Konsonanten und Vokale, berücksichtigt. Das lateinische Alphabet kann mittels diakritischer (unterscheidender) Zeichen jeder Sprache der Welt angepaßt werden.

Allein Asien steht noch im großen und ganzen außerhalb der Völkerfamilie des lateinischen Alphabets. Es gibt aber schon einige Länder, in denen die lateinische Schrift eingeführt ist: Vietnam, Indonesien, Goa und manche andere englischsprechende Teile (Städte) Indiens und vor allem China.

In China, diesem riesigen Lande, läßt sich seit 1957 der größte Erfolg des lateinischen Alphabets während seines mehr als zweieinhalb Jahrtausende langen Bestehens beobachten: Die Kommunistische Partei und der Staatsrat haben sich 1957, der Volkskongreß im folgenden Jahr, für den Verzicht auf die heimische, über 3500jährige eigene Schrift entschlossen. Das ist wohl die gewaltigste Schriftreform der ganzen Kulturgeschichte. In der Zeit zwischen 1949 und 1957 erhielt das Komitee für die Schriftreform über 1200 verschiedene Projekte einer modernisierten Lautschrift für die sogenannte Han-Sprache, die mehr als 600 Millionen Chinesen sprechen. Es gibt unter dieser riesengroßen Bevölkerung der Han-Nationalität zahlreiche Dialekte. Diese müssen zuerst vereinheitlicht werden, um die lateinische Schrift einführen zu können. Dazu ist aber wieder notwendig, die Aussprache der Han-Schriftzeichen zu fixieren und einen der vielen Dialekte für das ganze Volk als maßgeblich zu bestimmen. Dieser Normdialekt ist die putunghua-Aussprache von Peking, die verbreitetste Form der Han-Sprache (die Han machen etwa 94% der gesamten Bevölkerung Chinas aus). In dieser normierten Aussprache wurden viele Vereinfachungen – vorläufig bei den alten chinesischen Schriftzeichen – durchgeführt. ›Die Gesamtzahl der Striche in 544 komplizierten Schriftzeichen, die in der ersten und zweiten Liste des Projektes zur Vereinfachung der Han-Schriftzeichen enthalten sind, beträgt 8745, d. h. 16,08 Striche pro Zeichen. Nach ihrer Vereinfachung und Vereinigung zu 1515 Schriftzeichen beläuft sich die Zahl der Striche auf nur noch 4206, d. h. auf durchschnittlich 8,16 Striche pro Zeichen.‹ Breite Schichten des Volkes begrüßen die Vereinfachungen.

Außer diesen vorbereitenden und als Provisorium geplanten Maßnahmen wurde bereits für mehr als 10 Nationalitäten im südwestlichen China eine einheitliche nationale Schrift nach dem lateinischen Alphabet geschaffen.

Neben den sachlichen Schwierigkeiten der Schriftform gibt es aber auch subjektive. Sie liegen – da es um die Trennung von einer mehrtausendjährigen Schrift geht – tief in der Volksseele verwurzelt, im Irrationalen.

Der chinesischen Regierung ist zu ihren großen Anstrengungen für die Schriftreform Erfolg zu wünschen. Denn das gemeinsame lateinische Alphabet könnte die Völker Chinas und der westlichen Welt einander näher bringen. Wird es ihm gelingen – wie einst der Kapitalis unter Kaiser Augustus –, das Symbol eines langen Friedens zu werden?

242 Stammbaum des lateinischen Alphabets.

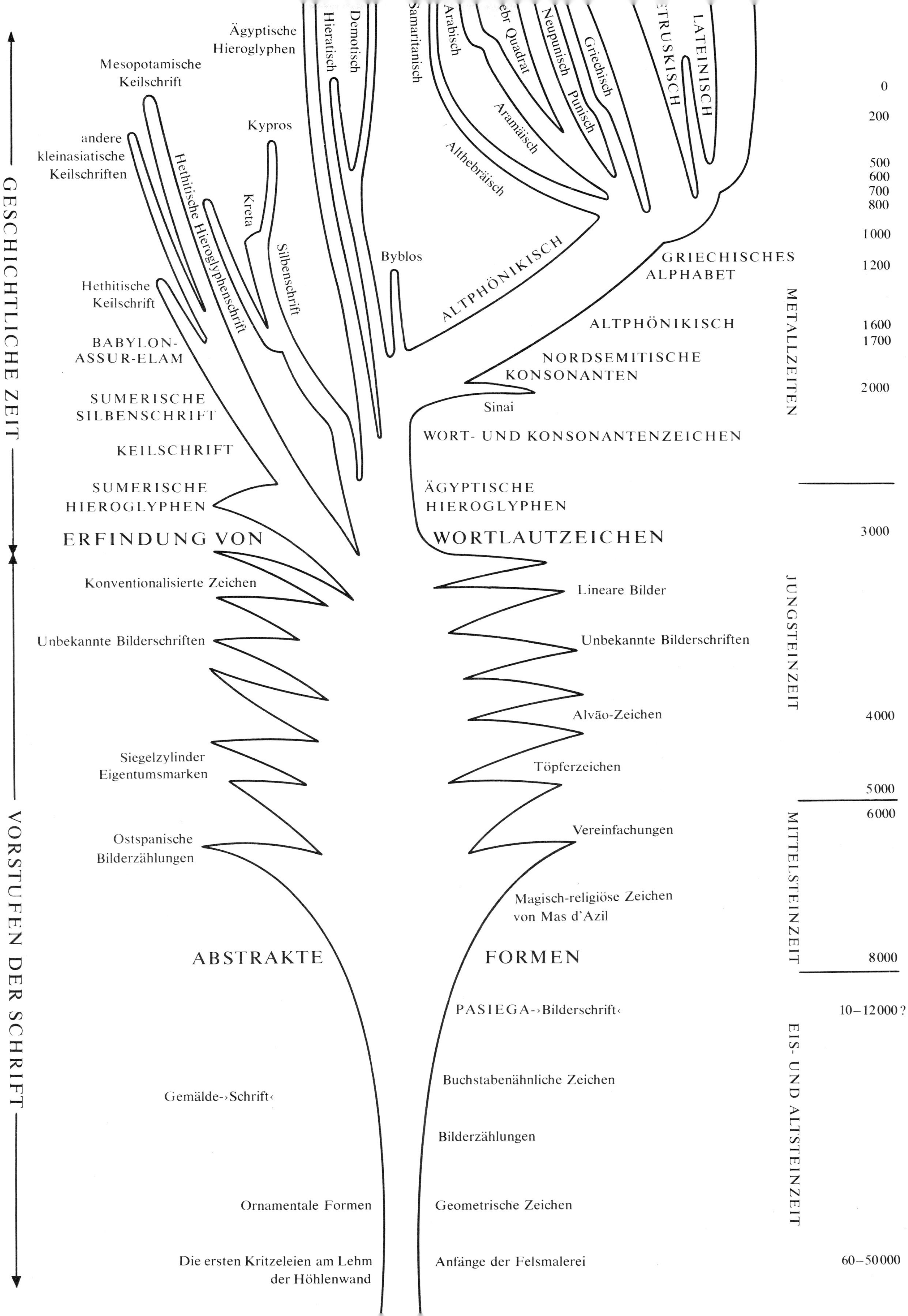

Demotisch
Hieratisch
Samaritanisch
Arabisch
ebr Quadrat
Neupunisch
Griechisch
ETRUSKISCH
LATEINISCH
Ägyptische Hieroglyphen
Mesopotamische Keilschrift
Punisch
Aramäisch
Althebräisch
Kypros
andere kleinasiatische Keilschriften
Hethitische Hieroglyphenschrift
Kreta
Silbenschrift
Byblos
ALTPHÖNIKISCH
GRIECHISCHES ALPHABET
Hethitische Keilschrift
BABYLON-ASSUR-ELAM
ALTPHÖNIKISCH
NORDSEMITISCHE KONSONANTEN
SUMERISCHE SILBENSCHRIFT
Sinai
WORT- UND KONSONANTENZEICHEN
KEILSCHRIFT
SUMERISCHE HIEROGLYPHEN
ÄGYPTISCHE HIEROGLYPHEN
ERFINDUNG VON WORTLAUTZEICHEN
Konventionalisierte Zeichen
Lineare Bilder
Unbekannte Bilderschriften
Unbekannte Bilderschriften
Alvão-Zeichen
Siegelzylinder Eigentumsmarken
Töpferzeichen
Ostspanische Bilderzählungen
Vereinfachungen
Magisch-religiöse Zeichen von Mas d'Azil
ABSTRAKTE FORMEN
PASIEGA-›Bilderschrift‹
Buchstabenähnliche Zeichen
Gemälde-›Schrift‹
Bilderzählungen
Ornamentale Formen
Geometrische Zeichen
Die ersten Kritzeleien am Lehm der Höhlenwand
Anfänge der Felsmalerei
GESCHICHTLICHE ZEIT
VORSTUFEN DER SCHRIFT
METALLZEITEN
JUNGSTEINZEIT
MITTELSTEINZEIT
EIS- UND ALTSTEINZEIT
0
200
500
600
700
800
1000
1200
1600
1700
2000
3000
4000
5000
6000
8000
10–12000?
60–50000

BILDQUELLENNACHWEIS

Die vollständigen Buchtitel stehen im Literaturverzeichnis

1 H. Breuil, Quatre Cents Siècles, S. 67
2 Bandi-Maringer, S. 95
3 Foto: A. G. Lorenzo, Santander
4 Foto aus Bandi/Breuil u. a., Die Steinzeit
5 G. Riek, Tafel II, IIa, III
6 Foto: The Peabody Museum, Harvard University, Cambridge/Mass. USA
7 nach Breuil in K. Lindner, S. 36
8 9 Farbfoto Hinz, Basel
10 Capitan/Breuil/Peyrony, Taf. 56
11 Foto: Frobenius-Institut, Frankfurt (Main)
12 nach H. Breuil in Bandi-Maringer, S. 47
13 Bandi-Maringer, S. 47
14 Farbfoto Hinz, Basel
15 nach E. Piette in P. Graziosi, Taf. 85c
16 Musée de Bordeaux. Foto: Musée de Préhistoire des Eyzies (Dordogne)
17 Foto: Naturhistorisches Museum, Wien
18 nach Bégouen und Breuil in Graziosi, Taf. 276 c
19 nach Breuil und Rudinsky in Graziosi, Taf. 101 g-i
20 H. Obermaier, Der Mensch der Vorzeit, S. 232
21 E. Peters, S. 65
22 G. Kraft, Abb. 70
23 Foto: Museum für Urgeschichte, Freiburg (Brsg.)
24 E. A. Golomshtok, S. 350
25 Foto: Moravske Museum, Brünn (ČSSR); Zeichnung nach M. Kwiz in Obermaier, Der Mensch der Vorzeit, Abb. 192
26 H. Obermaier, Der Mensch der Vorzeit, S. 233
27 H. Breuil, Quatre Cents Siècles, S. 366
28 Capitan/Breuil/Peyrony, Taf. 38
29–31 H. Breuil, Quatre Cents Siècles, Abb. 253, 241
32 K. Weule, S. 35
34 Bandi-Maringer, S. 140
35 Bandi-Maringer, S. 130
36 nach A. J. Cabré in Bandi-Maringer, S. 135
37–39 nach E. Piette in Obermaier, Der Mensch der Vorzeit, S. 217–219
40 Musée des Antiquités Nationales, Château de Saint-Germain-en-Laye. Foto: Mas, Paris
41 Foto: Staatliche Museen zu Berlin, VAT 14718 VAN 2533. A. Falkenstein, Abb. 75
42 Foto: Staatliche Museen zu Berlin, VAT 14902 VAN 2596. A. Falkenstein, Abb. 347
43 Foto: Staatliche Museen zu Berlin
44 L. Frobenius, Kulturgeschichte, S. 143
45 L. Frobenius, Kulturgeschichte, S. 100
46 A. J. Evans, Scripta Minoa I, S. 159
47 S. Schott, S. 39
48 R. Andree, S. 311
49 Foto: British Museum, London
50 L. Frobenius, Kulturgeschichte, S. 169
51 Foto: University College, London
52 Foto: Musée du Louvre, Paris
53 54 K. Földes-Papp
55 56 L. Frobenius, Ekáde, Abb. 31,32
57 Zusammenstellung von K. Földes-Papp
58 I. J. Gelb, Von der Keilschrift, S. 74
59 H. Jensen, S. 79
60 A. J. Evans, The Palace of Minos I., S. 643
61 Hentze/Kim, Abb. XI, XII
62 63 Staatliche Museen zu Berlin, VAN 2670
64 65 Ägyptisches Museum, Kairo. Foto Marburg
66 Ägypt. Museum, Kairo. Foto: Chr. Mungenast
67 Foto: Dr. W. Salchow, Köln
68 69 Maya-Handschrift der Sächs. Landesbibliothek, Dresden. Codex Dresdensis. Faksimile-Ausgabe. Berlin 1962. Blatt 9 und 26.
70 Foto: Iraq Museum, Bagdad
71 J. Maringer, S. 217
72 H. Obermaier, Der Mensch der Vorzeit, S. 435
73 K. Weule, S. 30
74 A. Theile, S. 50
75 Lehrstuhl für Urgeschichte der Universität Tübingen
76 K. Weule, S. 39
77 Ägyptischer Papyrus. Foto: British Museum, London
78 79 I. J. Gelb, Von der Keilschrift, S. 86
81 D. Diringer, S. 24
82 nach K. Földes-Papp
83 Lehrstuhl für Urgeschichte der Universität Tübingen
84 85 G. Leisner, Taf. 84
86 K. Sethe, Das Hieroglyphische Schriftsystem, S. 9
87 A. Erman, Die Hieroglyphen, S. 37, 76
88 F. M. Böhl, S. 40, 41
89 Hentze/Kim, Abb. XVI
93 Ägypt. Museum, Kairo. Foto: Chr. Mungenast
94 95 H. Jensen. S. 57, 87
96 J. Friedrich, Entzifferung, S. 36
97 A. Deimel, Sumerische Grammatik, S. 45
98 99 Staatliche Museen zu Berlin
100 101 H. Jensen, S. 157, 158
102 Foto: Bibliothèque Nationale, Paris
103 Foto: British Museum, London
104 W. Larfeld, Taf. I
105 Ventris/Chadwick, Documents, S. 41
106 Foto: Metropolitan Museum of Art, New York
107 I. J. Gelb, Hittite Hieroglyphics, Vol. III.
108 Mitteilungen des Seminars für Orientalische Sprachen, Bd. IX, Abt. 1, S. 404.
109 D. Diringer, The Alphabet, S. 172
111 H. Jensen, S. 54
112 Foto: Brit. Museum, London
113 A. Theile, S. 132/33
114 z.T. nach A. Schmitt, Die Erfindung der Schrift...
115 A. Theile, S. 117
116 K. Sethe, Urkunden, Bd. IV, S. 611
117 D. Diringer, The Alphabet, S. 164
118 M. Dunand, S. 75
119 E. Dhorme, Déchiffrement, S. 7
120 M. Dunand, S. 72
121 Foto: British Museum, London
122 J. Halevy, S. 168
123 D. Diringer, The Alphabet, S. 196
124 J. Sundwall, S. 6
125 126 H. Grimme, Taf. XXIII, XXIV
127 H. Jensen, S. 244
128 D. Diringer, The Alphabet, S. 208
129 J. Friedrich, Entzifferung, S. 147
130 K. Földes-Papp
131 Foto: University of Chicago, Oriental Institute, Chicago/Ill.
132 K. Földes-Papp
133–135 D. Diringer, The Alphabet, S. 211
136 Foto: Nationalmuseum Beirut
137 D. Diringer, The Alphabet, S. 212
138 Foto: Musée du Louvre, Paris
139 Foto: The National Museum, Valletta, Malta
140 141 M. Lidzbarski, Handbuch, Bd. II, Taf. II, XVIII
142 H. Jensen, S. 266
143 Foto: Antikenmuseum, Istanbul
144 Foto: Archäologisches Museum, Istanbul
145 H. Jensen, S. 278
146 Foto: Bibliothèque Nationale, Paris
147 M. Lidzbarski, Handbuch, Bd. II, Taf. XXI
148 Foto: Staatliche Museen zu Berlin, VAN 7636
149 Foto: Staatliche Museen zu Berlin, VAN 9087 a
150 Foto: Staatliche Museen zu Berlin
151 Foto: Musée du Louvre, Paris
152 M. Lidzbarski, Handbuch, Bd. II, Taf. XXVI
153 Foto: Staatliche Museen zu Berlin
154 H. Jensen, S. 283
155 156 M. Lidzbarski, Handbuch, Bd. II, Taf. XLIII

157 H. Bardtke, S. 136
158–160 H. Jensen, S. 294, 189, 290
161 M. Lidzbarski, Handbuch, Bd. II, Taf. XXX
162 H. Jensen, S. 304
163 D. Diringer, The Alphabet, S. 273
164 H. Jensen, S. 307
165 Ehemals Staatliche Museen, Islamische Abt., Berlin-Charlottenburg, Foto: W. Steinkopf, Berlin
166 Islamisches Museum, Kairo. Foto: W. Bruggmann
167 Foto: Staatliches Museum für Völkerkunde, München
168 Royal Asiatic Society, London
169 Foto: Seminar für Indologie d. Univers. Köln
170 Foto: Seminar für Indologie der Universität Köln
171 Kőrösi-Csoma-Archiv, Budapest
173 H. Roehl, S. 121
174 175 Foto: Nationalmuseum, Athen
176 nach K. Földes-Papp
177 Lepsius, Denkmäler Bd. XII, Taf. 98
178 Foto: Epigraphisches Museum, Athen
179 H. Jensen, S. 433
180 O. Kern, S. 44
181 Foto: British Museum, London
182 nach K. Földes-Papp
183 Foto: British Museum, London
184 A. Petrau, S. 651
185 Foto: Musée du Louvre, Paris
186 Foto: Staatliche Museen zu Berlin
187 H. Jensen, S. 479
188 M. Breal, Les tables eugubines, Paris 1875
189 J. Zvetaieff, Taf. XI.
190 191 H. Jensen, S. 540, 538
192 H. Arntz, Handbuch, Taf. V
193 Foto: Kungl. Vitterhets Historie och Antikvitets Akademien, Stockholm
194 H. Jensen, S. 521
195 E. Kalinka, Abb. 117
196 Arnamagnaeanske Handskrifter i fotolitografiska aftryk. B. 3. Bl. 48. 1877 (Codex Runicus.)
197 J. Friedrich, Entzifferung, S. 91
198 H. Jensen, S. 458
199 Coptic MS 590. Foto: The Pierpont Morgan Library, New York
200 Foto: Bibliothèque Nationale, Paris
201 W. Spiegelberg, S. 44
202 203 Foto: Universitätsbibliothek, Uppsala
204 A. Leskien, S. 197
205 Codex Knez Nowak. Foto: Österreichische Nationalbibliothek, Wien
206 207 H. Jensen, S. 465, 470
209 M. Pulver, Symbolik der Handschrift. 1949, S. 136
210 211 H. Jensen, S. 493, 480
212 Foto: Anderson, Rom
213 E. Diehl, Taf. 3c
214 Foto: Alinari, Florenz
215 Ephesos Museum, Selçuk Foto: Musa Baran, Selçuk
216 Foto: Staatliche Museen zu Berlin, Antikenabteilung.
217 E. Monaci, Taf. 76
218 219 D. Diringer, S. 544
220 Deutsche Staatsbibliothek, Berlin. Foto: Deutsche Fotothek, Dresden
221 Ms. phill. Nr. 1745, Bl. 111. Berlin
222 D. Diringer, The Alphabet, S. 544
223 H. Jensen, S. 504
224 Deutsche Staatsbibliothek, Berlin. Foto: Deutsche Fotothek, Dresden
225 Book of Lindisfarne um 720. Faksimile-Ausgabe. Mit freundlicher Genehmigung des Urs Graf Verlags, Olten
226 Ms. theol. lat. fol. 366, Bl. 69. Berlin
227 Foto: Anderson, Rom
228 Murhardsche Bibliothek der Stadt Kassel und Landesbibliothek, Kassel. Foto: Retzlaff
229 230 Stuttgarter Psalter. bibl. fol. 23. Württembergische Landesbibliothek, Stuttgart
231 Foto: British Museum, London
232 H. Jensen, S. 509
233 234 Deutsche Staatsbibliothek, Berlin. Foto: Deutsche Fotothek, Dresden
236 Foto: Ungarische Nationalbibliothek, Budapest
237 Deutsche Staatsbibliothek, Berlin. Foto: Deutsche Fotothek, Dresden
238 Foto: The Shakespeare Birthplace Trust Stratford-upon-Avon
242 K. Földes-Papp

VERZEICHNIS DER BERÜCKSICHTIGTEN LITERATUR

Albright, W. F.: The Vocalization of the Egyptian Syllabic Orthography. New Haven (Conn.) 1934.
– Archaeology of Palestina and the Bible. 3. Aufl. New York 1935.
– The Phoenician Inscriptions of the Tenth Century B. C. from Byblos. (In: Journal of the American Oriental Society, LXVII. 1947.)

Altheim, Fr.: Der Ursprung der Etrusker. Baden-Baden 1950

Andree, R.: Die Eigentumszeichen der Naturvölker. (Globus Bd. 40.) 1881.

Arntz, H.: Handbuch der Runenkunde. Halle 1935.
– Die Runenschrift. Ihre Geschichte und ihre Denkmäler. Halle 1938.

Bächler, E.: Das alpine Paläolithikum der Schweiz. Basel 1940.

Bachofen, Johann Jakob: Versuch über die Gräbersymbolik der Alten. 1859. (Neu in: Bachofens Gesammelte Werke. 4 Bde. 1947–54.)

Bandi, H.-G.: Die Schweiz zur Rentierzeit. Frauenfeld 1947.

Bandi, H.-G., H. Breuil, L. Berger-Kirchner u. a., Die Steinzeit. Vierzigtausend Jahre Felsbilder. 2. Aufl., Baden-Baden 1962.

Bandi, H.-G., und J. Maringer, in Weiterführung eines Planes von Hugo Obermaier: Kunst der Eiszeit. Levantekunst. Arktische Kunst. Basel 1952.

Bardtke, H.: Die Handschriftenfunde am Toten Meer. Berlin (Ost) 1952.

Battelli, G., Lezioni di Paleografia. Citta del Vaticano 1936.

Bauer, H.: Die Entzifferung der Keilschrifttafeln von Ras Schamra. Halle 1930.
– Das Alphabet von Ras Schamra. Halle a. S. 1932.
– Der Ursprung des Alphabets. (In: Der Alte Orient, XXXVI 1/2. Leipzig 1937.)

Baumgartner, A.: Über unsere Schrift. Zürich 1928.

Baumgartner, W.: Was wir heute von der hebräischen Sprache und ihrer Geschichte wissen. (In: Anthropos, XXXV–XXXVI. Freiburg i. B. 1940–41.)

Bea, A.: Die Entstehung der Schrift. (Miscellanea Giovanni Mercati.) Rom (Vatikan) 1946.

Bégouen, H.: The magic origin of prehistoric art. (In: Antiquity. London 1929.)

Bergsträsser, G.: Einführung in die semitischen Sprachen. München 1928.

Boehl, F. M.: Accadian Chrestomathy. Vol. I. Leiden 1947.

Bossert, H. Th.: Die phönikisch-hethitischen Bilinguen von Karatepe. (In: Jahrbuch für Kleinasiatische Forschung, I/3. Heidelberg 1951.)
– Wie lange wurden hethitische Hieroglyphen geschrieben? (Die Welt des Orients. Wissenschaftliche Beiträge zur

Kunde des Morgenlandes.) Göttingen 1952.

BRANDI, K.: Unsere Schrift. Drei Abhandlungen zur Einführung in die Geschichte der Schrift und des Buchdrucks. Göttingen 1911.

BREAL, M.: Les tables eugubines. Paris 1875.

BREUIL, H.: Quatre cents siècles d'art pariétal. Les cavernes ornées de l'âge du renne. Paris 1952.
– L'Art préhistorique de la Tschéchoslovaquie. (In: Cahiers d'art, XXXI–XXXII. Paris 1956–57.)

BREUIL, H., und R. LANTIER: Les hommes de la Pierre ancienne. Paris 1951.
– s. auch: Capitan.
– s. auch: Cartailhac.

BUONAMICI, G.: Epigrafia etrusca. Florenz 1932.

BUTAVAND, F.: L'Énigme d'Alvão. Paris 1938.

CAPITAN, L., H. BREUIL und D. PEYRONY: La caverne de Font-de-Gaume aux Eyzies (Dordogne). Monaco 1910.

CARPENTER, R.: The Alphabet in Italy. (In: American Journal of Archaeology, XLIX/4. 1945.)

CARTAILHAC, E., und H. BREUIL: La caverne d'Altamira à Santillane près Santander (Espagne). Monaco 1906.

CASTERET, N.: Zehn Jahre unter der Erde. Leipzig 1936. (Dix ans sous terre. Paris 1934.)

CHAMPOLLION, J. F.: Lettre à Dacier relative à l'alphabet des hiéroglyphes phonétiques. Paris 1822.
– Panthéon égyptien. Paris 1823.
– s. auch Hartleben.

CHADWICK, J.: The Decipherment of Linear B. Cambridge 1958.
– s. auch Ventris.

CLODD, E.: The Story of the Alphabet. 3. Aufl. New York 1938.

CODEX ARGENTEUS upsaliensis iussu senatus universitatis phototypice editus. Uppsala 1927.
– s. auch Grape.

CODEX DRESDENSIS (Maya-Handschrift der Sächsischen Landesbibliothek Dresden) Faksimile-Ausgabe. Berlin 1962.

CODEX RUNICUS s. Rune Codex.

COHEN, M.: L'Écriture. Paris 1953.
– La grande Invention de l'écriture et son évolution. 2 Bde. Paris 1958.

CONTENAU, G.: La civilisation phénicienne. 2. Aufl. Paris 1939.

CRÉPIEUX-JAMIN, J.: L'Écriture et le caractère. Paris 1888.

CROSS JR., F. M., und D. N. FREEDMAN: Early Hebrew Orthography. A Study of the Epigraphic Evedence. New Haven (Conn.) 1952.

CROUS, E.: Fraktur oder Antiqua? Zwei Beiträge zur Schriftfrage aus dem 18. Jahrhundert. Berlin 1926.

CROUS, E., und J. KIRCHNER: Die gotischen Schriftarten. Leipzig 1928.

DANZEL, TH. W.: Die Anfänge der Schrift. 2. Aufl. Leipzig 1929. (1. Aufl. 1912.)

DEGERING, H.: Die Schrift. Atlas der Schriftformen des Abendlandes vom Altertum bis zum Ausgang des 18. Jahrhunderts. 3. Aufl. Tübingen 1952.

DEIMEL, A.: Sumerische Grammatik der archaistischen Texte. Rom 1923–24.
– Keilschrift-Palaeographie. Rom 1929.

DELITZSCH, F.: Sumerische Grammatik. Leipzig 1914.
– Die Entstehung des ältesten Schriftsystems oder der Ursprung der Keilschriftzeichen. Leipzig 1897.

DHORME, É.: Communication sur les textes pseudo-hiéroglyphiques de Byblos en Phénicie. – Seconde communication sur le déchiffrement des Inscriptions de Byblos. (In: Academie des Inscriptions et Belles Lettres. August–Septembre Paris 1946.)
– Déchiffrement des inscriptions pseudo-hiéroglyphiques de Byblos. (In: Syria, XXV. Paris 1946–48.)

DIEHL, E.: Inscriptiones latinae. Vol. I. Bonn 1912.

DIRINGER, D.: The Origins of the Alphabet. (In: Antiquity, XVII. London 1943.)
– The Alphabet. A Key to the History of Mankind. London, New York 1952.

DOBLHOFER, E.: Zeichen und Wunder. Die Entzifferung verschollener Schriften und Sprachen. Wien 1957.

DOBZHANSKY, T.: Die Entwicklung zum Menschen. Hamburg 1958.

DOELGER, F.: Facsimiles byzantinischer Kaiserurkunden. München 1931.

DONNER, H.-W. RÖLLIG: Kanaanäische und aramäische Inschriften. 3 Bde., Wiesbaden 1962-64

DRIVER, G. R.: Semitic Writing from Pictograph to Alphabet. London 1948.

DUNAND, M.: Byblia Grammata. Documents et recherches sur le développement de l'écriture en Phénicie. Beyrouth 1945.

DUSSAUD, R.: Les découvertes de Ras Schamra et l'Ancien Testament. Paris 1937.

EBERS, G., und L. STERN: Papyrus Ebers. 2 Bde. Leipzig 1875.

EICKSTEDT, E. V.: Stammesgeschichte des Seelischen (Paläopsychologie). (In: Die Evolution der Organismen. Hrsg. v. G. Heberer. 2 Bde. 2. Aufl. Stuttgart 1959.)

EILER, W.: Kretisch-Kritisches. (In: Forschungen und Fortschritte, XXXI. Berlin 1957.)

ERLENMEYER, A.: Die Schrift. Grundzüge ihrer Psychologie und Pathologie. 1879.

ERMAN, A.: Ägyptische Grammatik. 2. Aufl. Berlin 1902.
– Die Hieroglyphen. Berlin 1912.
– Die Literatur der Ägypter. Leipzig 1923.

EVANS, A. J.: Die europäische Verbreitung primitiver Schriftmalerei und ihre Bedeutung für den Ursprung der Schreibschrift. Deutsche Übers. von J. Hoops. (In: Die Anthropologie und die Klassiker. Heidelberg 1910.)
– Scripta Minoa. 2 Bde. Oxford 1909 und 1952.
– The Palace of Minos. Vol. I. London 1921

FALKENSTEIN, A.: Archaische Texte aus Uruk. Berlin 1936.
– Das Sumerische. Leiden 1959.

FAULMANN, C.: Illustrierte Geschichte der Schrift. Leipzig 1880.

FÉVRIER, J. G.: Histoire de l'écriture. Paris 1948.

FINDEISEN, H.: Schamanentum. Stuttgart 1957.

FOERSTER, H.: Mittelalterliche Buch- und Urkundenschriften. 1946.
– Abriß der lateinischen Paläographie. 1949.

FORKE, A.: Neuere Versuche mit chinesischer Buchstabenschrift. (In: Mitteilungen des Seminars für Orientalische Sprachen, Bd. IX, Abt. 1. Berlin 1906.)

FRANKFORT, H.: Cylinder Seals. London 1939.

FRANZ, L.: Religion und Kunst der Vorzeit. Prag 1937.

FREEDMAN, D. N.: s. Cross.

FREUD, S.: Totem und Tabu. Leipzig 1913.

FRIEDRICH, J.: Kleinasiatische Sprachdenkmäler. Berlin 1932.
– Entzifferungsgeschichte der hethitischen Hieroglyphenschrift. (Sonderheft Nr. 3 von: Die Welt als Geschichte. Stuttgart 1939.)
– Eine altphönizische Inschrift aus Kilikien. (In: Forschungen und Fortschritte. Heft 7/8. Berlin 1948.)
– Entzifferung verschollener Schriften und Sprachen. Berlin. Göttingen. Heidelberg 1954.
– Geschichte der Schrift. Heidelberg 1966.

FROBENIUS, L.: Kulturgeschichte Afrikas. (Prolegomena zu einer historischen Gestaltlehre.) Zürich 1933.
– Ekáde Ektáb. Die Felsbilder Fezzans. Leipzig 1937.

FROBENIUS, L., und H. OBERMAIER: Hádschra Máktuba. Urzeitliche Felsbilder Kleinafrikas. München 1925.

GARDINER, A. H.: The Egyptian Origin of the Semitic Alphabet. (In: Journal of Egyptian Archaeology. III. London 1916.)

GARDINER, A. H., und T. E. PEET: The Inscriptions of Sinai. London 1917.

GARDTHAUSEN, V. v.: Ursprung und Entwicklung der griechisch-lateinischen Schrift. (In: Germanisch-Romanische Monatsschrift, I. Heidelberg 1909.)
– Das Buchwesen im Altertum und im byzantinischen Mittelalter. Leipzig 1911.

GASTER, T. H.: The Archaic Inscriptions in Lachisch II. London, New York. 1940.

GEHLEN, A.: Das Problem des Sprachursprungs. (In: Forschungen und Fortschritte, 14. Berlin 1938.)
– Urmensch und Spätkultur. Bonn 1956.

GELB, I. J.: Hittite Hieroglyphs. I–III. Chicago 1931, 1935, 1942.
– Hittite Hieroglyphic Monuments. Chicago 1939.
– Von der Keilschrift zum Alphabet. Grundlagen einer Schriftwissenschaft. Übers. aus dem Amerikanischen von R. Voretzsch. Stuttgart 1958.

GIEDION, S.: Die Entstehung der Kunst. (Ewige Gegenwart. Ein Beitrag zu Konstanz und Wechsel.) Köln 1964.

GIESELER, W.: Die Fossilgeschichte des Menschen. (In: Die Evolution der Organismen. Hrsg. von G. Heberer. 2 Bde. 2. Aufl. Stuttgart 1959.)

GOLOMSHTOK, E. A.: The Old Stone Age in European Russia. Philadelphia 1938.

GORDON, J. S.: Contributions to the palaeography of Latin inscriptions. (In: University of California Publications in Classical Archaeology, Bd. 3, 3. 1957.)

GRAHMANN, R.: Urgeschichte der Menschheit. Stuttgart 1952.

GRAPE, A.: Introduction to Codex Argenteus Upsaliensis. (A facsimile reproduction.) Uppsala 1928.

GRAPOW, H.: Sprachliche und schriftliche Formung ägyptischer Texte. Glückstadt 1936.

GRAZIOSI, P.: Kunst der Altsteinzeit. Stuttgart 1956.

GRIMME, H.: Althebräische Inschriften vom Sinai. Darmstadt 1923.
– Die altsinaitischen Buchstabeninschriften. Berlin 1929.
– Altsinaitische Forschungen. Paderborn 1937.

GRIVEC, F.: Konstantin und Method. Wiesbaden 1960.

HALÉVY, J., Melanges d'épigraphie sémitiques. 1874.

HALLSTRÖM, G.: Monumental Art in Northern Europe. I. Stockholm 1938.

HAMMARSTRÖM, M.: Beiträge zur Geschichte des etruskischen, lateinischen und griechischen Alphabets. (In: Acta Societatis Scientiarum Fennicae, XLIX/2. Helsingfors 1920.)
– Die lateinischen Buchstabennamen. (In: Arctos, I. 1930.)

HANDBUCH DER ARCHÄOLOGIE. Herausg. von W. Otto. Bd. I. München 1939.

HARTLEBEN, H.: Champollion. Sein Leben und seine Werke. 2 Bde. Berlin 1906.

HEBERER, G.: Neue Ergebnisse der menschlichen Abstammungslehre. Göttingen 1951.

HEISS, R.: Die Deutung der Handschrift. Hamburg 1943.
– Die Lehre vom Charakter. Berlin 1949.

HENTZE, C., und CH. KIM: Göttergestalten in der ältesten chinesischen Schrift. (In: Studien zur Frühchinesischen Kulturgeschichte, Bd. II. Antwerpen 1943.)

HINZ, J.: Untersuchungen zur Geschichte der Schrift. Eine Schriftentwicklung um 1900 in Alaska. 2 Bde. Leipzig 1940.

HÖRNES, M.: Urgeschichte der bildenden Kunst in Europa. Wien 1915.

HOMEYER, C. G.: Die Haus- und Hofmarken. Berlin 1870.

HOMMEL, F.: Die Kiesel von Mas d'Azil. (In: Archiv für Schriftkunde, I. 1914.)

HROZNÝ, B.: Les Inscriptions Hittites Hiéroglyphiques, I–III. Prag 1933–37.

HUMBOLDT, W. v.: Über die Buchstabenschrift und ihre Zusammenhänge mit der Sprache. Berlin 1826.

HYVERNAT, H.: Album de paléographie copte. Paris 1888.

INSCRIPTIONES GRAECAE. 14 Bände. Berlin 1873 ff.

JENSEN, H.: Die Schrift in Vergangenheit und Gegenwart. 2. neubearbeitete Auflage. Berlin (Ost) 1958.

JIRKU, A.: Beziehungen zwischen Europa und Palästina in der jüngeren Steinzeit. (In: Forschungen und Fortschritte, 8. Berlin 1937.)
– Die Ausgrabungen in Palästina und Syrien. Halle 1956.

JOHNSON, F. P.: Notes on the Early Greek Writing. (In: American Journal of Philology, LXXVII. 1956.)

JUNG, C. G.: Die Beziehungen zwischen dem Ich und dem Unbewußten. 5. Aufl. Zürich 1950.

KAHLE, P.: Die hebräischen Handschriften aus der Höhle. Stuttgart 1951.

KALINKA, E.: Tituli Lyciae lingua lycia conscripti. Bd. I. Tituli Asíae Minoris. Wien 1901.

KARSKIJ, E. F.: Slavjanskaja kirillovskaja paleografija. Leningrad 1928.

KAUTZSCH, R.: Wandlungen in der Schrift und in der Kunst. Mainz 1929.

KERN, O.: Inscriptiones Graecae. Bonn 1913.

KIM, CH.: s. Hentze.

KIRCHHOFF, A.: Studien zur Geschichte des griech. Alphabets. 4. Aufl. Gütersloh 1887.

KIRCHNER, H.: Ein archäologischer Beitrag zur Urgeschichte des Schamanismus. (In: Anthropos, XLVII. Freiburg i. B. 1952.)

KIRCHNER, J.: Imagines inscriptionum atticarum 1935.
–: s. auch Crous.

KLAGES, L.: Handschrift und Charakter... 16. unveränd. Aufl., Leipzig 1936.

KOHL-LARSEN, L. und M.: Felsmalereien in Innerafrika. Ein Bilderwerk geschichtlicher und vorgeschichtlicher Kunst. Stuttgart 1938.

KŐRÖSI-CSOMA-ARCHIVUM. II, 1 (Awesta). Budapest 1926.

KRAFT, G.: Der Urmensch als Schöpfer. Die geistige Welt des Eiszeitmenschen. 2. Aufl. Tübingen 1948. (1. Aufl. Freiburg i. B. 1942.)

KRAMER, S. N.: From the Tablets of Sumer. Colorado 1956.

KÜHN, H.: Kunst und Kultur der Vorzeit Europas. Das Paläolithikum. Berlin 1929.
- Auf den Spuren des Eiszeitmenschen. Wiesbaden 1950.
- Die Felsbilder Europas. Stuttgart 1952.

LANGE, W. H.: Das Buch im Wandel der Zeiten. Frankfurt/M. 1951.
- Schriftfibel. Geschichte der abendländischen Schrift von den Anfängen bis zur Gegenwart. Frankfurt/M. 1951.

LANTIER, R.: s. Breuil.

LARFELD, W.: Griechische Epigraphik. (In: Handbuch der Klassischen Altertumswissenschaft. Band I, 5. Abt.) 3. Aufl. München 1914.

LEISNER, G.: Die Megalithgräber der iberischen Halbinsel. 2 Bde. Berlin 1956–59.

LEMOZI, A.: Le Grotte-Temple du Pech-Merle. Paris 1929.
- Les figurations humaines préhistoriques dans la région de Cabrerets (Lot). (Congrès Préhistorique de France. Paris 1937.)

LEPSIUS, R.: Standard-Alphabet. Berlin 1855.
- Denkmäler aus Ägypten und Äthiopien. Band XII. Berlin 1858.

LEROI-GOURHAN, A.: La fonction des signes dans les sanctuaires paléolithiques (1); Le symbolisme des grands signes dans l'art pariétal paléolithique (2); Répartition et groupement des animaux dans l'art pariétal paléolithique (3). (In: Bulletin de la Société Préhistorique de France, LV, 1: Fascicule 5/6; 2: Fascicule 7/8; 3: Fascicule 9. Paris 1957–58.)

LESKIEN, A.: Handbuch der altbulgarisch-altkirchenslawischen Sprache. 6. Aufl. Heidelberg 1922.

LIDZBARSKI, M.: Handbuch der nordsemitischen Epigraphik. 2 Bde. (Bd. 1: Text, Bd. 2: Abbildungen). Weimar 1898.

- Kanaanäische Inschriften. Gießen 1907.
- Ephemeris für semitische Epigraphik. 3 Bde. Gießen 1902–15.

LINDNER, K.: Die Jagd der Vorzeit. Berlin 1937.

LITTMANN, E.: Bericht über die Lesung der Inschrift von ʿArāq el-Emīr. (Sitzungsbericht der Berliner Akademie der Wissenschaften, 1911, S. 976 ff.)
- s. auch Sardis

LORENZ, K.: Psychologie und Stammesgeschichte. (In: Die Evolution der Organismen. 2 Bde. Hrsg. v. G. Heberer. 2. Aufl. Stuttgart 1959.)

MANN, T.: Der Islam einst und jetzt. 1914.

MARINGER, J.: Vorgeschichtliche Religion. Religion im steinzeitlichen Europa. Einsiedeln 1956.
- s. auch Bandi.

MARSTRANDER, C. J. S.: De gotiske runeminnesmerker. Oslo 1929.

MENDEL, A. O.: Personality in Handwriting. New York 1947.

MENTZ, A.: Geschichte der griechisch-römischen Schrift bis zur Erfindung des Buchdrucks. Leipzig 1920.
- Die Urgeschichte des Alphabets. (In: Rheinisches Museum für Philologie, LXXXV. 1936.)

MEYER, G.: Die wissenschaftlichen Grundlagen der Graphologie. Jena 1901.

MEYER, H. E.: Die Schriftentwicklung. Zürich 1959.

MICHELSEN, A. L. J.: Die Hausmarke. Jena 1853.

MIESES, M.: Die Gesetze der Schriftgeschichte. Konfession und Schrift im Leben der Völker. Wien 1919.
- Die Schrift als Ornament. (In: Jahrbuch des Deutschen Vereins für Buchwesen und Schrifttum, 2. Jahrgang. 1928.)

MILLER, PH.: Einführung in die Graphologie. Berlin 1958.

MILTNER, F.: Wesen und Geburt der Schrift. (In: Historia Mundi, Bd. III. Bern 1954.)

MONACI, E.: Facsimili di antichi manoscritti. Rom 1881–92.

NAVILLE, E.: L'Écriture égyptienne. Paris 1926.

NECKEL, G.: Zur Einführung in die Runenforschung. (In: Germanisch-Romanische Monatsschrift, I. Heidelberg 1909.)

NÖLDEKE, TH.: Beiträge zur semitischen Sprachwissenschaft. Straßburg 1904.

OBERMAIER, H.: Der Mensch der Vorzeit. Berlin o. J. (1912).
- Urgeschichte der Menschheit. Freiburg i. B. 1931.
- Fossil Man in Spain. New Haven, London 1924.
- s. auch Bandi und Frobenius.

OTTO, E.: Ägypten. Der Weg des Pharaonenreiches. (Urban-Bücher Nr. 4.) Stuttgart 1958

PAUL, H.: Prinzipien der Sprachgeschichte. 5. Aufl. 1937.

PEDERSEN, H.: Hittitisch und die anderen indoeuropäischen Sprachen. Copenhagen 1938.
- Lykisch und Hittitisch. Copenhagen 1945.

PEET, T. E.: s. Gardiner.

PETERS, E.: Die altsteinzeitliche Kulturstätte Petersfels. Augsburg 1930.

PETRAU, A.: Schrift und Schriften im Leben der Völker. Ein kulturgeschichtlicher Beitrag zur vergleichenden Rassen- und Volkstumskunde. Berlin 1939.

PETRIE, W. M. FLINDERS: Ancient Egyptians. London 1925.
- The Making of Egypt. 1939.

PEYRONY, D.: s. Capitan.

PIETTE, E.: Les galets coloriés du Mas d'Azil. (In: L'Anthropologie, VII, S. 385 ff. Paris 1896.
- Les écritures de l'âge glyptique. (In: L'Anthropologie, XVI, S. 1 ff. Paris 1905.)

POPHAL, R.: Grundlegung der bewegungsphysiologischen Graphologie. Leipzig 1939.
- Die Handschrift als Gehirnschrift. Rudolstadt 1949.

PRAETORIUS, F.: Zum semitisch-griechischen Alphabet. (In: Zeitschrift der Deutschen Morgenländischen Gesellschaft, 62. 1908.)

PREUSS, K. TH.: Das Irrationale in der Magie. (In: Zeitschrift für Ethnologie, 70. 1938.)

PREYER, W. T.: Zur Psychologie des Schreibens. Hamburg 1895.

PRIES, A.: Die ältesten, alten und neuen Schriften der Völker. Der Schriftproben erster Teil. Leipzig 1927.

PULVER, M.: Symbolik der Handschrift. Zürich 1949.
- Trieb und Verbrechen in der Handschrift. 6. bearb. Aufl., Zürich 1948.

REHM, A.: Die Zeit der Entdeckung des Alphabets durch die Griechen. (In: Handbuch der Archäologie. Hrsg. v. W. Otto. I., S. 194 ff. München 1939.)

RESTEN, R: Méthode de Graphologie. 3. Aufl. Paris 1952.

RÉVÉSZ, G.: Ursprung und Vorgeschichte der Sprache. Bern 1946.

RIEK, G.: Die Eiszeitjägerstation am Vogelherd im Lonetal. Bd. I. Tübingen 1934.

ROEHL, H.: Inscriptiones Graecae antiquissimae. Berlin 1882.
- Imagines inscriptionum Graecarum. 3. Aufl. Berlin 1907.

RÖLLIG, W.: s. Donner.

ROSSI, E.: Die Entstehung der Sprache und des menschlichen Geistes. Basel 1962.

RUNE CODEX. Det Arnamagnaeanske Haandskrift Nr. 28. Codex Runicus. Udgivet i fotolitografisk Aftruyk. Kopenhagen 1877.

RUSSEL, B.: Denker des Abendlandes. Eine allgemeinverständliche Geschichte der Philosophie in Wort und Bild. (Wisdom of the West.) Übersetzung und Bearbeitung von K. Földes-Papp. Stuttgart 1962.

RUST, A.: Die Artefakte der Altonaner Stufe von Wittenbergen. Neumünster 1962.

SARDIS Vol. VI. Lydian Inscriptions. Part II. (Publications of the american society for the excavation of Sardis) Leyden 1924.

SAUDEK, R.: Experimentelle Graphologie. Berlin 1929.

SCHARFF, A.: Archäologische Beiträge zur Frage der Entstehung der Hieroglyphenschrift. (Sitzungsbericht der Bayer. Akad. Hist. Abt. 1942.)

SCHMIDT, H.: Eigentumsmarken aus der jüngeren Steinzeit. (In: Zeitschrift für Ethnologie, 1903, S. 457 ff.)

SCHMIDT, W.: Der älteste Mensch und seine Sprache. (In: Festschrift Otto Kleinschmidt.) Wittenberg 1950.

SCHMITT, A.: Die Erfindung der Schrift. Erlangen 1938.

– Untersuchungen zur Geschichte der Schrift. Leipzig 1940.
– Die Alaska-Schrift und ihre schriftgeschichtliche Bedeutung. (In: Münstersche Forschungen, Heft 4.) Marburg 1951.
– Die Vokallosigkeit der ägyptischen und semitischen Schrift. (In: Indogermanische Forschungen, LXI. 1954.)

SCHOTT, S.: Hieroglyphen. Untersuchungen zum Ursprung der Schrift. (Akademie der Wissenschaften Mainz.) Wiesbaden 1951.

SCHRIFTREFORM IN CHINA, DIE. Deutsch v. Dora Liau. (Verlag für Fremdsprachige Literatur.) Peking 1959.

SCHUBART, W.: Das Buch bei den Griechen und Römern. 2. Aufl. Berlin 1921.

SCHWYZER, E.: Griechische Interjektionen und griechische Buchstabennamen auf – α. (In: Kuhns Zeitschrift, 58. 1931.)

SETHE, K.: Der Ursprung des Alphabets. (Nachrichten von der Gesellschaft der Wissenschaften zu Göttingen, Heft 2, 1916.)

– Das hieroglyphische Schriftsystem. (Leipziger Ägyptologische Studien, Heft 3. Leipzig 1935.)
– Urkunden der 18. Dynastie. Leipzig 1906–09.
– Vom Bilde zum Buchstaben. Die Entstehungsgeschichte der Schrift. Mit einem Beitrag von S. Schott. (Untersuchung. z. Geschichte u. Altertumsk. Ägyptens, XII. Leipzig 1939.)

SLOTTY, F.: Beiträge zur Etruskologie. I. Silbenpunktierung und Silbenbildung im Altetruskischen. Heidelberg 1952.

SPIEGELBERG, W., Demotica II. (In: Sitzungsberichte der Bayerischen Akademie der Wissenschaften. 1928, II, S. 44.)

STAUFFER, E.: Zur Frühdatierung des Habakukmidrasch. (In: Theol. Lit.-Ztg., 76. 1951.)
– Der Stand der neutestamentlichen Forschung. Kassel 1952.

STERN, L.: s. Ebers.

STÜBE, R.: Grundlinien zu einer Entwicklungsgeschichte der Schrift. (In: Graphologische Monatshefte. München 1907.)

SUNDWALL, J.: Die Entstehung des phönikischen Alphabets und die kretische Schrift. (In: Acta Academiae Aboensis. Humaniora VII, 4. 1931.)

THEILE, A.: Kunst in Afrika. Stuttgart 1961.

THOMPSON, J. E. S.: Maya Hieroglyphic Writing. Introduction. (Carnegie Institution of Washington, Publication 589. Washington 1950.)

TSCHICHOLD, J.: Geschichte der Schrift in Bildern. Basel 1940.

ULLMAN, B. L.: The Etruscan origin of the Roman alphabet and the names of the letters. (In: Class. Philol. XXII, S. 372 ff. New York 1927.)

VENTRIS, M., und J. CHADWICK: Evidence for Greek Dialect in the Mycenaean Archives. (In: Journal of Hellenic Studies, LXXIII, S. 84 ff. London 1953.)
– Documents in Mycenaean Greek. Cambridge 1956.

WEINERT, H.: Stammesentwicklung der Menschheit. Braunschweig 1951.
– Der geistige Aufstieg der Menschheit. Stuttgart 1952.

WEULE, K.: Vom Kerbstock zum Alphabet. Ersatzmittel und Vorstufen der Schrift. 12. Aufl. Stuttgart 1921.

WILKE, G.: Südwesteuropäische Megalithkultur und ihre Beziehung zum Orient. Würzburg 1912.

WILLIAMS, H. S.: The History of the Art of Writing. 4 Bde. London, New York 1901–08.

WILSER, L.: Ursprung und Entwicklung der Buchstabenschrift. Leipzig 1912.

WINDELS, F.: Lascaux – chapelle sixtine de la préhistoire. Montignac 1948.

WUTTKE, H.: Die Entstehung der Schrift. Leipzig 1872.

ZIMMERN, H.: Zur Frage nach dem Ursprung des Alphabets. (In: Zeitschrift der Deutschen Morgenländischen Gesellschaft, 50, S. 667 ff. 1896.

ZVETAIEFF, J., Sylloge inscriptionum Oscarum. 2 Bde. Petersburg 1878.

ʿAbdo-Fragment **113**
Abschliff der Zeichen 66, 67, 91, 93, 96
Absperrung der hebräischen quadratischen Buchstaben nach oben 132
Abstrakte Figuren **60**
– Menschendarstellung **60**
Abstraktion 23, 24, 27, 33–35
– Fähigkeit 25, 27, 33
Abū Simbel **147**
Ägyptische Schrift 104, 107, 110
– abgeschliffene Formen **93**
– Achse der Symmetrie auf der Stele des Meki-Montu 94, **95**
– Akrophonie 91, 107
– Beamtensiegel **41**
– bemaltes Tongefäß **43**
– Bilderschrift der vordynastischen Zeit 70
– Bildzeichen **47**
– Buchschrift 63, **93**
– demotische Schrift 50, 66, 68, **100,** 101, 102, 168
– Determinative 73–**76,** 94, **95**
– Deutzeichen 74, **75, 76, 91, 93,** 96
– Entwicklung der hieroglyphischen, hieratischen und demotischen Schrift **68**
– Hieroglyphen 32, **46,** 50, 51, 54, **58,** 59, 64, 66, 68, 70, 72, 73, **74, 75,** 79, **91, 100,** 101, **106,** 108, **109**
– – im Bild tanzender Mädchen **91**
– – mit Deutzeichen (Kalksteinstatue Prinz Rahotep und Nofret) 74, **75**
– – mit Konsonanten- und Deutzeichen **96**
– – kusive **63, 93,** mit Wortlaut- und Konsonantenzeichen 94, **95,** 96
– – neuägyptische und demotische Schrift auf dem Stein von Rosette **100,** 101
– – Stammutter der abendländischen Schriften 108
– – Symmetrie 74, **75,** 94, **95**
– Hieroglyphensystem als Anregung zur Erfindung der nordsemit. Schrift 108, 109
– Hypothese über die Entstehung des Alphabets 101
– Konsonantenzeichen 90, **91,** 92–94, **96**
– – als Wortlautzeichen **90**
– Konventionalisierung der Bildzeichen (Papyrus Ebers) **68**
– Narmerplatte 51, **52, 53,** 64, 70, **71, 72,** 73, 74, 79
– Schreiber, Kalksteinbildnis **54**
– Schreibweise, moderne 76
– Silbenzeichen 81
– Töpferzeichen, vorgeschichtliche **46**
– Totenbuch-Papyrus **93**
– Vase, 5. Jahrt. **44**
– Wandgemälde mit phönikischen Handelsschiffen **109**
– Wortlautzeichen **90, 91, 93**
Ahnen- oder Totenkult 39, 109
Akkadische Schrift 83
– altakkadische Inschrift des Königs Šarganišaralim **69**
– – in neuassyrischer Schrift **69**
Akrophonie in der ägyptischen Schrift 91, 107
Akzentzeichen, in Byzanz erfunden 155
Alaska-Schrift 56, 59, 70
Aldus Manutius 198, **202**
Alphabet(e)
– altkirchenslawische 169
– archaische **144,** 147
– attisches 152
– Bezeichnung 149
– Entstehung, phantastische Annahmen 101
– – ägyptische Hypothese 101
– – kretische Hypothese 102
– – sinaitische Hypothese 106
– Erfindung eines einzelnen 107
– etruskisches 158, 159, 175, 178
– – ältestes **159**
– frühetruskisches 178
– frühester Vorfahre unseres heutigen 59
– frühgriechische 143, 150
– glagolitisches 172
– griechisches 30, 36, 60, 84, 97, 120, 140, 144, 168
– – Ausläufer 169
– indische 140
– ionisch-attisches 152
– klassisches oder gemeingriechisches **146,** 149
– koptisches 168
– kyrillisches 172, **173,** 174
– lateinisches 30, 36, 97, 149, 158, 159, 175, 176, 183
– östliche **144, 145,** 147, **148**
– oskisches 159, 178
– phönikisches 30, 36, 119
– russisches 172, 174
– südsemitische 110
– umbrisches 159, 178
– Ursprung 50
– Vergleichende Tabelle der drei frühgriechischen Schriftengruppen mit altphönikischem und klassisch-griechischem Alphabet **146**
– vollständiges 143
– westgotisches 169
– westliche 147
Alphabetische Schrifterfindungen 107, 108
Alphabet. Schriftsystem 94
Alpine (nordetruskische) Schriften 158, 159
– Helm aus Negau **161**
– Schriftabzweigung 161
– Vergleichende Tabelle mit Runen **161**
Altakkadische Schrift **69**
Altamira **8, 9**
Altaramäische Sprache **126**
Altgermanische Runenschrift
– altgermanisches und nordisches Runenalphabet 162, **164**
– Helm aus Negau **161**
– Inschrift mit alpinen (nordetruskischen) Buchstaben **161**
– Steininschrift aus Uppland 162, **163**
Altkretisch-minoische Bilderschrift 47
Altphönikische Schrift 116, **117,** 124
– Alphabet, Vergleich mit griechisch-klassischem Alphabet und den 3 frühgriechischen Schriftengruppen **146**
– – Übernahme und Umgestaltung durch die Griechen 147
– Hadad-Inschrift **124, 125**
– Konsonantenalphabet 125, 150
– Sarkophag des Königs Aḥiram von Gebāl **116**
Altsteinzeit
– buchstabenähnl. Zeichen 109
– jüngere 7
– mittlere 7
Alvão **108,** 108–110
– buchstabenähnliche Zeichen **62,** 64
Angelsächsische Schrift 186, 189
– ›Pauli epistolae‹ **188,** 189
Annalentäfelchen 79
Antiqua, humanistische 191, 195, 198, 202, 204
– frühe, oder Renaissance-Minuskel **200,** 201
– spätere, Majuskeln und Minuskeln auf dem Titelblatt der ersten Shakespeare-Gesamtausgabe **201**
– Vorläuferin 195, **196, 197**
Antiquakursive
– des Aldus Manutius 204
– – in Apuleius ›De asino aureo‹ **202**
– mit Buchstabenverbindungen **203**
– schräge 198, 202
Arabische Schrift 110, 134, 135
– Buchstabennamen 139
– Konsonantenalphabet mit Namen, Formen und Zahlenwerten **136,** 139
– – in Neṣḫi-Schrift **136**
– kufische Art in der Moschee ›Felsendom‹ **135**
– Monumentalschrift kufischer Art **136**
Aramäische Schriften 110, 125, 128, 129, 131
– Abzweigungen, nichtsemitische 140
– Ausläufer 129
– Buchschrift 128, 129
– Buchstabenöffnung nach oben 132
– Entwicklung aus dem Altphönikischen 128, **130**
– Hadad-Inschrift **124, 125**
– ›Jagdinschrift‹ **128**
– Konsonantenalphabet 125, 140, 174
– – semitische Ausläufer 131
– kursive 128, 129
– Papyrus aus Elephantine **129**
– Teima-Inschrift 126, **127**
ʿArāp el-Emīr-Inschrift **131**
Armenische Schrift 165
Asoka-Inschrift nach Brāhmī-Charakter **141**
Assyrische Buchstabennamen 109
Aurignacien 8, 10, 20
– – Périgordien 7, 10, 27
Awesta-Pehlevi 140, **141**
Azilien-Zeichen 36
Azrubal-Spachtel **113**
Aztekische Schrift 56, 57, 67, **80,** 81
– Bilderschrift mit phonetisierten Zeichen **80**
Bamum-Schrift 56
Bastarda, Florentiner **195**
Bauernkalender von Gezer **120**
Beamtensiegel, ägyptisch **41**
Begriffszeichen 59, 64, 70
Beneventana **189,** 191, 195
Beschreibstoff 99, 149, 152, 157, 180
– Erfindung des Papiers 191
Bétharram, Höhle 8, **9**
Bibel 142, 143, 153, 154, **194,** 195, 198
Bibliothek von Alexandria 156
Bilder
– Anhäufung auf den frühesten Schriftdenkmälern 64
– lineare Formung **61,** 63, 64
Bilderschrift 19, 29, 35, 36, 41, 42, 46, 50, 56, 57, 59, 62, 64, 72, 73, **74, 76,** 79–81, 109
– ägyptische, vordynastische 70
– altkretisch-minoische 47
– Ansatz zu einer 31, 70
– aztekische, mit phonetisierten Zeichen **80**
– Bedürfnis nach bilderschriftlichen Mitteilungen 35, 38

Bilderschrift (Fortsetzung)
– bis zur Lautzeichenverwendung 70
– chinesische **50,** 64
– Entstehung 27, 33, 39, 40, 46, 64
– frühe hethitische **63**
– mit konventionalisierten Zeichen 64, 70, 71, 80
– magische, La Pasiega **32**
– Mischformen mit phonetisierten Schriftelementen 79, 81
– niedere Stufe 39
– reine 39, 55, 66, 71
– sumerische 40, 101
– und Sprache 60
– Voraussetzungen, psychische, für die Entstehung 7, 25, 29, 35
– vorgeschichtliche 70
– Zeichen 64, 70, 71, 80, 92
Bilderzählung 17–19, 33, 34, 79
– abstrakt vereinfacht, ›Hinrichtung‹ **34**
– ›Jägertragödie‹ (Lascaux) 18, **19**
– Schieferplatte aus Péchialet **17**
– ›Totenklage‹: Stein aus Limeuil **17**
Bildzeichen 47–51, 56, 72, 80
– ägyptische 47
– bilderschriftliche 64, **65,** 94
– chinesische **47, 69**
– Entwicklung zum Lautzeichen 56, 66
– minoisch-hethitische **47**
– naturgetreue 47
– sumerische 47
– vereinfacht-konventionalisierte 64, **65,** 94
– Verlautlichung 64
Bilinguen 165, **166**
Book of Lindisfarne 186, **187**
Brāhmī-Schrift 140
Buchschrift 50
– ägyptische Hieroglyphenschrift als 63
– aramäische oder kursive 128, 129
– auf Papyrus 64
– typische, des sich ausbreitenden Christentums 183
Buchstaben 28, 30, 46, 73, 93, 94
– Absperrung nach oben (hebräisch) 132
– arabische, Namen 139
– assyrische, Namen 109
– attische (ionische) 152
– Bezeichnung 93
– doppelte Brechung 195
– Enge der 195
– griechische 116, 143
– Herkunft aus dem Altphönikischen 143, 144
– kaanäisch-althebräische 121, 122
– Längenunterschiede **182, 185,** 186, 191, **195**
– lateinische 116, 191
– Öffnung nach oben 128, 132, 134, 135, 139
– – nach rechts 135
– Zusatz- 150, 191
Buchstabenähnliche
– Kerben auf Knochen **30**
– magische Symbole **65**
– Zeichen 23, 29–31, 61, 62
– – von Alvão **62,** 64
– – der Altsteinzeit 109
– – auf Bison (Marsoulas) **31**
Buchstabenschrift 36, 62, 97, 150
Buchstabenverbindung (Ligatur) 116, 128, **129,** 135, 139, 140, **155,** 183, 189, 203
Buchstabenzeichen 81
›Buchungstafel‹ (Uruk) **51,** 77, 80
Buchwesen, griech. 156, 157
bulgarische Glagoliza 172
Byblos 97, 107, 112, 144
– Bronzetafel **98**
– Entzifferung der Schrift 97
– früh- oder protobyblisch 97
– frühphönikische Inschriften: ᶜAbdo, Šabaṭbaᶜal, Azrubal **113**
– geometrische Zeichen **64**
– Steininschrift **99**
– Übergang von Silben- zu Konsonantenzeichen **97**
Byzantinisch-griechische Schrift
– Minuskel **155**
Cäsar, ›De bello gallico‹. In italienischer humanistischer Antiqua **200,** 201
›Carmen de bello Actiaco‹. Papyrus aus Pompeji **181**
Castillo, El, hüttenförmige Zeichen **28**
Chinesische Schrift 73, 78, 79
– älteste Inschriften 71
– altchinesisch, Vereinfachung der Schrift 67
– Bilderschrift 64, früheste: ›Menschenopfer‹ **50**
– Bildzeichen, altchinesische **47**
– – konventionalisiert **69**
– Deutzeichen mit Lautzeichen **79,** Radikale 78, **79**
– Schriftreform 73
– Silbenzeichen (Fantjiä) **87**
›Chronica Hungarorum‹ 198, **199**
Codex Argenteus 169, **170, 171**
– Copte 13 **168**
– Dresdensis **57**
– Knez Nowak **172**
– Petropolitanus **133**
– Runicus **165**
– Sinaiticus **153, 154,** 168
– Trivulzianus **195**
– Zographensis **172**
›Concilia minora Galliae‹ **185**
Damonon-Inschrift 147, **148**
Dante, ›Divina Commedia‹ **195**
Dekorative Elemente in der eiszeitlichen Kunst 23, 25, 27
Demotische Schrift 50, 66, 68, **100,** 101, 102, 168
Determinative 73, 74, **76,** 94, **95**
Deutzeichen 73, **74, 76,** 77–79, **91, 93,** 94, **96**
– ägyptische **74, 76, 91, 93**
– chinesische 78, **79**
– mesopotam. Keilschrift 76
Diakritische Zeichen 174
›Digamma‹ 150, 175
Dipylon-Vase **144, 145**
Doppelkonsonanten 178
Doppelkonsonanz 83, 90
Dreizonensystem der Schrift 182, 183
Eigennamen-Bezeichnung 71
– Phonetisierung von 72
Eigentumszeichen 28, 39–42, 46
– von Naturvölkern **42**
Einkonsonantenzeichen, Erfindung 92
Elephantine, Papyrus **129**
Elfenbeinfiguren in der Vogelherdhöhle 10, **11**
›Encomium of St. Menas‹ **167**
Entzifferung 83, 86, 99
– der Linearschrift B **84,** 104
– der Schriften der Maya und der Azteken 81
Ephesos, Marmorstein auf der Agora **180**
Erasmus 198, 203, 204
Erfinder der ersten alphabetischen Schrift 108
– des Konsonantenalphabets 96
– der Schrift 101, 107
Erfindung der Konsonantenbezeichnung 91
– der nordsemitisch-phönikischen Schrift 107
– der Schrift 143
– sprachlich gebundener Schriften 59
Etruskische Schrift
– Abart: umbrische Ritualinschrift **160**
– Alphabet 158, 159, 175, 178
– – ältestes **159**
– – frühetruskisches 178
– frühetruskische **176**
– – (Manios-Spange) **175**
– Sarkophag-Inschrift **159**
– Schreibtafel von Marsiliana **159**
Fallgrube, magische drei Renkühe und Wildpferd (Lascaux) 14, **15**
– Mammut in Fallgrube (Font-de-Gaume) **16**
– Renkuh über magischem Schachbrettzeichen einer getarnten Fallgrube (Lascaux) **14**
– Steinbock in der Höhle La Pasiega **13**
– Treppen- und bandartige Zeichen einer getarnten Fallgrube **16**
Fallgrubenzeichen, magische 14, **15,** 16, 17
Fangmagie 28, 29
›Felsendom‹-Moschee, arab. Inschrift kufischer Art **135**
Felsmalerei, schwarze, Schütze (Alpera) **35**
– Tanzende (Valltorta-Schlucht) **34**
Felszeichnung aus Oberägypten und Tanganjika **62**
Figuren, abstrakte **60**
– geometrische 62
– lineare **60**
Fingerritzungen **8, 9**
– Zeichnungen (Höhle Baume-Latrone) 10, **11**
Florentiner Bastarda **195**
Font-de-Gaume **16**
– hüttenförmige Zeichen mit Bison **29**
Formen, bilderschriftlich-konventionalisierte 80
– geometrische 29, **64**
– grammatische 83
– karthagische (punische) 116
– kretische lineare 104
– lineare **61, 63**
– lineare und konventionalisiert-vereinfachte 106
– neupunische 116
– ornamentale 29
Formung der Bilder, lineare, Ansatz 61, 64
Forumstein, Schwarzer (Lapis niger) **177**
Frakturschrift 204
Franz von Assisi, Brief in spätbeneventanischer Schrift **189**
Fruchtbarkeitsmagie 17, 20, 22, 23, 27, 29
– Frau und Hinterfüße eines Rens (Laugerie-Basse) **20**
– Maskierter Zauberer (Les Trois Frères) **22**
– Statuetten aus Mezin **23**
– ›Venus von Laussel‹ 20, **21**
– ›Venus von Willendorf‹ **22**
Frühkanaanäische Schrift
– ›fehlendes Bindeglied‹ (Missing Link) zwischen Sinai-Schrift und altphönikischem Konsonantenalphabet 106, 107
– Fragmente 107
– Inschriften **106**
Fund am Toten Meer **132,** 133
Furchenwendig **144,** 147, **177**
Fußspuren von Menschen und Bären 17, 32
Gasulla-Schlucht **34**
Gegenstandsschrift der Yoruba-Neger 70
Gemäldeschriften 19, 27, 28, 34, 60
Geometrische Figuren 62
– Formen 29, 64
– Zeichen, vorgeschichtliche, aus Palästina **64**
Germanische Schrift, ältestes Sprachdenkmal 169, **170, 171**
Gezer, ›Bauernkalender‹ **120**
– Grenzstein **131**
Glagolitische Schrift 169, 174
– Alphabet **172**
– bulgarische Glagoliza **172**
– Codex Zographensis **172**

– kroatische Glagoliza aus Codex Knez Nowak **172**
Gleichklang mehrerer Wörter s. Homonyme
Goethe, Handschrift 204, **205**
Götternamen 81, als konventionalisierte Zeichen 70
Gotico-Antiqua-Schrift 195, **196, 197**
– Petrarca-Schrift **196, 197**
Gotische Schrift **194,** 195
– doppelte Brechung der Buchstaben 195
Gotische Textur **194,** 195
Gourdan **30**
Graphologie s. Schriftpsychologie
Griechische Schrift
– älteste Inschrift auf der Dipylon-Kanne 144, **145**
– Alphabet 30, 36, 60, 84, 97, 120, 140, 168, 169
– – archaisches **144**
– – attisches 152
– – früheste Abzweigungen 158
– – früheste Entwicklungsphasen 143, 150
– – klassisches 146, 149
– – Herkunft aus dem altphönikischen Konsonantenalphabet 143, 144
– – ionisch-attisches 152
– Buchstaben 116
– Buchwesen 156, 157
– byzantinisch-griechische Minuskel (Miniatur) **155**
– Digamma 150, 175
– Felsinschrift aus Thera **144**
– frühgriechische Schriften, 3 Gruppen 144, Vergleichtabelle mit altphönik. und klassisch-griech. Alphabet **146**
– Harmonieempfinden 152, 154
– klassisch-griech. Schrift 147
– Minuskelschrift **155,** 174
– Monumental- oder Lapidarschrift **151,** 154
– Papyrusrolle aus Ägypten **157**
– Salamisdekret 147, **148**
– Söldner-Inschrift im Tempel Abū Simbel **147**
– Steininschrift 122
– Stein von Rosette **100,** 101
– Unziale in koptischer Handschrift **167**
– Unzialschrift 153–155, **166, 167**–169
– – Initiale (Miniatur) **155**
– – ohne Zwischenräume und Lesezeichen (Codex Sinaiticus) **153, 154**
Habakuk-Rolle **132**
Hadad-Inschrift **124, 125**
Halbkonsonanten 81, 91, 92, 94, 97, 107, 110, 112, 150
– als Vokalzeichen 97, 133
Halbunziale 183, **185,** 186, 191
Hammurabi, Gesetzesstele **83**
Handschrift des hl. Franz von Assisi **189**
– von Goethe 204, **205**
– von Lenin **174**
– von John Locke **203,** 204, 205
– von Petrarca 195, **196, 197**
Hauchlaut und Hauchlosigkeit der Anfangsvokale 152
Hausmarken 42, 44, 46
Hebräische Schrift
– althebräisch 120, 123
– – ›Bauernkalender‹ von Gezer **120**
– – (moabitisch) 116, **117**
– Codex Petropolitanus **133**
– Quadratform: Grenzstein von Gezer **131**
– Quadratschrift 110, **122,** 123, 128, 129, **131, 132,** 133
– – Absperrung der Buchstaben nach oben 132
– – ältestes Denkmal: ʿAraq el-Emir **131**
– – Entwicklung mit Varianten der mod. Schreibschrift **134**
– – Vokalzeichen-Systeme **133**
Helm aus Negau **161**
Hethitische Schrift 62
– frühe Bilderschrift ohne lineare Formung **63**
– Bildzeichen **47**
– Hieroglyphen 47, 51, 55, 86, 87, 101
– – mit linearer Formung **63**
– Hieroglyphenschrift (›Löwenjagd‹) **55**
– hieroglyph. Silbenzeichen **86**
Hieratische Schriftzeichen 50, 66, **68,** 102
Hieroglyphen, ägyptische 32, 46, 50, 54, 59, 64, 68, 70–**74,** 79, 91, 101, 106, 108, 109
– altchinesische 51
– der Azteken 51
– Götter- 70
– hethit. 47, 51, 55, 86, 87, 101
– – mit linearer Formung und phonetisiert **63**
– – Silbenzeichen **86**
– kretisch-minoische, Entwicklung 47, **49,** 51, 88
– der Maya 51, **57**
– sumerische 50, 59, 64, 78
Hieronymus mit 3 aufgeschlagenen Bibeln **142**
Hiğr, nabatäische Grabinschrift **135**
Hildebrandslied **190,** 191
Hira kana **88**
Homo faber 7
Homonyme 70–72, 74, 78, 83, 94
– (ägyptisch) 93
– bei der Phonetisierung 73
Humanismus 195, 204
Humanistenhandschrift, italienische **200,** 201
Iberische (oder turdetanische) Schrift 101
Ideenschrift und Symbole 39, 50, 55, 80, 81
Ideenzeichen 46, 50, 70
Ideogramme 46, 50, 64, 70, 80
– konventionalisierte 59
Idole 80
Indische Schriften
– Brāhmī-Schrift 140
– – Inschrift 141
– Kharoṣthi-Schrift **140**
– – Inschrift **140**
Initialen 186, **187,** 191, 195
Inschriften, unentzifferte 107
Interpunktionszeichen 74, 112, 167, 195
Ionisch-attisches Alphabet 152
Irische Schrift **186, 187,** 191
– erstmalige Unterscheidung zwischen *u* und *v* 186
– Minuskel mit Ligaturen und zeichnerischen Formen. Salabergapsalter **186**
– Zierschrift mit kompliziert geschmückten Initialen, in lat. Sprache. Book of Lindisfarne 186, **187**
Italienische Humanistenhandschrift, humanistische Antiqua **200,** 201
Jäger der Eiszeit 10, 27, 34
›Jagdinschrift‹ aus Kilikien **128**
Jagdmagie 13, 17, 20, 23
– ›Maskierter Zauberer‹ **22**
Japan, Versuch der Einführung des lat. Alphabets 88
Japanische Silbenzeichen **88**
Jenson, Nicolaus 198, 202
Jesus. Schrift, in der er geschrieben hat 132
Juno Lucina in Norba **178**
Kalenderbegriffe in der Maya-Schrift 81
Kanaanäische Schrift 110, 120
Kanaanäisch-althebräische Schrift 120–**122**
– ältestes Denkmal: ›Bauernkalender‹ von Gezer **120**
– Gottesname Jahweh 132
– Habakuk-Rolle **132**
– Siloah-Inschrift **121**
Karolingische Minuskel 168, 186, **189,** 191, 195, **196**
– Hildebrandslied **190,** 191
– mit Initialen aus der Kapitale und der Unziale und mit Miniaturen 191, **192, 193**
Karthagische (punische) Schrift 116, 118, 119
Kata kana **88**
Keilschrift
– akkadische 110
– allgemein 50, 51, 81
– altbabylonische 101
– babylonische **82,** 83
– bildlicher Ursprung aus sumer. Schriftzeichen **48**
– hethitische 55
– mesopotamische 48, 50, 67, **69,** 78, 86, 90, 92
– – Deutzeichen **76**
– neuassyrische 67, 101
– silbenschriftliche 83
– sumerische 48, 73, 83, 92
– – Bauurkunden (Uruk) **78**
– – Endungen 83
– – grammatische Formen 83
– – und akkadische Hieroglyphen als Keilschriftzeichen **48**
– ugaritische 99
Keilschrifterfindung, eine sumerische Leistung 77
Keramik 39, 44, 46
Kharoṣthi-Inschrift **140**
Kiesel, bemalte, von Mas d'Azil **36, 37,** 60, **70**
– Vergleich mit Menschendarstellungen spanischer Felsmalerei **60**
Kiesel mit eingeritzten Tierdarstellungen **12,** 13
Kilamuwa-Inschrift **126**
Kleinasiatische Schriften 165
Körperbemalung 7
›Kommandostab‹, magischer (Petersfels) **25**
Kompositionen, szenische 34
Konsonanten 72, 74, 81, 83, 86, 90–94, 99, 107, 110–**113,** 149, 175
– Anfangskonsonanten 91, 107
– nordsemit.-phönikische 108
– phönikische, Namen 112
– schwache 81, 91, 140
– Vergleich der nordsemitischen mit kretischen 102, **103**
Konsonantenalphabet 92, 97, 99, 108
– altphönikisches 125, 147–150
– Anregung zur Erfindung des ersten 92, 96, 110
– arabisches **136,** 139
– aramäisches 125, 131, 140, 174
– Entwicklung 101
– Erfindung 96
– erstes 97, 102, 107, 110, 116
– – Leistung 110
– – Ursprung 101, 104
– phönikisches 106, 109, 112, 120
– – Beharrungsvermögen 112
– – Entwicklung 112, 116
– – früheste Denkmäler 112, **113**
Konsonantenbezeichnung 74, 90, 92, 99
– aus dem ägyptischen Schriftsystem 107
– Erfindung 91
– im ägyptischen Wortzeichensystem 97
Konsonantengerippe der Wortstämme 104
Konsonantenhäufungen 90
Konsonantenschrift 56, 97
Konsonantenzeichen, ägyptische **90, 91,** 92–94, **95, 96**
– Übergangsform von der Silbenschrift 97
Konventionen 64, 76
– bilderschriftliche 64, 71
– ideenschriftliche 50
Konventionalisierung 68, 73, 74
– in den Bilderschriften 64, 80

Konventionalisierung (Forts.)
– Ideogramme 59
– lineare Formen 106
– und Vereinfachung der ägypt. Schriftzeichen 66, **68**
– – der Bildzeichen 47, 64, 65, 67, **69**, 70, 71
Koptische Schrift 56, 166, **168**
– Alphabet 168
– Codex Copte 13 **168**
– aus der griechischen Unziale entliehene Buchstaben mit Zahlenwerten **166**
– Handschrift mit griechischer Unziale **167**
– Zusatzzeichen **168**
Koranhandschriften 136, 139
– in kufischer Buchschrift **137**
– Thuluth-Stil der Neșhi-Schrift **137**
Kowel, Lanzenspitze von **162**
Kratzspuren von Höhlenbären (Höhle von Bétharram) 8, **9**
Kreisscheibe von Petersfels **24**
Kretische Schriften 107, 109
– Linear A **49**, 51, 64, 88, 102
– Linear B, silbenschriftliche Inschrift **83**
– – Silbenzeichen **84**
– lineare Formen 104
– Linearschriften 108
– Silbenschrift 83
– Töpferzeichen, vorgeschichtliche **46**
– Vergleich mit nordsemitischen Konsonanten 102, **103**
Kretisch-minoische Hieroglyphenschrift 88
– Silbenschrift 144, 150
Kroatische Glagoliza **172**
Kufische Schrift 139
– arabisch in der Moschee ›Felsendom‹ **135**
– – Monumentalschrift **136**
– Koran **137**
Kunst der Eiszeit
– Entstehung 8, 10
– Erlöschen 23
Kurialschrift, päpstliche 189
Kurzschrift in Griechenland 152
Kyprische Schrift
– Silbenschrift 84, 144, 150
– – auf Vase 84, **85**
– Silbensystem 86
– Silbenzeichen 84, 101
Kyprische Silbenschrift 86
Kyrillisch 169
– Alphabet 172, **173**, 174
La Colombière-Höhle **12**, 13
Längenunterschiede der Buchstaben **182, 185**, 186, 191, **195**
Landkarte des Nahen Orient **108**
Lanzenspitze von Kowel **162**
Lapidarschrift
– griechische **151**, 154
– lateinische **179, 180**, 182
– Rustika **181**
Lapis niger **177**, 178
Lascaux **13**, 14, **15, 18, 19**
Lateinische Schrift 110, 118
– älteste Inschrift auf Manios-Spange **175**
– älteste Steininschrift (Lapis niger) **177**
– Alphabet 30, 36, 97, 149, 158, 159, 175, **176**
– – Beharrungsvermögen 176
– – Entwicklung aus dem frühetruskischen und westgriech. Alphabet bis zur frühen Kapitalkursive 175, **176**
– – Schriftsystem 110
– – Stammbaum 198, **207**
– – Versuch der Einführung in Japan 88
– Antiquakursive mit Buchstabenverbindungen; Handschrift von John Locke **203**
– – schräge: Druckschrift, Vorfahre der heutigen lateinischen Schreibschrift **202**
– Buchstaben 116
– – Namen 175
– Einfluß auf das griechische Alphabet 155
– Kapitalkursive 175, 182
– – Graffito aus Pompeji **182**
– – Papyrus Claudius **182**
– Kapitalschrift 182, 185, 189
– – Ansätze **179**
– – Blütezeit 180
– – klassische **180**
– – auf Marmorstein (Agora zu Ephesos) **180**
– – auf Sarkophag des Scipio Barbatus **179**
– Quadrata **180**, 182, 183
– Schreibschrift, moderne, vollentwickelte (Goethe) **205**
– Stammbaum der Schrift 110, **207**
– Unziale 183, **185**, 189, 191, **192, 193**
– – ohne Ligaturen und ohne Worttrennung **185**
Laugerie-Basse **20**
Lautzeichen 74, 77–79
– chinesische **79**
– Entwicklung vom Bildzeichen zum Lautzeichen 56, 66
– sumerische 59
– Verwendung von 59
– – Voraussetzung 61, 64
– von der Bilderschrift zur Lautzeichenverwendung 70
Lenin, Handschrift **174**
Lesehilfen 74
›Les Trois Frères‹-Höhle **22**
Limeuil **17**
Lindisfarne, Book of **186, 187**
lineare Figuren **60**
– Formen, kretische 104
– Formung der Bilder 61, **63**, 64
– hethitische Hieroglyphen **63**
– und konventionalisiert-vereinfachte Form 106
– Menschendarstellung **60**
– Zeichen **62**
Linearschrift A **49**, 51, 64, 88, 102
– – und B, Ursprung aus Hieroglyphenschrift **49**
– B **49**, 51, 64, **83, 84**, 88, 102, 104
Linearschriften 108
Lochstab von Veyrier **24**
Locke, John, Handschrift **203**, 204, 205
›Löwenjagd‹ mit hethitischen Hieroglyphen **55**
Lokalalphabete 152
Loszeichen 42
Lydische Schrift 165
– Bilinguen, lydisch-griech. **166**
Lykische und griechische Grabinschrift **165**
Mäandermuster 23, **25**, 27, 46
Magdalénien 7, 20
Magie 7, 8, 10, 14, 23, 27, 32, 39, **42**, 44, 62
– Bilderschrift La Pasiega **32**
– Fangmagie **12**–17, 28, 29
– Symbole 29, 43, 44, 62, 64, 66, 108–110
– – buchstabenähnliche **65**
– – konventionalisierte (megalithisches Kuppelgrab, Granja Toniñuelo) **66, 67**
– Zeichen **13**, 14, **15, 16**, 17, 29, 101, 108
Majuskelkursive 183
Majuskeln der späteren humanistischen Antiqua **201**
Makkabäer-Münze **122**
›Makkaroni‹-artige Fingerritzungen **8**
Manios-Spange **175**, 176, 178
Marsiliana, Schreibtafel von 158, **159**
Marsoulas-Höhle **31**
Mas d'Azil **36, 37, 60**, 61, **70**, **108**, 109, 110
Maya, Schrift 56, **57**, 67, 80, 81
– Schriftzeichen (Codex Dresdensis) **57**, 81
Megalithgräber 62, **66, 67**
Meki-Montu, Stele 94, **95**
Menhire 62
Menschendarstellungen der Eiszeit **20–22**, 23, 33
– linear und abstrakt **60**
Merowingische Schrift 185, **186**
Meša-Inschrift, Ansatz zur Vokalbezeichnung 150
Meša-Stele 116, **117**
Mesopotamische Keilschrift 48, 50, 67, **69**, 78, 86, 90, 92
– alte und neue Formen **69**
– Deutzeichen **76**
– – spätmesopotamische **76**
Methode ›fantjiä‹ **87**
Mezin (Ukraine) **23**
Minoische Bildzeichen **47**
Minuskel
– byzantinisch-griechische **155**
– griechische **155**, 174
– irische **186**
– karolingische 168, 186, **189, 190**, 191, **192, 193**, 195
– Renaissance- **200**, 201
– der späteren humanistischen Antiqua **201**
Minuskelkursive 183, **185**
– Papyrus Marini XC **185**
– als Schreibschrift mit Kleinbuchstaben 183
Mischformen von Bilderschriften und phonetisierten Schriftelementen 79, 81
›Missing-Link‹-Hypothese 107
Mitteilung, Bedürfnis nach schriftlicher 27, 35
Mitteliranische Pehlevi-Schriften 140
Mittelphönikische Schrift 116, 118, 119
Monumentalschrift 180, **181**, 182, 183, 185, 189
– kufisch-arabische **136**
– oder Kapitalschrift, erster Ansatz **179**
– und Lapidarschrift, griechische **151**, 154
Monumentum Ancyranum **181**
Mykenisch-griech. Schrift **84**
Nabatäisch-arabische Schrift 129, 133
Nabatäische Schrift 135
– Grabinschrift von Hiğr **135**
Nachahmungs- und Spieltrieb 8
Narmerplatte 51, **52, 53**, 64, 70, **71, 72**, 73, 74, 79
Nationale und lokale Schriften 183, 185
Neandertaler 7
Neșhi-Schrift 135, **136–139**
– Nestaᶜliq-Stil (Miniatur) 139
– Taᶜliq-Stil (Miniatur) **138**
Neuägyptische Schrift, Stein von Rosette **100**, 101
Neuassyrische Schrift 69, 78
– Keilschrift 67, 101
Neugriechische Schreibschrift 156
Neupunische Schrift 116, 119
– Form 116
– Steininschrift aus Gelma **119**
Nordetruskische (alpine) Schriften 158, 159
– Helm aus Negau **161**
– Schriftabzweigung 161
– Vergleichtabelle mit Runen **161**
Nordisches Runenalphabet 164
– Codex Runicus **165**
Nordsemitische Schriften 36, 110
– Anregung durch das ägyptische Hieroglyphensystem 108
– Buchstabenvergleich mit hieratischen und hieroglyphischen Schriftzeichen **103**
– Konsonanten, Vergleich mit kret. Schriftzeichen 102, **103**
– Namen der Konsonanten in nordsemitisch-hebräisch, lateinisch, griechisch, hebräisch 110, **111**
– Namen der Schriftzeichen im allgemeinen 112

Silbenschrift (Fortsetzung)
– kretische 83
– kretisch-minoische 144, 150
– kyprische 84, **85,** 86, 144, 150
– s. Linearschrift A und B
– Übergangsform zu Konsonantenzeichen **97**
Silbenschriften, Entstehung 66
Silbensystem 110
– kyprisches 86
Silbenzeichen 73, 77, 81, 87, 90, 99, 108
– ägyptische 81
– byblische 97
– chinesische **87**
– hethitisch-hieroglyphische **86**
– japanische **88**
– kyprische 84, 86, 101
– der entzifferten Linearschrift B **84**
– sumerisch-mesopotamische 81
Siloah-Inschrift **121**
Sinai-Schrift **104**–107, 110
– Vergleich mit ägyptischen Hieroglyphen und nordsemitischen Konsonanten **106**
Sinaitische Hypothese 106
Slawische Schriften 169
– älteste Schrift (bulgarische Glagoliza) **172**
– Alphabet, glagolitisches **172**
– – kyrillisches 172, **173,** 174
– Alphabete, altkirchenslawische 169
– Codex Zographensis **172**
– kroatische Glagoliza aus Codex Knez Nowak **172**
Solutréen 7
Somali-Schrift 59
Sonderalphabete 149
– frühe griechische 144
Spätaurignacien 27
Spätmagdalénien 23, 27, 30
Spieltrieb 61, 62
Sprachdenkmal, ältestes germanisches 169, **170, 171**
Sprache, altaramäische **126**
– Anfänge 59, 60
– Sichtbarmachen der nur hörbaren 59, 60
Sprachgebundene Schriften, Erfindung 59
– Widersprüchlichkeit 59
›Sprüche‹ Jesu, früheste christliche Schrift 129
Steine, beschriebene 56
Steinzeit, mittlere 7
Stilisierung, pflanzenartige Muster aus Tierdarstellungen abgeleitet **27**
Südsemitische Alphabete 110
– Schriften 106
Sumerische Schrift 71
– älteste Schriftdenkmäler aus Uruk **38, 51,** 73, **77**
– archaische 74
– Bilderschrift 40, 101
– Bildzeichen 47
– ›Buchungstafel‹ aus Uruk **51**
– Deutzeichen **76–78**
– frühsumerische 62
– Hieroglyphen 59, 64, 78
– – früheste 74
– Lautzeichen auf Tontafel von Kisch **58,** 59
– phonetisierte Inschrift des Königs Eannatúm **77**
– Rollsiegel **40**
– Tontäfelchen, früheste 71
Sumerische Keilschrift **48,** 73, 83, 92
– akkadische Hieroglyphen als Keilschriftzeichen **48**
– Bauurkunden (Uruk) **78**
– Endungen 83
– Erfindung, eine sumerische Leistung 77
– grammatische Formen 83
Sumerisch-mesopotamische Silbenzeichen 81
Susa, bemalter Becher **45**
– bemalte Schale **44**
Syllabische Auflösung der Wortzeichen 83
Symbole, bilderschriftl. 79, 80
– buchstabenähnl. magische **65**
– ideenschriftliche 79
– magische 39, 43, 44, 62, 64, 66, 109, 110
– schriftpsychologische 32
Symmetrie in der ägyptischen Hieroglyphenschrift 74, **75,** 94, **95**
Taᶜliq-Stil **138**
Tanz und Musikinstrument, früheste Darstellung **22,** 23
Teima-Inschrift 126, **127**
Textur, Gotische **194,** 195, 198
Thera, griech. Felsinschrift **144**
Thuluth-Stil **137**
Tiberische Vokalangabe 133
Tierdarstellungen 28
– eingeritzt auf Kiesel, La Colombière **12,** 13
Töpferei 39, 44, 46
Töpferzeichen, ägyptische, vorgeschichtliche **46**
– kretische, vorgeschichtl. **46**
– Stier als **46**
Ton als Schreibunterlage 48, 78
Tontäfelchen, frühsumerische 71
Tontafeln 143
Totem 27
Totembild 19
Totenbuch-Papyrus, ägyptisch **93**
Totenkult 20, 62, 66
Totes Meer **132,** 133
›Trois Frères‹, Höhle **22**
Tscherkessische Schrift 59
Turdetanische oder iberische Schrift 101
Übergangsform von der Silbenschrift zu Konsonantenzeichen 97
Übermalungen **30,** 32
Überzeichnungen 13
Ugaritische Schrift 102, 110
– Keilschrift 99
Umbrisches Alphabet 159, 178
Umbrische Ritualinschrift, linksläufige **160**
Unterscheidung des *w* vom *v* und des Konsonanten *j* vom Vokal *i* 191
Unterscheidungszeichen, diakritische 74, 174
Uppland, Steininschrift aus 162, **163**
Uruk **38, 51,** 73, **77,** 80
Valltorta-Schlucht **34**
Venus-Figuren des Magdalénien 20, **22**
Venus von Laussel 20, **21**
– von Willendorf **22**
Verbildlichung von Eigennamen durch Lautzeichen 70
›Verblendungen‹ (Tarnungen) 17
Vereinfacht-konventionalisierte Bildzeichen 94
Vereinfachung 33–35, 66, 68, 73
– in der altchinesischen Schrift 67
– der Bildzeichen 64
– der Schriftzeichen 69
Verlautlichung 39, 41, 56, 59, 62, 63, 70, 72, 79
– Anfang 81
– der Bildzeichen 64
– ohne grammatische Formen, primitive 59
Verzierungen an Schriften 185, 189, 198
– geometrische 25
– magische **43, 44**
Vogelherdhöhle im Lonetal 10, **11**
Vokale 74, 81, 83, 86, 90, 92, 94, 97, 104, 110, 111, 140, 149, 174, 175
Vokalandeutung in der semitischen Konsonantenschrift 150
Vokalangabe, tiberische 133
Vokalbezeichnung 74, 81, 91, 92, 94, 110, 111, 116, 140
– im ägypt. Schriftsystem 96
– durch Halbkonsonanten 97
Vokallosigkeit 107, 110, 111
Vokalzeichen, Halbkonsonanten als 133
– im ersten ›vollständigen‹ Alphabet der Menschheit, früheste 150
– Systeme in der späteren hebr. Quadratschrift **133**
Voralphabetische Epoche 86, 96, 97
Voralphabetisches Schriftsystem 73, 94, 110
Vorsilben 83
Wandgemälde, ägyptisches, mit phönikischen Schiffen **109**
Weihinschrift für die Juno Lucina **178**
– linksläufige oskische **161**
Wessobrunner Gebet 191
Westgotische Schrift
– Alphabet 169
– Codex Argenteus 169, **170, 171**
Westgriechisches Alphabet **176**
Westliche Alphabete 147
– Damonon-Inschrift **148**
Wiklif, John **194,** 195
Wortabstand 128
Wortbildzeichen 50, 64, 74, 78, 92
– piktographische 94
Wortforschung, Hinweise 55
Wortlautschrift 62, 81, 90, 92
Wortlautzeichen 73, 81, 86, 87, 91, 92, 94
– abgeschliffene 66, 67, 91, 93, 96
– ägyptische **91, 93**
Wortstämme, Konsonantengerippe 104
Worttrennung 108, 112, **113,** 147, 169, 179, 183, 185
– in der ägyptischen Schrift 74
– durch Strich oder Punkt 102
– durch Zwischenräume **118, 128, 153, 155, 185**
– – in der griechischen Minuskelschrift **155**
Wortzeichen 74, 83, 92, 93
– gleichlautende 83
– System, ägyptisches 92
– – Konsonantenbezeichnung 97
Yoruba-Neger 70
Zauberer **22,** 23, 78, **79**
Zeichen, alphabetische 92
– Azilien- 36
– bilderschriftliche **32,** 92
– buchstabenähnliche 23, 29, 30, **31,** 61, **62,** 64
– – der Altsteinzeit 109
– – von Alvão **62,** 64
– diakritische (unterscheidende) 174
– fünfgezinkt (Marsoulas) **30,** 31
– hüttenförmige (tektiforme) 17, 28, 29, 32
– – El Castillo **28**
– – Font-de-Gaume **29**
– konsonantische 92
– konventionalisierte 71
– lineare 62
– magische **13,** 14, **15, 16,** 17, 29, 101, 108
– phonetische 71, 80
– phonetisierte 80
– šĕwa für auslautende Konsonanten 111
– vorgeschichtliche geometrische 64
– Vorrat an 36, 64
– – an dekorativen, vorgeschichtlichen 44
– – an konventionell-objektiven 29
Zierschrift 186, **187**
Zierstriche 152
Ziffern, sogenannte arabische, eine indische Erfindung 139
Zusatzbuchstaben 150, 191
– für griech. Konsonanten 149
Zusatzzeichen des koptischen Alphabets **168**

– Schrifterfinder 104
– – durch das ägyptische Hieroglyphensystem angeregt 108
– Vergleichtabelle mit ägyptischen Hieroglyphen **102**
Nordsemitisch-altphönikische Schrift 107, **126**
– Kilamuwa-Inschrift **126**
– Konsonanten 108
– Schrifterfindung 107
›Östliche Alphabete‹, griech. Abart a **144, 145,** 147, **148**
Ornament 25, 27–29, 61
– ährenähnliche, geschnitzte (Les Espélugues) **25**
– Mammutstoßzahn-Armreif (Mezin) **25**
– – mit Frauengestalt (Předmostí) **26**
Oskische Schrift
– Alphabet 159, 178
– Weihinschrift, linksläufig **161**
Papier, Erfindung 191
Papyrus 50
– Buchschrift auf **63,** 64
– Claudius **182**
– Ebers **68**
– aus Elephantine **129**
– Marini XC, Ravenna **185**
– aus Pompeji: Carmen de bello Actiaco **181**
Papyrusrolle aus Ägypten **157**
Parallelentwicklungen (früheste nordsemitische Schriftversuche) 107
Pasiega-Höhle **13, 32**
– Zeichen 31
›Pauli epistolae‹ **188,** 189
Péchialet **17**
Pehlevi-Schrift, arsakidische 140
– Awesta- 140, **141**
– mitteliranische 140
– sassanidische 140
Périgordien 27
Persische Schriften
– Awesta-Pehlevi-Schrift 140, **141**
– Neṣḫi-Inschrift im Nestaᶜliq-Stil (Miniatur) **139**
– – im türkischen Taᶜliq-Stil (Miniatur) **138**
Petersfels (Baden) **24, 25**
Petrarca, Francisco
– Handschrift ›De sui ipsius et multorum ignorantia‹ **196, 197**
– Schrift 195, **196, 197,** 198
– – Abkürzungen 195, 198
Pflanzenornamente 24, 25
– auf Knochen geritzt (Le Tribolite, Laugerie-Basse) **24**
Pflug auf Tontafel aus Uruk **38**
Phönikische Schrift 110, 122, 143, 152
– Alphabet 30, 36
– – Entwicklung 119
– altphönikische s. S. 217
– Anregung zur Erfindung der phönik. Schrift durch die ägypt. Hieroglyphenschrift 109
– Herkunft der griechischen Buchstaben 143
– karthagische oder punische Form aus Gozo **118**
– Konsonanten, Namen 112
– Konsonantenalphabet 106, 109, 112, 120
– – Beharrungsvermögen 112
– – Entwicklung 112, 116
– – früheste Denkmäler 112, **113**
– mittelphönikisch 116, 118, 119
– Schrifterfindung 107
– Übergangsform von altphönikisch zu mittelphönikisch (Abū Simbel) **118**
– – von Silbenschrift zu Konsonantenzeichen **97**
Phonetische Zeichen 71, 80
Phonetisierung 39, 42, 48, 50, 51, 56, 59, 62, 70, 73, 81, 109, 149
– anfängliche Form 64, 71
– Eigennamen 72, 81
– hethitische Hieroglyphenschrift 63
– Zeichen 80
Piktographie 39–41, 46, 50, 66, 74, 79, 80
– Wortbildzeichen 94
Phrygische (altphrygische) Schrift 165
Pompeji, Graffito aus **182**
Postdeterminative 77, 78
Prädeterminative 77, 78
Předmostí **26**
Priesterschrift 50
Protobyblische Schrift 97
Prototyrrhenische Schrift
– Alphabet **176**
– Manios-Spange **175**
Pseudo-hieroglyphische Schrift 97
Pseudo-konsonantische Schrift 97
Psychologie des magisch denkenden Menschen 32
Punische (karthagische) Schrift 116, 118, 119
– Ober- und Unterlängen, Verlängerung 116
Punktlinien **28,** 29
Pygmäen 13, 14
Quadratschrift, hebräische 110, **122,** 123, 128, 129, **131, 132,** 133
Quedlinburger Italafragmente **185**
Rad auf Tontafel aus Uruk **38**
Rahotep und Nofret, Kalksteinstatue 74, **75**
Raumsymbolik der Schriftpsychologie 32
Rebusschrift 71
Reformation 195
Renaissance 195
– Minuskel **200,** 201
Rhomboid- und Zickzackmuster, mäanderartige **25,** 27
Ritualinschrift, linksläufige umbrische **160**
Ritzungen von Eiszeitmenschen **8, 9**
Rochebertier **30**
Rollsiegel, sumerischer **40**
Rosette, Stein von **100,** 101
Rotunda 198
– aufgelockert und abgerundet. Chronica Hungarorum **199**
Runenschrift
– altgermanisches und nordisches Runenalphabet 162, **164,** 169, 186
– Codex Runicus mit nordischem Runenalphabet **165**
– Funde aus später Zeit 162
– gotische, auf der Lanzenspitze von Kowel **162**
– Steininschrift aus Uppland 162, **163**
– Ursprung 162
– Vergleichende Tabelle mit alpinen (nordetruskischen) Schriftzeichen **161**
Russische Schrift
– Alphabet, Druck- und Schreibform 172, **173,** 174
– Moderne Druckschrift **174**
– – Schreibschrift: Handschrift Lenins **174**
Rustika 180, **181,** 182, 183
– als Buchschrift auf Papyrus 182
– als Kursiv- oder Buchschrift. Papyrus aus Pompeji **181**
– als Lapidar- oder Monumentalschrift. ›Monumentum Ancyranum‹ **181**
Šabaṭbaᶜal-Inschrift **113**
Salabergapsalter **186**
Salamisdekret 147, **148**
Samaritanische Schrift **123**
Šarganišaralim-Inschrift **69**
Sassanidische Pehlevi-Schrift 140
Satztrenner 112
Schematisierung **23,** 27
Schemen, blumenähnliche 27
Schlußkonsonant 86
Schlußvokal 86
Schnörkel 154, 167
Schreiber, ägyptischer **54,** 55
– Berufs- 183, 195
Schreibkundige im Abendland im Hochmittelalter 198
Schreibkunst in der ersten Hälfte des Mittelalters 195
Schreibmaterial 48, 183
Schreibschrift 183
– moderne lateinische, flüssigere Form der Antiquakursive mit Buchstabenverb. **203**
– neugriechische 156
Schreibtafel von Marsiliana 158, **159**
Schreibunterricht im 14. Jh. **198**
Schrift, Bedürfnis nach 27
– von Byblos 99
– und Sprache 60, 66, 70, 88
– Urform 55
– Ursprung 175
– – aller alten Schriftsysteme aus reinen Bilderschriften 48
– Widersprüchlichkeit 60
Schriftdenkmäler
– älteste **38, 51–53, 55,** 56
– – bekannte, mit Buchstaben **113**
– – der deutschen Literatur (Hildebrandslied) **190,** 191
– – der Sumerer aus Uruk **38, 51,** 73, 77
– früheste griechische 144, **145**
Schriften, Erfindung sprachlich gebundener 59
Schrifterfinder 59, 60, 72, 101, 107, 110
– im Alten Orient 73
– nordsemitische 104
Schrifterfindungen 59, 60, 62, 64, 70, 81, 107–109
– Jahrtausend der alphabetischen 102, 108
Schriftgeschichtliche Regel: Das Alphabet folgt der Sprache 149
Schriftkonvention 72
Schriftpsychologie 32, 128, 132, 134, 135, 139, 182, 186, 189, 191, 195–197, 204, 205
Schriftreform in Athen 152
– chinesische 73
Schriftrichtung 74
– furchenwendig **144,** 147, **177**
– japanische 88
– linksläufige 93, 107, 112, 113, 116, **117, 125,** 126, **127, 140, 141, 144, 145,** 155, **159–163,** 185, 191, 204
– – Awesta-Pehlevi-Schrift 140, **141**
– – Bronzetafel aus Byblos **98**
– – etruskische Schrift 159
– rechtsläufige 112, 116, **117, 121, 141, 144, 147,** 149
Schriftsystem, alphab. 94
– voralphabetisches 93, 94
Schriftwiedererfinder 60
Schriftzeichen 30
– altakkadische 67
– altchinesische 47
– hieratische 102
– Vereinfachung 69
Schwarzer Forumstein (Lapis niger) **177,** 178
Scipio Barbatus, Sarkophag-Inschrift **179**
Seelensteine **36, 37,** 70
šĕwa-Schreibung für konsonantisch schließende Silben 111
Sichtbarmachen der nur hörbaren Sprache 59, 60, 70
Siegelsteine 40, 42
– frühminoische **41**
Siegelzylinder, assyrischer **40**
– elamischer **40**
– vorgeschichtliche 39–42
Silbencharakter 99, 111, 112
Silbenschrift 62, 81, 87, 90, 92, 97, 99, 104
– japanische 88
– Keilschrift 83